Das Haus schreiben
Bewegungen ökonomischen Wissens in der Literatur der Frühen Neuzeit

Episteme in Bewegung

Beiträge zu einer transdisziplinären Wissensgeschichte

Herausgegeben von Gyburg Uhlmann
im Auftrag des Sonderforschungsbereichs 980
„Episteme in Bewegung.
Wissenstransfer von der Alten Welt
bis in die Frühe Neuzeit“

Band 13

2018
Harrassowitz Verlag · Wiesbaden

Das Haus schreiben

Bewegungen ökonomischen Wissens in der Literatur der Frühen Neuzeit

Herausgegeben von
Christina Schaefer und Simon Zeisberg

2018
Harrassowitz Verlag · Wiesbaden

Die Reihe „Episteme in Bewegung" umfasst wissensgeschichtliche Forschungen mit einem systematischen oder historischen Schwerpunkt in der europäischen und nicht-europäischen Vormoderne. Sie fördert transdisziplinäre Beiträge, die sich mit Fragen der Genese und Dynamik von Wissensbeständen befassen, und trägt dadurch zur Etablierung vormoderner Wissensforschung als einer eigenständigen Forschungsperspektive bei.
Publiziert werden Beiträge, die im Umkreis des an der Freien Universität Berlin angesiedelten Sonderforschungsbereichs 980 „Episteme in Bewegung. Wissenstransfer von der Alten Welt bis in die Frühe Neuzeit" entstanden sind.

Gedruckt mit freundlicher Unterstützung der Deutschen Forschungsgemeinschaft (DFG).

Umschlaggestaltung unter Verwendung von Sebastiano Serlio, *Il settimo libro d'architettura di Sebastiano Serglio Bolognese*, Francofurti ad Moenum: Wechel, 1575, S. 21 (SLUB Dresden / Digitale Sammlungen: Archit. 217, URL: http://digital.slub-dresden.de/id278440541)

Bibliografische Information der Deutschen Nationalbibliothek
Die Deutsche Nationalbibliothek verzeichnet diese Publikation in der Deutschen Nationalbibliografie; detaillierte bibliografische Daten sind im Internet über http://dnb.dnb.de abrufbar.

Bibliographic information published by the Deutsche Nationalbibliothek
The Deutsche Nationalbibliothek lists this publication in the Deutsche Nationalbibliografie; detailed bibliographic data are available on the internet at http://dnb.dnb.de.

Informationen zum Verlagsprogramm finden Sie unter
http://www.harrassowitz-verlag.de

Gedruckt auf alterungsbeständigem Papier.
Druck und Verarbeitung: Memminger MedienCentrum AG
Printed in Germany

ISSN 2365-5666
ISBN 978-3-447-11074-7

Zum Geleit

Andrew James Johnston und Gyburg Uhlmann

Der an der Freien Universität Berlin angesiedelte Sonderforschungsbereich 980 „Episteme in Bewegung. Wissenstransfer von der Alten Welt bis in die Frühe Neuzeit", der im Juli 2012 seine Arbeit aufgenommen hat, untersucht anhand exemplarischer Problemkomplexe aus europäischen und nicht-europäischen Kulturen Prozesse des Wissenswandels vor der Moderne. Dieses Programm zielt auf eine grundsätzliche Neuorientierung wissensgeschichtlicher Forschung im Bereich der Vormoderne ab. Sowohl in der modernen Forschung als auch in den historischen Selbstbeschreibungen der jeweiligen Kulturen wurde das Wissen der Vormoderne häufig als statisch und stabil, traditionsgebunden und autoritätsabhängig beschrieben. Dabei waren die Stabilitätspostulate moderner Forscherinnen und Forscher nicht selten von der Dominanz wissensgeschichtlicher Szenarien wie dem Bruch oder der Revolution geprägt sowie von Periodisierungskonzepten, die explizit oder implizit einem Narrativ des Fortschritts verpflichtet waren. Vormodernen Kulturen wurde daher oft nur eine eingeschränkte Fähigkeit zum Wissenswandel und vor allem zur – nicht zuletzt historischen – Reflexion dieses Wandels zugeschrieben. Demgegenüber will dieser SFB zeigen, dass vormoderne Prozesse der Wissensbildung und -entwicklung von ständiger Bewegung und auch ständiger Reflexion geprägt sind, dass diese Bewegungen und Reflexionen aber eigenen Dynamiken unterworfen sind und in komplexeren Mustern verlaufen, als es eine traditionelle Wissensgeschichtsschreibung wahrhaben will.

Um diese Prozesse des Wissenswandels fassen zu können, entwickelte der SFB 980 einen Begriff von ‚Episteme', der sich sowohl auf ‚Wissen' als auch ‚Wissenschaft' bezieht und das Wissen als ‚Wissen von etwas' bestimmt, d. h. als mit einem Geltungsanspruch versehenes Wissen. Diese Geltungsansprüche werden allerdings nicht notwendigerweise auf dem Wege einer expliziten Reflexion erhoben, sondern sie konstituieren sich und werden auch reflektiert in Formen der Darstellung, durch bestimmte Institutionen, in besonderen Praktiken oder durch spezifische ästhetische oder performative Strategien.

Zudem bedient sich der SFB 980 eines speziell konturierten Transfer-Begriffs, der im Kern eine Neukontextualisierung von Wissen meint. Transfer wird hier nicht als Transport-Kategorie verstanden, sondern vielmehr im Sinne komplex verflochtener Austauschprozesse, die selbst bei scheinbarem Stillstand iterativ in Bewegung bleiben. Gerade Handlungen, die darauf abzielen, einen erreichten

Wissensstand zu tradieren, zu kanonisieren, zu kodifizieren oder zu fixieren, tragen zum ständigen Wissenswandel bei.

Gemeinsam mit dem Harrassowitz Verlag hat der SFB die Reihe „Episteme in Bewegung. Beiträge zu einer transdisziplinären Wissensgeschichte" ins Leben gerufen, um die Ergebnisse der Zusammenarbeit zu präsentieren und zugänglich zu machen. Die Bände, die hier erscheinen, werden das breite Spektrum der Disziplinen repräsentieren, die im SFB vertreten sind, von der Altorientalistik bis zur Mediävistik, von der Koreanistik bis zur Arabistik. Publiziert werden sowohl aus der interdisziplinären Zusammenarbeit hervorgegangene Bände als auch Monographien und fachspezifische Sammelbände, die die Ergebnisse einzelner Teilprojekte dokumentieren.

Allen ist gemeinsam, dass sie die Wissensgeschichte der Vormoderne als ein Forschungsgebiet betrachten, dessen Erkenntnisgewinne von grundsätzlichem systematischen Interesse auch für die wissensgeschichtliche Erforschung der Moderne sind.

Inhalt

Abbildungsverzeichnis

Einleitung

Christina Schaefer und Simon Zeisberg

Einer von Torquato Tassos Dialogen, *Il Padre di famiglia* (1580), ist der *Oeconomia* und damit – entsprechend dem vormodernen Verständnis von Ökonomie – den Fragen der Haus- und Familienführung gewidmet. Im Zentrum des Gesprächs zwischen dem titelgebenden *pater familias* und seinem (die autobiographischen Züge Tassos tragenden) Gast steht ein langer Monolog des Gastgebers, in dem dieser die Lehre von der Haushaltsführung exponiert, so wie er sie selbst einst von seinem Vater vermittelt bekam und nunmehr an seine, ebenfalls dem Gespräch lauschenden Söhne weitergibt. Nicht zuletzt, weil diese von dem *padre* exponierte Doktrin kaum mehr zu sein scheint als eine Sammlung traditioneller, im Grundsatz seit der Antike überlieferter ökonomischer Lehrsätze, denen der Gast nicht offen widerspricht, es also nicht zur Kontroverse zwischen den Sprechern kommt, gilt *Il Padre di famiglia* als untypischer Tasso-Dialog („caso eccezionale"):[1] Allzu harmonisch sei er, ohne die dialogtypische Streitfrage (in Tassos Terminologie: *quistione*).[2] Es handele sich um einen geradezu „undialogische[n]", „negierte[n] Dialog", der vor allem „die kurrenten Themen des ökonomischen Diskurses" als „gültige *dottrina*" bestätige.[3] Ja, sogar von einer „Restitution" des traditionellen, zuvor bereits von anderen Literaten aufgebrochenen ökonomischen Diskurses ist in der Forschung die Rede.[4]

Diese Sicht auf *Il Padre di famiglia* als eine bloße Wiederaufnahme und Bestätigung traditioneller ökonomischer Lehren vermag in gewisser Weise nicht verwundern, da sie zur (vermeintlichen) Stabilität des verhandelten Gegenstands zu passen scheint, genauer: zu jener traditionellen Wahrnehmung der *Oeconomia* als einem Wissensbereich, der sich in seinen Grundzügen von der Antike bis in die frühe Neuzeit kaum geändert habe.[5] Der *padre* des Dialogs selbst trägt dazu bei,

1 Stefano Prandi, „I tre tempi della dialogistica tassiana", in: *Torquato Tasso e la cultura estense*, hg. von Gianni Venturi, Florenz 1999, Bd. 1, S. 293–313, hier S. 293, Anm. 1.

2 Zu der für den Dialog *qua* Gattung konstitutiven Streitfrage („quistione") vgl. Torquato Tasso, *Dell'arte del dialogo*, hg. von Guido Baldassarri, Neapel 1998, S. 45.

3 Gerhard Regn, „Negierter Dialog und kontingente Verbindlichkeit. Zum epistemologischen Index von Torquato Tassos *Padre di famiglia*", in: *Der Dialog im Diskursfeld seiner Zeit. Von der Antike bis zur Aufklärung*, hg. von Klaus W. Hempfer und Anita Traninger, Stuttgart 2010, S. 189–203, hier S. 193f. und 198.

4 Christiane Haberl, *Di scienzia ritratto. Studien zur italienischen Dialogliteratur des Cinquecento und ihren epistemologischen Voraussetzungen*, Neuried 2001, S. 104.

5 Vgl. Otto Brunner, „Das ‚ganze Haus' und die alteuropäische ‚Ökonomik'", in: *Familie und Gesellschaft*, hg. von Ferdinand Oeter, Tübingen 1966, S. 23–56. Implizit findet sich diese The-

dem von ihm tradierten ökonomischen Wissen den Anschein größtmöglicher Stabilität zu verleihen, indem er es als eines ausweist, das vermeintlich unverändert innerhalb der Familie von Generation zu Generation weitergegeben wird. Diese ‚Vererbung' des ökonomischen Wissens innerhalb des Hauses ist eine rekurrente Figur der Ökonomiken.[6] Man findet sie keineswegs nur bei Tasso, sondern, um bei den italienischen Renaissance-Dialogen zu bleiben, beispielsweise auch in Leon Battista Albertis *Libri della famiglia* (1433–40), wo die älteren Mitglieder der Casa Alberti ihr ökonomisches Wissen ebenso wie das ihrer Vorfahren an die jüngeren Familienmitglieder übermitteln, oder in Sperone Speronis *Della cura familiare* (1542), wo der Vater seine Tochter anlässlich ihrer Hochzeit instruiert. Bei Tasso freilich wird die Stabilität der Doktrin zusätzlich dadurch verbürgt, dass sie vom Großvater an den Vater und dann an die Enkel nicht nur mündlich, sondern auch in Form eines ‚kleinen Büchleins' („picciol libretto") weitergegeben wird, dessen Schriftlichkeit als letzter, gewissermaßen unstreitbarer Beleg der Unveränderlichkeit des Wissens fungiert bzw. fungieren soll.[7]

Insofern es sich also bei der Stabilitätsanmutung um eine selbstgegebene handelt, die in den ökonomischen Schriften selbst verankert ist, ist sie Teil und Strategie der ökonomischen Doktrin selbst – und als solche zu historisieren.

Fragt man nach Funktion und Zweck dieser Strategie, so rückt die (vermeintliche) Stabilität auch jener Institution in den Fokus, auf die die Schriften sich beziehen: die des Hauses (*oikos*). Als Mikrokosmos sozialer und wirtschaftlicher Beziehungen, als familiäre Lebens- und Wirtschaftsgemeinschaft aus *pater familias*, Ehefrau, Kindern und Dienerschaft, bildet das Haus den Gegenstand und Bezugspunkt der ökonomischen Doktrin. Offensichtlich dient die (vermeintliche) Stabilität des ökonomischen Wissens der Stabilisierung und Kontinuitätssicherung der Institution Haus (bzw. jener der patriarchalen Familie), ja, sie fungiert als deren Garant; und umgekehrt garantiert die Institution Familie die unveränderte Weitergabe des ökonomischen Wissens. Wir haben es also mit einer Figur wechselseitiger Stabilisierung zu tun.[8] Damit bezieht das ökonomische Wissen seine – dem Anspruch nach – kontinuierliche Geltung aber letztlich aus genau

---

se auch noch bei Germano Maifreda, der zwar den Übergang von der Frühen Neuzeit zur Moderne differenziert betrachtet, jedoch die Ökonomie-Literatur *bis* zur Frühen Neuzeit als seit Jahrtausenden („for millenia") stabil darstellt. Vgl. Germano Maifreda, *From ‚Oikonomia' to Political Economy: Constructing Economic Knowledge from the Renaissance to the Scientific Revolution*, Farnham 2012, S. 11.

6 Ökonomiken hier verstanden im Sinne von theoretischen Schriften, d. h. Traktaten oder Dialogen, zur *Oeconomia*.

7 Torquato Tasso, „Il Padre di famiglia", in: ders., *Dialoghi: Il Messagiero, Il Padre di famiglia, Il Malpiglio, La Cavaletta, La Molza*, hg. von Bruno Basile, Mailand 1991, S. 105–158, hier S. 156.

8 Zum ‚Haus' als Wissensmetapher mit stabilisierender Wirkung vgl. Philip Hahn, „Einführung: Wissensordnung und Ordnungswissen", in: *Das Haus in der Geschichte Europas. Ein Handbuch*, hg. von Joachim Eibach und Inken Schmidt-Voges, Berlin/Boston 2015, S. 643–648, hier S. 644 (unter Rekurs auf eine Position von Peter Blickle 2008). Allgemein zur wechselseitigen Stabilisierung von Institutionen, nicht zuletzt über Analogien zur Natur, zum Universum o. Ä. vgl. Mary Douglas, *How Institutions Think*, Syracuse, NY 1986, insb. S. 46.

jener Stabilität, die dem Haus als Institution des *ordo* zugeschrieben wird. Hintergrund ist, dass sich die Institution Haus – in Analogie zum göttlichen *ordo* – selbst den Status eines ebenso unverzichtbaren wie perfekten Ordnungsraums des irdischen Lebens gibt. Dies spiegelt sich auch in den Ökonomiken, in denen der wohlgeordnete Haushalt, in dem jedes Ding (und letztlich auch jede Person) seinen (bzw. ihren) festen Platz hat, ausnahmslos das Ideal darstellt. Nicht zufällig figuriert daher der *padre di famiglia* aus Tassos Dialog als Herr über ein perfekt geordnetes und funktionierendes Landgut.

Wenn also das Postulat der unveränderten Weitergabe des ökonomischen Wissens von Generation zu Generation als eine typische Figur der *Oeconomia* zu reflektieren ist, mit der die zeitgenössische patriarchale Familie – qua Institution – darauf zielt, ihre eigene Kontinuität zu sichern, so heißt dies einmal mehr, dass diese Stabilität kritisch zu hinterfragen ist. Und in der Tat: Selbst dort, wo, wie bei Tasso, das ökonomische Wissen nur bestätigend aufgegriffen zu werden scheint, ist es bei genauerem Hinsehen im Wandel begriffen. Denn bereits die Iteration von Wissen, verstanden als dessen nicht-identische Wiederholung, bringt im und durch den Akt des Wiederholens immer schon (und auch unintendiert) Neues hervor.[9] In dem Tasso-Beispiel zeigt sich dies, wenn man sich die Rahmung des im Zentrum platzierten ökonomischen Monologs des *padre* genauer ansieht und dabei auch vermeintlich marginalen Phänomenen wie dem Schweigen oder einem intertextuellen Rekurs auf Petrarca Aufmerksamkeit schenkt: Dann erst wird die ‚Kontroverse' und unterschwellige Brüchigkeit des in diesem Dialog verhandelten ökonomischen Wissens sichtbar. Und erst dann zeigt sich, dass Tasso in ihm die ökonomische Tradition keineswegs nur bestätigend aufgreift, sondern dadurch unterminiert, dass er *die traditionellen Elemente neu und teilweise gegeneinander montiert* und so auf subtile Weise klarmacht, dass das höfische Ideal gegen Ende des Cinquecento auch in der Ökonomie und auch fernab der Höfe und Städte seine Gültigkeit hat. Der *padre*, so die unterschwellige Botschaft, darf seinem Sohn die Möglichkeit, wertvolle Erfahrungen bei Hof zu sammeln, nicht durch eine verfrühte Heirat und Bindung an das Landgut verwehren.[10]

Damit bestätigt sogar das als ‚Sonderfall' erscheinende Tasso-Beispiel, was bereits Daniela Frigo gegen die oben erwähnte Wahrnehmung der vormodernen *Oeconomia* als einem in sich stabilen Wissensrepertoire geltend gemacht hat: dass die *Oeconomia* trotz ihrer beeindruckenden *longue durée* von der Antike bis

9 Zum Konzept der Iteration im Kontext des Wissenswandels vgl. Eva Cancik-Kirschbaum/Anita Traninger, „Institution – Iteration – Transfer: Zur Einführung", in: dies. (Hg.), *Wissen in Bewegung: Institution – Iteration – Transfer,* Wiesbaden 2015, S. 1–13.

10 Zu dieser Interpretation vgl. Christina Schaefer, „Torquato Tasso, *Il padre di famiglia* (1580). Iteration und Wandel in der Ökonomik der italienischen Renaissance", in: Eva Cancik-Kirschbaum/Anita Traninger (Hg.), *Wissen in Bewegung: Institution – Iteration – Transfer,* Wiesbaden 2015, S. 323–337.

zur Frühen Neuzeit sich sehr wohl gewandelt und den Normen und Werten der jeweiligen Zeit angepasst hat.[11]

Der vorliegende, im Rahmen des SFB 980 *Episteme in Bewegung* entstandene Band greift dieses Phänomen des Wandels unter dem Begriff des Wissenstransfers auf und knüpft dabei an bisherige Forschungsergebnisse des SFB an. Wissen wird in diesem Kontext verstanden als ein aufgrund von historischen Aushandlungsprozessen entstandenes, mit Geltungsansprüchen verbundenes ‚Wissen von etwas', das sich in bestimmten „Praktiken, Medien, Materialien und Darstellungsweisen" nicht nur manifestiert, sondern allererst konstituiert.[12] Unter ökonomischem Wissen der Frühen Neuzeit fassen wir entsprechend jenes Wissen, das sich mit Fragen der *Oeconomia*, also der Haushaltsführung, befasst und in Texten, Bildern und anderen Medien, aber beispielsweise auch in architektonischen Konzepten materialisiert.[13] Die Transfers, in die dieses Wissen grundsätzlich involviert ist bzw. sein kann, umfassen nicht nur seine räumliche, zeitliche oder kulturelle Weitergabe, sondern letztlich alle „Form[en] des Umgangs" mit ihm: von der „Fixierung, Tradierung, Kodifizierung, didaktische[n] Aufbereitung, Selektion" bis hin zur Negation, Ausblendung oder Marginalisierung des Wissens.[14] Im Transfer und damit auch im Wandel befindet sich das Wissen dabei auch dann, wenn es auf den ersten Blick unverändert tradiert zu werden scheint bzw. mit einer impliziten oder expliziten Stabilitätsbehauptung einhergeht.[15]

Lenkt man vor diesem Hintergrund den Blick auf die Spannungsfelder, in die frühneuzeitliches Ökonomiewissen in seinem Transfer eintreten kann – wobei dies eben auch subkutan, ohne ein Moment des Bruches mit der Überlieferung geschehen mag –, lassen sich die Spielräume für den Wandel dieses Wissens genauer beschreiben. Einige besonders wichtige Konstellationen seien im Folgenden kurz skizziert:

Ökonomie und Chrematistik: Einen großen Beitrag zur Erzeugung der Stabilitätsanmutung ökonomischen Wissens im frühneuzeitlichen Transfer leistet ein Phänomen, das man mit Luhmann als „Bifurkation" vormoderner Systementwürfe der Ökonomie bezeichnen könnte.[16] Im Rekurs auf Aristoteles bzw. die aristotelisch geprägte christliche Tradition unterscheiden Autoren der Frühen Neuzeit regelmäßig zwischen verschiedenen Formen des Erwerbs. In den Bereich der Ökonomie (*oikonomia*) fallen dabei solche Praktiken des Wirtschaftens,

11 Vgl. Daniela Frigo, *Il padre di famiglia: governo della casa e governo civile nella tradizione dell'„economica" tra Cinque e Seicento*, Rom 1985, S. 8. Frigo selbst zeigt dies am Beispiel der italienischen Ökonomiken des 16. und 17. Jahrhunderts, für die sie belegt, wie sehr sie von dem sich zeitgenössisch ausprägenden Adelsideal durchdrungen sind.

12 Cancik-Kirschbaum/Traninger, „Institution – Iteration – Transfer", S. 1.

13 Zur Deutung der materiellen Aspekte des Hauses vgl. den Beitrag von Michael Lorber in diesem Band; außerdem Teil II („Materialität und Wohnkultur") in: Eibach/Schmidt-Voges (Hg.), *Das Haus in der Geschichte Europas. Ein Handbuch*, Berlin/Boston 2015.

14 Cancik-Kirschbaum/Traninger, „Institution – Iteration – Transfer", S. 2.

15 Vgl. ebd.

16 Niklas Luhmann, *Die Wirtschaft der Gesellschaft*, Frankfurt a. M. 1994, S. 236.

die, ohne ein ‚natürliches' bzw. rechtes Maß zu überschreiten, der menschlichen „Sorge für den Unterhalt"[17] dienen – ein Ziel, das sich bei Aristoteles eng mit dem Ethos des „vollkommene[n] Leben[s]" des Menschen in Haus und Staat verknüpft,[18] dem je nach Kontext in der Frühen Neuzeit aber auch andere, etwa christlich-religiöse Begründungen unterlegt werden können. Erscheint das Haus in diesem Sinne als stabile Institution schon deshalb, weil in ihm nach den in der Natur bzw. in der göttlichen Schöpfung geltenden Regeln gehandelt wird (oder werden soll), so definiert sich sein Anderes, die Chrematistik, als Sphäre eines maßlosen Erwerbshandelns, in der diese Regeln missachtet werden.[19] Zum Indikator wird dabei das Geld. Nach aristotelischer Auffassung aus der „Notwendigkeit des Tauschhandels" entstanden, ist es als Medium an sich ethisch-moralisch indifferent.[20] Zum Agens des Widernatürlichen bzw., im christlichen Kontext, Widergöttlichen wird es erst durch das Handeln des Menschen, der es vom Mittel zum Zweck erklärt – was sich zumal an den Wucherern zeige, deren Praktiken Aristoteles zufolge „am meisten dem Naturrecht" zuwiderliefen, da sie „aus dem Gelde selbst Gewinn" zögen.[21] Wo genau die – bereits von Aristoteles so genannte – „Grenze" zwischen Ökonomie und Chrematistik verläuft, ob und bis zu welchem Grad auch der gute Haushälter nach Gewinn streben darf, ob und inwieweit ökonomische und kaufmännisch-merkantile Praktiken kompatibel sind, ob und in welchem Maße Zinsgeschäfte zulässig sind, welchen Nutzen das Geld, welchen Nutzen der Handel für die Gemeinschaft hat –, bleibt im Transfer griechisch-antiken *Oeconomia*-Wissens zwischen Mittelalter und Früher Neuzeit allerdings Gegenstand fortwährender Aushandlungen.[22] Dies lässt sich mit Blick auf scholastische und spätscholastische Texte sagen, in denen das aristotelische Ökonomiewissen in seiner Geltung einerseits völlig unangefochten tradiert wird, andererseits jedoch in oftmals mikrologisch verlaufenden Denkoperationen dynamisiert und verändert wird – etwa wenn Thomas von Aquin das aristotelische Zinsverbot einerseits bestätigt, andererseits aber durch die theologische Begründung von Ausnahmen relativiert.[23] Dies lässt sich aber auch für Texte humanistischer Autoren behaupten, die, wie die von kaufmännisch geprägten Verfassern stammenden Haus- und Familienbücher dies- und jenseits

---

17 Aristoteles, *Politik*, übersetzt von Eugen Rolfes, in: ders., *Philosophische Schriften in sechs Bänden*, Darmstadt 1995, Bd. 4, S. 21 (I 9, 1258a).

18 Ebd., S. 17 (I 8, 1256b).

19 Die chrematistische Erwerbskunst besteht laut Aristoteles allein darin, „daß sie zu ermitteln weiß, wie man möglichst viel Vermögen gewinnt" (ebd., S. 19 [I 9, 1257b]).

20 Ebd. (I 9, 1257b).

21 Ebd., S. 23 (I 10, 1258b).

22 Ebd., S. 17 (I 9, 1257a).

23 Zur Rezeption der aristotelischen Ökonomielehre in Thomas' von Aquin *Summa Theologica* (1265/1266–1273) vgl. Peter Koslowski, *Die Ordnung der Wirtschaft. Studien zur Praktischen Philosophie und Politischen Ökonomie*, Tübingen 1994, S. 64–88; zum ökonomischen Wissen in der Spätscholastik vgl. den Überblicksartikel von Wolf-Hagen Krauth, „Spätscholastik/Wirtschaftslehre", in: *Enzyklopädie der Neuzeit*, hg. von Friedrich Jaeger, Stuttgart/Weimar 2010, Bd. 12: *Silber–Subsidien*, Sp. 310–316.

der Alpen, dazu neigen, die Tugendkataloge und Handlungsfelder von Hausvater und Kaufmann soweit zu vernetzen, dass eine Unterscheidung ökonomischer und chrematistischer Praktiken im Einzelfall kaum mehr möglich scheint.[24] Man vergleiche hierzu etwa Leon Battista Albertis *Libri della famiglia* (1433–41), in denen das kaufmännische Gewinnstreben ganz explizit als tugendhaftes Unternehmen ‚zum Nutzen von Staat und Familie' („alle republice [...] molto e alle famiglie utilissimo") gerechtfertigt wird.[25] Wenn es auf diese und andere Weisen in frühneuzeitlichen Texten zu Vorgängen der Diffusion kaufmännischen Wissens in das Feld der *Oeconomia* kommt, so kann dies angesichts der Verbreitung von Handbüchern für Kaufleute im frühneuzeitlichen Europa nicht verwundern.[26] Gleichwohl sollten diese aus moderner Sicht möglicherweise besonders signifikanten Phänomene nicht verdecken, dass große Teile frühneuzeitlicher Ökonomik – darunter auch weit verbreitete Texte wie *La maison rustique* (1567) von Charles Estienne und Jean Liébault, Thomas Tussers *Five Hundred Points of Good Husbandry* (1573) oder Johannes Colers *Oeconomia* (mehrere Bände ab 1591) – von Bezugnahmen auf Geld- und Kaufmannswissen weitgehend frei bleiben. Gemäß der Thesenbildung des vorliegenden Sammelbandes sollte das freilich aber gerade nicht dazu Anlass geben, deren Rekurs auf die Erwerbskonzeptionen der alteuropäischen *Oeconomia*-Tradition als statisch und veränderungsresistent zu präjudizieren. Im Gegenteil wäre zu überlegen, inwieweit auch hier, z.B. durch den Bezug auf Texte der römischen *scriptores rei rusticae* – Cato d.Ä., Varro, Columella, Palladius –, Profitabilitätsparadigmen in den Transfer eingehen, die mit den Geltungen aristotelisch-christlicher Tradition nicht ohne Weiteres kompatibel scheinen.[27] Dabei könnte sich etwa zeigen, dass die überlieferte Grenzziehung

24 Vgl. dazu Jakob Bek-Thomsen, „The Greed of Gold: Early Modern Conceptions of Money, Nature and Morals", in: *Intellectual History of Economic Normativities*, hg. von Mikkel Thorup, New York 2016, S. 25–39.

25 Leon Battista Alberti, *I libri della famiglia*, hg. von Ruggiero Romano und Alberto Tenenti, neu hg. von Francesco Furlan, Turin 1999, S. 174. Vgl. dazu Christina Schaefer, „Vom ‚anderen' Wert ökonomischen Wissens in der italienischen Renaissance: Leon Battista Alberti und die *Libri della famiglia*", in: *Zeitsprünge. Forschungen zur Frühen Neuzeit* 21:3–4 (2017) (= Themenheft *Humanistische Ökonomien des Wissens*, hg. von Judith Frömmer und André Otto), S. 285-303.

26 Als Beispiele aus dem italienischen Raum wären hier zu nennen: Paolo da Certaldo, „Libro di buoni costumi" [14. Jh.], in: *Mercanti scrittori. Ricordi nella Firenze tra Medioevo e Rinascimento*, hg. von Vittore Branca, Mailand 1986, S. 1–99; Benedetto Cotrugli Raguseo, *Il libro dell'arte di mercatura* [1458], hg. von Ugo Tucci, Venedig 1990. Einen bibliographischen Überblick über die kaufmännische Literatur der Frühen Neuzeit vermittelt Jochen Hoock u.a. (Hg.), *Ars mercatoria. Handbücher und Traktate für den Gebrauch des Kaufmanns; 1470–1820. Eine analytische Bibliographie*, 6 Bde., Paderborn u.a. 1991ff. (erschienen sind bisher nur die Bde. 1–3).

27 Die Ausrichtung der Haus- und Landwirtschaft auf Profitabilität gehört zu den Kennzeichen römischer Ökonomiken, wobei das aristotelische Konzept der Grenze ökonomischen Gewinnstrebens zunächst keine Rolle spielt. Vgl. Thorsten Fögen, *Wissen, Kommunikation und Selbstdarstellung. Zur Struktur und Charakteristik römischer Fachtexte der frühen Kaiserzeit*, München 2009, S. 168. Zu den Texten der römischen *scriptores rei rusticae* insgesamt vgl. Silke Diederich, *Römische Agrarhandbücher zwischen Fachwissenschaft, Literatur und Ideologie*, Berlin 2007.

von Ökonomik und Chrematistik in einigen Texten oberflächlich stabil bleibt, unterschwellig jedoch durch abweichende Profilierungen profitablen ökonomischen Handelns verschoben wird, während sie in anderen Texten per offenem Traditionsbruch geradewegs aufgehoben wird. Ein Beispiel für Zweiteres bietet Johann Wilhelm Wündschs *Memoriale Oeconomicum Politico-Practicum* (1669), in dessen Vorrede der Leser dazu aufgefordert wird, „dieses Buches glückselig [zu gebrauchen] / daß er dadurch reich und wol begütert oder ja in erhaltenem Wolseyn behalten werde und bleibe / auff welche *Chrematisticam* doch pfleget in allen Haußhaltungen als auff einen Endzweck gesehen zu werden“.[28] Was hier wie dort zu verzeichnen ist, sind Bewegungen im Wissenstransfer, die auf Basis der Annahme einer statischen Opposition von Ökonomie und Chrematistik im alteuropäischen Systemaufbau nicht ausreichend sichtbar gemacht werden können.

Wissensformen der Ökonomie: Vor dem Hintergrund, dass die frühneuzeitliche *Oeconomia sowohl* die aus der Antike überlieferten Wissensbestände (etwa von Aristoteles, Xenophon, Plutarch, aber auch von den römischen *scriptores rei rusticae*) iteriert *als auch* christlich-theologisches Wissen, Wissen aus der mittelalterlichen *artes mechanicae*-Tradition[29] sowie Elemente eines zur jeweiligen Zeit aktuellen (praktischen) Erfahrungswissens in sich aufnimmt oder aufnehmen kann, ist es nicht überraschend, dass die frühneuzeitliche Ökonomieliteratur in (wissens)formaler Hinsicht ein einigermaßen heterogenes Bild abgibt. Mindestens drei Wissensformen spielen dabei eine Rolle. Zunächst ist festzustellen, dass das aus der Antike überlieferte *ordo*-Modell des Hauses selbst, einschließlich der drei *societates oeconomiae* (Ehemann–Ehefrau, Vater–Kinder, Hausherr–Sklaven/Dienerschaft), in der Frühen Neuzeit einen *epistemischen* Status hat, mithin ein Wissen darstellt, das im Transfer in der Regel als universell gültiges, invariables Wissen bestätigt wird. Liegt der Grund hierfür in der Verankerung des Hauses in übergeordneten Systemstrukturen – Staat, Natur, Kosmos, Schöpfung oder auch Heilsgeschichte –, so wird leicht ersichtlich, dass mögliche Transformationsdynamiken auf dieser Ebene tendenziell ‚nur‘ im Modus iterativer, auf Momenten nicht-identischer Wiederholung basierender Transfers ausgelöst werden können. Bereits in der griechischen Antike wird dabei freilich ein Unterschied gemacht zwischen dem tendenziell invariablen Systemaufbau der *oikonomia* und den erfahrungsgebundenen und anwendungsbezogenen Praktiken, die sich mit ihr

---

28 Johann Wilhelm Wündsch, *Memoriale Oeconomicum Politico-Practicum, Das ist Kurtze doch nützliche und außführliche Unterrichtung Eines Haushaltischen Beambten und Hoffbedienten […]*, Leipzig 1669, fol.):(iiij^{r} (Vorrede an den Leser). Es liegt auf der Hand, dass Wündsch unter diesen Umständen auf das Konzept der Stabilisierung ökonomischen Wissens qua Iteration nicht zurückgreifen kann. Er wählt daher das Mittel offensiver Abgrenzung. Aus seinem Text könne der Leser die „*heutige* Art und Kunst Hauß zu halten“ lernen, die er sonst aus keinem der „Bücher[ ] / die von der *Oeconomia* geschrieben / deß Weltweisen *Aristotelis* begreiffen kann“ (ebd., fol.):(iiij^{l-r}, Herv. C.S. und S.Z.).

29 Vgl. Paul Münch, Art. „Hausväterliteratur“, in: *Reallexikon der deutschen Literaturgeschichte*, neu hg. von Werner Kohlschmidt und Wolfgang Mohr, Berlin/New York 1988, Bd. 1: *A–K*, S. 621–623, hier S. 621.

verbinden und die schon von Xenophon und Aristoteles als unverzichtbar erachtet werden. So betont Xenophon in seinem *Oikonomikos*-Dialog die Anwendungsbezogenheit ökonomischen Wissens und schreibt entsprechend anstelle des gelehrten Sokrates dem Praktiker Ischomachos die Rolle des ökonomischen Wissensträgers und -vermittlers zu.[30] Der Begriff der *technē*, den Xenophon zur Bezeichnung des Wissens dabei wählt, bleibt in den frühneuzeitlichen Perspektivierungen der *Oeconomia* von Bedeutung, impliziert das ‚rechte Handeln' des Ökonomen in den Schriften doch regelmäßig eine Selektion vorhandenen Wissens nach seiner Nützlichkeit in der Anwendung.[31] Ganz Ähnliches gilt für den Begriff der praktischen Klugheit (*phronēsis*), den Aristoteles im entsprechenden Zusammenhang verwendet.[32] In Angelegenheiten der *oikonomia* genügt es aus aristotelischer Sicht nicht, nur den abstrakten Begriff (*logos*) von den Dingen zu haben – also rein epistemisch zu verfahren –, vielmehr müsse der Ökonom, um klug zu handeln, auch in der „Praxis des Lebens" erfahren sein.[33] Was in diesem Sinne in der Antike als ‚Erfahrungsparadigma der Ökonomie' theoretisch begründet wird, kann in der Frühen Neuzeit je nach Kontext ganz unterschiedliche Bedeutungen und Relevanzzuschreibungen erhalten. Während es in einigen Texten bei diesem seit der Antike überlieferten, topischen ‚Lob der Erfahrung' bleibt, ohne dass eine darüber hinausgehende Agenda empirischer Wissenserschließung greifbar würde, finden sich andere Texte, in denen der Bezug auf *experientia* und Empirie ausdrücklich auf die Erweiterung und Veränderung des vorhandenen Wissens zielt. Ein Beispiel hierfür gibt die bereits erwähnte *Oeconomia* Colers, in deren Vorrede es von der „gute[n] Wirtschafft" heißt, sie sei „*ars artium & scientia scientiarum*, eine Kunst über alle Künste", die kein Mensch auf der Welt je „außgelernet hette".[34] Müsse angesichts der Vielzahl und Varietät der Phänomene, die mit dem Haus zu tun hätten, das Buch der Ökonomie immer weiter-

30 Vgl. Xenophon, „Oikonomikos/Gespräch über die Haushaltführung", in: ders., *Ökonomische Schriften*, griechisch und deutsch von Gert Audrin, Berlin 1992, S. 30–128, hier S. 31.

31 Welches Wissen zur *Oeconomia* gehört und welches nicht – eine Frage, die sich angesichts der Verfügbarkeit immer größerer Bestände etwa naturkundlichen oder kaufmännischen Wissens in der Frühen Neuzeit sehr konkret stellt –, wird in der Regel eben in diesem Sinne entschieden: eine Praxis, die materiellen oder immateriellen Nutzen bei der Führung des Hauses verspricht, ist eine ökonomische Praxis, eine Praxis, die dies nicht tut, ist es nicht.

32 Zur Handlungsklugheit (*phronēsis*) als Eigenschaft des guten Haushälters vgl. Aristoteles, *Nikomachische Ethik*, nach der Übersetzung von Eugen Rolfes bearbeitet von Günther Bien, in: ders., *Philosophische Schriften in sechs Bänden*, Bd. 3, Darmstadt 1995, S. 135f. (VI 5, 1140b) sowie ebd., S. 139f. (VI 8, 1141b). Zur *phronēsis* bei Aristoteles vgl. Friederike Rese, *Praxis und Logos bei Aristoteles. Handlung, Vernunft und Rede in* Nikomachischer Ethik, Rhetorik *und* Politik, Tübingen 2003, S. 103–140, insb. S. 130–140 (zur Relation von *phronēsis* und Erfahrung).

33 Aristoteles, *Nikomachische Ethik*, S. 2f. (I 1, 1094b und 1095a).

34 Johannes Coler, *Calendarium Oeconomicum & perpetuum. Vor die Haußwirt, Ackerleut, Apotecker und andere gemeine Handwercksleut, Kauffleut, Wanderßleut, Weinherrn, Gertner und alle diejenige so mit Wirtschafft umbgehen […]*, Neudruck der Erstausg. Wittenberg 1591, Leipzig 1988, fol. A3^{v}. Zu Colers Auffassung der Ökonomie als *scientia* und *ars* vgl. Philip Hahn, *Das Haus im Buch. Konzeption, Publikationsgeschichte und Leserschaft der ‚Oeconomia' Johann Colers*, Epfendorf 2013, S. 73–103.

geschrieben werden,[35] so läuft das im konkreten Fall der *Oeconomia* Colers auf die Weitergabe und Fortsetzung der Studien seines Vaters Jacob hinaus. Dieser habe zunächst die Bücher der Alten konsultiert, es dann aber „da er mit Bawren / Scheffern / Gertnern / Weinmeistern / vnd andern vmbgangen / vnd dieselbigen gehöret vnd ausgeforschet / [...] in vielen dingen gar ein anders befunden / als in diesen *Autoribus* gemeldet wird. Derentwegen er auch letztlich dieselben *Scribenten* verlassen / vnd mit denen Leuten *conferiret* vnd von jhnen mannichs erfahren vnd gelernet / das man in keinen Büchern leichtlich finden wird."[36] Stabilität und Wandel ökonomischen Wissens fallen hier mithin ineins. Auf der einen Seite wird das schriftlich überlieferte ökonomische Wissen (nicht nur) der Alten in seiner Geltung relativiert, da es, wenn es sich „*ex antecedentibus experientjis*"[37] als unzutreffend oder nicht nützlich erweist, jederzeit verworfen werden kann – ein Plädoyer für den empirisch-technischen Sachbezug der *Oeconomia*, der sich im Übrigen in vielen frühneuzeitlichen Schriften mit typischen Elementen der Gelehrtenkritik verbindet.[38] Auf der anderen Seite ist diese empirische Ausrichtung der *Oeconomia* von den antiken Konzepten der *technē* und *phronēsis* durchaus abgedeckt, kann selbst also als Element einer langen Wissenstradition gelten. Symptomatisch hierfür ist nicht nur die Tatsache, dass die Insuffizienz eines rein epistemischen Zugangs zur *oikonomia* ja schon von Aristoteles und Xenophon betont wird. Auch bestätigt die Art und Weise, wie Coler den ökonomischen Wissenstransfer schildert, das überlieferte Modell der innerhäuslichen, transgenerationellen Weitergabe eines an personale Träger gebundenen ökonomischen Erfahrungswissens: Das Wissen, das der Vater als guter ‚Haußwirt' in Erfahrung gebracht hat, geht an den Sohn weiter, der es nicht nur zu bewahren, sondern, so wie bereits der Vater in seiner Auseinandersetzung mit Bauern, Schäfern und anderen Praktikern, gemäß seinen eigenen – möglicherweise erneut abweichenden – Erfahrungen zu modifizieren und ergänzen hat. Nur wo dies geschieht,

35 Sehr deutlich wird dies in Colers Aufruf, der Hausvater möge „seiner Wirtschafft besser [...] achtung geben / vnd derselben fleissiger nachdenken / andere Bücher / die vielleicht in jhren Landen gut genug sein mögen / fahren lassen / vnd jhnen [sic!] selber aus eigener erfarung newe machen / damit sie von andern frembden *Autoribus* vnerfüret bleiben / vnd jn jhren sachen auff gewissen Fuss stehen mögen." (Coler, *Calendarium*, fol. A4^r).

36 Ebd., fol. A4^v.

37 Ebd., fol. A3^r.

38 Bei Alberti gilt der erfahrene Praktiker („[uomo] sperto e pratico") als derjenige, dessen Wissen ‚in den Dingen der Welt' um ein Vielfaches nützlicher sei als das eines ‚ungeschliffenen Literaten' (Alberti, *I libri della famiglia*, S. 203). In Ansätzen findet sich die Kombination aus Lob der Erfahrung einerseits und Gelehrtenkritik andererseits auch bei Coler, wenn er sich in seiner Vorrede gegen die „Klügling[e]" wendet, die sein Werk als „Lappenwerck" möglicherweise verachten könnten: „Aber diesen antworte ich wider: Viel von sachen plaudern vnd waschen / vnd vnnütze Charten außwerffen / kan ein jeder wol / aber besser wird es gleichwol keiner machen" (Coler, *Calendarium*, fol. A4^r). Letztlich ist auch diese Form der Gelehrtenkritik bei Aristoteles vorgeprägt, der in seiner *Metaphysik* den Arzt kritisiert, der nur Bücherwissen, aber keine praktische Erfahrung habe. Vgl. Aristoteles, *Metaphysik*, nach der Übersetzung von Hermann Bornitz bearbeitet von Horst Seidl, in: ders., *Philosophische Schriften in sechs Bänden*, Bd. 5, Darmstadt 1995, S. 2f. (I 1, 981a).

kann sich das Haus als stabile Institution in der komplexen Empirie behaupten, die Coler und mit ihm viele andere Autoren des 16. und 17. Jahrhunderts als Schauplatz ökonomischen Handelns identifizieren.

Haus und Staat: Eine weitere Grenze, an der die Geltung ökonomischen Wissens in frühneuzeitlichen Transfers regelmäßig ausgehandelt wird, ist die von Haus und Staat. Weithin maßgeblich für deren Festlegung ist dabei einmal mehr die aristotelische Tradition.[39] Stellen Haus und Staat für Aristoteles zwei „Ordnungen" dar, „die sich ebenso gegenseitig [spiegeln] wie miteinander verflochten [sind]",[40] so gilt dies zunächst hinsichtlich des sich hier wie dort manifestierenden Herrschaftsgefüges. Entsprechend den als ‚natürlich' postulierten Hierarchien mit dem Hausherrn an der Spitze üben sich die Hausbewohner – Hausvater, Ehefrau, Kinder und Sklaven – in den Tugenden des Herrschens und Beherrschtwerdens,[41] wobei das Haus nicht nur als Ursprung und Teil politischer Ordnung erkannt wird,[42] sondern in sich nach dem metaphysischen Prinzip der Seelen-Leib-Hierarchie geordnet sein soll.[43] In den bereits erwähnten drei Rechtsverhältnissen der *societas coniugalis* (Ehemann-Ehefrau), *societas patria* (Vater-Kinder) und *societas herilis* (Hausherr-Sklaven)[44] präsentiert sich die *oikonomia* bei Aristoteles in diesem Sinne als streng hierarchisch gegliederter Herrschaftsraum, dessen zweckhafte Legitimation die Notwendigkeit menschlich-gemeinschaftlicher „Sorge für den Unterhalt"[45] ist – ein Ziel, das sich nicht nur mit dem Ideal politischer Autarkie verbindet,[46] sondern auch das peripatetische Ethos des „vollkommene[n] Le-

39 Die vielschichtig verlaufende Rezeption der aristotelischen *Politik* in Mittelalter und Früher Neuzeit dokumentieren die Sammelbände: *Politischer Aristotelismus und Religion in Mittelalter und Früher Neuzeit*, hg. von Alexander Fidora u.a., Berlin 2007; *Politischer Aristotelismus. Die Rezeption der aristotelischen ‚Politik' von der Antike bis zum 19. Jahrhundert*, hg. von Christoph Horn und Ada Neschke-Hentschke, Stuttgart 2008. Zu den antiken Verknüpfungen von Haus und Staatsordnung vgl. Astrid Habenstein, „Das Haus in den Wissensordnungen der griechisch-römischen Antike", in: Eibach/Schmidt-Voges (Hg.), *Das Haus in der Geschichte Europas. Ein Handbuch*, S. 649–666. Zur frühneuzeitlichen Beziehung von Ökonomie und Politik speziell vor dem Hintergrund aristotelischer Tradition vgl. Anna Becker, „Der Haushalt in der politischen Theorie der Frühen Neuzeit", in: Eibach/Schmidt-Voges (Hg.), *Das Haus in der Geschichte Europas. Ein Handbuch*, S. 667–683.

40 Becker, „Der Haushalt", S. 670.

41 Vgl. Aristoteles, *Politik*, S. 28 (I 13, 1260a).

42 So Aristoteles in seiner *Eudemischen Ethik* (VII 10, 1242b): „In der Hausgemeinschaft also (werden) zuerst die Anfänge und Quellen von Freundschaft, Polisordnung und Recht sichtbar" (Aristoteles, *Eudemische Ethik*, übersetzt von Franz Dirlmeier, Berlin 1962, S. 84). In der *Politik* betont Aristoteles, dass das Haus bzw. die Familie notwendiger Teil des Staates sei: „[D]enn jeder Staat besteht aus Familien." (Aristoteles, *Politik*, S. 6 [I 3, 1253b]).

43 Dazu Kap. 5 und 13 des ersten Buches der *Politik*.

44 Vgl. Aristoteles, *Politik*, S. 6f. und 89 (I 3, 1253b und III 6, 1278b).

45 Ebd., S. 21 (I 9, 1258a).

46 Dieses identifiziert Aristoteles als eigentliches Ziel der Staatsgemeinschaft: „Endlich ist die aus mehreren Dorfgemeinden gebildete vollkommene Gesellschaft der Staat, eine Gemeinschaft, die gleichsam das Ziel vollendeter Selbstgenügsamkeit erreicht hat, die um des Lebens willen entstanden ist und um des vollkommenen Lebens willen besteht." (Ebd., S. 4 [I 2, 1252b]).

ben[s]" des Menschen in Haus und Staat impliziert.[47] Sehr deutlich zeigt sich die grundlegende Aufeinanderbezogenheit von Haus und Staat, wenn Aristoteles in der *Nikomachischen Ethik* die verschiedenen Arten staatlicher Verfassung als Abbilder (*homoiōma*) bzw. Muster (*paradeigma*) der Hausgemeinschaften bezeichnet und in diesem Kontext die Gemeinschaft von Vater und Kindern mit einer Monarchie, die von Herr und Sklave mit einer Tyrannis, die von Mann und Frau mit einer Aristokratie und die der Geschwister untereinander mit einer Timokratie vergleicht.[48] In der Frühen Neuzeit entfaltet das aristotelische Konzept in verschiedensten Diskurskontexten – von der Scholastik über den Humanismus und die Reformation bis hin zur absolutistischen Staatstheorie – seine Wirkung. Neben der herrschaftstheoretischen Funktion spielen dabei auch solche Ansätze eine Rolle, in denen das Haus als Analogon und Grundelement des Staates für die Entfaltung von Theorien staatlich-politischer Ökonomie von Bedeutung sind. Im Rekurs auf die *Oeconomia* lassen sich demnach Konzepte der inneren und äußeren Organisation staatlicher Wirtschaft, des Erhalts des Gemeinwohls, der Funktion des Staatsschatzes sowie des Zu- und Abflusses von Reichtümern erörtern, von deren Relevanz sich die Autoren des 16. und 17. Jahrhunderts in zunehmendem Maße überzeugt zeigen. Ohne hier auf Details der diesbezüglichen Debatten eingehen zu können,[49] scheint für die hier interessierenden Bedingungen des Wissenstransfers vor allem die Frage zentral, bis zu welchem Punkt der Theoriebildung sich häusliche und staatliche Ökonomie überhaupt sinnvoll als analoge Gebilde vorstellen ließen. Wo lagen die epistemologischen Potenziale der Analogie, wo gelangten sie an ihre Grenzen? So auffällig die frühneuzeitliche Persistenz des Topos vom Staat als „Super-Oikos"[50] bzw. dem Haus als ‚Mini-Staat' in allen seinen zeitgenössischen Ausbuchstabierungen auch sein mag, so deutlich zeigen sich doch die Symptome eines Aufbrechens der Analogie dort, wo die Funktionsregeln der *Oeconomia* als nicht-identisch mit denen des Staates erachtet werden. Dies kann im Einzelfall durchaus offen geschehen, etwa wenn Niccolò Machiavelli dem aristotelischen Konzept des Hauses als ‚Keimzelle des Staates' seine Lehre der fürstlichen Beherrschung ökonomisch-politischer Partikularinteressen der Familien entgegensetzt[51] oder wenn Thomas Hobbes in seinem *Levia-*

---

47 Ebd., S. 17 (I 8, 1256b).

48 Vgl. Aristoteles, *Nikomachische Ethik*, S. 198f. (VIII 12, 1160b–161a).

49 Einen Überblick über das Diskursfeld bieten Michael Stolleis, *Pecunia nervus rerum. Zur Staatsfinanzierung in der frühen Neuzeit*, Frankfurt a.M. 1983; Lars Magnusson, *Mercantilism: The Shaping of an Economic Language*, London 1994; neuere Ansätze zur Erforschung staatsökonomischer Konzepte in der Frühen Neuzeit präsentieren u.a. die Sammelbände *The Political Economy of Empire in the Early Modern World*, hg. von Sophus A. Reinert und Pernille Røge, Cambridge 2013; *Mercantilism Reimagined: Political Economy in Early Modern Britain and Its Empire*, hg. von Philip J. Stern und Carl Wennerlind, Oxford 2014.

50 Leonhard Bauer/Herbert Matis, *Geburt der Neuzeit. Vom Feudalsystem zur Marktgesellschaft*, München 1988, S. 189.

51 Dazu Becker, „Der Haushalt", S. 674–676.

than die aristotelische Vorstellung vom Menschen als *zoón politikon* zurückweist.[52] Sehr viel zahlreicher – und damit historisch nicht weniger signifikant – dürften jedoch die Fälle sein, in denen strukturelle Differenzen zwischen staatlicher und häuslicher Ökonomie profiliert werden, ohne dass es zu einem offenen Bruch mit der aristotelischen Tradition kommt. Beispiele hierfür ließen sich etwa dort ausmachen, wo der Staat in politischen Schriften des 16. und 17. Jahrhunderts häufig sowohl mit dem Haus als auch mit physiologischen Konzepten wie dem galenischen oder, später, dem Harvey'schen Körpermodell in Analogie gesetzt wird – eine Doppelung epistemischer Bezugsebenen, über die ganz unterschiedliches, nicht *per se* kompatibles Wissen in den Transfer eingeht. Welche Geltung die auf diese Weise transferierten Elemente in den Schriften dabei erhalten, ist Sache mikrologischer Aushandlungsprozesse, die durch rekurrente Forschungsthesen wie die von der „Verabsolutierung der Ökonomie" im politischen Diskurs der Zeit für die Analyse freilich aber eher unzugänglich gemacht werden.[53] Schon weil die *Oeconomia* als historisch konkrete Wissensformation der Frühen Neuzeit mit dieser Formulierung offenkundig nicht gemeint sein kann – sie wird im Zuge der Etablierung einer ‚politischen Ökonomie' im 17. Jahrhundert gerade ja nicht verabsolutiert, sondern, wenn man denn so will, in ihrer Geltung relativiert –, zeigt sich die Notwendigkeit eines wissenshistorisch exakten Vorgehens, in dem die Funktionen iterativer und nicht-iterativer Formen des Wissenstransfers im bezeichneten Diskursbereich detailliert aufgeschlüsselt werden.

Ökonomie und Religion: Von einiger Bedeutung für die Stabilitätsanmutung des Hauses in der Frühen Neuzeit ist dessen Einbindung in christlich-religiöse Ordnungskonzepte. Tradiert wird in diesem Kontext zum einen moralisch-religiöses Wissen aus der jüdisch-christlichen Weisheitsliteratur der Antike, insbesondere aus dem auf Fragen der Haushaltsführung eingehenden deuterokanonischen Buch *Jesus Sirach*; zum zweiten paulinische und patristische Ehelehren, deren Bedeutung für entsprechende Diskurse frühneuzeitlicher Literatur kaum überschätzt werden kann; zum dritten heilstheologische *Oeconomia*-Modelle, wie sie zumal in Paulus' Epheserbrief (Eph. 1,9f.) sowie in der alexandrinischen Patristik, etwa bei Clemens von Alexandria, Origenes und Athanasios, formuliert werden. Im Zentrum dieser Modelle steht die Figur Gottes als kluger Haushälter, der die Ökonomie von Schöpfung und Heil nicht nur weise verwaltet, sondern für den Menschen über die in Christus verkörperte Offenbarung auch zugänglich macht: Gottvater, so heißt es bei Paulus, habe dem Menschen in seinem Sohn die ‚Öko-

52 Vgl. Thomas Hobbes, *De cive*, Kap. 1, § 2.

53 So die Formulierung von Stolleis, *Pecunia nervus rerum*, S. 102. Ähnliche Schwierigkeiten bringt die These einer ‚Ökonomisierung der Welt im 17. Jahrhundert' mit sich, wie sie die Herausgeber eines gleichnamigen Sammelbandes vertreten. Vgl. Sandra Richter/Guillaume Garner, „Einleitung. ‚Eigennutz' und ‚gute Ordnung'. Ökonomisierungen der Welt im 17. Jahrhundert", in: dies. (Hg.), *‚Eigennutz' und ‚gute Ordnung'. Ökonomisierungen der Welt im 17. Jahrhundert*, Wiesbaden 2016, S. 11–23.

nomie seines Willens' offenbart.[54] Sämtliche Traditionen, die Überlieferung moraltheologischer Lehren aus dem jüdisch-christlichen Schrifttum, einschließlich der christlichen Ehelehren, und der Rekurs auf die *Oeconomia* als heilstheologisches Modell werden in der frühneuzeitlichen Literatur transkonfessionell aktualisiert. Dies zu betonen ist wichtig, da noch die rezente Forschung suggeriert, die frühneuzeitliche Theologisierung des Hauses sei vor allem ein protestantisches Phänomen gewesen.[55] Dass dies nicht zutrifft, belegt nicht nur der Umstand, dass ein wesentliches Element protestantischer Ökonomielehre – nämlich die Hauskatechese – als Konzept bereits im Mittelalter virulent ist.[56] Auch darf nicht übersehen werden, dass das Haus als Schnittstelle religiöser Diskurse auch im katholisch-altgläubigen Bereich eine nennenswerte Rolle spielt, und dies nicht erst seit dem Tridentinum.[57] Anstatt von einer nonpermeablen konfessionellen Grenze scheint mit Blick auf ökonomische Wissenstransfers der Frühen Neuzeit daher eher von relativ offenen Prozessen der Konfessionalisierung auszugehen zu sein, deren diskursive Träger als solche zwar konfessionell markiert sein können, häufig jedoch eine Vielzahl verschiedener, konfessionell nicht eindeutig zuordbarer Traditionen und Elemente ökonomischen Wissens in sich vereinen. Dies gilt erstens für katholisch-altgläubige Texte, die sich nicht weniger als ihre protestantischen Pendants auf die Verbindlichkeit des überlieferten christlichen *Oeconomia*-Wissens verlassen können und daher keineswegs allein als Manifesta-

---

54 Vgl. Eph. 1,9.

55 So ließe sich jedenfalls die Entscheidung der Herausgeber des Handbuchs ‚Haus' deuten, die dem von Thomas E. Kuhn verfassten Artikel zum Haus im Protestantismus keinen transkonfessionell orientierten Artikel zur Seite stellen. Dadurch bleiben einige der Aussagen Kuhns ohne die nötige Relativierung durch eine ergänzende Perspektive, etwa seine sicher zu weit gehende Behauptung, Luthers „Hausbegriff" sei „für die Frühe Neuzeit prägend" gewesen, oder die These, die bereits antike Idee der *oeconomia christiana* habe „erst" mit Justus Menius' *Oeconomia christiana* (1529) „ihr ganzes innovatives Potenzial" entfaltet. Vgl. Thomas E. Kuhn, „Das ‚Haus' im Protestantismus. Historisch-theologische Perspektiven", in: Eibach/Schmidt-Voges (Hg.), *Das Haus in der Geschichte Europas. Ein Handbuch*, S. 725–742, hier S. 726 und 728.

56 Zur mittelalterlichen und katholisch-altgläubigen Tradition der Hauskatechese vgl. Eugen Paul, *Geschichte der christlichen Erziehung*, Freiburg i.B. u.a. 1993, Bd. 1: *Antike und Mittelalter*, S. 267–275.

57 Vgl. etwa die *Regola del governo di cura familiare* (ca. 1400–1405) des Kardinals Giovanni Dominici: ein Bartolomea degli Alberti gewidmeter volkssprachlicher Traktat, der, obwohl er weltliche Perspektiven auf die Rolle der *mater familias* nicht ausblendet, doch durchgängig unter spirituellen Vorzeichen (Liebe zu Gott, Sicherung des Seelenheils, christliche Erziehung der Kinder) steht. Zu nennen wären hier auch Erasmus und Vives, die beide altgläubig waren bzw. blieben und dennoch schon weit vor dem Tridentinum, nämlich in den 1520er Jahren, ihre großen ökonomischen Schriften vorlegten, die deutlich theologisch-religiös geprägt sind: vgl. Desiderius Erasmus, *Institutio christiani matrimonii* (1526); Juan Luis Vives, *De institutione feminae christianae* (1523) und *De officii mariti* (1529). Beispiele für den (post)tridentinischen Diskurs liefern der gegenreformatorische Dialog *Della economica christiana e civile* (1568) von Silvano Razzi, dessen langer erster Teil dem ‚christlichen Gesetz' gewidmet ist, bevor er auf die *Oeconomia* zu sprechen kommt, oder, im deutschsprachigen Bereich, Aegidius Albertinus' *Haußpolicey* (1602).

tionen einer ‚gegenreformatorischen' Kirchen- bzw. Glaubenspolitik verstanden werden sollten. Dies gilt zweitens aber auch für die reformatorischen Ökonomiediskurse selbst, deren Tendenz zur Aufladung des Hauses mit „ekklesiale[n] Funktionen"[58] ältere Traditionen aufgreift, um diese an sich wandelnde theologische Geltungen anzupassen und dabei einer (partiellen) „Neubewertung"[59] zuzuführen. Und dies gilt drittens auch für calvinistische Schriften, denen Max Weber bekanntlich eine tragende Rolle bei der Herausbildung kapitalistischer Denkweisen in der Frühen Neuzeit attestiert hat. Es ist hier nicht der Ort, die Stichhaltigkeit dieser These zu prüfen.[60] Klar ist aber, dass sie unscharf – wenn nicht gegenstandslos – bleiben muss, wenn sie in Untersuchungen nicht mit einer konsequenten Historisierung dessen einhergeht, was aus moderner Sicht als ‚Kapitalismus' gelten mag. Wie die Funktionen von Sparsamkeit, Kapitalbildung und profitorientiertem Erwerbshandeln in puritanisch geprägten Texten zu bewerten sind, lässt sich demnach erst mit Blick auf eine ökonomische Tradition entscheiden, in der das Konzept ‚rechten' wirtschaftlichen Handelns auch außerhalb puritanischer Diskurse mit offensivem Gewinnstreben verknüpft sein kann (Bsp. Alberti). Die Abstimmung zwischen religiösen Geltungen und Konzepten einer sich von aristotelischen Vorstellungen ablösenden ökonomisch-chrematistischen Praxis ist – bei aller besonderen Virulenz im Puritanismus – kein Spezialphänomen calvinistisch geprägter Diskurse, sondern betrifft, offen oder verdeckt, weite Bereiche des Transfers ökonomischen Wissens in der Frühen Neuzeit.[61]

Ökonomie und Geschlecht: Nicht erst die Genderforschung des 20. und 21. Jahrhunderts hat die Ökonomie-Literatur als Austragungsort von Geschlechterdebatten erkannt, sondern in den zeitgenössischen Texten selbst ist die Verbindung von Ökonomie und Geschlecht nicht selten deutlich zu spüren. So spielt, wie der Beitrag von Margarete Zimmermann zeigt, schon für Christine de Pizan, eine der Pionierinnen der in Frankreich einsetzenden *Querelle des femmes*, das Konzept des Hauses eine wichtige Rolle. Denn das Haus mit der es begründenden ehelich-familiären Gemeinschaft ist der Ort, an dem – wie auch Rüdiger Schnell in seinem Beitrag anhand der Idee von ehelicher *concordia* demonstiert – nicht nur traditionell die Geschlechter, sondern auch die mit ihnen verbundenen Konzepte und Ideologeme aufeinandertreffen. Das Haus und seine jeweilige Konzeption stehen

58 Irmintraut Richarz, *Oikos, Haus und Haushalt. Ursprung und Geschichte der Haushaltsökonomik*, Göttingen 1991, S. 106. Vgl. zum Thema außerdem Julius Hoffmann, *Die ‚Hausväterliteratur' und die ‚Predigten über den christlichen Hausstand'. Lehre vom Haus und Bildung für das häusliche Leben im 16., 17. und 18. Jahrhundert*, Weinheim 1959; Walter Behrendt, *Lehr-, Wehr- und Nährstand. Haustafelliteratur und Dreiständelehre im 16. Jahrhundert*, Berlin 2009.

59 Kuhn, „Das ‚Haus' im Protestantismus", S. 727.

60 Vgl. dazu u.a. Philippe Besnard, *Protestantisme et capitalisme: la controverse post-Weberienne*, Paris 1970; Manfred Bergler, „Die Kontroverse zu Max Webers Thesen über die Entstehung des modernen westlichen Kapitalismus", in: *Zeitschrift für Religions- und Geistesgeschichte* 39 (1987), S. 24–46; Winthrop Hudson, „The Weber Thesis Reexamined", in: *Church History* 57 (1988), S. 56–67.

61 Vgl. dazu Bek-Thomsen, „The Greed of Gold".

mithin von Beginn an geradezu unausweichlich mit zur Debatte, wenn es um die *Querelle des femmes* und die Frage der Frau, ihrer Stellung, Rechte und Pflichten in der Gesellschaft und im Verhältnis zum Mann geht. Umgekehrt wirkt aber die *Querelle* ihrerseits auch in die *Oeconomia* hinein, so etwa in Aonio Palearios Dialog *Dell'economia o vero del governo della casa* (1555), wo erst- und vielleicht sogar einmalig ausschließlich Frauen als Sprecherinnen eines ökonomischen Dialogs auftreten und dem ökonomischen Diskurs damit nicht nur eine weibliche Stimme geben, sondern zugleich die Regentschaft des Hauses auf neuartige Weise für die Frau reklamieren, ohne bezeichnenderweise dabei die (in der *Oeconomia* nach wie vor übliche) Subordination der Frau unter den Mann infragezustellen.[62] Gerade an den um die Figur des *pater familias* kreisenden ökonomischen Texten wird aber zudem deutlich, dass sich die Genderdebatte nicht allein auf die Rolle der Frau im Haus kaprizieren darf: Auch und gerade die Konzepte von Männlichkeit und Vaterschaft werden in den Texten beständig neu ausgehandelt (weswegen es zumindest undifferenziert ist, von einer Statik patriarchaler Machtkonzeptionen in den Texten auszugehen). Zahlreiche Beispiele belegen, dass es bei aller Kontinuität des patriarchalen Mikrokosmos ,Haus' insgesamt auch hier regelmäßig zu Akzentverschiebungen im Detail kommt. Entsprechend reicht das Spektrum der Männlichkeitskonzepte vom verständnis- und liebevollen über den besorgt ermahnenden bis hin zum zornig strafenden Ehemann, Vater und Hausherrn, und auf Seiten der Söhne vom tugendhaft-gehorsamen bis zum verschwenderisch-abtrünnigen Sohn. Stets ist die Frage, welchen Pflichten, Tugenden und Handlungsspielräumen die in den Texten dargestellten bzw. auftretenden Männer selbst verbunden sind und welche sie von den übrigen Mitgliedern der häuslichen Gemeinschaft erwarten, kurz: *wie* sie ihr häusliches Regiment führen.

An dieser knappen und in vielem verkürzenden Darstellung sollte bereits deutlich geworden sein, inwiefern die Wandlungsfähigkeit der vormodernen *Oeconomia* ein reiches, noch im Detail zu erkundendes Forschungsgebiet darstellt. Die Idee, dass der Wandel der Ökonomie eher kontinuierlich als bruchhaft zu denken ist, hat sich in der jüngsten Haus-Forschung zunehmend durchgesetzt.[63] Dabei steht jedoch in diversen Studien primär der Übergang von der Vormoderne zur Moderne im Vordergrund, der nun eben nicht mehr als radikaler Bruch, sondern als ein von Kontinuitäten geprägter Wandel konzipiert wird.[64] Den Schwer-

62 Nicht zuletzt deswegen ist die Schrift nicht als protofeministisch misszuverstehen: Die Frau bleibt dem Mann explizit untergeordnet und wird von ihm als ,Herrscherin des Hauses' eingesetzt. Dass der Dialog im Vergleich zu dem, was zeitgenössisch in Ökonomiken ,sagbar' ist, gleichwohl ungewöhnlich ist (nicht zuletzt durch die deutliche politische Komponente, die der häuslichen Regentschaft der Frau hier zugeschrieben wird), dürfte eben dem Einfluss der *Querelle* geschuldet sein.

63 Vgl. insb. den Band Eibach/Schmidt-Voges (Hg.), *Das Haus in der Geschichte Europas. Ein Handbuch.*

64 So etwa bei Maifreda, *From ,Oikonomia' to Political Economy*, und Joachim Eibach, „Das Haus in der Moderne", in: Eibach/Schmidt-Voges (Hg.), *Das Haus in der Geschichte Europas. Ein Handbuch*, S. 19–37.

punkt des vorliegenden Bandes bilden hingegen jene Wandlungsprozesse, die im Wesentlichen noch *vor* diesem allmählichen Übergang zur Moderne, also noch innerhalb der vormodernen Ökonomie selbst stattfinden – eben weil, wie Philip Hahn unlängst betont hat, „von einer ‚alteuropäischen' Einheit des Denkens über das Haus keineswegs die Rede sein" kann: Zum einen hätten Mittelalter und Renaissance die antiken Haus-Konzepte nur partiell rezipiert und zudem im Rahmen „aktive[r] Aneignungsprozesse" modifiziert; zum anderen blieben auch in der Frühen Neuzeit selbst „[d]ie Vorstellungen vom Haus [...] nicht konstant".[65]

Fragt man nun noch einmal, worin genau dieser Wandel des ökonomischen Wissens der Frühen Neuzeit besteht, so kommen die schon erwähnten Medien, Materialien, Darstellungsmodi und Praktiken in den Blick, in denen sich Wissenstransfers potenziell konstituieren und manifestieren. Diese sind es, denen sich die Analyse zuwenden muss, will sie dem historischen Wandel auf die Spur kommen. Gerade (aber keineswegs nur) am Beispiel der Praktiken zeigt sich das methodische Problem (nicht nur der historischen Distanz) besonders deutlich: Stets, auch bei der Analyse nichtdiskursiver Wissensformen, sind wir auf mediale und materielle Träger angewiesen, die – uns heute – Zeugnis von ihnen geben. Die Beiträge des vorliegenden Bandes legen den Analyseschwerpunkt auf die Untersuchung schriftsprachlich überlieferter Medien und der an ihnen ablesbaren Darstellungsmodi. Es geht – auch im Falle von nicht oder nur unter Einschränkungen diskursivierbaren Wissensformen wie etwa dem Erfahrungswissen – um die Art und Weise, in der das ökonomische Wissen in diesen Medien Gestalt annimmt, kurz: wie es diskursiviert wird.[66]

Gegenüber der bestehenden Forschung bietet diese Betrachtung der Diskursivierungsverfahren eine andere, zusätzliche Sicht auf die frühneuzeitliche *Oeconomia*: eine textuelle Mikrologie, die das, was aus moderner Sicht als ökonomischer Wissenswandel erscheint bzw. postuliert wird, noch einmal neu und in anderen Strukturen bzw. mit anderen Ansätzen untersuchbar werden lässt. Vorstellbar ist, dass sich vorhandene Annahmen über den Verlauf des ökonomischen

---

65 Hahn, „Einführung", S. 646. – Zur Kritik der neuesten Haus-Forschung an einer konventionell als stabil geltenden vormodernen *Oeconomia* vgl. Inken Schmidt-Voges, „Das Haus in der Vormoderne", in: Eibach/Schmidt-Voges (Hg.), *Das Haus in der Geschichte Europas. Ein Handbuch*, S. 1–18; Philip Hahn, „Trends der deutschsprachigen historischen Forschung nach 1945: Vom ‚ganzen Haus' zum ‚offenen Haus'", ebd., S. 47–63, hier S. 53f.

66 Wir setzen dabei einen philologisch konturierten Diskursbegriff an, der all jene sprachlichen Phänomene umfasst, in denen das in Frage stehende Wissen *auf bestimmte Weise* Form annimmt, sich materialisiert, wobei es diese (sprachliche) Form ist, die für die Analyse zentral ist. Diskurse in diesem Sinne sind gleichwohl nicht als frei von sozialen, politischen und sonstigen ideellen Implikationen zu denken; im Gegenteil, sie sind – und hierin treffen wir uns mit dem Foucault'schen Diskursbegriff – stets Teil und Produkt von sozialen Aushandlungsprozessen und insofern immer, bewusst oder unbewusst, eingebunden in Machtstrukturen. Die konkrete sprachliche Form ist, so die These, immer auch Ausdruck bzw. Resultat dieser Prozesse und Strukturen und schon deswegen eine Analyse wert. Von dem Foucault'schen Diskursbegriff unterscheidet sich der hier verwendete gleichwohl durch die stärkere Fokussierung der sprachlich-textuellen Form bzw. der Materialisierung in Sprache.

Wissenswandels durch diese Betrachtung bestätigen oder auch nicht bestätigen – sich dadurch aber in jedem Fall der Blick auf frühneuzeitliche Wissenskonstellationen (sei es durch Affirmation oder Revision) insgesamt ändert oder verschiebt.

Die Frage, wie (und ob) sich ökonomisches Wissen diskursivieren lässt, beschäftigt letztlich schon die Zeitgenossen. Besonders prägnant ist in diesem Zusammenhang die Tatsache, dass nicht wenige Autoren die Grenzen der Vermittlung des so viel gelobten Erfahrungswissens thematisieren und deutlich machen, dass es sich um ein elusives Wissen handelt, das zumindest nicht ohne Verluste sprachlich vermittelbar ist. So sieht etwa Montaigne die (eigene) Erfahrung als beste Lehrmeisterin an („De l'experience que j'ay de moy je trouve assez de quoy me faire sage")[67], erkennt aber zugleich die Schwierigkeit, dieses Ureigene zu versprachlichen und sie damit anderen mitteilbar zu machen: „Je ne sçay qu'en dire, mais il se sent par experience que [...]".[68] Und schon bei Alberti weist der erfahrene Praktiker Giannozzo („[uomo] sperto e pratico")[69] auf die Grenzen der von ihm erteilten ökonomischen Ratschläge hin: Keiner, der nicht selbst die Erfahrung von Armut gemacht habe, ermahnt er seine jungen Zuhörer, wisse, wie nützlich Geld sei; und der, der nicht selbst erfahren habe, wie mühsam sein Erwerb sei, verschwende es allzu leicht („Chi non ha provato quanto sia duolo e fallace a' bisogni andare pelle mercé altrui, non sa quanto sia utile il danaio. E chi non pruova con quanta fatica s'acquisti, facilmente spende").[70]

Jenseits dieser Grundproblematik des Erfahrungswissens, die offensichtlich schon in den zeitgenössischen Texten selbst thematisch wird, lassen sich im Bereich der Diskursivierungsverfahren diverse Aspekte aufgreifen, die für Phänomene des Wissenswandels potenziell von Belang sind. In diesem Kontext ist beispielsweise die Frage der Gattung bzw. der Schreibweise zu nennen. Schon die griechische Antike kennt mit Aristoteles' *Oeconomica* und Xenophons *Oikonomikos* zwei grundsätzlich unterschiedliche Vertextungsarten ökonomischen Wissens: den Traktat und den Dialog. Ökonomisches Wissen kann, so unsere These, schon dadurch in Bewegung kommen, dass ein Autor Elemente der einen oder anderen Tradition aufgreift und in einer anderen Gattung oder Schreibweise gebraucht, da das ökonomische Wissen hierdurch anders selektiert, disponiert und präsentiert wird. So greifen viele italienische Humanisten des 16. Jahrhunderts häufig auf aristotelische Ideen und Konzepte zurück, schreiben jedoch keine Traktate, sondern Dialoge und rahmen sie dadurch grundsätzlich neu: Bereits die Tatsache, dass die ‚Zitate' nunmehr in eine (Dialog-)Fiktion eingebettet sind und fiktiven, nicht selten aber historischen Persönlichkeiten in den Mund gelegt werden, ändert vieles, wenn nicht alles. Denn je nachdem, welche Figur in welcher Äußerungssituation eine Aussage tätigt, kann dies dazu führen, dass

67 Michel de Montaigne, „De l'experience", in: ders., *Essais*, hg. von Albert Thibaudet, Paris 1950 (Bibliothèque de la Pléiade 14), S. 1194–1257, hier S. 1205.
68 Ebd., S. 1197.
69 Alberti, *I libri della famiglia*, S. 203.
70 Ebd., S. 197.

die Aussage relativiert, negiert oder gar ad absurdum geführt wird.[71] Ebenso ist bezeichnend, wer überhaupt eine Stimme im Dialog hat und wer nur schweigend danebensteht oder nur von Dritten zitiert wird: So hat es innerhalb der ökonomischen Dialoge eine gewisse Tradition, dass die Stimme der *mater familias*, wenn überhaupt, nur vermittelt durch die ihres Ehemannes erklingt, der ihre Worte zitiert. Umso mehr fallen dann Texte aus diesem Schema heraus, in denen, wie im Dialog Palearios, Frauen den Diskurs bestreiten oder in denen, wie in Grimmelshausens *Ewig=währendem Calender* (1670), Bauern – und auch eine Bäuerin – als ökonomische Experten eine eigene Stimme erhalten.[72] Auch für die zeitgenössische Rezeption ist es nicht unerheblich, welche Gattung, Schreibweise oder auch Sprache ein Autor wählt: So richtet Juan Vives seine *Institutio feminae christianae* (1523/38) zwar direkt an Frauen jeden Alters, schränkt aber nicht nur durch die Wahl des Lateinischen, sondern auch durch die eines langen, dreibändigen Traktats den Rezipientenkreis faktisch so weit ein, so dass es kaum wundert, wenn Lodovico Dolces volkssprachlichem Dialog *Della instituzion delle donne* (1545), der zeitgenössisch als ein Plagiat des Vives-Traktats in Dialogform galt, zumindest im Hinblick auf das weibliche Publikum in Italien ein vielleicht (noch) größerer Erfolg beschieden war.[73]

Jenseits von Traktat und Dialog sind aber freilich zahlreiche weitere, nicht dem theoretischen Diskurs der Zeit zuzurechnende Gattungen und Schreibweisen in Betracht zu ziehen, in denen ökonomisches Wissen ebenfalls seinen Niederschlag finden kann. Dass dies schon für die Antike gilt, hat unlängst Astrid Habenstein verdeutlicht, als sie auf die Fruchtbarkeit der Untersuchung „literarische[r] Quellen, deren Thema nicht in erster Linie das Haus bzw. Teilaspekte des Hauses sind, jedoch darauf Bezug nehmen bzw. diese voraussetzen", wie „Prosa und Dichtung, Komödie, Tragödie und Satire, Reden, Briefe und historiographische Formate", hinwies.[74] Gleiches lässt sich für die Frühe Neuzeit feststellen. Im vorliegenden Band zeigt sich insbesondere die Relevanz der dramatischen Gattungen sowie satirischer und anderer subversiver Schreibweisen. Gerade hier sind Formen der Diskursivierung, ja Inszenierung von ökonomischem Wissen möglich, die in den ‚ernsten' Formen des theoretischen Diskurses etwa schon deshalb kaum vorkommen, weil diese an strenge(re) Regeln der Angemessenheit, des *decorum* oder der *bienséance*, gebunden sind. Gerade das Komödiantische und Satirische erweist sich hier – einmal mehr – als Experimentierfeld des Möglichen, Sag- und Denkbaren.

71 Deswegen ist es geradezu sträflich, bei der Analyse von Dialogen die spezifische Sprechsituation zu vernachlässigen – ein Fehler, an dem allerdings zahlreiche Untersuchungen kranken.

72 Zu Grimmelshausens satirischem Hausbuch vgl. Simon Zeisberg, *Das Handeln des Anderen. Pikarischer Roman und Ökonomie im 17. Jahrhundert*, Berlin/New York, Kap. 4.2 (im Erscheinen).

73 Vgl. Helena Sanson, „Introduction. Teaching and Learning Conduct in Lodovico Dolce's *Dialogo della instituzion delle donne* (1545): An ‚Original' Plagiarism?", in: Lodovico Dolce, *Dialogo della instituzion delle donne, secondo li tre stati che cadono nella vita umana (1545)*, hg. von Helena Sanson, Cambridge 2015, S. 1–68 (zum Plagiatsvorwurf durch Girolamo Ruscelli im Jahr 1553 vgl. S. 12; zum Rezeptionserfolg bei einem nicht zuletzt weiblichen Publikum vgl. S. 11).

74 Habenstein, „Das Haus in den Wissensordnungen der griechisch-römischen Antike", S. 664.

Der erste Abschnitt dieses Bandes widmet sich den sozialen Beziehungen im Haus. Rüdiger *Schnell* zeigt in seinem Panorama der ökonomischen Literatur und anhand des Beispiels des Verhältnisses von Ehemann und Ehefrau, genauer: der *concordia* zwischen den Eheleuten, wie sich unter dem Anschein großer Stabilität doch eine gewisse Vielfalt der Diskurse einspielt. Die antiken, schon bei Aristoteles mehr schlecht als recht kaschierten Widersprüche in der Bestimmung des Verhältnisses von Mann und Frau im Haus – einerseits soll die Frau dem Mann als Gefährtin gleichgestellt, andererseits als Dienerin untergeordnet sein – prägen die gesamte mittelalterliche und frühneuzeitliche Literatur zu Ehe und *Oeconomia*. Je nach Funktion der Texte dominieren dabei entweder theologische oder praktisch-ökonomische Argumente, wobei die eheliche Gemeinschaft, einschließlich der doppelten Rolle der Frau, mit zunehmender Fokussierung auf die komplexen Aufgaben- und Interaktionsfelder im Haus je unterschiedlich perspektiviert wird. In den Ökonomiken des 16. und 17. Jahrhunderts findet – im Zeichen der Diskursivierung ökonomischen Erfahrungswissens und angesichts des stets prekären Verhältnisses der Eheleute zum Gesinde – eine unterschwellige Angleichung der Entwürfe von Ehemann und Ehefrau statt, die sich deutlich von den diskursiven Harmonisierungsversuchen unterscheidet, die in Ehepredigten und theologischen *Oeconomia*-Texten vor dem 17. Jahrhundert zu beobachten sind.

Dass es auch umgekehrt geht und sich unter offensichtlicher Diskontinuität insgeheim Kontinuitäten verbergen können, demonstriert Anita *Traninger* anhand des Verhältnisses von Herr- und Dienerschaft und damit an dem – neben dem von *pater* und *mater familias* – zweiten wichtigen Hierarchieverhältnis im Haus. Nicht nur hat sich die frühneuzeitliche Normalität, Diener im Haus zu haben, im Übergang zur Moderne dahingehend aufgelöst, dass sie heute eben keine Normalität mehr ist. Auch von der Antike scheint sie sich, da Diener an die Stelle von Sklaven traten, grundlegend zu unterscheiden. Umso verblüffender sind die Kontinuitäten, die sich, wie Traninger am Beispiel von Lando, Montaigne, Alfieri und Larra herausarbeitet, bei näherem Hinsehen zwischen den frühneuzeitlichen Ratschlägen zum Umgang mit dem Diener und antiken Texten zum Umgang mit dem Sklaven zeigen. Argumente der antiken Sklavenhaltergesellschaft, u.a. zur Affektkontrolle des Herrn bei der Bestrafung des Dieners, werden hier unter der Hand weiter tradiert.

Der zweite Abschnitt greift die Genderabhängigkeit häuslicher Strukturen auf. Er beginnt mit dem Beitrag von Margarete *Zimmermann* zu den weiblich perspektivierten Konzeptionen des Hauses, wie sie um 1400 im Werk der Christine de Pizan lesbar werden. Im *Dit de Poissy* modelliert Christine das Kloster als weibliche Heterotopie, als paradiesartigen *locus amoenus* für weibliches Zusammenleben. Im *Livre des Trois Vertus* nimmt sie eine Redefinition der augustinischen *pax domestica* vor, indem sie sie weniger auf die Unterordnung der Hausbewohner unter den *pater familias* denn auf kluge weibliche Haussorge gründet. Eine Zuspitzung erfährt letztere Idee in *L'Advision Cristine*, wo der autobiographischen Erzählerin nach dem Tod von Vater, Ehemann und Brüdern die Rolle des Haushaltsvorstands zufällt: eine Rolle, die der Witwe bei allen sozialen und finanziellen Schwierigkeiten doch auch die Möglichkeit zur selbstbestimmten Führung des Haushalts sowie zur Bildung und Berufsschriftstellerei eröffnet. Die Erzählerin selbst reflektiert dies als ein Aufbrechen von Genderstereotypen, wenn sie davon spricht, sie sei in diesem Moment ‚zum Mann' geworden.

Doris *Ruhes* Untersuchung zur spezifischen Verknüpfung von Sexualität und Geld in den mittelalterlichen Fabliaux (12.–14. Jahrhundert) zeigt anhand der Darstellung von Frauen eindrücklich, wie sich, vor dem Hintergrund einer im 13. Jahrhundert neu herausbildenden Einstellung zum Geld, moralische und finanzielle Fragen koppeln. Die Sexualität der Ehefrau wird hier zur Garantin der sozialen wie auch der materiellen Stabilität des Haushalts. Das ‚Kapital' der Ehefrau ist dabei ein doppeltes: das ihrer sexuellen Anziehungskraft (*avoir*), das sich mit dem Geld lüsterner Männer verrechnen lässt, und das ihrer Klugheit (*savoir*), die sie einsetzt, um die Freier – unter Wahrung ihrer Keuschheit – um ihr Geld zu bringen und auf diese Weise die Stabilität ihrer Ehe und ihres Haushalts zu bewahren oder wiederherzustellen. Ähnlich wie bei Christine de Pizan findet weibliche Handlungsfähigkeit auch hier ihren Kulminationspunkt im Doppelbereich von Ökonomie und Literatur: im ‚Zählen' und ‚Erzählen' (*conter*) zugleich.

Auf den ersten Blick eher traditionell erscheint dagegen die Inszenierung weiblicher Klugheit (*prudentia*) in Paolo Caggios Theaterstück *Flamminia prudente* (1551), das Christina *Schaefer* in ihrem Beitrag analysiert. Liest man das Stück jedoch vor dem Hintergrund der zeitgenössischen Akademienbewegung, zeigen sich zwei Rezeptionsebenen: zum einen die auf einer Petrarkismus-Parodie basierende Literatensatire, die ein vorrangig männliches, gelehrtes Publikum anspricht, zum anderen eine didaktische Ebene, die einem dezidiert weiblichen Publikum bestimmte ökonomische Ideale und Genderrollen zu vermitteln sucht. Obgleich diese Ideale und Rollenbilder in ihrer Gültigkeit grundsätzlich affirmiert werden, erfahren sie doch in der literarisch-theatralen Inszenierung und nicht zuletzt im Zusammenhang einer gezielten Umkodierung petrarkistischer Elemente eine Reperspektivierung, die – gewollt oder ungewollt – zu einer Neubewertung weiblicher *prudentia* führt.

Den dritten Abschnitt zur Relation von Haus und Staat eröffnet Claudia *Opitz-Belakhal* mit einer Untersuchung von Jean Bodins *Six livres de la République* (1576), in der deutlich wird, dass der Selbststilisierung von Autoren und insbesondere ihrer vermeintlichen Anlehnung an bzw. Abgrenzung von bestimmten literarischen Autoritäten nicht immer zu trauen ist. In Revision älterer Forschungsmeinungen, die Bodin – dessen Selbstdarstellung folgend – primär als Anti-Aristoteliker sahen, weist Opitz-Belakhal anhand von Bodins Fundierung des Staates in der Hausgemeinschaft nach, dass das Verhältnis des frühneuzeitlichen Staatstheoretikers zu Aristoteles weitaus differenzierter ist. Obwohl sich Bodin plakativ von Aristoteles abgrenzt, übernimmt er von ihm diverse Konzepte bzw. passt sie an seinen eigenen staatstheoretischen Entwurf an, indem er – stets im Dienst der französischen Monarchie – für eine Resouveränisierung von Staats- wie Hauswesen argumentiert.

Wie die soziale und ökonomische Struktur ‚Haus' unter der Ägide eines absolutistischen Zentralstaats zu einem Instrument wirtschaftspolitischer Machtausübung wird, zeichnet Michael *Lorber* in seinem Beitrag nach. Die ‚Werkhäuser' des Projektemachers und Alchemikers Johann Joachim Becher sollten die Armen des Landes aufnehmen und ihnen Wohnraum, Lebensunterhalt und Arbeit geben. Dabei waren die in die Wohnanlage integrierten Manufakturen als Produktions- und Forschungsstätten konzipiert, die nicht nur der Bekämpfung der Armut dienten, sondern zugleich dem Landesherrn – auf Kosten der damals marktbeherrschenden Zünfte – seinen Anteil an der zeitgenössischen Warenproduktion sichern sollten.

Die Beiträge des vierten Abschnitts untersuchen den Übergang von der Haus- zur Marktwirtschaft, wie er in Dramentexten des 17. und 18. Jahrhunderts thematisch wird. In ihrem Beitrag zum englischen Drama um 1600 geht Verena *Olejniczak Lobsien* von der These aus, dass Texte wie Shakespeares *Merchant of Venice* oder Middletons *A Mad World* das Scheitern der traditionellen Ökonomik thematisieren. Mit den Mitteln dramatischer Darstellung gelingt es den Stücken, den Lesern und Zuschauern die makroökonomischen Vorgänge der Entstehung der Geld- und Marktgesellschaft vor Augen zu führen: die Verabsolutierung des Kredits, die Überführung aller menschlichen Beziehungen in Interessens- und Tauschbeziehungen, das individuelle Spekulieren auf Gewinn. Bezeichnend ist die Absenz moralischer Wertungen im ästhetischen Zugang der Stücke. Weder Shakespeare noch Middleton versuchen sich an einer Rettung der *Oeconomia* bzw. der Bestände moralischen Wissens, die an sie geknüpft sind. Vielmehr diagnostizieren sie den Mentalitätswechsel und setzen ihn beim Kalkulieren der dramatisch-theatralen Effekte auch beim Publikum voraus.

Anne *Enderwitz* greift die Idee der Frau als einem Objekt materiell-moralischer Wertzuschreibung und damit die metonymische Beziehung von Geld und Sexualität auf und korreliert sie mit dem Konzept der Eifersucht, wie es sich im englischen Drama um 1600 bei Shakespeare, Jonson und Middleton manifestiert. Vor dem Hintergrund aufkommenden merkantilistischen Denkens erfährt, so die These, nicht nur die Akkumulation materiellen Reichtums eine neu(artig)e Legitimation, sondern auch die Ehefrau gerät zur Projektionsfläche eifersüchtigen männlichen Besitzstrebens: zu einem Objekt, das, wie Geld, gewinnbringend ‚investiert' werden kann, aber zugleich durch die ‚Zirkulation' (i.e. den Ehebruch) entwertet zu werden droht und daher sicher verwahrt werden muss. Als ein doppeltes Akkumulationsstreben erscheint auch das der Frau zugeschriebene exzessive Begehren, das nicht nur auf die Erfüllung sexueller Lust, sondern auch auf den Konsum von Luxusgütern zielt. Damit erfahren – unter veränderten Vorzeichen – rekurrente ökonomische Figuren wie die Reklusion von Frauen bzw. ihre Verbannung in die häusliche Sphäre, das eifersüchtige Wachen über ihre Keuschheit sowie die Kritik an ihrem Hang zum Luxus eine Bestätigung.

Ein Beispiel für die spezielle Funktion literarischer Gattungen im Transfer ökonomischen Wissens zwischen Ökonomik und Markt bespricht Daniel *Fulda,* indem er sich der Komödie zwischen Früher Neuzeit und Aufklärung widmet. Während in der jesuitischen Komödie Jacob Masens die Weisheit Gottes in der Weisheit des Hausvaters gespiegelt wird, um die chrematistischen Umtriebe der nachkommenden Generation zu regulieren, kommt es in Komödien des 18. Jahrhunderts, bei Johann Christian Krüger und Lessing, zu einer tendenziell positiven Gestaltung der Eigendynamik von Interessenskonkurrenzen innerhalb und außerhalb des Hauses. Dabei bleiben die Texte allerdings an einer integralen Auffassung von Hauswirtschaft, distributiver Gerechtigkeit, Heilsökonomie und nicht zuletzt ‚poetischer Ökonomie' orientiert, die im ökonomischen Diskurs der Zeit im Zerfall begriffen ist. Gerade diese Gleichzeitigkeit von ‚alten' und ‚neuen' Aspekten des in den Komödien implizierten Ökonomiebegriffs trägt zu ihrer ästhetischen Wirkung bei.

Der letzte Abschnitt des Bandes wendet sich Texten zu, die mittels subversiver Schreibweisen auf ökonomisches Wissen zugreifen. Dabei widmet sich Tobias *Bulang* in seinem Beitrag den ökonomischen Wissensinseraten, insbesondere der Lehre vom ‚Haushaben', sowie ihrer Subversion im spätmittelalterlichen *Ring*-Roman des Heinrich Wittenwiler. Die Verbindung von enzyklopädischer Lehrhaftigkeit und schwankartiger Handlung sorgt hier für eine Brechung der im Text akkumulierten Wissensbestände. Durch die Applikation des ethisch-ökonomischen Wissens auf die Figur des Bauern Bertschi werden die in den Prätexten außer Acht gelassenen Kontingenzen des Anwendungsfalls sichtbar. Dabei bietet der Text seinen Lesern zwar an, das Scheitern der didaktischen Wissensvermittlung durch das Verlachen des Bauern zu kompensieren. Ebenfalls möglich ist jedoch eine Rezeption, in der auch das vermittelte ökonomische Wissen selbst als problematisch erkannt wird – insofern nämlich, als es seine vermeintliche Universalität in der auf Perspektivierung, Pluralisierung und Differenzierung angelegten Romanerzählung letzthin nicht überzeugend behaupten kann.

Mit Johann Balthasar Schupps satirischer Dissertation *De Arte Ditescendi* (1648) untersucht Simon *Zeisberg* einen Text, der sich mit der Kunst des Reichwerdens befasst. Im Bezug auf die utilitaristische Philosophie Francis Bacons, der als Figur in einer inserierten Traumvision selbst auftritt, entfaltet die Schrift ein Panorama des praktischen Wissens vom Geldverdienen, sorgt im satirischen Zugriff zugleich jedoch dafür, dass der Status dieses Wissens unsicher bleibt. Ausschlaggebend hierfür ist neben der im Text aufgeworfenen, aber nicht beantworteten Frage nach der Grenze zwischen ökonomischem Nutzen und schädlichem Eigennutz die ambivalente Darstellung der Erzählerfigur selbst. Als Vertreter eines gelehrten Antiakademismus polemisiert der Erzähler gegen die Standesgenossen, die meinen, praktisches Wissen aus Büchern ziehen zu können. In seinem Zugriff auf die Dinge bleibt er selbst jedoch durchgehend auf Bücherwissen angewiesen. Der angemahnte Durchbruch des Gelehrten zur praktischen Welterkenntnis findet in Schupps Schrift damit ironischerweise gerade nicht statt.

Danksagung

Die Beiträge dieses Bandes gehen auf die Tagung „Das Haus schreiben. Wissensbewegungen in der ökonomischen Literatur der Frühen Neuzeit" zurück, die als Veranstaltung im Rahmen des SFB 980 *Episteme in Bewegung* am 1./2. Dezember 2016 an der Freien Universität Berlin stattfand. Sämtlichen Vortragenden und AutorInnen sei für ihre wertvollen Beiträge gedankt, ohne die die Zusammen- und Fertigstellung dieses Bandes nicht möglich gewesen wäre. Ebenso ist dem SFB 980 für die Finanzierung der Tagung und des vorliegenden Bandes sowie für die personelle Unterstützung zu danken. Zu großem Dank verpflichtet sind wir auch den TeilprojektleiterInnen, Ulrike Schneider und Volkhard Wels, die unser Vorhaben von Beginn an unterstützt und uns zugleich ‚freie Hand' gelassen haben. Bei der Tagungsorganisation und -durchführung haben uns Alissa Birle, Friederike Fischer, Theresia Lehner und Paula Weigand mit Rat und Tat zur Seite gestanden. Bei der Herstellung des Bandes konnten wir auf die kenntnisreiche Unterstützung von Alissa Birle und Franziska Hensel zurückgreifen. Von Seiten des Harrassowitz-Verlages hat uns Julia Guthmüller stets überaus freundlich und fachkundig betreut. Ihnen allen sei ebenso herzlich gedankt wie Juschka Mattes und Simon Brandl, die den Tagungsbericht verfasst haben.

Berlin, im Juli 2018 Christina Schaefer, Simon Zeisberg

Bibliographie

Quellen

Alberti, Leon Battista, *I libri della famiglia*, hg. von Ruggiero Romano und Alberto Tenenti, neu hg. von Francesco Furlan, Turin 1999.

Aristoteles, *Eudemische Ethik*, übersetzt von Franz Dirlmeier, Berlin 1962.

Aristoteles, *Metaphysik,* nach der Übersetzung von Hermann Bornitz bearbeitet von Horst Seidl, in: ders., *Philosophische Schriften in sechs Bänden*, Bd. 5, Darmstadt 1995.

Aristoteles, *Nikomachische Ethik*, nach der Übersetzung von Eugen Rolfes bearbeitet von Günther Bien, in: ders., *Philosophische Schriften in sechs Bänden*, Bd. 3, Darmstadt 1995.

Aristoteles, *Politik*, übersetzt von Eugen Rolfes, in: ders., *Philosophische Schriften in sechs Bänden*, Bd. 4, Darmstadt 1995.

Certaldo, Paolo da, „Libro di buoni costumi", in: *Mercanti scrittori. Ricordi nella Firenze tra Medioevo e Rinascimento*, hg. von Vittore Branca, Mailand 1986, S. 1–99.

Coler, Johannes, *Calendarium Oeconomicum & perpetuum. Vor die Haußwirt, Ackerleut, Apotecker und andere gemeine Handwercksleut, Kauffleut, Wanderßleut, Weinherrn, Gertner und alle diejenige so mit Wirtschafft umbgehen [...]*, Neudruck der Erstausg. Wittenberg 1591, Leipzig 1988.

Cotrugli Raguseo, Benedetto, *Il libro dell'arte di mercatura*, hg. von Ugo Tucci, Venedig 1990.

Montaigne, Michel de, „De l'experience", in: ders., *Essais*, hg. von Albert Thibaudet, Paris 1950 (Bibliothèque de la Pléiade 14), S. 1194–1257.

Tasso, Torquato, „Il Padre di famiglia", in: ders., *Dialoghi: Il Messagiero, Il Padre di famiglia, Il Malpiglio, La Cavaletta, La Molza*, hg. von Bruno Basile, Mailand 1991, S. 105–158.

Tasso, Torquato, *Dell'arte del dialogo*, hg. von Guido Baldassarri, Neapel 1998.

Wündsch, Johann Wilhelm, *Memoriale Oeconomicum Politico-Practicum, Das ist Kurtze doch nützliche und außführliche Unterrichtung Eines Haushaltischen Beambten und Hoffbedienten [...]*, Leipzig 1669.

Xenophon, „Oikonomikos/Gespräch über die Haushaltführung", in: ders., *Ökonomische Schriften*, griechisch und deutsch von Gert Audrin, Berlin 1992, S. 30–128.

Sekundärliteratur

Bauer, Leonhard/Matis, Herbert, *Geburt der Neuzeit. Vom Feudalsystem zur Marktgesellschaft*, München 1988.

Becker, Anna, „Der Haushalt in der politischen Theorie der Frühen Neuzeit", in: *Das Haus in der Geschichte Europas. Ein Handbuch*, hg. von Joachim Eibach und Inken Schmidt-Voges, Berlin/Boston 2015, S. 667–683.

Behrendt, Walter, *Lehr-, Wehr- und Nährstand. Haustafelliteratur und Dreiständelehre im 16. Jahrhundert*, Berlin 2009.

Bek-Thomsen, Jakob, „The Greed of Gold: Early Modern Conceptions of Money, Nature and Morals", in: *Intellectual History of Economic Normativities*, hg. von Mikkel Thorup, New York 2016, S. 25–39.

Bergler, Manfred, „Die Kontroverse zu Max Webers Thesen über die Entstehung des modernen westlichen Kapitalismus", in: *Zeitschrift für Religions- und Geistesgeschichte* 39 (1987), S. 24–46.

Besnard, Philippe, *Protestantisme et capitalisme: la controverse post-Weberienne*, Paris 1970.

Brunner, Otto, „Das ‚ganze Haus' und die alteuropäische ‚Ökonomik'", in: *Familie und Gesellschaft*, hg. von Ferdinand Oeter, Tübingen 1966, S. 23–56.

Cancik-Kirschbaum, Eva/Traninger, Anita, „Institution – Iteration – Transfer: Zur Einführung", in: dies. (Hg.), *Wissen in Bewegung: Institution – Iteration – Transfer*, Wiesbaden 2015, S. 1–13.

Diederich, Silke, *Römische Agrarhandbücher zwischen Fachwissenschaft, Literatur und Ideologie*, Berlin 2007.

Douglas, Mary, *How Institutions Think*, Syracuse, NY 1986.

Eibach, Joachim/Schmidt-Voges, Inken (Hg.), *Das Haus in der Geschichte Europas. Ein Handbuch*, Berlin/Boston 2015.

Eibach, Joachim, „Das Haus in der Moderne", in: ders./Schmidt-Voges, Inken (Hg.), *Das Haus in der Geschichte Europas. Ein Handbuch*, Berlin/Boston 2015, S. 19–37.

Fidora, Alexander u. a., *Politischer Aristotelismus und Religion in Mittelalter und Früher Neuzeit*, Berlin 2007.

Fögen, Thorsten, *Wissen, Kommunikation und Selbstdarstellung. Zur Struktur und Charakteristik römischer Fachtexte der frühen Kaiserzeit*, München 2009.

Frigo, Daniela, *Il padre di famiglia: governo della casa e governo civile nella tradizione dell'„economica" tra Cinque e Seicento*, Rom 1985.

Habenstein, Astrid, „Das Haus in den Wissensordnungen der griechisch-römischen Antike", in: *Das Haus in der Geschichte Europas. Ein Handbuch*, hg. von Joachim Eibach und Inken Schmidt-Voges, Berlin/Boston 2015, S. 649–666.

Haberl, Christiane, *Di scienzia ritratto. Studien zur italienischen Dialogliteratur des Cinquecento und ihren epistemologischen Voraussetzungen*, Neuried 2001.

Hahn, Philip, „Einführung: Wissensordnung und Ordnungswissen", in: *Das Haus in der Geschichte Europas. Ein Handbuch*, hg. von Joachim Eibach und Inken Schmidt-Voges, Berlin/Boston 2015, S. 643–648.

Hahn, Philip, „Trends der deutschsprachigen historischen Forschung nach 1945: Vom ‚ganzen Haus' zum ‚offenen Haus'", in: *Das Haus in der Geschichte Europas. Ein Handbuch*, hg. von Joachim Eibach und Inken Schmidt-Voges, Berlin/Boston 2015, S. 47–63.

Hahn, Philip, *Das Haus im Buch. Konzeption, Publikationsgeschichte und Leserschaft der ‚Oeconomia' Johann Colers*, Epfendorf 2013.

Hoffmann, Julius, *Die ‚Hausväterliteratur' und die ‚Predigten über den christlichen Hausstand'. Lehre vom Haus und Bildung für das häusliche Leben im 16., 17. und 18. Jahrhundert*, Weinheim 1959.

Hoock, Jochen u. a. (Hg.), *Ars mercatoria. Handbücher und Traktate für den Gebrauch des Kaufmanns; 1470–1820. Eine analytische Bibliographie*, 6 Bde., Paderborn u. a. 1991ff. (bisher erschienen Bd. 1–3).

Horn, Christoph/Neschke-Hentschke, Ada, *Politischer Aristotelismus. Die Rezeption der aristotelischen ‚Politik' von der Antike bis zum 19. Jahrhundert*, Stuttgart 2008.

Hudson, Winthrop, „The Weber Thesis Reexamined", in: *Church History* 57 (1988), S. 56–67.

Koslowski, Peter, *Die Ordnung der Wirtschaft. Studien zur Praktischen Philosophie und Politischen Ökonomie*, Tübingen 1994.

Krauth, Wolf-Hagen, „Spätscholastik/Wirtschaftslehre", in: *Enzyklopädie der Neuzeit*, hg. von Friedrich Jaeger, Stuttgart/Weimar 2010, Bd. 12: *Silber–Subsidien*, Sp. 310–316.

Kuhn, Thomas E., „Das ‚Haus' im Protestantismus. Historisch-theologische Perspektiven", in: *Das Haus in der Geschichte Europas. Ein Handbuch*, hg. von Joachim Eibach und Inken Schmidt-Voges, Berlin/Boston 2015, S. 725–742.

Luhmann, Niklas, *Die Wirtschaft der Gesellschaft*, Frankfurt a. M. 1994.

Magnusson, Lars, *Mercantilism: The Shaping of an Economic Language*, London 1994.

Maifreda, Germano, *From ‚Oikonomia' to Political Economy: Constructing Economic Knowledge from the Renaissance to the Scientific Revolution*, Farnham 2012.

Münch, Paul, Art. „Hausväterliteratur", in: *Reallexikon der deutschen Literaturgeschichte*, neu hg. von Werner Kohlschmidt und Wolfgang Mohr, Berlin/New York 1988, Bd. 1: *A–K*, S. 621–623.

Paul, Eugen, *Geschichte der christlichen Erziehung*, Freiburg i.B. u. a. 1993, Bd. 1: *Antike und Mittelalter*, S. 267–275.

Prandi, Stefano, „I tre tempi della dialogistica tassiana", in: *Torquato Tasso e la cultura estense*, hg. von Gianni Venturi, Florenz 1999, Bd. 1, S. 293–313.

Regn, Gerhard, „Negierter Dialog und kontingente Verbindlichkeit. Zum epistemologischen Index von Torquato Tassos *Padre di famiglia*", in: *Der Dialog im Diskursfeld seiner Zeit. Von der Antike bis zur Aufklärung*, hg. von Klaus W. Hempfer und Anita Traninger, Stuttgart 2010, S. 189–203.

Reinert, Sophus A./Røge, Pernille (Hg.), *The Political Economy of Empire in the Early Modern World*, Cambridge 2013.

Rese, Friederike, *Praxis und Logos bei Aristoteles. Handlung, Vernunft und Rede in* Nikomachischer Ethik, Rhetorik *und* Politik, Tübingen 2003.

Richarz, Irmintraut, *Oikos, Haus und Haushalt. Ursprung und Geschichte der Haushaltsökonomik*, Göttingen 1991.

Richter, Sandra/Garner, Guillaume, „Einleitung. ‚Eigennutz' und ‚gute Ordnung'. Ökonomisierungen der Welt im 17. Jahrhundert", in: dies. (Hg.), *‚Eigennutz' und ‚gute Ordnung'. Ökonomisierungen der Welt im 17. Jahrhundert*, Wiesbaden 2016, S. 11–23.

Sanson, Helena, „Introduction. Teaching and Learning Conduct in Lodovico Dolce's *Dialogo della instituzion delle donne* (1545): An ‚Original' Plagiarism?", in: Lodovico Dolce, *Dialogo della instituzion delle donne, secondo li tre stati che cadono nella vita umana (1545)*, hg. von Helena Sanson, Cambridge 2015, S. 1–68.

Schaefer, Christina, „Torquato Tasso, *Il padre di famiglia* (1580). Iteration und Wandel in der Ökonomik der italienischen Renaissance", in: Eva Cancik-Kirschbaum/Anita Traninger (Hg.), *Wissen in Bewegung: Institution – Iteration – Transfer*, Wiesbaden 2015, S. 323–337.

Schaefer, Christina, „Vom ‚anderen' Wert ökonomischen Wissens in der italienischen Renaissance: Leon Battista Alberti und die *Libri della famiglia*", in: *Zeitsprünge. Forschungen zur Frühen Neuzeit* 21:3–4 (2017) (= Themenheft *Humanistische Ökonomien des Wissens*, hg. von Judith Frömmer und André Otto), S. 285–303.

Schmidt-Voges, Inken, „Das Haus in der Vormoderne", in: *Das Haus in der Geschichte Europas. Ein Handbuch*, hg. von Joachim Eibach und Inken Schmidt-Voges, Berlin/Boston 2015, S. 1–18.

Stern, Philip J./Wennerlind, Carl (Hg.), *Mercantilism Reimagined: Political Economy in Early Modern Britain and Its Empire*, Oxford 2014.

Stolleis, Michael, *Pecunia nervus rerum. Zur Staatsfinanzierung in der frühen Neuzeit*, Frankfurt a.M. 1983.

Zeisberg, Simon, *Das Handeln des Anderen. Pikarischer Roman und Ökonomie im 17. Jahrhundert*, Berlin/New York (im Erscheinen).

Soziale Beziehungen im Haus

Concordia im Haus – Vielfalt der Diskurse (1300–1700)

Rüdiger Schnell

1. Fragestellung

In der ökonomischen Literatur von der Antike bis ins 18. Jahrhundert wird darauf hingewiesen, wie wichtig *concordia* für ein erfolgreiches Arbeiten in der Haushaltung sei.[1] Dabei wird der *concordia* zwischen den Eheleuten die größte Aufmerksamkeit zuteil.[2] Von der *concordia* zwischen Eltern und Kindern, zwischen Herrschaft und Gesinde spricht die ökonomische Literatur vergleichsweise wenig. Dies hängt zum Teil damit zusammen, dass das Verhältnis zwischen Eltern und Kindern und das zwischen Herrschaft und Gesinde viel stärker hierarchisiert werden als das zwischen den Eheleuten. Offensichtlich lässt sich von *concordia* zwischen Einzelpersonen nur dort sprechen, wo eine gewisse Gleichheit des sozialen Status vorliegt.[3] Gleichzeitig müssen wir konstatieren, dass die ökonomische Literatur die eheliche Beziehung immer wieder hierarchisch strukturiert. Damit ist bereits angedeutet, dass die Diskursivierung von *concordia* innerhalb des ökonomischen Diskurses mit einigen argumentativen Verrenkungen operiert, von der Antike bis ins 18. Jahrhundert. Wie schafft es der ökonomische Diskurs, den *concordia*-Gedanken und die hierarchische Konstruktion der ehelichen Beziehung miteinander zu versöhnen?

---

1 Auch das Neue Testament weiß davon; vgl. Markus 3,25 („Wenn ein Haus mit sich selbst uneins ist, kann es nicht bestehen").

2 Vgl. Aristoteles, *Oikonomika*, II 7. Das Zitieren der ps.-aristotelischen *Oikonomika* (drei Bücher) nach Buch- und Kapitelangabe ist mit Schwierigkeiten behaftet, da (a) Zoepffels Übersetzung (2006; s. Anm. 13) ihren Quellentext nicht angibt, da (b) nur Bücher I und II in griechischer Sprache erhalten sind und das nur in Latein überlieferte Buch III in der sog. *Recensio Durandi* als Buch II gezählt wird (weil dort das griechische Buch II nicht übersetzt worden ist), und weil (c) dieses Buch II der *Recensio Durandi* in den verschiedenen modernen Ausgaben unterschiedliche Kapiteleinteilungen erfahren hat. Wenn nicht anders angegeben, übernehme ich den Text von Albert Douglas Menut (Hg.), *Maistre Nicole Oresme. Le livre de Yconomique d'Aristote. Critical edition of the French text from the Avranches manuscript with the original Latin version*, in: *Transactions of the American Philosophical Society* (Philadelphia) 47:5 (1957), S. 849–852. Dort ist Buch I der *Oikonomika* nach der *translatio vetus* (Edition von Franz Susemihl 1870), Buch II nach der *Recensio Durandi* (Edition von Franz Susemihl 1887) abgedruckt. Vgl. überdies die Edition der *Recensio Durandi* in Pavel Blažek, *Die mittelalterliche Rezeption der aristotelischen Philosophie der Ehe*, Leiden/Boston 2007, S. 82–109 (aus der Hs. Paris, BN lat. 16089).

3 Zwar wird zuweilen auch von *concordia* zwischen Herr und Sklave gesprochen. Doch sei diese *concordia* auf Furcht des Unterlegenen gegründet. In der Ökonomik des (Ps.-)Aristoteles (II 5; zur Buch- und Kapiteleinteilung vgl. oben Anm. 2) wird bezeichnenderweise auch von der Ehefrau verlangt, ihren Ehemann nicht nur zu lieben, sondern auch zu fürchten.

2. Ökonomie-Diskurs und Ehediskurs

Concordia bildet ein Zentrum des abendländischen Ökonomie-Diskurses. Doch dürfen wir den Ökonomie-Diskurs nicht separat betrachten. Die ökonomische Traditionslinie greift im Mittelalter einerseits auf einen anderen Diskurs über und wird ihrerseits von diesem beeinflusst: dem pastoraltheologischen Diskurs darüber, wie Eheleute sich idealiter zueinander zu verhalten haben (ich spreche verkürzt vom ‚Ehediskurs'‘).[4] Das Gebot, dass Eheleute in Eintracht (*concordes*), in Frieden miteinander leben sollen, ist eine der zentralen Botschaften mittelalterlicher Ehetexte.[5] Da von der Antike bis zum lutherischen Protestantismus das Ehepaar als personale Basis ökonomischen Handelns im Haus gilt, darf es nicht überraschen, dass sich im Mittelalter und in der Frühen Neuzeit der Ökonomie-Diskurs und der Diskurs über die Ehe auf mannigfache Weise überschneiden. Mit dem lutherischen Eheverständnis verstärkt sich dieser Austausch von Ökonomie-Diskurs und theologischem Ehediskurs.[6] Es wird zu fragen sein, welche Auswirkungen diese Querverbindungen für den Ökonomie-Diskurs einerseits, für den Ehediskurs andererseits gehabt haben. Zwar finden sich bereits im Alten und Neuen Testament zahlreiche Korrespondenzen zur antik-griechischen Ökonomie-Literatur.[7] Auch bedient sich der mittelalterliche Ehediskurs ohne Skrupel aristotelischer Sentenzen in der Ökonomik. Dennoch lässt sich das Profil des mittelalterlichen und frühneuzeitlichen Ökonomie-Diskurses durch eine Kontrastierung mit dem zeitgenössischen christlichen Ehediskurs schärfen.

3. *Concordia, amicitia* und Hierarchie bei Aristoteles

Was Aristoteles unter ehelicher *concordia* versteht, lässt sich nicht auf eine einfache Formel bringen.[8] Denn in den einschlägigen drei Schriften, der *Politik*, der *(Nikomachischen) Ethik* und der *Ökonomik* wählt er einen je anderen Zugang zur

4 Vgl. Rüdiger Schnell, *Frauendiskurs, Männerdiskurs, Ehediskurs. Textsorten und Geschlechterkonzepte in Mittelalter und Früher Neuzeit*, Frankfurt a.M. 1998.

5 Vgl. *Sermo de matrimonio (deutsch)*, hg. von Gerd Brinkhus, in: ders., *Eine bayerische Fürstenspiegelkompilation des 15. Jahrhunderts. Untersuchungen und Textausgabe*, München 1978, S. 122–130, hier S. 123, Z. 701f. Vgl. schon Sirach 25,2 („Gott habe Gefallen an der Eintracht von Brüdern, an der Liebe zum Nächsten und an der Eintracht von Eheleuten"). Vgl. auch Psalm 132,1 („Wie schön und angenehm ist es, wenn Brüder in einem Haus zusammen wohnen").

6 Dazu Walter Behrendt, *Lehr-, Wehr- und Nährstand. Haustafelliteratur und Dreiständelehre im 16. Jahrhundert*, Diss. FU Berlin 2008; Heinz Gottwald, *Vergleichende Studie zur Ökonomik des Aegidius Romanus und des Justus Menius*, Frankfurt a.M. u.a. 1988.

7 Vgl. Wolfgang Pöhlmann, *Der verlorene Sohn und das Haus. Studien zu Lukas 15,11–32 im Horizont der antiken Lehre von Haus, Erziehung und Ackerbau*, Tübingen 1993, S. 23ff. u. 75ff.; Sabine Krüger, „Zum Verständnis der Oeconomica Konrads von Megenberg. Griechische Ursprünge der spätmittelalterlichen Lehre vom Haus", in: *Deutsches Archiv* 20 (1964), S. 475–561, bes. S. 514–545 (Zusammenfassung S. 538: Im AT wie im NT gebe es Spuren einer Lehre vom Haus, die Verwandtschaft mit der griechischen Ökonomik bzw. mit hellenistischer Popularethik zeigten. Beim AT gingen sie auf ägyptische Einflüsse zurück).

8 Vgl. Rüdiger Schnell, *Sexualität und Emotionalität in der vormodernen Ehe*, Köln u.a. 2002, S. 178–180.

Beschreibung des ehelichen Verhältnisses.[9] In der *Politik* wird die eheliche Beziehung in den (politischen) Kategorien von Regieren und Regiertwerden gefasst, also hierarchisch strukturiert. In der *Ethik* hingegen (vor allem im 8. Buch) wird die Ehe aufgrund von ethischen Überlegungen als eine Form von Freundschaft erörtert. Als Grundpfeiler von Freundschaft gelten Gleichheit bzw. Ähnlichkeit (VIII 7–10).[10] Vollkommen sei etwa die Freundschaft zwischen Menschen, die hinsichtlich ihrer Tugenden ähnlich seien (VIII 4–7).[11] Zwischen zwei Eheleuten könne sich also aufgrund der Liebe zu den Tugenden des anderen Gleichheit und infolgedessen Freundschaft einstellen. Und wo bleibt die in der *Politik* vertretene Auffassung vom Regieren und Regiertwerden in der Ehe?

Es ist aufschlussreich, dass Aristoteles in der *Ethik* die Herrschaft des Mannes über die Frau einerseits (VIII 12; 1160a31ff.) und die Freundschaft zwischen Mann und Frau andererseits (VIII 14; 1162a16ff.) in zwei verschiedenen Kapiteln bespricht. Bei der Erörterung der ehelichen Freundschaft wechselt Aristoteles die Argumentationsbasis. Denn nun wird die ‚Natur' dafür verantwortlich gemacht, dass zwischen Ehefrau und Ehemann Freundschaft besteht. Die Natur habe den Menschen zum gemeinsamen Leben angelegt (VIII 14). Da die Aufgaben von Mann und Frau unterschiedlich seien, würden sie sich gegenseitig helfen. In dieser Freundschaft scheine also das Nützliche und das Angenehme vorhanden zu sein. Sollten beide Eheleute auch noch tugendhaft sein, wäre diese Freundschaft auch auf Tugend gegründet.

Freilich hat Aristoteles Schwierigkeiten, die Regierung des Mannes über die Frau mit der Freundschaft zwischen Mann und Frau zu harmonisieren.[12] Aristo-

9 Ob Aristoteles tatsächlich der Autor (aller Bücher) der Ökonomik ist, braucht hier nicht zu interessieren. Für das Mittelalter und die Frühe Neuzeit galt Aristoteles als deren Verfasser.

10 Vgl. Aristoteles, *Nikomachische Ethik*, übers. und eingel. von Olof Gigon, Zürich 1967, S. 244 (VIII 10; 1159b2f.): „Gleichheit und Übereinstimmung ist Freundschaft und vor allem die Übereinstimmung in der Tugend."

11 Wie aber gelingt es Aristoteles, in der *Ethik*, anders als in der *Politik*, für die Ehe eine Gleichheit und somit Freundschaft zu reklamieren? Indem er eine zweite Art von Freundschaft installiert. Er grenzt von der Freundschaft, die auf Gleichheit beruht, eine andere Art von Freundschaft ab, die auf Überlegenheit basiert: die des Vaters über den Sohn, des Älteren über den Jüngeren, des Mannes über die Frau und jedes Regierenden über die Regierten (1158b11ff.). In all diesen auf Überlegenheit beruhenden Freundschaften müsse die Zuneigung des einen zum anderen eine proportionierte sein, „so dass der Bessere mehr geliebt wird, als er selbst liebt" (1158b24ff.). Denn die Freundschaft beruhe nicht allein auf der Gleichheit, sondern im ‚Lieben des Gleichen' (VIII 10). Auf diese Weise könnten auch Ungleiche zu Freunden werden. Denn die gegenseitige Liebe (der Tugenden des jeweils anderen) würde sie gleichmachen. Vgl. dazu Jacobus de Voragine, *Sermones dominicales*, s.l. 1484 (Tübingen UB: Gb 773 Fol.), Bl. 162r–162v („Dominica vicesima, sermo tercius" [nach Trinitas]): *Amicitia* meine viererlei: 1. *communicationem* (wahre Freunde teilten alles), 2. *assimilationem* (Liebe mache den Liebenden dem Geliebten gleich); 3. *identitatem voluntatum*; 4. *equalitatem* (der Höherstehende, *superior*, habe zum Niedrigerstehenden *benevolentiam*, der *inferior* zum *superior* aber *reverentiam*; nur der Gleichrangige, *equalis*, habe zum *equalis* Freundschaft). Vgl. auch unten Anm. 23 zu Ambrosius.

12 Dass bereits in der antiken Ökonomie-Lehre Hierarchisierungsmodell und Gleichstellungsmodell nebeneinander standen, bemerkt Ulrike Hörauf-Erfle, *Wesen und Rolle der Frau in der*

teles räumt ein, dass es in den „Freundschaften auf Grund von Überlegenheit" zu Meinungsverschiedenheiten kommen könne (VIII 16). Es bestehe die Gefahr, dass sich diese Art von Freundschaft, die auf der Überlegenheit des einen Partners beruhe, auflöse. Überlegenheit führe zu *discordia,* und diese wiederum bedrohe die Freundschaft. In dieser Art von Freundschaft steckt also von Anfang an ein Spaltpilz.

Nun zum dritten aristotelischen Werk, zur *Oikonomika.* Dort geht es nicht so sehr um Regieren und Regiertwerden, auch nicht um eine auf Tugenden gegründete Freundschaft, sondern um das gemeinsame Arbeiten von Frau und Mann in der Haushaltung. Folgerichtig steht nicht das Lieben des anderen im Vordergrund, sondern das gemeinsame Wollen. So heißt es etwa im sog. dritten Buch der aristotelischen *Oikonomika,* das größte Gut unter den Menschen sei, wenn Mann und Frau einträchtig in ihrem Willen das Haus regierten („cum vir et mulier concordes in voluntatibus domum regunt", II 7).[13] In der *Oikonomika* kommt es also vor allem auf *concordia* an, die sich im gemeinsamen Arbeiten niederschlägt. Die Eheleute werden *cooperatores* genannt (I 3).

Den *amicitia*-Gedanken tangiert Aristoteles in der *Oikonomika* dort, wo er schreibt, die Ungleichheit der Sitten (*dissimilitudo morum,* I 4) der Eheleute verhindere, dass der eine dem anderen liebenswert werde und somit Freundschaft entstehe.[14] Indirekt wird damit Gleichheit als wichtigstes Kriterium von Freundschaft bestätigt. Auch die Formulierung ‚einig im Wollen' (*concordes in voluntatibus,* II 7) rückt die eheliche Beziehung in der *Oikonomika* an die antike *amicitia*-Vorstellung heran, derzufolge Freundschaft darin bestehe, *idem velle, idem nolle.*

Freilich hat die *Oikonomika* des Aristoteles mit argumentativen Verrenkungen zu kämpfen. Während einerseits die *concordia* der Eheleute hochgehalten und der *amicitia* angenähert wird, wird die Hierarchie im Hause stark gemacht. Die Verwaltung im Hause wird als eine Monarchie begriffen (I 1).[15] Zudem hat in der

---

moralisch-didaktischen Literatur des 16. und 17. Jahrhunderts im Heiligen Römischen Reich deutscher Nation, Frankfurt a.M. 1991, S. 17f. (mit Verweis auf den grundlegenden Artikel von Krüger, „Zum Verständnis"). Die Ausführungen von Dieter Schwab, „Ehe und Familie nach den Lehren der Spätscholastik", in: *La seconda scholastica nella formazione del diritto privato moderno,* hg. von Paolo Grossi, Mailand 1972, S. 73–116, hier S. 98f., zu Gleichwertigkeit und Gehorsamspflicht in Theologie und bei Aristoteles, verzeichnen den historischen Befund. Das Schwanken zwischen Gleichstellung und Hierarchie der Eheleute charakterisiert (gegen Schwab) noch den ganzen mittelalterlichen Ehediskurs.

13 Vgl. auch Aristoteles, *Oikonomika,* II 5; Aristoteles, *Oikonomika. Schriften zur Hauswirtschaft und Finanzwesen,* übers. und erl. von Renate Zoepffel (Aristoteles, *Werke in deutscher Übersetzung,* hg. von Hellmuth Flashar, Bd. 10, Teil II), Berlin 2006, S. 42–44 (III 3 u. 4). Zu den differenten Buch- und Kapitelangaben vgl. oben Anm. 2.

14 Vgl. auch Cicero, *Laelius De amicitia,* Lat.-Dt. von Max Faltner, 3., verbess. Aufl., München 1980, S. 86 (20,74): *Dispares mores* und ungleiche Interessen würden eine Freundschaft auflösen; s.u. Anm. 23 u. 28.

15 Wie fragil sich die Argumentation in der dem Aristoteles zugeschriebenen *Ökonomik* erweist, zeigt die Beschreibung der *concordia* zwischen den Eheleuten. Einerseits wird im dritten Buch betont, das Einvernehmen (*concordia*) zwischen den Eheleuten sei ein anderes als das zwischen Herr und Sklaven: Es sei eine *concordia* mit Herz und Verstand („animo et

Oikonomika die Ehefrau den Mann nicht nur zu lieben – wie in der *Ethik* –, sondern auch zu fürchten (II 5).[16]

Wir haben es bei Aristoteles in verschiedenen Werken mit recht unterschiedlichen Thematisierungen von *concordia* in der Ehe zu tun.

Wie reagieren mittelalterliche Autoren auf das komplexe Gedankengebäude des Aristoteles?[17]

Ich sehe vor allem zwei Tendenzen:

Erste Tendenz: Die bei Aristoteles beobachteten Probleme werden weiter transportiert, z. T. noch vergrößert dadurch, dass, was bei Aristoteles auf drei verschiedene Werke verteilt war, in einem einzigen Text nebeneinander gestellt wird.

Ein Beispiel aus dem ‚Fürstenspiegel' (*De regimine principum*) des Aegidius Romanus mag genügen. Im zweiten Buch, Teil 1, Kap. 14 greift Aegidius Romanus die Argumentation des Aristoteles zu der Frage auf, inwiefern sich die Herrschaft des Vaters über die Söhne von der Herrschaft des Mannes über die Frau unterscheide.[18] Aegidius schreibt: *aliquo modo* werde die Frau dem Mann als gleich erachtet (*ad paria iudicatur*). Dieses *aliquo modo*, dieses ‚Irgendwie' zeigt die Unschärfe der Debatte über Gleichheit und Hierarchie an.[19] Irgendwie sei die Frau dem Mann gleich. Im darauffolgenden Kapitel (II 1,15) behilft sich Aegidius nochmals mit einem vagen Statement. Zwar übertreffe der Mann die Frau an Vernunft. Doch die Ungleichheit (*imparitas*) zwischen Mann und Frau dürfe nicht so zum Ausdruck kommen, dass der Mann die Frau wie eine Magd (*serva*) gebrauche. Sondern er solle sie *tanquam socia(m)* annehmen. Wie genau aber diese Harmonisierung von Ungleichheit und Gleichheit zu bewerkstelligen sei, erfahren wir nicht.[20] Hier schon stellt sich die Frage, inwiefern der schriftliterarische Diskurs überhaupt imstande ist, die im Alltag erforderlichen Entscheidungen lehrhaft vorwegzunehmen.[21]

---

prudentia", II 7; Übersetzung Zoepffel [wie Anm. 13], S. 44 [III 4]). Im ersten Buch heißt es aber („oeconomica vero [est] monarchia", I 1), die Verwaltung einer Haushaltung stelle eine Monarchie dar, was eine Unterordnung der Frau voraussetzt.

16 In der Übersetzung von Zoepffel (wie Anm. 13), S. 42 (III 3).

17 Zu den mittelalterlichen Versuchen, Freundschaft und Hierarchie zu harmonisieren, vgl. Bénédicte Sère, *Penser l'amitié au Moyen Âge. Étude historique des commentaires sur les livres VIII et IX de l'Éthique à Nicomaque (XIII*[e]*–XIV*[e] *siècle)*, Turnhout 2007, S. 101–151. Von der Ehe ist dort allerdings nicht die Rede.

18 Vgl. Aegidius Romanus, *De regimine principum*, Rom 1607, II 1,14 (S. 259–269). Aegidius unterscheidet wie Aristoteles drei ‚Regierungsformen': das *regimen coniugale* (Ehemann steht der Ehefrau vor), das *regimen paternale* (Vater regiert den Sohn) und das *regimen dominativum* (Hausherr herrscht über die Sklaven). Vgl. II 1,7, ebd., S. 237–240.

19 In II 1,15 begründet Aegidius die Sonderstellung der Frau und greift dabei auf die *Politik* des Aristoteles, zurück (vgl. ebd., S. 262–264). Das *regimen coniugale* unterscheide sich durch drei Dinge von der Herrschaft über die Sklaven (*regimen servile*): 1. die Frau sei von der Natur zum Zeugen bestimmt, nicht zum Dienen; 2. ein vollkommenes Haus brauche eine Frau; 3. die ‚Gleichheit' (*parilitas*) von Mann und Frau lasse ein *regimen servile* des Mannes nicht zu.

20 Aegidius Romanus benutzt mit den Funktionsbezeichnungen *serva* und *socia* die Terminologie der theologischen Diskussion; s. u. Abschnitte 4 u. 5.

21 Darauf wird in Abschnitt 9 zurückzukommen sein.

Zweite Tendenz: Die Komplexität der aristotelischen Argumentation wird reduziert. Demnach wird Freundschaft durchweg mit Gleichheit gleichgesetzt. Differenzen im sozialen Status, im Alter, im Vermögen lassen Freundschaft nicht zu. Noch Erasmus von Rotterdam schreibt in seiner Schrift *De ratione studii*, Freundschaft könne nur unter Ähnlichen entstehen. Ähnlichkeit bringe Wohlwollen hervor, während Unähnlichkeit Anlass für Hass und Uneinigkeit sei. Je größer die Ähnlichkeit zwischen zwei Personen sei, desto dauerhafter und fester werde eine Freundschaft sein.[22] Diese Ähnlichkeit bezieht sich auch auf den sozialen Status.[23]

4. *Concordia* und *amicitia* in Ehepredigten

Mit Buch Sirach 25,2, wonach Gott an Eheleuten Gefallen finde, die einträchtig zusammenlebten (*consentire*), bildete *concordia* für die Theologen des Mittelalters einen Grundpfeiler ihrer Eheauffassung. Um die Vorstellung von der Ehe als einer *concordia*-Beziehung argumentativ zu stärken, griffen sie auf den *amicitia*-Gedanken zurück. Doch zeigt sich, dass diese Versuche der mittelalterlichen Ehepredigten, *amicitia*[24] in die hierarchische Struktur der Ehe zu integrieren, recht brüchig waren – wie bei Aristoteles, wie bei Aegidius Romanus.

Vorauszuschicken ist, dass in den Ehepredigten die Voraussetzungen von *amicitia* bzw. *concordia* in der Ehe nur an ganz wenigen Diskursorten erörtert werden. Mit Diskursorten meine ich Loci im Sinne der antiken Topik-Lehre. Genau genommen sind es drei Loci, an denen Ehe als *amicitia* vorgestellt wird:

---

22 Vgl. Erasmus von Rotterdam, *De ratione studii*, hg. von Jean-Claude Margolin, in: *Opera omnia*, I-2, Amsterdam 1971, S. 139. Vgl. dazu Helmut Puff, „Von Freunden und Freundinnen. Freundschaftsdiskurs und -literatur im 16. Jahrhundert", in: *WerkstattGeschichte* 28 (2001), S. 5–22, hier S. 5.

23 Vgl. etwa Ambrosius, *De officiis ministrorum* (PL 16, 23–184), III 22,132 (PL 16, 182A): „Pietatis custos amicitia, et aequalitatis magistra; ut superior inferiori se exhibeat aequalem, inferior superiori. Inter dispares enim mores non potest esse amicitia" (vgl. auch oben Anm. 11 das Zitat aus einer Predigt des Jacobus de Voragine). Freundschaft kann es demnach zwischen Nicht-Gleichrangigen nur geben, wenn sie sich einander annäherten. Möglicherweise ist dies der Prozess, den die mittelalterlichen Ehepredigten anstoßen wollten: Der Ehemann als der *superior* soll Nachsicht mit der Frau als dem schwächeren Geschlecht haben. Freilich steht dem entgegen, dass der Mann sich niemals auf die Stufe der Frau hinabbegeben sollte. Vgl. auch Cicero, *Laelius De amicitia*, S. 84 (20,72): „Hi qui superiores sunt, submittere se debent in amicitia, et se quodammodo inferiores extollere". Diesen Satz übernimmt Vinzenz von Beauvais, *Speculum doctrinale* (*Speculum quadruplex sive Speculum maius*, Bd. 2), Graz 1965, V 88 (S. 454). Vgl. auch Aelred von Rievaulx, *De spirituali amicitia*, hg. von Anselm Hoste (CCCM 1), Turnhout 1971, III 90: Die Kraft der *amicitia* bewirke, dass *superior* und *inferior* gleich seien (*pares esse*). In der *amicitia* müsse der *sublimis* herabsteigen, der *humilis* hinaufsteigen. Auf diese Weise trete *amicitia* ein. Wieder also ist *equalitas* die zentrale Bedingung von Freundschaft. Aristoteles, *Nikomachische Ethik*, VIII, habe schon gesagt, es gebe eine *amicitia* zwischen Ungleichen. Diese Ungleichheit könne ausgeglichen werden durch eine größere Liebe des Unterlegenen zum Überlegenen (s. o.).

24 *Amicitia* verstanden als Folgeerscheinung von Ähnlichkeit oder Gleichheit.

- dort, wo in einer Ehepredigt von der Einsetzung der Ehe durch Gott im Paradies gesprochen wird (Gott verbindet Mann und Frau zu einer unauflöslichen Einheit);
- dort, wo die Erschaffung Evas aus einer Rippe Adams erwähnt wird (Eva als Gefährtin des Mannes, als *socia*, nicht als *ancilla*);[25]
- schließlich dort, wo die Kriterien für die Wahl einer Gattin genannt werden.

An einer Ehepredigt sei vorgeführt, wie Gattenwahl und *amicitia*- bzw. *concordia*-Thematik verbunden werden.

Meffret, ein Prediger des 15. Jahrhunderts aus Meißen, hat seinem umfangreichen Predigtwerk *Hortulus reginae* (1449), das im 15. Jahrhundert mindestens zehn Auflagen erlebte und noch im 16. und 17. Jahrhundert mehrfach gedruckt wurde, drei Ehepredigten eingefügt. In der ersten Ehepredigt spricht Meffret ausführlich darüber, wie erreicht werden könne, dass nach der *traditio* der Braut zwischen den Eheleuten *amor* und *concordia* herrsche. Um ein harmonisches Eheleben zu erzielen, bedürfe es zweier Überlegungen bei der Wahl der Braut: Erstens müsse eine wohlgesittete (*morigerata*), gute und in den Lebensgewohnheiten übereinstimmende Frau (*sibi in moribus conformem*) gesucht werden.[26] Wenn die Sitten bzw. der Lebenswandel der Frau mit denen des Ehemannes korrespondiere (*est similis in moribus*), dann gelte dies als ein Zeichen der Liebe (*signum dilectionis*). Die *similitudo morum* sei zugleich eine Wurzel der Freundschaft (*radix amicitiae*). Dies habe Aristoteles im achten Buch der *Ethik* ausgeführt: „Simile diligit sibi simile" (‚Gleich und gleich gesellt sich gern'). Und im neunten Buch von Aristoteles' *Ethik* stehe: Das Ähnliche sei dem Ähnlichen ein Freund. Die Unähnlichkeit der Lebensgewohnheiten (*dissimilitudo morum*) hingegen sei ein Zeichen von Zwietracht und Streitigkeiten. Das werde im ersten Buch der *Ökonomik* des Aristoteles bestätigt: Welche von ungleichen Sitten seien, liebten sich selten („Dissimilium morum, raro sunt amabiles").[27] Dann zitiert Meffret Ciceros *Liber de amicitia* (20,74) und Aristoteles' *Oikonomika* (I): Ungleichen Sitten folgten ungleiche Lebenswei-

25 Der Gleichheitsgedanke und damit die *amicitia*-Thematik wird in mittelalterlichen Ehetexten (Ehepredigten) gerne dort ventiliert, wo auf den Schöpfungsbericht verwiesen wird. Dabei wird – gegen männliche Machtansprüche und gegen männliche Tyrannei in der Ehe – betont, dass Gott Eva als *socia* dem Adam beigesellt habe. Ja, es ist in diesem Zusammenhang sogar von Eva als der *equalis* des Mannes die Rede. Dieser *equalis*-Aspekt gibt wiederum Anlass, die Ehebeziehung als *amicitia* zu begreifen. Vgl. zum Rippe-Topos Rüdiger Schnell, „Die Frau als Gefährtin (*socia*) des Mannes. Eine Studie zur Interdependenz von Textsorte, Adressat und Aussage", in: ders. (Hg.), *Geschlechterbeziehungen und Textfunktionen. Studien zu Eheschriften der Frühen Neuzeit*, Tübingen 1998, S. 119–170.

26 Vgl. Meffret, *Hortulus reginae sive Sermones de tempore, pars hiemalis*, Köln 1625, Buchstabe ML, S. 133a.

27 In der Tat heißt es bei Aristoteles, *Oikonomika*, I 4 (*translatio vetus*, hg. von Menut [s. Anm. 2], S. 849b): „dissimilitudines enim morum, nequaquam amabile".

sen.[28] Folglich solle man nicht auf Schönheit oder Reichtum einer Frau schauen, sondern auf ihren Lebenswandel.

Zweitens sei eine Frau zu wählen, die nicht nur in ihrem Lebenswandel, sondern auch nach Alter, Herkunft und Besitz zu einem passe („ut quaerat sibi similem, non tantum in moribus, sed etiam in iuventute, nobilitate, divitiis, et senectute"). Auch Aegidius Romanus sei der Auffassung, dass in jeder Ehe *nimia imparitas* zu vermeiden sei.[29] Allzu große Ungleichheit (*nimia imparitas*) hinsichtlich Alter (*aetas*) und sozialem Status (*nobilitas*) führten zu Streit (*causa litis*), was wiederum Ursache dafür sei, dass sich Eheleute nicht die Treue hielten. Ungleichheit wird zwar zugestanden, aber nicht eine zu große Ungleichheit, was immer das heißen mag.

Nach diesen Anleihen bei Aristoteles, Cicero und Aegidius Romanus kehrt Meffret zu einer genuin christlich-theologischen Argumentation zurück. Er stützt seine Auffassung von der Ehe als einer Freundschaft durch die christliche Deutung der Erschaffung Evas. Damit ist ein weiterer Locus angesprochen, an dem die Frage von Gleichheit und Hierarchie behandelt wird. Gott habe gesagt: ‚Wir wollen ihm, Adam, eine Gehilfin schaffen, die ihm ähnlich sei'.[30] Gott habe Eva aus der Seite Adams geschaffen, um anzuzeigen, dass kein Eheteil sich gegenüber dem anderen rühme, er sei von vornehmerem Geschlecht. Eva sei weder als Herrin, noch als Magd, sondern als *socia* (Gefährtin) Adam beigegeben worden. Hätte die Frau die Herrschaftsposition im Haus (*in domo*) inne, würde sie dem Mann widerstreiten, mit Worten und mit Taten. Wäre die Frau aus den Füßen Adams geschaffen, hätte dies bedeutet, sie sei zur Knechtschaft bestimmt. Deshalb sei sie aus der Mitte Adams genommen, damit sie *tanquam socia* gehalten werde. *Concordia* wird an die *socia*-Rolle der Frau gebunden.

Diese Ehepredigt zeigt, wie aristotelischer und ciceronianischer *amicitia*-Gedanke mit seinem Gleichheitsprinzip einerseits und christlich-theologischer Entwurf einer *socia*-Rolle der Frau in Ehe und Haus andererseits zusammengezwungen werden.[31] Zugleich wird deutlich, wie sehr *amicitia* und *concordia* sowohl in

28 Vgl. Meffret, *Hortulus reginae*, S. 133a: „Simile amicum [sic!] est simili. Ita dissimilitudo morum signum est discordiae et inimicitiae, iuxta illud Arist. i. Oecon: Dissimilium morum, raro sunt amabiles. ut consonat liber de amicitia: Dispares mores disparia sequuntur studia, id est, conversationes". Ungleichheit der Sitten führen also zu Zwietracht und Feindschaft und ungleichen Lebensweisen (*conversationes*). Auch die *Regula Benedicti* (2,27–31) konstatiert, dass es im Kloster, weil dort unterschiedliche Lebensweisen und Charaktere aufeinanderträfen, oft zu Konflikten und Streitigkeiten komme; vgl. Ulrich Meyer, *Soziales Handeln im Zeichen des ‚Hauses'. Zur Ökonomik in der Spätantike und im früheren Mittelalter*, Göttingen 1998, S. 281f.

29 Meffret zitiert Aegidius Romanus, *De regimine principum*, II 1,12. Vgl. auch Guilelmus Peraldus, *Summa de virtutibus*, Basel s.a. (Hain 12383), III 2,14–17; vgl. dazu Schnell, *Sexualität*, S. 127f.

30 Genesis 2,18: „Faciamus ei adiutorium similem sui". Bei Meffret, *Hortulus reginae*, S. 133b, heißt es: „Faciamus ei adiutorem simile sibi".

31 Die mittelalterliche Ökonomik konnte die Auffassung, wonach die Ehefrau nicht *serva*, sondern *socia* sei, sowohl Aristoteles entnehmen (danach Aegidius Romanus, *De regimine princi-*

der Ökonomik als auch in christlichen Ehepredigten zusammengesehen werden. Das verbindende Glied ist die Vorstellung von der Gleichheit, Gleichrangigkeit oder (geforderter) Ähnlichkeit von Mann und Frau in der Ehe.

Auch in der mittelalterlichen Kanonistik zum Wesen der Ehe wird die Auffassung vertreten, Ehe sei eine Vereinigung der Willensbekundungen der Eheleute. In den Kommentaren zu Gratians *Decretum* wird dort, wo davon die Rede ist, was eine Ehe ausmache (Causa 27, Prooemium), immer wieder zu verstehen gegeben, dass Ehe nicht nur eine Vereinigung der Körper (*unio corporum*), sondern auch eine der Herzen sei (*unio animorum*). Diese *unio animorum* wird definiert als ‚dasselbe wollen, dasselbe nicht wollen' und mit dem Terminus *amicitia* bezeichnet: „Nam idem velle et idem nolle firma est amicitia".[32] Damit ist der Anschluss der Ehedefinition an die *amicitia*-Definition gefunden. *Concordia* ist ein Ausdruck von *amicitia*. Ehe wird, sofern die Eheleute dasselbe wollen (sollten), als *amicitia* definiert. Diese *amicitia* erfüllt zugleich die wichtigste Voraussetzung der *concordia*: die Identität des Wollens.

5. Verteilung von ehelicher Hierarchie und Gleichrangigkeit auf verschiedene Loci

Die Ehepredigten reden jedoch nicht nur von der Freundschaft zwischen den Eheleuten, sondern auch von der Unterordnung der Ehefrau. Deshalb stellt sich, wie bei Aristoteles, die Frage: Wie ist die Konstruktion einer freundschaftlichen Verbundenheit zweier angeblich gleichrangiger Personen in der Ehe zu vereinbaren mit dem biblischen Diktum Gottes an Eva nach dem Sündenfall: „Sub viri potestate eris" (Gen. 3,16), oder mit dem neutestamentlichen Gebot, die Frauen sollen ihren Männern untertan sein („mulieres viris suis subditae sint sicut Domino"; Eph. 5,21)? Der Befund ist verblüffend: Die beiden konträren Positionen – Frau als *socia* des Mannes, Frau als dem Mann untertan – treten in den Ehepredigten an unterschiedlichen Loci auf. Sie gehen sich also gleichsam aus dem Wege, offensichtlich weil sie unvereinbar sind.[33]

pum, II 1,14 u. 15; S. 261 u. 264) wie auch der theologischen Lehre; vgl. Schnell, „Die Frau als Gefährtin (*socia*) des Mannes".

32 Vgl. entsprechende Zitate bei James A. Brundage, *Law, sex, and Christian society in medieval Europe*, Chicago/London 1987, S. 273, A. 74 (u. a. aus der *Summa* des Sicard von Cremona). In der *Summa decretorum* des Rufinus von Bologna (12. Jahrhundert), hg. von Heinrich Singer, Paderborn 1902, S. 430, heißt es zu Gratian, *Decretum*, Causa 27, Prooemium, Eheleute hätten dieselben Vorlieben und würden dasselbe ablehnen. In der *Summa* von Huguccio (Ende 12. Jahrhundert) heißt es zum Stichwort ‚viri et femine coniunctio': „Matrimonium non est nisi coniunctio animorum" (Brundage, *Law, sex, and Christian society*, S. 273, A. 74). Zur *amicitia* im Sinne von ‚dasselbe wollen, dasselbe nicht wollen' vgl. auch Schnell, *Sexualität*, S. 159ff., 239ff. u. 428f.

33 So stehen bei Antonius de Bitonto (gest. 1465), *Sermones dominicales per totum annum*, Venedig 1492 (Hain 3217), Sermo 8 (fol. 23rb), Hierarchie (die Frau müsse gehorchen) und Gleichheit (die Freundschaft mache die Eheleute zu *pares*) unverbunden nebeneinander. Was sich auf Diskursebene aus dem Weg gehen kann, muss freilich im Alltag irgendwie (*aliquo modo*, s. o.)

Auch hier mag ein Textbeispiel genügen, wiederum aus einer Ehepredigt des 15. Jahrhunderts.

Der Franziskaner Pelbartus von Themeswar (gest. 1504), dessen ab 1498 gedruckte Predigtsammlungen in ganz Europa bekannt waren, hat in einer seiner Ehepredigten vier Punkte genannt, die ein heiratswilliger Mann zu bedenken habe: 1. wie die Gattin auszuwählen sei (*uxor eligenda*); 2. wie sie zu lenken sei (*dirigenda*); 3. wie sie zurechtzuweisen sei (*corrigenda*); 4. wie sie zu lieben sei (*diligenda*).[34]

Beim ersten Punkt spricht Pelbartus davon, dass auf gleiche Sitten zu achten sei. Wenn der Mann gut und die Frau schlecht sei oder umgekehrt (*vel e converso*), werde es niemals *concordia* zwischen ihnen geben. Selten seien diejenigen, die ungleiche Sitten aufwiesen, einander liebenswert. Aristoteles habe im ersten Buch seiner *Oikonomika* konstatiert, dass *dissimiles mores* selten liebenswert seien.[35] Dies gelte insbesondere für die Ungleichheit hinsichtlich des Alters, aber auch hinsichtlich von Reichtum/Armut oder Adel/Nichtadel.[36] Solche Unterschiede würden zu Zwietracht und Streit reizen (*incitamenta discordiae et litis*). Eine allzu große *inparilitas* sei zu vermeiden, sage Aegidius Romanus in Buch II 1 seines *De regimine principum*.[37] Bei diesem ersten Punkt stehen also Gleichheit und *concordia* im Fokus. Beim dritten Punkt hingegen, der Zurechtweisung der Frau, dominiert die Hierarchie. Bei der Kritik an der Frau seien sowohl Wohlwollen wie auch Strenge am Platz. Dazu werden Kirchenväter als Autoritäten zitiert. Dann schließt sich eine theologisch-praktische Frage an: Sündigt der Mann, der seine Frau schlage? Die Antwort der *doctores* laute:[38] Wenn der Ehemann dies zur Zurechtweisung von Vergehen auf maßvolle Weise tue, sei das keine Todsünde, weil der Höhere (*superior*) den Unterlegenen (*inferiorem*) zurechtweisen müsse. Und der Mann sei das Haupt der Frau (1. Kor. 11). Wenn aber ein Ehemann aus Zorn und ohne einen vernünftigen Grund seine Frau schlage, sündige er schwer. Damit liegt der Fokus bei diesem dritten Punkt auf Hierarchie und Ungleichheit der Eheleute. Da aber Ungleichheit und Gleichheit an verschiedenen Loci thematisiert werden, fehlt die Notwendigkeit eines Ausgleichs zwischen den beiden Konzepten in dieser Ehepredigt.

Das Thema ‚Concordia im Hause' könnte auf wenigen Seiten abgehandelt werden, wenn das zuträfe, was Vinzenz von Beauvais in seinem *Speculum doctrinale*

harmonisiert werden. Hier deutet sich eine Kluft zwischen Diskurs und Alltagswelt an; s.u. Abschnitt 9.

34 Vgl. Pelbartus de Themeswar, *Sermones*, Hagenau 1498 (Hain 12551), Nr. 27.

35 Vgl. oben Anm. 27 u. 28.

36 Pelbartus, *Sermones*, ist nicht der erste Theologe, der (a) die Diskrepanz bei heiratswilligen Personen (Alter, Besitz, Status) mit der Diskrepanz von Lebensweisen und Sitten in Verbindung bringt und (b) dabei auf die *Oikonomika* des Aristoteles zurückgreift. Schon Meffret tat dies; s.o. Anm. 27 u. 28.

37 Vgl. oben Anm. 18–20.

38 Es scheint, dass Pelbartus eine Quaestio der Sentenzenkommentare bzw. der Quaestionenliteratur aufgreift.

(VI 13), über die *pax* im Hause ausführt: Der Friede im Haus sei dann gewährleistet, wenn bei den Mitbewohnern *concordia* hinsichtlich des Befehlens und Gehorchens herrschte. Das heißt, wenn allen Beteiligten klar wäre, wer befehlen dürfe und wer zu gehorchen habe.[39] Doch dieses einfache Prinzip gilt für das Verhältnis von Ehefrau und Ehemann eben nicht, weil hier das *imperare* und das *oboedire* mit allerlei Einschränkungen versehen und nur sehr vage (vgl. *aliquo modo* bei Aegidius Romanus) umschrieben wird.[40] Das macht den Ehediskurs so kompliziert – und mit ihm den Diskurs über die Voraussetzungen von *concordia* im Haus.

6. Diskursive Annäherung von Hierarchie und Gleichrangigkeit

6.1 durch separate Adressierung

Meines Erachtens zeichnen sich die Versuche der mittelalterlichen Theologen, Gehorsamsgebot und Gleichrangigkeitsidee zu vermitteln, weniger durch eine konzeptionelle Lösung aus als durch diskursive und performative Verfahrensweisen. Das eine Verfahren habe ich eben vorgestellt: Unterschiedliche Relationierungen der Eheleute werden an verschiedenen Loci abgehandelt. Ein zweites Verfahren besteht darin, entweder separate Ehepredigten für Ehemänner und Ehefrauen zu verfassen[41] oder aber innerhalb einer Ehepredigt die beiden Geschlechter separat anzusprechen.[42] Im Frauenabschnitt werden die Ehefrauen zu striktem Gehorsam aufgefordert; in dem Teil, in dem die Männer adressiert sind, werden diese ermahnt, ihre Herrschaftsposition sehr zurückhaltend auszuüben und nicht wie ein Löwe im Haus herumzufauchen.[43] Den Frauen wird zu verstehen gegeben, sie seien den Männern untertan; den Männern wird klar gemacht, sie sollten ihre Frauen wie Gefährtinnen ([*tamquam*] *socias*) behandeln,

39 Vgl. Vinzenz von Beauvais, *Speculum doctrinale*, VI 13: *De servanda pace domesticarum* (zitiert Augustinus, *De civitate Dei*, XIX: „Pax itaque domus est ordinata imperandi et oboediendi concordia cohabitantium").

40 Im Sentenzenkommentar des Bonaventura wird das eheliche Verhältnis als eine *quaedam aequalitas mutuae societatis* (‚eine *gewisse* Gleichheit der gegenseitigen Kameradschaft') bezeichnet; vgl. Bonaventura, *Commentaria in quattuor libros Sententiarum magistri Petri Lombardi*, Bd. II, Quaracchi 1885, S. 430.

41 Vgl. etwa Guibert de Tournai, *Sermones ad status*, Louvain s.a. [1473?], fol. 107v–108v („Ad coniugatas sermo"); auch in Hs. Paris, BN lat. 15943; nach einer Mailänder Hs. abgedruckt bei Carla Casagrande, *Prediche alle donne del secolo XIII*, Mailand 1978, S. 93–97. In seinem Sermo 22 („Dominica prima post octavam epiphanie. Sermo tertius"), einer Ehepredigt, spricht Jacobus de Voragine nahezu ausschließlich die Männer an; vgl. Jacobus de Voragine, *Sermones dominicales*, fol. 20ra–21rb.

42 Vgl. Jacobus de Voragine, *Sermones dominicales*, Sermo 90 („Dominica secunda post festum trinitatis. Sermo secundus"), fol. 100v–101vb; Berthold von Regensburg, *Rusticanus de communi Sanctorum*, Sermo 5 („De apostolis" 5), Leipzig UB, cod. 497, fol. 193ra–194rb; Lucas Osiander, *Hochzeitspredigt* [6. Juli 1584], Tübingen 1584 (UB Tübingen: Gi 4803).

43 Grundsätzlich gilt für alle Ökonomiken und Ehepredigten: Wo Texte nur die Frau anreden, ist es nur die Frau, die sich anpassen muss: Aristoteles, *Oikonomika* (s. Anm. 2), II 2; Nicolaus Selneccerus [Selnecker], *Ehespiegell. Christliche Lere/ vom heiligen Ehestand/ [...]*, Eisleben 1589, Bl. 150v u. 151r; Christoph Hering, *Oeconomischer Wegweiser/ Das ist: Die gemeine Haushaltungs-Wissenschaft [...]*, Jena 1680, S. 22.

nicht wie Mägde (*ancillas, servas*). Die Frauen werden ermahnt, die Unbeherrschtheiten und Unzulänglichkeiten ihrer Männer geduldig zu ertragen; die Männer aber werden aufgerufen, die Unzulänglichkeiten und Fehler des schwächeren Geschlechts mit Geduld und Sanftmut hinzunehmen.

So wird in und durch die getrennten Ansprachen an die Geschlechter eine Angleichung des Status von Mann und Frau erreicht. Die Umsetzung dieser rhetorisch-performativ praktizierten Angleichung der Geschlechterrollen im ehelichen Alltag bleibt dann Aufgabe der Eheleute.[44]

6.2 durch Genderneutralisierung

Den Ausgleich zwischen Hierarchie und Gleichrangigkeit strebt in den Ehepredigten ein drittes Verfahren an, das eine Gleichstellung der Geschlechter dadurch erreicht, dass es die Geschlechterstereotypen auflöst und beide Geschlechter in gleicher Weise für *concordia* bzw. *discordia* in der Ehe verantwortlich macht. Nicht nur die separaten Ansprachen an Ehemänner und Ehefrauen ermöglichen einen Ausgleich von eigentlich widersprüchlichen Ausgangspositionen. Noch weiter gehen in Ehepredigten und Ehetraktaten des 13. bis 15. Jahrhunderts solche Textabschnitte, in denen die Aufgaben und Verhaltensregeln für die beiden Geschlechter als austauschbar formuliert werden. Damit erhält die Frau denselben Status wie der Mann. Erkennungszeichen dieses die Geschlechterdifferenz nivellierenden Darstellungstyps sind die Termini *alter-alter* bzw. *invicem, e converso* oder *e contra*.[45] Alle diese Formeln zeigen eine geschlechterunabhängige Verhaltensregel an. Eine Verhaltensnorm gilt sowohl für den Mann wie für die Frau. Es werden keine geschlechterspezifischen Untugenden vorausgesetzt, sondern bei beiden Geschlechtern die gleichen kritikwürdigen Verhaltensweisen unterstellt.[46] Am Entstehen von *discordia* in einer Ehe haben beide Eheleute Anteil, wobei dieser Anteil geschlechterneutral vorgestellt wird. Am ehelichen Streit sind somit immer beide schuld. Interessant an diesem Begründungsmodell ist, dass Männer

---

44 Vgl. Irmintraut Richarz, „Oeconomia: Lehren vom Haushalten und Geschlechterperspektiven", in: *Geschlechterperspektiven. Forschungen zur Frühen Neuzeit*, hg. von Heide Wunder und Gisela Engel, Königstein/Ts. 1998, S. 316–336, fokussiert allein den Status der Ehefrau.

45 Vgl. Robert de Sorbon (1201–1274), *Ehepredigt*, hg. von B[arthélemy] Hauréau, in: *Notices et extraits de quelques manuscrits latins de la Bibliothèque Nationale*, Bd. 1, Paris 1890, S. 188–202; Johannes Herolt, *Sermones discipuli de tempore et sanctis* [1418], Mainz 1612, Sermo 25; Gottschalk Hollen (1411–1481), *Sermones dominicales super epistolas Pauli, pars hiemalis* [1470], Hagenau 1517, Sermo 45; Johannes Nider (gest. 1438), *Sermones totius anni (Aurei sermones de tempore)*, Ulm s.a. (Hain 11797), Sermo 13 („Dominica prima post Epiphanie"); Pelbartus, *Sermones*, Sermo 27.

46 Hinsichtlich der Frage, welcher Eheteil in den mittelalterlichen Ehetexten für *discordia* verantwortlich gemacht wird, gilt es zwei Argumentationstypen auseinanderzuhalten: Im einen Fall werden Mann und Frau mit ihren angeblich geschlechterspezifischen Untugenden und Schwächen für die *discordia* in der Ehe verantwortlich gemacht: etwa der Mann ist jähzornig, die Frau halsstarrig. Im anderen Darstellungstyp wird von geschlechterspezifischen Untugenden abgesehen und beiden Eheleuten aufgrund identischer Untugenden die Schuld an Unfrieden und Zwietracht zugeschoben. Im Folgenden geht es mir um den zweiten Typus.

und Frauen als potentiell zornig, als potentiell faul, als potentiell halsstarrig angesehen werden. Hierfür nun ein Beispiel aus einer Ehepredigt.

Der populäre westfälische Prediger Gottschalk Hollen (gest. 1481), dessen Predigten auch im Druck erschienen, handelt in einer seiner Predigten vom ehelichen Frieden.[47] Er fragt, wie man Zwietracht vermeiden könne. Seine Antwort ist beherrscht vom Prinzip der Reziprozität. Die Eheleute sollen sich gegenseitig (*mutuo*) mit Worten unterstützen (Kol. 3,13: „Helft einander"); wenn der eine zornig und unduldsam sei, müsse der andere freundlich sein in Worten und Werken (also *alter-alter* bzw. *unus-alter*). Ehemänner sollten ihre streitsüchtigen Frauen geduldig ertragen. Dasselbe gelte umgekehrt (*e contra*) für die Frau: Habe sie einen jähzornigen und bösen Mann, müsse sie ihm süß antworten. Wenn aber beide Eheleute jähzornig und böse seien und wechselseitig (*mutuo*) im Streit lägen wie Hund und Katze, dann hätten sie eine zweifache Hölle: hier und dort. Darüber freue sich der Teufel.

Diese letzte, dritte Variante eines Ausbalancierens von männlicher Herrschaft und weiblicher Gleichrangigkeit bedeutet in der Konsequenz die Abschaffung von Hierarchie, zumindest was die Verantwortlichkeiten für *concordia* bzw. *discordia* betrifft.

Als Resultat ergibt sich: *Concordia* in der Ehe basiert auf einer schwierigen Balance zwischen der vom Mann geforderten Herrschaftsposition einerseits und der der Frau einzuräumenden *socia*-Rolle andererseits. Wenn also die Ehefrau sich unterordnet und vom Mann dennoch als *socia* anerkannt wird, und wenn umgekehrt der Mann zwar seiner Herrschaftsrolle gerecht wird und dennoch diese Rolle mit größter Zurückhaltung ausübt, dann sind die Voraussetzungen für *concordia*, ja für *amicitia* zwischen den Eheleuten gegeben.[48]

7. Hausbücher des 17. Jahrhunderts und mittelalterliche Ehepredigten: Kongruenzen und Differenzen

Inwiefern sind die in den mittelalterlichen Ehepredigten formulierten Verhaltensregeln für Eheleute in der frühneuzeitlichen Hausväterliteratur übernommen oder aber umgeschrieben worden?[49] Die Verhaltensregeln für Ehemann und

---

47 Vgl. Hollen, *Sermones dominicales*, Nr. 46 („De matrimonio"); in großen Teilen identisch mit Herolt, *Sermones dicipuli de tempore et sanctis*, Sermo 25.

48 Man darf freilich nicht vergessen, dass die Gleichstellung von Hausvater und Landesvater in der reformatorisch-politischen Publizistik des 16. Jahrhunderts zumindest auf Diskursebene eine Stärkung des *paterfamilias* einschloss; vgl. Joel F. Harrington, „*Hausvater* and *Landesvater*: Paternalism and marriage reform in sixteenth-century Germany", in: *Central European History* 25 (1992), S. 52–75 (Harrington kommt allerdings zu dem Ergebnis, dass die diskursive Verbindung von Patriarchat und Herrschaft in der sozialen Realität kaum Auswirkungen gehabt habe). Vgl. auch Paul Münch, „Die ‚Obrigkeit im Vaterland'. Zu Definition und Kritik des ‚Landesvaters' während der frühen Neuzeit", in: *Staat und Gesellschaft in der Literatur des 17. Jahrhunderts*, hg. von Elger Blühm u. a., Amsterdam 1982, S. 15–40.

49 Ich kann hier nicht auf die neuere Kritik an Otto Brunners These vom ‚Ganzen Haus' eingehen, auch nicht auf die Frage, ob man überhaupt von ‚Hausbüchern' und ‚Hausväterliteratur' sprechen darf.

Ehefrau, wie sie in den Hausbüchern anzutreffen sind, gleichen weitgehend denen, die in den mittelalterlichen Ehepredigten formuliert wurden. Der entscheidende Unterschied liegt darin, dass sich die Verhaltensregeln der mittelalterlichen Ehepredigten weitestgehend auf die Beziehung zwischen Ehemann und Ehefrau beschränken. Anders in der Hausliteratur des 16./17. Jahrhunderts. Hier wird der eheliche Frieden auch vom Umgang der Eheleute mit dem Gesinde abhängig gemacht (s.u.). Zunächst sollen jedoch die weitgehenden Kongruenzen verdeutlicht werden.

7.1 Kongruenzen zwischen Ehepredigten und Hausbüchern

Hinsichtlich der Konzeptualisierung von ehelicher *concordia* unterscheiden sich die Hausbücher des 16./17. Jahrhunderts kaum von mittelalterlichen Ehepredigten. Die argumentativen Schwierigkeiten, mit denen sich ökonomischer Diskurs und Ehepredigten konfrontiert sahen, sind ähnlicher Natur. Unterstellte Superiorität des Mannes einerseits und intendierte Gleichrangigkeit der Frau andererseits waren irgendwie zu harmonisieren (*aliquo modo* schreibt Aegidius Romanus). Die Verfahren, die die mittelalterlichen Ehepredigten entwickelten, um diesen Widerspruch diskursiv zu relativieren, begegnen auch in der Hausväterliteratur des 16./17. Jahrhunderts:[50] Die Verhaltensregeln für Männer und für Frauen werden in verschiedenen Passagen artikuliert, so dass die Widersprüche eher verdeckt werden. Auch die Hausbücher vermögen durch die unterschiedliche Adressierung der Ehemänner und Ehefrauen den Widerspruch von weiblicher Unterordnung und männlicher Herrschaft auszugleichen. Die Männer werden zur Nachsicht gegenüber ihren Ehefrauen angehalten; einseitige Schuldzuweisungen treten hinter Formulierungen von Reziprozität (*e converso*) zurück; für eheliche Zwietracht wird das Fehlverhalten beider Geschlechter verantwortlich gemacht.[51]

---

50 Deshalb wird man die These von Gabriela Signori, *Von der Paradiesehe zur Gütergemeinschaft. Die Ehe in der mittelalterlichen Lebens- und Vorstellungswelt*, Frankfurt a.M./New York 2011, S. 55, wonach sich der „Bezug zwischen Mann und Frau in der Ehe" vom Hoch- zum Spätmittelalter (ca. 1500) „immer deutlicher in Richtung von Gleichheit, Gleichwertigkeit und Gleichrangigkeit" verschoben habe, mit Skepsis aufnehmen; vgl. die Rezension von Rüdiger Schnell in: *Zeitschrift für historische Forschung* 41:2 (2014), S. 267–269. Auch die These von Gisela Drossbach, *Die „Yconomica" des Konrad von Megenberg*, Köln u.a. 1997, S. 54, wonach die Ehehierarchie im späten Mittelalter „eine Lockerung durch die Schlüsselgewalt der Frau" erfahre, weil sie „die Frau zur Herrin im Haus" mache, verkennt, dass in der ökonomischen Literatur von der Antike bis ins 18. Jahrhundert die Frau als Herrin des Hauses bezeichnet wurde (s.u. Anm. 65). Statt eine Entwicklungslinie vom Ehediskurs zum Ökonomie-Diskurs zu ziehen, sollten beide Diskurse als koexistierend wahrgenommen werden. Vor allen epochengeschichtlichen Entwicklungsmodellen wird man die unterschiedlichen Geschlechterdiskurse zur Kenntnis nehmen müssen; vgl. etwa zum negativen Frauenbild humanistischer Juristen Elisabeth Koch, *Maior dignitas est in sexu viril. Das weibliche Geschlecht im Normensystem des 16. Jahrhunderts*, Frankfurt a.M. 1991 (bes. Kap. II zur ehelichen Beziehung).

51 Vgl. Selneccerus [Selnecker], *Ehespiegell*, fol. 13r–v, 14r, 37r, 136r, 148v–150v, 156r–160v, 207v–208v u.a.; Johann Wilhelm Wündsch, *Memoriale oeconomicum politico-practicum, Das ist Kurtze doch nützliche und außführliche Unterrichtung Eines Haushaltischen Beambten und Hoffbedienten/* [...], Leipzig 1669, 1. Requisitum, S. 3 (Wündsch, *Neu vermehrt- und verbessertes Memoriale*

Wie bei den Ehepredigten sind es in den Hausbüchern vor allem drei Themen, anhand deren eheliche *concordia* und *amicitia* zur Sprache kommen: Einsetzung der Ehe; Erschaffung der Frau; Wahl der Gattin. Während aber in den Ehepredigten diese drei Themen feste Loci bilden, die die Grundstruktur von Ehepredigten vorgeben und die somit auch systematisch abgehandelt werden, bilden sie in den Hauspredigten keine Loci mehr, sondern fungieren nur noch als argumentative Hilfe innerhalb einer umfassenderen Diskussion: Wie ist *concordia* im Hause gewährleistet?

a. Einsetzung der Ehe:

So greift etwa Florin dort, wo er die Verbindung von *concordia* und *amicitia* herstellt, auf den biblischen Bericht zurück.[52] Da Gott bei der ersten Ehestiftung eine Gemeinschaft der Gemüter und Körper hergestellt habe, könne man diese Gemeinschaft als eine Freundschaft bezeichnen. Denn ein Freund werde vom anderen *alter ego* genannt. Eheliche Beziehung wird als *unio animorum* verstanden und dann mit Freundschaft gleichgesetzt. Die Hausbücher transportieren altes christliches Gedankengut.[53]

b. Erschaffung der Frau:

Auch der biblische Bericht von der Erschaffung der Frau dient in der Hausväterliteratur dazu, die *socia*-Rolle der Frau anzuzeigen. Mann und Frau seien von ‚einem Fleisch' (*una caro*), die Frau sei aus der Seite des Mannes geschaffen. Sie sei nicht aus dem Fuß des Mannes genommen, damit sie nicht für eine *ancilla* angesehen werde.[54] In der Sache bieten die Hausbücher nichts Neues; die Loci der Ehepredigten werden bei ihnen aber zu Bausteinen innerhalb eines anders organisierten Textgefüges umfunktioniert.

Oeconomico-politico-practicum, Oder Unterrichtung/ Wie die Haußhaltungs-Aemter [...] nützlich verwaltet [...] *werden können/* [...], Frankfurt/Leipzig [ca. 1683], 1. Teil, Requisitum IV [S. 41]); Wolf Helmhard von Hohberg, *Georgica curiosa: Das ist Umständlicher Bericht und klarer Unterricht von dem Adelichen Land= und Feld=Leben*, Nürnberg 1682, 1. Teil, 2. Buch, 2. Kap. (S. 94a); Franz Philipp Florinus, *Oeconomus prudens et legalis*, Nürnberg 1702, I 1,1,1–6 (S. 2–38).

52 Vgl. Florinus, *Oeconomus prudens et legalis*, I 1,1,5,1 (S. 31).

53 Hinsichtlich der Begründung der Institution Ehe unterscheiden sich antike und christliche Lehre allerdings: Aristoteles sieht in der Ehe eine von der Natur geschaffene Einrichtung, während nach christlicher Auffassung Gott die Ehe eingesetzt hat. Die Erschaffung der Frau hingegen wird in der antiken Ökonomik ähnlich begründet wie in den christlichen Bibelkommentaren: Die Frau ist (von der Natur, von Gott) dem Mann als ‚Gehilfin' beigegeben. Vgl. auch unten Abschnitt 8 zu Menius.

54 Vgl. Von Hohberg, *Georgica curiosa* (1682), I 2,2, S. 94b (der *paterfamilias* habe seine Frau nicht wie eine „Dienst-Magd" zu behandeln); Johann Rist, *Der Adeliche Hausvatter*, Lüneburg 1650, in: ders., *Sämtliche Werke*, Bd. 7: *Prosaabhandlungen*, hg. von Eberhard Mannack, Berlin 1982, S. 151–380, bes. S. 256, 258 u. 273 (die Ehefrau sei eine „Mittgehülffin" des Mannes, nicht seine „Magd"). Bei Wündsch, *Neu vermehrt- und verbessertes Memoriale oeconomico-politico-practicum*, S. 37, wird die *socia*-Rolle der Frau nur angedeutet, nicht eingefordert: Gott habe dem Mann „aus seiner Riebe eine Gesellin erschaffen".

c. Wahl der Gattin:

Bei diesem Punkt steht die Perspektive des Mannes im Vordergrund. Ihm wird die Subjektposition eingeräumt. Dennoch erfährt in den Hausbüchern des 16./17. Jahrhunderts gerade beim Thema ‚Wahl der Gattin' der Aspekt der *concordia* große Beachtung. Würden die Brautleute hinsichtlich ihres Gemüts bzw. ihres Charakters nicht übereinstimmen, sei *discordia* vorprogrammiert. Die Unterschiedlichkeit der Lebensweise (*discrepantia morum*) biete Konfliktpotential, das zu vermeiden sei.[55] Umgekehrt biete die Übereinstimmung in der Art zu leben beste Voraussetzungen für eine friedvolle Ehe. Immer wieder wird die *discrepantia morum* im Sinne von ‚Unterschiedlichkeit der Charaktere und Gemüter' als Ursache für ehelichen Streit genannt.[56] *Concordia* in der Ehe wird also gewährleistet durch den *ordo aequalis* der Brautleute, durch die Übereinstimmung von deren Charakteren – und damit durch die *amicitia* der Eheleute.[57]

Die Hausväterliteratur thematisiert ungleiche Heirat als Grund für ehelichen Zwist ausführlicher als die Ehepredigten. Dies mag damit zusammenhängen,

55 Zur Diskussion um den *ordo aequalis* in der Literatur des 17. Jahrhunderts vgl. u.a. Ursula Kundert, *Konfliktverläufe. Normen der Geschlechterbeziehungen in Texten des 17. Jahrhunderts*, Berlin/New York 2004, S. 115–119.

56 Im 16./17. Jahrhundert scheint eine gewisse konzeptionelle Verschiebung hinsichtlich dessen, was unter ‚Gleichheit der Sitten' verstanden wurde, eingetreten zu sein: Nicht mehr nur die objektiv messbaren Kriterien (wie Alter, Vermögen, Stand) bzw. intersubjektiv gültigen Werte und Tugenden wurden als Gleichheitsmaßstab herangezogen, sondern auch die nur subjektiv bzw. nur relativ messbaren Kategorien wie der Charakter, das Gemüt, die Lebenseinstellung. *Discrepantia morum* konnte nun also auch heißen, dass zwei moralisch untadelige Brautleute nicht zueinander passten, weil sie hinsichtlich ihres Charakters nicht übereinstimmten. Vgl. Schnell, *Sexualität*, S. 128–131 u. 192–200.

57 Vgl. etwa Florinus, *Oeconomus prudens et legalis*, I 1,1,4,10–18 (S. 14–16): Gleichheit sei die Mutter der Liebe (S. 15); der ‚gleiche Stand' der Brautleute ermögliche Freundschaft (S. 15f.). „Ungleiche Heurath schl*ä*gt selten wohl aus/ denn je gr*ö*sser Gleichheit/ je best*ä*ndiger Liebe und Freundschafft" (S. 16). Auf die Gleichheit des Gemüts und des Charakters hebt ab: Rist, *Der Adeliche Hausvatter*, S. 268: „und in Wahrheit/ es ist die allergrösste Gl*ü*kseligkeit in der Ehe/ da Mann und Weib nicht nur gleichen Standes und Herkommens/ sondern auch von gleicher Ahrt/ Natur und Eigenschafftem sind. Jm gegentheil bauen die jenige schon in diesem Leben mit einander die Hölle/ die ganz unterschiedlicher Sinne und Gem*ü*hter haben/ ja gleichsahm von Natur einander zu wieder leben". Auch die Gleichheit des Alters ist Rist wichtig: „Nicht allein aber bestehet die Gl*ü*kseligkeit de*ß* Ehestandes in der Gleichheit der Sitten/ des Gem*ü*htes/ der Sinnen und Geberden/ sondern auch wen Mann und Frau an dem Alter nicht gahr zu sehr sind unterschieden" (ebd., S. 269). Wolf Helmhard von Hohberg, *Georgica curiosa aucta, Das ist Umständlicher Bericht und klarer Unterrict Von dem Adelichen Land- und Feld=Leben*, Nürnberg 1695 (und 1716; nicht in Ausgabe 1682), I 2,12 (*Was zu thun/ wann ein Hauß-Vatter seine Kinder verheurathen will*) schreibt: „Und wo die Gem*ü*ther nicht *ü*bereinstimmen/ ist es als eine Musica von zwey-gestimmten Instrumenten/ da eines von einem guten Meister/ das ander von einem St*ü*mpler gebraucht wird" (1716, S. 161a). Bei einer ‚ungleichen' Heirat komme es vor, dass das Wesen des Mannes der ‚Natur' des Mädchens entgegenstehe; das Alter sei argwöhnisch, kalt, listig, langsam; die Jugend sei offen, hitzig, schnell, vorwitzig. Solche ungleichen Eheleute könnten nicht harmonieren, „weil zwischen widersinnischen Temperamenten keine Freundschafft oder best*ä*ndige Liebe seyn kan" (1716, S. 161a). An einer anderen Stelle heißt es (I 2,13), die „Gleichförmigkeit der Gem*ü*ther" sei ein festes Band des gegenseitigen Wohlwollens (1716, S. 163b).

dass die Hausväterliteratur qua Gegenstandsbereich die konkreten Auswirkungen eines Ehezwists thematisierte, ist aber auch darauf zurückzuführen, dass sich die Jurisprudenz im 17. Jahrhundert gerade mit solchen Ehen zu beschäftigen hatte, in denen es aufgrund etwa ständischer oder ökonomischer Differenz der Eheleute zu Konflikten zwischen erwarteten und geforderten Rollen einerseits und tatsächlichen Machtverhältnissen in einer Ehe andererseits zu Rechtsstreitigkeiten kam.[58] Entsprechend häufig sind in den Hausbüchern die Hinweise auf einschlägige Erfahrungen.[59]

7.2 Unterschiede zwischen Hausbüchern und innerhalb eines Hausbuches

Trotz aller Gemeinsamkeiten in den Grundtendenzen ist nicht zu übersehen, dass der Ausgleich von Hierachie und Gleichrangigkeit innerhalb der Gruppe der Hausbücher (wie innerhalb der Textgattung der Ehepredigten) in unterschiedlichen Ausprägungen erfolgt. Während bei Christoph Hering (1680) der Fokus auf der Gleichrangigkeit der Eheleute liegt (beide bedürfen einander zur Haushaltung),[60] dominiert bei Johann Wilhelm Wündsch (vermehrte Fassung 1683) die Superiorität des Mannes,[61] ebenso beim lutherischen Johann Christoph Coler (Auflagen von 1596 bis 1716), der gleich zu Beginn klarstellt, die Oeconomia sei eine Monarchie, der Mann sei alleine Herr im Hause, alles müsse sich nach ihm richten.[62] Eine klare Hierarchisierung nimmt auch Franz Philipp Florin (*Oecono-*

58 Vgl. Heinrich R. Schmidt, „Hausväter vor Gericht. Der Patriarchalismus als zweischneidiges Schwert", in: *Hausvater, Priester, Kastraten. Zur Konstruktion von Männlichkeit in Spätmittelalter und Früher Neuzeit*, hg. von Martin Dinges, Göttingen 1998, S. 213–236; Stephan Buchholz, „Ehe und Herrschaft. Geschlechterbeziehungen in den Rechtsquellen des 17. und 18. Jahrhunderts", in: *Europa in der Frühen Neuzeit*. Festschrift für Günter Mühlpfordt, hg. von Erich Donnert, Bd. 4: *Deutsche Aufklärung*, Weimar u. a. 1997, S. 1–19.

59 Dass wir in den überlieferten Predigtentwürfen nur selten solche Hinweise auf Erfahrung finden, mag allerdings zum Teil dem Umstand geschuldet sein, dass die erhaltenen mittelalterlichen Ehepredigten meist nur das strukturelle Gerüst einer Ehepredigt darstellen. Die Ausführung *in actu* blieb dem Prediger überlassen.

60 Vgl. Hering, *Oeconomischer Wegweiser*. Wo Hering separat von den Aufgaben der Hausmutter spricht (Kap. 3 und 10), erwähnt er die Unterordnung der Frau. Dort jedoch, wo er den wechselseitigen Umgang der Eheleute thematisiert (Kap. 11, S. 74–82), verwendet er immer wieder die geschlechterneutrale Formel *der eine-der andere* (bzw. *einander; der eine Theil-der andere Theil*). Zwar wird der Frau ein eigener Herrschaftsbereich zugesprochen, aber eben doch zugleich die übergeordnete Stellung des Mannes anzitiert. So ergibt sich ein intrikates Geflecht aus *domina*-Status der Hausmutter bei gleichzeitiger Unterordnung unter den Hausvater *und* die Gleichstellung der Eheleute im unmittelbaren Umgang miteinander. Wo das Verhältnis der *Ehegatten* thematisiert wird, haben wir es wie beim Ehediskurs der Ehepredigten mit einer Gleichstellung der Eheleute zu tun. Wo das ökonomisch relevante Verhältnis von *Hausvater und Hausmutter* erörtert wird, überwiegt das hierarchische Verhältnis. Der ökonomische Diskurs und der Ehediskurs produzieren in der ‚Ökonomik' Herings unterschiedliche Relationierungen – von Hausvater/Hausmutter einerseits, von Ehemann/Ehefrau andererseits.

61 Vgl. Wündsch, *Neu vermehrt- und verbessertes Memoriale*.

62 Vgl. Johann Christoph Coler, *Oeconomia. Oder Haußbuch. Zum Calendario Oeconomico & perpetuo gehörig. Jetzo auffs New ybersehen, corrigirt [...]*, Wittenberg 1604, S. 3 (I 4). Zur komplexen

mus prudens et legalis, 1702) vor: Frauen sind das schwächere Geschlecht (an Verstand, Gemüt und Körper: I 1,1,5,7 [S. 32] und I 1,1,6,9 [S. 36] und I 1,1,8,20 [S. 55]); den Männern gehört das „Ober-Regiment" (I 1,1,5,5; S. 32). Die Männer werden davor gewarnt, die Ehefrauen zu „Meister[n] über sich werden zu lassen" (I 1,1,5,6; S. 32). Sie sollen nicht dulden, dass die Frauen zu ‚Sie-Männern' werden oder ihnen in ihre Amtsgeschäfte dareinreden (I 1,1,6,6 und 9; S. 35). Die Frau ist dem Mann gegenüber zur Ehrerbietung verpflichtet (I 1,1,6,4; S. 35) – weil Gott den Mann „zum Haupt und Regenden seines Weibes gesetzt" hat –, der Mann hingegen nicht der Frau gegenüber. Denn die Frau hat dem Mann zu gehorchen (I 1,1,6,7; S. 35), nicht umgekehrt. Deshalb wird die von der Frau geforderte Sanftmut (I 1,1,6,5; S. 35) anders motiviert als die vom Mann geforderte Sanftmut (I 1,1,5,7; S. 32).[63]

Innerhalb der ökonomischen Literatur wurden also die Superiorität des Mannes bzw. des Hausvaters und die *socia*- bzw. *amica*-Position der Frau unterschiedlich gewichtet. Überblickt man jedoch die Hausväterliteratur des 17. Jahrhunderts insgesamt, ergibt sich der Eindruck, dass den ökonomischen Diskurs eine Stärkung der Suprematie des Ehemanns kennzeichnet.[64]

7.3 Differenzen zwischen Ehepredigten und Hausväterliteratur

Die ökonomische Perspektive auf die Beziehung der Eheleute unterschied sich in einem gewichtigen Punkte von den allermeisten Ehepredigten. Sie thematisierte nicht nur die unmittelbare Beziehung zwischen Ehemann und Ehefrau, sondern beleuchtete auch die Aufgabenbereiche von Hausvater und Hausmutter. Dies schuf die Möglichkeit, die Position der Frau zweifach zu beschreiben; als Ehefrau und als ‚Hausherrin' bzw. ‚Hausmutter'. In ihrer Funktion als Hausmutter, die für alle Dinge im Haus verantwortlich war, nahm die Frau die Stellung einer *domina* ein. Dieser Bezeichnung begegnen wir in ökonomischen Schriften von Aristoteles bis ins 18. Jahrhundert.[65] Im Haus besaß die Frau die alleinige Verantwortung

---

Druckgeschichte von Colers Werk vgl. Philip Hahn, *Das Haus im Buch. Konzeption, Publikationsgeschichte und Leserschaft der „Oeconomia" Johann Colers,* Erpfendorf 2013.

63 Wo in den Hausbüchern eine grundsätzliche Aufwertung der Frau zu erkennen ist, wird diese weniger über den biblischen Rippe-Topos als über Anklänge an den zeitgenössischen Galanterie-Diskurs erreicht. Bei den Hausbüchern, die schon ein wenig den Geist der galanten Mode atmen, wie bei Johann Rist (1650) oder Wolf Helmhard von Hohberg (1682), erfolgt die Angleichung der Geschlechter über eine höhere Wertschätzung der Frau, die unabhängig ist von ökonomischen oder religiösen Gesichtspunkten. Auch hier muss ich auf Stellenangaben verzichten.

64 Die Hausbücher des 17. Jahrhunderts übernehmen die Bezeichnung der Haushaltung als einer Monarchie aus der Ökonomik (I 1) des Aristoteles. Vgl. Johann Christoph Coler, *Oeconomia oder Hausbuch, Erste Theil/ Zum Calendario Oeconomico & perpetuo gehörig. Darinnen begriffen vnd außführlichen erkläret ist/* [...], Wittenberg (ca. 1596), I 4 (S. 4); Coler, *Oeconomia ruralis et domestica, Darinn das gantz Ampt aller trewer Hauß-Vätter/ Hauß-Mütter/* [...] *begriffen* [...], Mainz 1665, I 4 (S. 3a).

65 Vgl. Aristoteles, *Oikonomika,* II 1; Guibert de Tournai, *Sermones ad status* („Ad coniugatas sermo"); *Le Mesnagier de Paris* (ca. 1393), hg. von Georgina E. Brereton und Janet M. Ferrier,

(wenn auch unter der Oberaufsicht des Mannes). Aufgrund dieser Aufgabenteilung konnte so etwas wie eine funktionale Gleichberechtigung von Mann und Frau entstehen. Deshalb wurde in ökonomischen Schriften immer wieder dem Mann geraten, nicht in den Herrschaftsbereich der Frau hineinzureden.

Diese Angleichung der hierarchischen Stellung schlug sich in einigen Hausbüchern strukturell darin nieder, dass in jeweils separaten Kapiteln die Pflichten und Aufgabenbereiche von Hausvater und Hausmutter vorgestellt wurden. Damit ergab sich eine *diskursive* Angleichung der beiden Eheleute. Eine Variante dazu bilden die Texte, die zu den separaten Hausvater- und Hausmutter-Kapiteln ein zusätzliches Kapitel einfügten, das beide Eheleute in den Blick nimmt.

Mit dem 16./17. Jahrhundert scheinen ökonomischer Diskurs und theologischer Ehediskurs eine engere Verbindung eingegangen zu sein. Vor dem Reformationszeitalter wurden – in Ehepredigten wie in Ökonomiken – innerhalb ein und derselben Schrift Ehe und Haushaltung meist strikt getrennt behandelt.[66] In der Reformationszeit hingegen gibt es Anzeichen für eine Integrierung der beiden Diskurse.[67]

übers. von Karin Ueltschi, Paris 1994, II 3,1 u. 6 (S. 440: „maistresse de l'ostel"); Coler, *Oeconomia ruralis et domestica*, Mainz 1645, I 6 (S. 5b: „domina und besitzerin *deß* gantzen Hauses").

66 So etwa in den Ehepredigten, die auch die Tobiasregeln (Tobias 10) rezipieren; vgl. Guibert de Tournai, *Sermones ad status*, 3. Ehepredigt „Ad coniugatas". Auch in der ‚ökonomischen Ehepredigt' des Johannes Nider, *Aurei sermones de tempore*, Sermo 34 („Ego sum pastor bonus"), werden Ehe und Haushaltung getrennt behandelt. Die drei Abschnitte handeln von „De regimine uxoris"; „De regimine filiorum et filiarum"; „De regimine famulorum et familarum". In der ‚Ökonomik' des Vinzenz von Beauvais (*Speculum doctrinale*, Buch VI) stehen Ehekapitel und Hauskapitel ebenfalls nebeneinander: vier Kapitel sind dem Mann/Frau-Verhältnis gewidmet (wobei aber ausschließlich die männliche Perspektive eingenommen wird, VI 3–7), jeweils drei Kapitel dem Eltern/Kinder-Verhältnis (VI 8–10) und dem Verhältnis von Herrschaft und Dienern (VI 11–13). Auch im ‚Fürstenspiegel' (*De regimine principum*) des Aegidius Romanus sind Eheteil (II 1) und Hausteil (II 3) getrennt. Auch im *Sermo de matrimonio (deutsch)* (hg. von Brinkhus) und in *Von dem Eelichen Sta[n]dt* (Augsburg s.a.; VD 16–V 2461) stehen religiös-theologischer und ökonomischer Diskurs nebeneinander, ebenso bei Herolt, *Sermones discipuli*, Sermo 25.

67 Vgl. etwa Justus Menius, *Oeconomia Christiana*, Nürnberg 1529; Selnecker, *Ehespiegell* (passim); die Luther-Predigt vom 2. Sonntag nach Epiphaniä (19. Januar 1533), in: *D. Martin Luthers Werke, Kritische Gesamtausgabe*, Bd. 37, Weimar 1910, S. 9–12 (S. 11,25: „nuptias et oeconomiam"). Vgl. auch Julius Hoffmann, *Die „Hausväterliteratur" und die „Predigten über den christlichen Hausstand". Lehre vom Hause und Bildung für das häusliche Leben im 16., 17. und 18. Jahrhundert*, Weinheim 1959, S. 34–45 (Luther habe den ‚Hausstand' [*status oeconomicus*] mit dem ‚Ehestand' identifiziert, S. 37). Gerhard Richter, *Oikonomia. Der Gebrauch des Wortes Oikonomia im Neuen Testament, bei den Kirchenvätern und in der theologischen Literatur bis ins 20. Jahrhundert*, Berlin/New York 2005, S. 617–625, meint, bei Luther, Menius, Coler, Johann Gerhard und anderen lutherisch-protestantischen Autoren des 16./17. Jahrhunderts eine Verengung des Oeconomia-Begriffs auf Ehe, Familie, Haus feststellen zu können. Barbara Becker-Cantarino, „Johann Rists *Der adeliche Hausvatter* und die frühneuzeitliche Ökonomie-Literatur", in: *Johann Rist (1607–1667). Profil und Netzwerke eines Pastors, Dichter und Gelehrten*, hg. von Johann Anselm Steiger und Reinhard Jahn, Berlin/Boston 2015, S. 613–627, stellt Rists Text auch „in die Literaturgattung der *Oeconomia Christiana*". Vgl. aber unten Anm. 89 und 95 zu Dionysius Cartusianus.

Diese thematische Integration geht zusammen mit einer komplizierteren Beschreibung der Bedingungen, die für die Herstellung von *concordia* im Haus unerlässlich sind. Während *concordia* in den mittelalterlichen Ehepredigten vor allem *concordia* zwischen zwei Menschen (den Eheleuten) meint, weitet sich die Perspektive in den Hausbüchern bzw. der ökonomischen Literatur auf das Verhältnis zwischen Herrschaft und Gesinde aus.[68]

Ich nenne vier Konsequenzen:

a. Der erweiterte Blick auf das Haus macht es nötig, den Vorteil, den ein Mitdenken der Ehefrau für den Ehemann mit sich bringt, zu berücksichtigen. Deshalb finden sich in Hausbüchern vermehrt Ermahnungen an den Hausvater, er möge doch gelegentlich auch die Ratschläge der Ehefrauen zur Verbesserung der Haushaltung, so diese Ratschläge hilfreich seien, aufnehmen und beherzigen. „Viele Augen sehen mehr als eines" lautet die entsprechende Sentenz in den Ökonomiken.[69] Diese Anerkennung weiblichen Mitdenkens im Haus sucht man in den Ehepredigten vergeblich.

b. Der *concordia* zwischen Mann und Frau werden Auswirkungen auf die Arbeitsmoral des Gesindes zugeschrieben. Dadurch erhöht sich der Druck auf die Eheleute, eben diese *concordia* herzustellen. Indem der Hausvater die Ratschläge der Hausmutter ernst nehme und teilweise übernehme, verschaffe er der Frau mehr Respekt beim Gesinde, was dann wiederum dessen Arbeitseinsatz fördere. Auch solle der Ehemann seine Frau gut behandeln, weil sonst ebenfalls der Respekt des Gesindes vor der Hausmutter leide. Bemerke das Gesinde, dass der Hausvater seine Frau schmähe oder schlage, gehorche es dieser nicht mehr, wodurch dem Haus bzw. dem Hausvater beträchtlicher Schaden entstehe.[70] Keinesfalls solle

68 Hoffmann, *Die „Hausväterliteratur"*, behandelt eheliche Beziehung (S. 107–132) und das Verhältnis von Herrschaft und Dienstboten (S. 166–188) weitgehend getrennt.

69 Vgl. Coler, *Oeconomia ruralis et domestica* (1665), S. 3b (I 5); Wolf Helmhard von Hohberg, *Georgica curiosa* (1682), schreibt im Buch über den Hausvater (I 2,2; S. 94b): die Ehefrau dürfe, falls es begründet sei, zuweilen der Meinung des Mannes widersprechen, jedoch vernünftig und sanftmütig; wäre ihr dies verboten, bestünde kein Unterschied zwischen ihr und einer Magd (Ausgaben 1695 und 1716, S. 143b). Im Buch über die Hausmutter gesteht Von Hohberg, *Georgica curiosa* (1682; I 3,3; S. 188a; Ausgaben 1695 und 1716; S. 275a) der Ehefrau zu, sie dürfe auch eine eigene bessere Meinung vorbringen, müsse diese allerdings verständig andeuten; letztlich müsse sie sich der Entscheidung des Mannes unterordnen. Bei Florinus, *Oeconomus prudens et legalis* (I 1,1,5,5; S. 32), wird dem Mann der Rat gegeben, die Vorschläge der Frau zur besseren Verwaltung des Hauses zu berücksichtigen. Es sei der Haushaltung zuträglich, wenn er seine Frau mit beratschlagen lasse. In I 1,1,5,6 (S. 32) werden die Männer kritisiert, die die guten Einfälle und Vorschläge der Frauen halsstarrig ablehnten. Hering, *Oeconomischer Wegweiser*, S. 21, meint, es sei ein Vorteil der Ehe, jemanden neben sich zu haben, der auch mal einen guten Vorschlag machen könne, und mahnt auf S. 81, der Mann solle den Rat seiner Frau nicht verächtlich machen. Wündsch, *Neu vermehrt- und verbessertes Memoriale*, S. 44, ist der Auffassung, dass der Mann zuweilen und wenn es angebracht erscheine, den Rat seiner Frau nicht verachten, sondern ihm folgen solle (*plus vident oculi quam oculus*; deshalb sei der Rat der Frauen nicht immer zu verachten).

70 Vgl. Coler, *Oeconomia ruralis et domestica* (1665), I 5 (S. 4a).

der Mann Entscheidungen der Frau rückgängig machen, weil dies dem Ansehen der Hausmutter schade, was wiederum die Arbeitsmoral des Gesindes mindere. Wir sehen: Die *concordia* der Eheleute wird in Verbindung gebracht mit dem Arbeitsverhalten des Gesindes. Zugleich zeichnet sich die intrikate Verflechtung der beiden Funktionen der Frau ab: Das Verhalten des Mannes zur *Ehefrau* hat Konsequenzen für deren Status als *Hausherrin* und damit auch für die Produktivität des Hauses – und somit letztlich auch für den Hausvater bzw. den Ehemann.[71]

c. Das Verhalten des Ehepaares gegenüber dem Gesinde hat Auswirkungen auf die Beziehung des Ehepaares selbst. In den ökonomischen Schriften von der Antike bis ins 17. Jahrhundert ist durchgängig vom Misstrauen gegenüber dem Gesinde die Rede.[72] Es sei faul, unzuverlässig, diebisch, aufmüpfig, verlogen, heuchlerisch usw. Weder Hauswirt noch Hauswirtin dürften dem Gesinde vertrauen. Deshalb sei ständige Kontrolle und Aufsicht erforderlich.[73] Niemals solle einem Knecht oder einer Magd ein Schlüssel ausgehändigt werden. Zuweilen sei es angeraten, mit einem Nachschlüssel die Kammern und Schränke des Gesindes zu öffnen. Denn man finde dort allerhand Diebesgut, was dem Haushalt entwendet worden sei.[74] Mit diesem durchgängigen Misstrauen gegenüber dem Gesinde hängt es wohl zusammen, dass in den Hausbüchern des 17. Jahrhunderts Hauswirt und Hauswirtin vor einem zu engen Verhältnis mit dem Gesinde gewarnt werden.[75] Sie sollten sich ja nicht mit Knechten und Mägden zu gemein machen.[76] Das Gesinde könnte den Respekt vor der Herrschaft verlieren oder könnte die ihm anvertrauten Informationen eines Tages gegen seine Herrschaft verwenden.

---

71 Umgekehrt wird zuweilen auch das Gesinde für die *concordia* im Hause und insbesondere für die *concordia* zwischen den Eheleuten verantwortlich gemacht. Die Mägde und Knechte sollten nichts tun, was die *concordia* der Eheleute gefährde.

72 Vgl. auch den Beitrag von Anita Traninger („Herr und Knecht") in diesem Band (besonders zu Ortensio Lando).

73 Vgl. Xenophon, *Oikonomikos*, in: *Xenophon. Ökonomische Schriften*, griechisch und deutsch, hg. von Gert Audring, Berlin 1992, S. 30–121, hier S. 74–77 (IX 14–16). Columella, *Über Landwirtschaft [De re rustica]*, übers., eingeführt und erläutert von Karl Ahrens, Berlin 1972, S. 64f., thematisiert ebenfalls das Misstrauen gegenüber Verwaltern und Knechten. Vgl. auch *Le Mesnagier de Paris*, II 3,6f. (S. 440–445), ebenso Leon Battista Alberti, *Über das Hauswesen (Della famiglia)* [1433–1441], übers. von Walther Kraus, Zürich/Stuttgart 1962, S. 395. Auch Hering, *Oeconomischer Wegweiser*, S. 20 (3. Kap.), formuliert dieses Misstrauen: Sobald die Herrschaft den Blick vom Gesinde abwende, lasse es in seinem Fleiß nach oder höre mit der Arbeit ganz auf, wodurch dem Haus großer Schaden entstehe. Keinesfalls solle die Hausmutter dem Gesinde vertrauen (Kap. 10, S. 68). Zu unterschiedlichen emotionalen Bindungen der Dienerschaft in vormodernen Haushaltungen vgl. jetzt Susan Broomhall (Hg.), *Emotions in the household, 1200–1900*, Basingstoke/New York 2008.

74 Vgl. Coler, *Oeconomia. Oder Haußbuch* (1604), S. 7f. (I 6) u. S. 16f. (I 9).

75 Vgl. Hering, *Oeconomischer Wegweiser*, S. 89; Coler, *Oeconomia. Oder Haußbuch* (1604), S. 6 (I 5).

76 Dies allerdings schon im ‚Fürstenspiegel' des Aegidius Romanus, *De regimine principum*, II 3,19 (außerdem sollten Fürsten nur besonders vertrauenswürdigen Dienern Geheimnisse anvertrauen), und im Ehetraktat des Dionysius Cartusianus, *De laudabili vita conjugatorum*, in: ders., *Opera omnia*, Bd. 38, Montreuil/Tournai 1909, S. 57–117, Art. XV (S. 75a B).

Dieses Misstrauen gegenüber dem Gesinde erfordert auf der Gegenseite einen umso größeren Zusammenhalt, eine vertrauensvolle Zusammenarbeit zwischen den Eheleuten. Die gemeinsame Distanzierung vom Gesinde schweißt das Ehepaar zusammen – zumindest im diskursiven Entwurf.[77] Das gemeinsame geheime Wissen stützt überdies die Gleichrangigkeit der Frau.

d. Die eben besprochenen Eigenheiten des ökonomischen Diskurses gegenüber den Ehepredigten gipfeln und konzentrieren sich in einer differentiellen Bewertung ehelicher *discordia*. Eheliche *discordia* hat nun ökonomische, nicht mehr geistlich-religiöse Konsequenzen. Zwist zwischen den Eheleuten wird nun als materieller Schaden wahrgenommen, nicht als religiöse Verfehlung gegen Gottes Gebote. Der Sündendiskurs der Ehepredigten steht einem Schadensdiskurs der Ökonomik gegenüber. Nicht nur die Anlässe und Bedingungen von *discordia* vervielfältigen sich im ökonomischen Diskurs, sondern auch die Bewertung von *discordia*. Schadens- und Misstrauensdiskurs gehören eng zusammen.
In mittelalterlichen Ehepredigten besitzen *concordia* bzw. *discordia* eine religiöse Konnotation. Wo *concordia* herrscht, ist Gott präsent; wo *discordia* herrscht, hat der Teufel seine Hände im Spiel. Autoritatives Zitat ist hierbei Sirach 25,2 (Gott hat Gefallen an Eheleuten, die übereinstimmen, *consentire*). *Discordia* gefährdet das Seelenheil der Eheleute. In den Ökonomiken werden die Folgen von *discordia* anders gefasst: nicht mehr als Sünde für die Eheleute, sondern als Schaden für das Haus. Dieses jahrhundertelange Nebeneinander von säkularer und theologisch-religiöser Sichtweise in der Vormoderne soll nun weiter ausgeführt werden.

8. Ökonomiediskurs als säkularer Gegenentwurf

Der Schadensdiskurs der ökonomischen Literatur steht dem Sündendiskurs der religiösen Ehepredigten gegenüber. Daraus lässt sich folgern: Der Ökonomie-Diskurs präsentiert während des ganzen Mittelalters eine alternative Position zur

---

77 Vgl. Von Hohberg, *Georgica curiosa* (1682), I 2,2 (S. 94b): Die Eheleute sollen nichts, was zwischen ihnen privat („geheimes") vorgehe, nach außen dringen lassen. Es wird also eine ‚Privatsphäre' des Ehepaares unterstellt. Es müsse ein „gutes Vertrauen" zwischen den Eheleuten herrschen; denn: „also ist ein gutes Vertrauen der edle Saame" einer wahren, beständigen Liebe (ebd., I 3,3, S. 188a und b). Von diesem Vertrauen ist auch bei Von Hohberg, *Georgica curiosa* (1695 und 1716) die Rede. Dort (I 2,13) ist gegenüber der Auflage von 1682 ein Kapitel hinzugefügt worden. Es handelt davon, wie ein junger Ehemann die Liebe seiner Frau erhalten könne. Der Mann könne sich seine Frau auch dadurch verpflichten, dass er ihr bisweilen Geheimnisse anvertraue. Das solle er aber zunächst nur mit solchen Informationen tun, deren Preisgabe durch die Frau keinen allzu großen Schaden anrichte. Habe sie ihre Verschwiegenheit unter Beweis gestellt, könne er ihr auch wichtigere Geheimnisse anvertrauen. Alberti, *Über das Hauswesen*, S. 283–286, spricht ausführlich über Geheimhaltung und Geheimnisse (so soll der Hausvater Wertsachen wie Silberzeug, Edelsteine u. a. möglichst an unzugänglichen Orten aufbewahren); der eigenen Frau jedoch solle der Hausvater all seinen wertvollen Besitz, sein häusliches Gut zeigen (nicht jedoch sein Studierzimmer und seine Bücher, vgl. ebd., S. 284).

religiös-theologischen Sicht auf die *concordia* in der Ehe.[78] Erst reformatorische Theologen machten aus der antik-heidnischen Ökonomik eine christliche Ökonomik. Die *Oeconomia Christiana* (1529) des Justus Menius kündigt schon im Titel den Gegenentwurf an.[79] Der rein diesseitigen Sicht der traditionellen Ökonomik soll eine dezidiert christliche Betrachtung entgegengestellt werden.[80] Demnach werden Hausregiment und Landesregiment nicht durch menschliche Vernunft oder Klugheit erhalten,[81] sondern durch Gottes Rat und Hilfe (S. 16f. u. 40f.). Die Kapitel über die beiden Eheleute handeln vor allem von religiösen Verpflichtungen der Eheleute, nicht von ökonomischen Aufgaben. So besteht die allererste Pflicht des Mannes darin, „ein gläubig Herz zu Gott zu haben" (S. 33). Auch für die Ehefrau ist Gott erster Bezugspunkt, nicht der Ehemann (S. 46 u. 60)![82] Dieser fungiert lediglich als Medium zu Gott.[83] Die Hausmutter soll glauben, dass ihr Stand ein „heiliger göttlicher Stand" sei und dass sie alles, was sie tue, „nach Gottes Wort und Befehl zu tun habe" (S. 46; vgl. auch S. 58–60). Gemäß Menius ist Kindergebären ein Gottesdienst (S. 55). Bei den Ausführungen des Menius über

---

78 Auf die besondere, vielfältige Semantik des Wortes *Oikonomia* in der abendländischen (bzw. byzantinischen) Theologie – Oikonomia als ‚Anwendung göttlicher Vorsehung', ‚gütiges Handeln Christi', ‚Tätigsein der menschlichen Natur in Christus', ‚Menschwerdung Christi', ‚Gottes Handeln', ‚Walten Gottes' – gehe ich hier nicht ein; vgl. dazu Richter, *Oikonomia*, S. 530–574, 601–613 u. a.

79 Menius, *Oeconomia Christiana*, Nürnberg 1529. Zu Luthers, Menius' und anderer Theologen Vorstellungen von Ökonomik im 16./17. Jahrhundert vgl. Richter, *Oikonomia*, S. 615–628. Nicht korrekt ist die Behauptung Richters, die ‚Haustafeln' des Neuen Testaments seien „für Menius kein Anknüpfungspunkt" (S. 616). Denn Menius bezieht sich ausdrücklich auf die zwei Haustafeln; vgl. Menius, *Oeconomia Christiana*, Bl. 71v–73r. Zu Menius auch Krüger, „Zum Verständnis", S. 531–534.

80 Richter, *Oikonomia*, S. 616, sieht den entscheidenden Unterschied darin, dass die antik-heidnische Ökonomik als Teil der peripatetischen Dreiteilung (Monastik [Individualethik], Ökonomik, Politik) den Menschen in den Mittelpunkt stellte, während Menius einen theologischen Ansatz verfolgte: Gott sei „der alleinige Schöpfer von Oeconomia und Politia, d. h. von Ehe und Landesregierung".

81 In den mittelalterlichen Kommentaren zu den einschlägigen Schriften des Aristoteles dominierte die Lehre von der Klugheit (*prudentia*); vgl. Richter, *Oikonomia*, S. 616.

82 Genauso ist es bei Selnecker, *Ehespiegell*, Bll. 216f.: Bei Verhaltensanforderungen an die Ehefrau kommt Gottesfurcht vor der Beziehung zum Ehemann. Überdies soll das Leben der Eheleute stets auf Gott hin ausgerichtet sein (vgl. Selnecker, *Ehespiegell*, passim, u. a. Bl. 163v). Auch in den Haustafelpredigten des lutherisch gesinnten Marburger Theologieprofessors Ägidius Hunnius (1550–1603) sind „die Pflichten der Eheleute zueinander Pflichten gegenüber Gott [...]. Als direktes Verhältnis erscheint das des einzelnen zu Gott" (Walter Behrendt, „Lutherisch-orthodoxe Ehelehre in der Haustafelliteratur des 16. Jahrhunderts", in: *Text und Geschlecht. Mann und Frau in Eheschriften der frühen Neuzeit*, hg. von Rüdiger Schnell, Frankfurt a. M. 1997, S. 214–229, hier S. 225).

83 Auch im Kapitel über die Kinder (Menius, *Oeconomia Christiana*, Kap. X, S. 78–91) bildet Gott den eigentlichen Adressaten: Erste Pflicht der Kinder ist es, Gott als ihren Schöpfer und Vater zu erkennen und zu ehren (S. 78) und zu fürchten (S. 79). Auch der Gehorsam gegen die Eltern wird als Gottesdienst bezeichnet (S. 78). Bei Selnecker, *Ehespiegell*, Bl. 217r, ist es ähnlich: Die erste Verhaltensanweisung für die Frau lautet, Gott zu fürchten; erst an zweiter Stelle kommt ‚den Ehemann lieben' (Bl. 217r) (er sei ihr Herr, Haupt und Krone).

das Gesinde geht es nicht um dessen ökonomischen, sondern um dessen religiösen Status. Das Gesinde solle dem Hauswirt gehorchen, aber nicht etwa deswegen, weil dieser es befehle, sondern weil Gott es so befohlen habe (es werden neutestamentliche Stellen genannt, Eph. 5; 1. Timoth. 6). Das Gesinde diene, so Menius, nicht dem weltlichen Herrn, sondern Jesus Christus (S. 100). Mit eventuellem Ungehorsam erzürne das Gesinde nicht nur den weltlichen Herrn, sondern auch Gott (S. 100f.).

Im *Ehespiegell* des lutherisch-reformatorischen Predigers Nikolaus Selnecker von 1589 heißt es, Gott sei das einzige Ziel, auf das die Eheleute ihr Leben ausrichten sollten.[84] Keine Haushaltung könne ohne Segen Gottes bestehen (S. 30r–31r); Hausväter sollten ihr ganzes Tun auf Gott hin ausrichten (S. 30r, 50r); Gott selbst habe die Oeconomia verordnet und eingesetzt: Die Oeconomie sei ein heiliger und Gott wohlgefälliger Stand, in welchem Herr und Knecht, Frau und Magd Gott dienten, beteten und selig werden könnten (S. 101r, 112r). Der Herrendienst sei als Gottesdienst anzusehen (S. 103r).[85] Deshalb strafe nicht nur der Hausherr das faule, diebische, ungeduldige, gottlose Gesinde, sondern auch Gott strafe es (S. 107v). Der eigentliche Hausvater ist somit Gott selbst.[86] Dort hat die Natur das Zusammensein von Mann und Frau eingerichtet, bei Menius ist es Gott, der die Ehe eingesetzt hat – und noch in jede Ehebeziehung hineinwirkt.[87]

Gerade solche Werke wie die des Justus Menius (1529) und des Nikolaus Selnecker (1589) lassen im Rückblick das Profil der auf diesseitige Klugheit fokussierten antik-heidnischen Ökonomik und deren Rezeption im Mittelalter noch schärfer sehen.[88]

Mit ihrer aufs Diesseits gerichteten Perspektive präsentiert diese Ökonomik eine andere Sicht auf die eheliche *concordia* als die, die wir in den mittelalterlichen Ehepredigten vorgefunden haben.[89] Während in den Ehepredigten eheliche *dis-*

84 Vgl. Selnecker, *Ehespiegell*, Bl. 212v–219r (ein Hochzeitsgedicht Selneckers für seine Tochter: Gott sei „das einzig ziel/ Auff den die Eheleut sehen fein/ Denn er ist Stiffter selbs allein" (Bl. 212v). Die Ehe wird als Teil der göttlichen Ordnung verstanden (Bll. 212v, 214r).

85 Der Herr ist also nur ein ‚Medium' zwischen Gesinde und Gott; die Knechte dienen ihrem Herrn wie Christus selbst (S. 103v; das entspricht Eph. 6,5 und der Haustafel Luthers: „Lasst Euch dünken, dass Ihr dem HERRN und nicht den Menschen dienet").

86 So ergibt sich folgende Gleichung: Gott als Hausvater (S. 70v); Ehemann als Hausvater; Hausvater = Christus (S. 103v, 160v, 161v, 174r, 212v, 215v). Die christliche Ökonomik des Menius unterscheidet sich auch hinsichtlich der Einsetzung der Institution Ehe von antikheidnischen Ökonomiken. Diesen Unterschied zwischen Aegidius Romanus, der Aristoteles folgt, und Justus Menius hinsichtlich der Eheauffassung konstatiert auch Gottwald, *Vergleichende Studie*, S. 65–69, 237–249, 287–297 u. 302. S. o. Abschnitt 7.3 („Differenzen").

87 Zu dieser lutherischen Grundidee Erik Margraf, *Die Hochzeitspredigt der Frühen Neuzeit*, München 2007, S. 76–90 u. 295–326.

88 Krüger, „Zum Verständnis", S. 533, A. 100, weist darauf hin, dass die Verfasser mittelalterlicher Ökonomiken „in erstaunlichem Maße antike Autoren statt Bibelverse zitieren". Vinzenz' von Beauvais ‚Ökonomik' etwa sei „fast ganz ‚heidnisch'", während sich sein Traktat *De eruditione filiorum nobilium* „vorwiegend auf biblische und theologische Quellen stütz[e]" (ebd.).

89 Ein rein moralisch-religiöses, mit biblischen Zitaten unterlegtes Verständnis von *materfamilias* und *paterfamilias* findet sich bei Berthold von Regensburg (Ende 13. Jahrhundert), *Rusti-*

cordia als Verstoß gegen göttliche Gebote und somit als Sünde gewertet wurde,[90] hat die Ökonomie in Mittelalter und Früher Neuzeit eheliche *discordia* als Beeinträchtigung des ökonomischen Wirtschaftens verstanden und mit den Kategorien ‚Nutzen' oder ‚Schaden' operiert.[91] Folgerichtig finden sich in der Schrift des Menius zahlreiche Passagen (*Oec. chr.*, u.a. S. 16, 31 u. 40f.), in denen er immer wieder die heidnisch-antike Ökonomie-Tradition dafür kritisierte, dass sie in ihren Lehren für ein erfolgreiches Wirtschaften im Haus Gott außen vorgelassen und den Eindruck erweckt habe, Vermehrung des Besitzes und Gewinnmaximierung seien allein auf menschliches Handeln zurückzuführen.[92] Doch genau diese Position vertraten fast alle Ökonomik-Autoren in Mittelalter und Früher Neuzeit.[93] Zwar halten auch einige Hausbücher in einem generellen Sinne an der Gottesfurcht als einer wichtigen Voraussetzung für die Arbeit von Hausvater und

---

canus de communi Sanctorum, Sermo 5. Im Ehetraktat des Dionysius Cartusianus (15. Jahrhundert) handeln zwei Kapitel von den Aufgaben des *paterfamilias* und der *materfamilias*. Trotz inhaltlicher Korrespondenzen zur Ökonomik-Literatur (hinsichtlich der ‚weltlichen' Aufgabenfelder der Eheleute) zitiert der Autor nur Bibelstellen; Dionysius Cartusianus, „De laudabili vita conjugatorum", in: ders., *Opera omnia*, Bd. 38, Montreuil/Tournai 1909, S. 57–117, Art. X u. XV. Doch wird immerhin die Ökonomie-Thematik in den Ehediskurs integriert; s.o. Anm. 67 zu Luther.

90 Vgl. etwa die ‚Predigt vom ehelichen Leben', hg. von Britta-Juliane Kruse, „Neufunde zur Überlieferung der ‚Predigt vom ehelichen Leben'/‚Sermo de matrimonio' im Zusammenhang mit einer ‚Predigt auf die Hochzeit zu Kana'", in: *Speculum medii aevi. Zeitschrift für Geschichte und Literatur des Mittelalters* 1:2 (1995), S. 37–62, hier S. 52 (*discordia* sei Gott „unbeheglich").

91 So hat Diedrich Kolde in seinem *Christenspiegel* (hg. von Clemens Drees, Werl 1954, S. 254f. [Kap. 39]) die Aussage, die Ehefrauen sollten ihre Männer nicht erzürnen, weil daraus großer Schaden erwachse, sicherlich der Ökonomik-Literatur entnommen; dazu Krüger, „Zum Verständnis", S. 530.

92 Die Haushaltslehre des Xenophon, *Oikonomikos*, ist eindeutig auf Gewinn, auf Vermehrung ausgerichtet (z.B. VI 4, S. 57); vgl. dazu Pöhlmann, *Der verlorene Sohn*, S. 25 u. 27. In der *Oeconomia ruralis et domestica* des Johannes Coler findet sich ab den Drucken 1645 in Kapitel I 2 ein großer Zusatz, in dem es u.a. heißt: Der Hauswirt solle so wirtschaften, „*daß* seine Nahrung nicht ab/ sondern zunimmet/ und von tag zu Tag mehr und *größ*er wird/w*ä*chset und sich vermehret" (Druck 1665, S. 2b). Eine religiöse Unterweisung fehlt. Das Kapitel über den Hauswirt (I 5; Druck 1665, S. 3a) beginnt freilich mit dem Satz: „Ein Hauswirth mu*ß* ein Gottesf*ö*rchtiger/ weiser/ verst*ä*ndiger/ erfahrner und wolge*ü*bter Mann seyn/ der Gott vor Augen habe/ flei*ß*ig bete und arbeite/ und niemands unrecht thue".

93 Rist, *Der Adeliche Hausvatter*, S. 256, nennt zwei Ziele für die Tätigkeit des Hauvaters: „die Erhaltung deiner G*ü*hter und die Vermehrung oder Zuwachs derselben"; S. 266 heißt es, der Hausvater müsse Sorge tragen, dass er sein Gut „vermehre oder verbessere". Innerhalb der Haushaltslehre (V. 4969–5200) von Wittenwilers *Ring* wird die Auffassung vertreten, ein Tag, an dem sich das eigene Korn nicht vermehre, sei ein verlorener Tag (Heinrich Wittenwiler, *Der Ring*. Frühneuhochdeutsch/Neuhochdeutsch, übers. und hg. von Horst Brunner, Stuttgart 1991, V. 5135). Dort heißt es auch: „Hilf dir selb, so hilft dir got" (V. 5005). In dem ökonomischen Traktat *Haussorge* (15. Jahrhundert), hg. von C. D. M. Crossar, *The German translations of the Pseudo-Bernhardine ‚Epistola de cura rei familiaris'*, Göppingen 1975, S. 291–308, hier S. 291, heißt es gleich zu Beginn, dass niemand ohne zeitliches Gut leben könne und dass dieser Text lehre, wie man seinem Haus vorstehen könne. Als Hauptquelle wird angegeben die *Ökonomik* des Aristoteles, überdies Kommentare zu dieser Schrift.

Hausmutter fest,[94] doch in den allermeisten Ökonomiken werden weder die Ursachen für eheliche *discordia* auf religiöse Verfehlungen zurückgeführt noch die Konsequenzen ehelicher *discordia* als göttliche Strafe gedeutet.

Insgesamt lässt sich konstatieren, dass sich im Mittelalter neben der religiösen Perspektive auf die *concordia* der Eheleute eine ökonomische Sicht behauptet, die nicht in den Kategorien von Sünde, Teufel und ewigem Tod dachte, sondern in denen von Nutzen, Schaden und Gewinn.[95] Eheliche *discordia* interessierte allein hinsichtlich ihrer Auswirkungen auf die Haushaltung. Der Umstand, dass die meisten Hausbücher des 17. Jahrhunderts von protestantischen Autoren, ja teilweise von evangelisch-lutherischen Pfarrern und Theologen verfasst wurden (Johann Coler, Wolf Helmhard von Hohberg, Johann Rist, Franz Philipp Florin u.a.), hätte erwarten lassen können, dass sich in diesen Hausbüchern die vom Luther-Freund Justus Menius repräsentierte Sicht fortsetzt. Doch eine ausschließlich religiöse Sicht auf die Haushaltung ist nicht erkennbar, nicht einmal bei Johann Wilhelm Wündsch (1669), der stark dem Denken in theologischen Termini verpflichtet ist und der wiederholt Luther zitiert. Wündsch (1669) leitet das erste Kapitel seines Hausbuchs mit einem *Praeloquium* ein. Dort betont er, dass es keine Kleinigkeit sei, einer Haushaltung vorzustehen. Erforderlich seien hierfür Mühe, Fleiß und ein guter Verstand, der vorausschauend die nötigen Entscheidungen treffe. Wündsch fasst diese Fähigkeiten im Terminus *prudentia oeconomica* zusammen.[96] Als Beispiel für diese *prudentia oeconomica* wird ausgerechnet das erste Buch Moses, Kap. 14 zitiert. Dort sagt Moses sieben gute und sieben schlechte Jahre voraus. Den *prudentia*-Bezug dieser Bibelstelle nimmt Wündsch dann aber zurück, indem er darauf verweist, dass die Moses-Prophezeiung eine von Gott eingegebene *Oeconomia* gewesen sei.[97] Heutzutage jedoch, meint Wündsch, würde man nicht mehr so vorgehen. Zwar gebe Gott dem einen oder anderen Menschen auf dessen Bitten noch einen „solchen guten Oeconomischen Verstand/ dardurch ein Herr reich gemacht werden kan" (*Memoriale oeconomicum*, S. 2). Doch damit ein

94 Hier sind zu nennen die *Georgica curiosa* des Wolf Helmhard von Hohberg (1682), die durch ihre starke Thematisierung der Gottesfurcht heraussticht (I 1,1; I 2,1; I 3,2 [hier im Hausmutterbuch besonders ausführlich]), und die noch ganz in der lutherisch-protestantischen Tradition (etwa eines Selnecker 1589) stehende ‚Ökonomik' des evangelischen Theologen und Hofpredigers Johann Olearius, *Oeconomia: Das erwünschte Hauß-Wesen, wobey zuförderst der gesegnete Ehe-Stand sammt der vorsichtigen Haußhaltung, Nahrung und Kinder-Zucht [...] gezeiget wird*, Weißenfels 1683. An Gott und seinen Geboten habe sich alles menschliche Tun auszurichten.

95 Deshalb wird man nur bedingt behaupten können, Luthers Eheauffassung habe zu einer „Aufwertung der weltlichen Erwerbstätigkeit und der Verrichtungen im Haushalt" geführt (Margraf, *Die Hochzeitspredigt*, S. 88). In der Ökonomik-Literatur war weltliche Erwerbstätigkeit schon immer anerkannt. Luther hat allenfalls den Ökonomik-Diskurs in den Ehediskurs integriert (s.o. Anm. 67). Darin war ihm aber Dionysius Cartusianus vorangegangen (s.o. Anm. 89).

96 Vgl. Wündsch, *Memoriale oeconomicum*, S. 1. Vgl. Richter, *Oeconomia*, S. 616, zur *prudentia* als Leitbegriff der aristotelischen Moralphilosophie; s.o. Anm. 80.

97 Vgl. Wündsch, *Memoriale oeconomicum*, S. 2.

Hausverwalter wisse, was Haushaltung sei und wie sie einzuteilen sei, seien die antik-heidnischen Autoritäten Aristoteles, Xenophon und Plato heranzuziehen. Ihnen zufolge sei *Oeconomia* „nichts anders als eine Disciplina oder Wissenschaft deren Dingen/ so zu einer geb*ü*hrlichen und rechten Regierung der Hau*ß*haltung geh*ö*ren" (ebd.).[98] Als ersten Teilbereich der *Oeconomia* bezeichnet Wündsch die *Oeconomia intra se et se* und meint damit die innereheliche Beziehung. *Concordia* sei gewährleistet, wenn der Mann seine Frau mit Güte und Nachsicht behandle. Vorteil von ehelicher *concordia* und der Nachteil von *discordia* werden dann aber nicht in religiösen Termini gefasst, sondern als Nutzen bzw. Schaden formuliert: *Concordia* ernähre, *discordia* verzehre (S. 3), d.h. füge der Haushaltung Schaden zu.[99]

In den Ökonomiken des 17. Jahrhunderts dominiert das ökonomische Interesse, nicht die christlich-religiöse Sicht. Das ökonomische Wissen behauptet sich neben dem von lutherischen Autoren proklamierten Glauben, dass Gott der wahre und eigentliche Haushalter sei. Die Ökonomik des 17. Jahrhunderts entzieht sich sogar großenteils dem religiös-christlichen Impetus der lutherischen Reformatoren und kehrt zur Diesseitigkeit der abendländischen Ökonomik-Tradition zurück. Die frühneuzeitliche Ökonomik-Literatur war so säkular wie ihre mittelalterlichen (und antiken) Vorläufer.

9. Grenzen diskursiver Verhaltensentwürfe: Wissen versus Erfahrung

Im Anschluss an die konstatierte säkulare Perspektive der Hausbücher soll nun die Frage angeschnitten werden, ob und inwiefern die diskursiven Entwürfe der Hausväterliteratur zur *concordia* in der Alltagswelt überhaupt umgesetzt wurden bzw. umgesetzt werden konnten. Wir haben gesehen, dass die *diskursiven* Harmonisierungsversuche der spätmittelalterlichen Ehepredigten es entweder dabei beließen, zwei widersprüchliche Handlungsanweisungen unverbunden nebeneinander zu stellen (Herrschaft des Mannes, dennoch Gleichrangigkeit der Frau), oder aber die Hierarchie des Mannes dank einer geschlechterneutralen Perspektive auflösten (*alter-alter*). Wie aber stehen Lehre und Praxis zueinander? Wie soll in der *Alltagswelt* eine Umsetzung der diskursiven Widersprüchlichkeit bzw. der diskursiven Auflösung der Geschlechterrollen gelingen, zumal im ordnungspolitischen Diskurs des 15. und 16. Jahrhunderts vehement eine Führungsrolle des Mannes gefordert wurde? Wie stehen diskursives Wissen und angemahntes Handeln zueinander?

Die Ehepredigten geben keine präzisen, detaillierten Handlungsanweisungen, sondern stecken nur den Rahmen alltagsweltlichen Verhaltens ab: *Concordia* im Hause ist dann gewährleistet, wenn beide Ehepartner Sanftmut und Geduld

98 An dieser Stelle versteht Wündsch *Oeconomia* als Diskurswissen, während er in seiner Vorrede zum ganzen Buch Diskurswissen und Erfahrungswissen zusammensieht; s.u. Anm. 110.

99 Wündschs Hinweis (S. 3) auf Proverbia Salomonis 14 („Sapiens mulier aedificat domum suam; insipiens etiam exstructa, manibus suis destruit") belegt freilich, dass die ökonomische Perspektive auch dem Alten Testament nicht fremd war; vgl. etwa die Parallelen zwischen Buch Sirach und antiker Ökonomik.

walten lassen, wenn der Ehemann seine Frau als Gefährtin, nicht als Magd behandelt, und wenn die Ehefrau nicht die Herrschaft in der Ehe anstrebt. Doch wie in einer konkreten Situation zu verfahren sei – wann Strenge, wann Nachsicht am Platze ist –, darüber berichten die Ehepredigten wenig.

Dann aber stellt sich die Frage, woher den Eheleuten das Wissen zuwächst, wie in der einzelnen Situation auf das Fehlverhalten des anderen zu reagieren sei. Wenn sich die Diskurse wegen der Unzahl an möglichen Konfliktsituationen auf solche Details nicht einlassen können – noch die heutigen Eheratgeber haben diese Grenze zu akzeptieren –, müssen andere Wissensquellen herhalten. Dazu gehört an erster Stelle die Erfahrung. Diese kann sich speisen aus der Wahrnehmung des Zusammenlebens der eigenen Eltern oder von Dritten, aus den mündlich gegebenen Lehren der eigenen Eltern, aus den Erfahrungen, die man selbst im Laufe einer langen Ehe gemacht hat, möglicherweise auch aus der Lektüre literarischer Erzählungen.

Der Ehediskurs konnte und kann die Vielzahl möglicher Konfliktsituationen nicht erörtern.[100] Die Alltagsrealität übersteigt die Möglichkeiten der Diskursivierung alltagsweltlicher Streitigkeiten und ihrer Lösungen.[101] Meines Erachtens stößt der *Diskurs* über die Voraussetzungen von *concordia* bzw. über die Bedingungen einer Vermeidung von *discordia* hier an seine Grenze. Im Alltag muss die *Erfahrung* das schriftlich fixierte Wissen anreichern.

Was hier für den Ehediskurs ausgeführt worden ist, besitzt Geltung auch für den ökonomischen Diskurs. Ganz generell, d.h. über den Aspekt der ehelichen *concordia* hinausgehend, lassen sich mehrere Relationierungen von ökonomischem Diskurswissen und Alltagserfahrung ausmachen:

a. Der schriftliterarische Diskurs kann die Mannigfaltigkeit der haushälterischen Aufgaben und Tätigkeitsfelder nur bedingt wiedergeben. Die Hausbücher erkennen, dass eine vollständige Beschreibung aller zum Hauswesen gehörigen Arbeiten, Techniken, Geräte usw. kaum zu leisten ist. Die eigene alltägliche Erfahrung ist mindestens genau so viel wert.
So schreibt Johann Coler in seiner Vorrede zur *Oeconomia. Oder Hausbuch* (ca. 1596), das Haushalten sei „eine grosse mechtige Kunst […]/ die sein lebenlang keiner hat ausstudiren können/ wie gescheide unnd geschwinde er auch immer gewe-

100 Das Aushandeln des Ausgleichs von Unterordnung und Gleichstellung der Ehefrau und von der Herrschaftsposition des Mannes und gleichzeitiger Verpflichtung zu nachsichtigem Umgang mit den Fehlern der Ehefrau muss täglich in immer wieder neuen Situationen geleistet werden.

101 Vgl. etwa Beatrix Bastl, „Caritas conjugalis. Der Begriff des Friedens in der Ehe", in: *Wiener Geschichtsblätter* 52 (1997), S. 221–233 (Bastl referiert, wie historische Personen des 16./17. Jahrhunderts die eheliche *concordia* verfehlt haben). Vgl. auch die materialreichen Untersuchungen in *Frühneuzeit-Info* 26 (2015), S. 11–163, Themenheft „Streitpaar. Verfahren in Ehesachen", URL: www.univie.ac.at/iefn (5.4.2017), und das Webportal *Ehen vor Gericht*, URL: https:ehenvorgericht.wordpress.com/2015/11 (5.4.2017).

sen".[102] Allein schon die Braukunst, die Pferdezucht, die Schafzucht erforderten soviel Wissen, dass es kaum von jemandem erlernt werden könne. Deshalb hätten zahlreiche Gelehrte „viel von den Oeconomicis geschrieben", der eine vom Ackerbau, der andere von der Bienenzucht, der dritte vom Weinanbau usw. Doch keiner habe umfassend von diesen Dingen berichtet, so dass jeder Autor einem anderen Autor noch etwas zu berichten übrig gelassen habe.[103] Es komme hinzu, dass jedes Land und jedes Erdreich wieder andere Eigenschaften aufweise, jede Weinsorte und jedes Vieh erfordere spezielle Wartung. Deshalb habe er, Coler, seine *Oeconomia* nicht aus anderen Büchern zusammengeschrieben – was ihm ein Leichtes gewesen wäre –, sondern „aus dem rechten Buch der natur unnd teglichen erfahrung dieser Lande [Deutschlands] genommen".[104] Er wolle nur das beschreiben, was er selbst in den Händen gehabt, gesehen und erfahren habe.[105] Keineswegs verachte er die Schriften der „hoch gelerten und hoch erfahrenen Leute" – zuweilen könne man sie gewinnbringend konsultieren –, doch sein Buch handle von dem Wetter, der Luft, dem Wasser und der Erde, wie sie in Deutschland anzutreffen seien.[106]

Coler stellt in seinen Vorreden also das regional erworbene Erfahrungswissen einem überregionalen Diskurswissen gegenüber. Doch im Buch selbst zitiert er häufig antike und mittelalterliche Ökonomiken, vor allem dort natürlich, wo zeit- und ortsunabhängiges Gemeinwissen gefragt ist (etwa hinsichtlich der ehelichen *concordia*).[107] Mit der Druckgeschichte von Colers *Oeconomia* geht freilich das regionale Erfahrungswissen in ein überregionales Diskurswissen über.

Schon Columella (1. Jh. n. Chr.) wusste, dass Wissen und Klugheit alleine nicht ausreichten, wenn man Landwirtschaft betreibe. In der Vorrede führt er aus, dass es auch der praktischen Erfahrung bedürfe. Die Ratschläge und das Wissen von Agrarschriftstellern genügten nicht. Diese machten einen noch nicht zum Meister. „Bei jeder Fertigkeit entscheiden Übung und Erfahrung, und es gibt keine Lehre, bei der man nicht dadurch lernt, dass man Fehler macht. Denn sobald etwas, was man falsch angefangen hatte, ungünstig ausgegangen ist, vermeidet

102 Coler, *Oeconomia. Oder Hausbuch* [ca. 1596], Bl. A 2r. Dies wiederholt Coler im 1. Kapitel des 1. Buches, Bl. B 1r (ebd., S. 1).

103 Vgl. ebd., Bl. A 2v–3r (Vorrede).

104 Ebd., Bl. A 3r (Vorrede).

105 Vgl. ebd., Bl. A 3v (Vorrede). In der Einleitung zum 8. Buch (u.a. über Holzwirtschaft) schreibt Coler: Wer etwas in der Holzwirtschaft lernen und erfahren wolle, solle diejenigen fragen, die tagtäglich damit zu tun haben. Dort könne man erfahren, was andere nicht wüssten. Dieses in der Praxis gewonnene Wissen könne man dann in ein Holzbuch aufschreiben, bis man ein „Meister in der Holtzkunst" geworden sei; Coler, *Oeconomia ruralis et domestica* (1665), S. 305.

106 Coler, *Oeconomia. Oder Hausbuch* [ca. 1596], Bl. A 3r (Vorrede). Der Weg zum Wissen führt also nicht über das schriftliterarisch fixierte Wissen, sondern über das Praxiswissen.

107 Coler, ebd., S. 2 (I 1), nennt „viel hochgelerte/ weise/ verstendige Leut", die über Haushaltung, Viehhaltung, Ackerbau, Weinanbau u.a. geschrieben hätten: Xenophon, Aristoteles, Hesiod, Theokrit, Vergil, Cato, Varo, Columella, Cicero, Plinius, Petrus de Crescentiis.

man künftig, was zum Mißlingen geführt hat" (I 1).[108] Columella bietet seine Lehren deshalb nur als Stützen an.
Gemäß Columella übertrifft Erfahrungswissen das Diskurswissen.[109]

b. Die zweite Relationierung von Diskurswissen und Erfahrungswissen versucht, diese Differenz aufzuheben, indem dem tradierten Diskurswissen unterstellt wird, auch dieses Wissen basiere auf Erfahrung, wenn auch auf fremder Erfahrung. Diese in ökonomischen Schriften vermittelte fremde Erfahrung sei für eine erfolgreiche Haushaltung notwendig, weil die eigene Erfahrung nicht ausreiche, um sich das Wissen anzueignen, das die ökonomische Literatur bereithalte.
Johann Wilhelm Wündsch schreibt in der Vorrede zu seinem Hausbuch (erste Ausgabe 1669), alles für eine gute Haushaltung notwendige Wissen

> au*ß* eigner Erfahrung zu sch*ö*pfen und lernen/ w*ü*rde zu lang fallen. Ja es d*ü*rffte wol ehe ein Hau*ß* oder auch ein Regimentr gar hernieder kommen und zu Tr*ü*mern gehen/ ehe man alles/ was dabey in acht zu nehmen/ selbst in eigener Person durchkrochen und versuchet h*ä*tte/ wenn man nicht die durch fremde Erfahrung angemerckt und auffgesetzte Reguln beobachten wolte. Und zu dem Ende ist auch gegenw*ä*rtiges Buch geschrieben worden/ da*ß* man nemlich drau*ß* leichtlich lernen kan/ was zu einer guten Anstalt und Wolseyn des Hau*ß*wesens geh*ö*re.[110]

An einer späteren Stelle dieser Vorrede nimmt Wündsch eine weitere Unterscheidung vor: Während man auf den Hohen Schulen nur „in generalibus" über die Haushaltung unterrichtet werde, werde sein Buch auch über „particularit*ä*ten und sonderbahre St*ü*cke eines jeden Dinges" belehren.[111] Wündsch nimmt also für sich in Anspruch, in Buchwissen all das darzubieten, was im Alltag an praktischem Detailwissen erforderlich sei. Mit dieser Gleichsetzung von Buchwissen und Erfahrungswissen – weil angeblich im Buchwissen die praktische Erfahrung gespeichert ist – wird einer möglichen Unterscheidung von *phronesis* und *episteme* die Grundlage entzogen.

c. Eine dritte Relationierung begegnet bei Christoph Hering in dessen *Oeconomischem Wegweiser* (1680). Hering nimmt für sich in Anspruch, er beschreibe nicht nur die „Gemeine Hau*ß*haltungs-Wissenschaft", sondern auch „deren n*ü*tzlichste

---

108 Columella, *Über Landwirtschaft*, S. 51 u. 53.

109 Diese Unterscheidung von Diskurswissen und Erfahrungswissen lässt sich mit der Dichotomie von *episteme* und *phronesis* kaum erfassen. Denn das von Agrarschriftstellern gebotene Wissen ist ebenfalls ein auf die Praxis bezogenes Wissen – was Columella freilich verschweigt. Man müsste also innerhalb des Bereichs der *phronesis* differenzieren zwischen einem schriftliterarisch vermittelten bzw. erworbenen Wissen und einem aus eigener Erfahrung gewonnenen Wissen.

110 Wündsch, *Memoriale oeconomicum*, Bl.)(2v (Vorrede an den Leser).

111 Ebd., Bl.)(4V.

Ubung", d.h. deren Umsetzung in der Praxis.[112] Diesen Zusammenfall von Diskurs und Praxis auf Schriftebene meint er dadurch zu erreichen, dass er sein ökonomisches Erfahrungswissen in einen Text transformiert. Doch weiß Hering, dass die gelehrten Ökonomiken stets hinter dem im Alltag erworbenen Erfahrungswissen hinterherhinken. Einerseits habe er festgestellt, dass die vorliegenden Ökonomiken viele Details nicht beschrieben hätten, andererseits habe er selbst durch „observando" und „practicando" im Alltag immer wieder Neues hinzugelernt.[113] Das heißt aber, dass das im gelehrten Diskurs präsentierte Wissen stets nur ein vorläufiges Wissen sein kann und dass Praxiswissen eigentlich unendlich ist. Zwar versucht Hering diese Differenz mit seiner ‚Ökonomik' aufzuheben, doch begnügt er sich mit der Zielsetzung, sein Werk wolle nicht so sehr Rat als Anstöße für rechtes Haushalten geben.[114] Die in seinem *Oeconomischen Wegweiser* präsentierte Haushaltungswissenschaft (*episteme*) transportiert folglich zwar Erfahrungswissen (*phronesis*), doch bleibt immer eine Differenz zwischen schriftliterarisch fixiertem gelehrten Wissen und dem sich ständig in der täglichen Erprobung dieses Wissens erweiternden Erfahrungswissen.

d. In einer vierten Relationierung wird allein dem schriftlich überlieferten ökonomischen Diskurswissen vertraut. Wolf Helmhard von Hohberg listet 1682 in der Vorrede an den Leser auf sechs Seiten alle die ihm bekannten ökonomischen Schriften auf. Davon hat er viele benutzt.[115] Von Hohberg möchte offensichtlich seinem Werk den Anschein von Wissenschaftlichkeit geben. Die Umsetzung dieses Wissens in der Praxis stellt für ihn kein Problem dar. Darauf geht er zumindest nicht ein.[116] Deswegen kann er auch dem Einwand, sein Werk handle nur über die ökonomischen Gegebenheiten in Österreich, die Behauptung entgegenstellen, die Unterschiede seien minimal. Er habe ein „Universal-Werck" geschrieben, „welches man im gantzen Teutschland und n*ä*chst daran benahbarten L*ä*ndern [...] wol gebrauchen kan".[117]

e. In der fünften Relationierung wird einseitig für das Erfahrungswissen und gegen das gelehrte Diskurswissen Partei ergriffen. Hier herrscht die Überzeugung, die in alltäglicher Arbeit erworbene eigene Erfahrung mache die Lektüre der ökonomischen Schriften überflüssig. Dabei kommt die Unterscheidung von *phronesis* und *episteme* zum Einsatz. Demnach können die täglichen Erfahrungen den gelehrten Diskurs ersetzen und somit auf ihn verzichten. Zum rechten Wissen gelange man durch eigene Erfahrung.

---

112 Hering, *Oeconomischer Wegweiser*, Titelblatt. Im 1. Kapitel spricht Hering nochmals von der „Wissenschafft der Hau*ß*haltung" (S. 9), die sein Werk umfasse.

113 Ebd., Vorrede an den Leser, unpaginiert, zweite und dritte Seite.

114 Vgl. ebd., dritte Seite.

115 Vgl. Von Hohberg, *Georgica curiosa* (1682), „Vorrede an den großgünstigen Leser", hier Bl. a 3r–a 5v.

116 Nur nebenbei erwähnt Von Hohberg, ebd., Bl. a 3r (Vorrede an den Leser), dass er einiges Wissen der Erfahrung und Beobachtung von Freunden verdanke.

117 Ebd., Bl. a 6v.

Leon Battista Alberti hat im dritten Buch seiner Schrift *Della famiglia* die Differenz zwischen gelehrtem Diskurswissen (*episteme*) und täglich zunehmendem Erfahrungswissen (*phronesis*) thematisiert. In Bezug auf die Haushaltung lässt er einen Dialogpartner sagen: „Und ich möchte jetzt mehr mit Dir schwatzen wie ein Mann der Erfahrung als einer der Wissenschaft [...]".[118] An einer anderen Stelle heißt es:

> Viele Dinge auf dieser Welt lernt man besser durch Erfahrung kennen als durch Urteil und Verstand, und wir, die wir nicht durch die Zucht der Wissenschaft gegangen sind, sondern durch die Dinge selbst und die Jahre unsere Bildung empfangen haben [...], wir vermögen in gar vielen Dingen mit unserer Erfahrung vielleicht mehr, als euch Gelehrten mit eueren Spitzfindigkeiten und tückischen Regeln gelingt. Und ich sage euch, mir ist es immer als der kürzeste Weg erschienen, um, wie ihr es nennt, gut zu philosophieren, mit alten Leuten umzugehen und beständig an ihrer Seite zu weilen, sie zu fragen, auf sie zu hören, ihnen zu gehorchen.[119]

Nochmals rekurriert der Hauptredner auf seine Erfahrung. Was er über die Kunst der Haushaltung ausgeführt habe, beruhe allein auf dem, „was ich so aus langer Erprobung als nützlich erfunden habe". Und dann ermuntert er sein Gegenüber: „Du hast Weib und Kinder: du erwirbst dir tagtäglich ganz dieselben Erfahrungen und Erkenntnisse, wie sie mir zuteil geworden sind."[120] Man könnte darin die Ermunterung zu einem *learning by doing* sehen. Auch der Hauptredner des Dialogs über die Haushaltung sagt, er erzähle lediglich das, was er aus Erfahrung über das Haushalten wisse.[121]

Den humanistischen Autor Alberti hat sein Plädoyer für das Erfahrungswissen freilich nicht davon abgehalten, die antik-ökonomischen Autoren auszuschreiben. Doch nennt er kaum eine Quelle. Er erweckt den Eindruck, dass alles, was er seine Dialogfiguren über die rechte Haushaltung äußern lässt, aus erster Hand komme. Immerhin lässt er einen Dialogpartner eine Korrespondenz zwischen Diskurs und Erfahrung herstellen. Die alten gelehrten Autoren, die über das Haushalten geschrieben hätten, könnten kaum mehr sagen als das, was jeder aufmerksame Hausvater während der eigenen Tätigkeit selbst beobachtet und erprobt habe.[122] Einerseits wird dem in gelehrten Schriften versammelten Wissen (*episteme*) das tagtäglich erworbene Wissen (*phronesis*) gegenübergestellt,

118 Alberti, *Über das Hauswesen*, S. 247.

119 Ebd., S. 276.

120 Ebd., S. 318.

121 Vgl. ebd., S. 212. In der von mehreren Sprechern vorgetragenen Haushaltslehre von Wittenwilers *Ring* (um 1400) wird zu Beginn eingewendet, es bedürfe doch gar keiner Lehre über den Haushalt. Denn das Haushalten lehre sich von selbst (Wittenwiler, *Der Ring*, V. 4989f.). (Damit ist genau das *learning by doing* gemeint). Auf diesen Einwand wird freilich mit der Bemerkung reagiert, jede Tätigkeit bedürfe des Wissens und der Klugheit („chunst und witze", ebd., V. 4898).

122 Vgl. Alberti, *Über das Hauswesen*, S. 213.

andererseits vermengen Alberti und mit ihm sein Hauptredner Giannozzo das angebliche Erfahrungswissen mit dem in gelehrten Schriften tradierten Wissen, ohne dass sie dies aber in ihren Gesprächen über die rechte Haushaltungskunst durchblicken ließen. Insofern haben wir es mit einer künstlich inszenierten Kontrastierung von *phronesis* und *episteme* zu tun, eine Kontrastierung immerhin, die ihrerseits auf eine lange Tradition zurückblicken konnte. Das von Alberti der Alltagswelt zugeschriebene *learning by doing* in der Haushaltung wird bei der Lektüre von dessen Werk zu einem *learning by hearing* bzw. *learning by reading*. Dadurch aber werden ganz bewusst die Grenzen zwischen literarischem Diskurs und alltagsweltlicher Erfahrungswelt verwischt.

Offensichtlich haben wir es mit einem Trick von Ökonomik-Autoren zu tun, einerseits die ökonomische Fachliteratur gegen die Erfahrungswelt auszuspielen, die eigenen Ausführungen zugleich aber als unmittelbaren Niederschlag von Erfahrung zu empfehlen. Mit dieser Doppelzüngigkeit arbeitet die ökonomische Literatur seit Xenophon und Columella. Angesichts der gestiegenen Ansprüche an eine Haushaltung und dank der gestiegenen technischen Mittel für eine Haushaltung sahen sich die Autoren der Hausbücher im 17. Jahrhundert allerdings zu einer ständigen Vermehrung ihrer Informationen gezwungen, um den Eindruck eines Gleichstands von Diskurswelt und Alltagswelt zu erwecken.

Bibliographie

Quellen

Aegidius Romanus, *De regimine principum*, Rom 1607.

Aelred von Rievaulx, *De spirituali amicitia*, hg. von Anselm Hoste (CCCM 1), Turnhout 1971.

Alberti, Leon Battista, *Über das Hauswesen (Della famiglia)*, übers. von Walther Kraus, Zürich/Stuttgart 1962.

Ambrosius, *De officiis ministrorum* (PL 16, 23–184).

Antonius de Bitonto, *Sermones dominicales per totum annum*, Venedig 1492 (Hain 3217).

Aristoteles, *Oikonomika*, in: Albert Douglas Menut (Hg.), *Maistre Nicole Oresme. Le livre de Yconomique d'Aristote. Critical edition of the French text from the Avranches manuscript with the original Latin version*, in: *Transactions of the American Philosophical Society* (Philadelphia) 47:5 (1957), S. 849-852.

Aristoteles, *Oikonomika. Schriften zur Hauswirtschaft und Finanzwesen*, übers. und erl. von Renate Zoepffel (Aristoteles, *Werke in deutscher Übersetzung*, hg. von Hellmuth Flashar, Bd. 10, Teil II), Berlin 2006.

Aristoteles, *Nikomachische Ethik*, übers. und eingel. von Olof Gigon, Zürich 1967.

Berthold von Regensburg, *Rusticanus de communi Sanctorum*, Sermo 5 (*De apostolis* 5), Leipzig UB, cod. 497, fol. 193ra–194rb.

Bonaventura, *Commentaria in quattuor libros Sententiarum magistri Petri Lombardi*, Bd. II, Quaracchi 1885.

Cicero, *Laelius De amicitia*, Lat.-Dt. von Max Faltner, 3., verbess. Aufl., München 1980.

Coler, Christoph, *Oeconomia. Oder Hausbuch, Erste Theil/ Zum Calendario Oeconomico & perpetuo gehörig. Darinnen begriffen vnd außführlichen erkläret ist/* [...], Wittenberg (ca. 1596).

Coler, Christoph, *Oeconomia. Oder Haußbuch. Zum Calendario Oeconomico & perpetuo gehörig. Jetzo auffs New ybersehen, corrigirt* [...], Wittenberg 1604.

Coler, Christoph, *Oeconomia ruralis et domestica,* Mainz 1645.

Coler, Christoph, *Oeconomia ruralis et domestica, Darinn das gantz Ampt aller trewer Hauß-Vätter/ Hauß-Mütter/* [...] *begriffen* [...], Mainz 1665.

Columella, *Über Landwirtschaft [De re rustica],* übers., eingef. und erl. von Karl Ahrens, Berlin 1972.

Dionysius Cartusianus, *De laudabili vita conjugatorum,* in: *Opera omnia,* Bd. 38, Montreuil/Tournai 1909, S. 57–117.

Erasmus von Rotterdam, *De ratione studii,* hg. von Jean-Claude Margolin, in: *Opera omnia,* I-2, Amsterdam 1971.

Florinus, Franz Philipp, *Oeconomus prudens et legalis,* Nürnberg 1702.

Guibert de Tournai, *Sermones ad status,* Louvain s.a. [1473?], fol. 107v–108v (*Ad coniugatas sermo*).

Guilelmus Peraldus, *Summa de virtutibus,* Basel o.J. (Hain 12383).

Haussorge (15. Jh.), hg. von C.D.M. Crossar, *The German translations of the Pseudo-Bernhardine ‚Epistola de cura rei familiaris',* Göppingen 1975, S. 291–308.

Hering, Christoph, *Oeconomischer Wegweiser/ Das ist: Die gemeine Haushaltungs-Wissenschaft* [...], Jena 1680.

Herolt, Johannes, *Sermones discipuli de tempore et sanctis* [1418], Mainz 1612.

Hollen, Gottschalk, *Sermones dominicales super epistolas Pauli, pars hiemalis* [1470], Hagenau 1517.

Jacobus de Voragine, *Sermones dominicales,* s.l. 1484.

Kolde, Diedrich, *Christenspiegel,* hg. von Clemens Drees, Werl 1954.

Luther, Martin, *Ehepredigt* (2. Sonntag nach Epiphaniä, 19. Januar 1533), in: *D. Martin Luthers Werke, Kritische Gesamtausgabe,* Bd. 37, Weimar 1910, S. 9–12.

Meffret, *Hortulus reginae sive Sermones de tempore, pars hiemalis,* Köln 1625.

Menius, Justus, *Oeconomia Christiana,* Nürnberg 1529.

Le Mesnagier de Paris, hg. von Georgina E. Brereton und Janet M. Ferrier, übers. von Karin Ueltschi, Paris 1994.

Nider, Johannes, *Sermones totius anni (Aurei sermones de tempore),* Ulm s.a. (Hain 11797).

Olearius, Johann, *Oeconomia: Das erwünschte Hauß-Wesen, wobey zuförderst der gesegnete Ehe-Stand sammt der vorsichtigen Haußhaltung, Nahrung und Kinder-Zucht* [...] *gezeiget wird,* Weißenfels 1683.

Osiander, Lucas, *Hochzeitspredigt* [6. Juli 1584], Tübingen 1584.

Pelbartus de Themeswar, *Sermones,* Hagenau 1498 (Hain 12551).

Predigt vom ehelichen Leben, hg. von Britta-Juliane Kruse, „Neufunde zur Überlieferung der ‚Predigt vom ehelichen Leben'/‚Sermo de matrimonio' im Zusammenhang mit einer ‚Predigt auf die Hochzeit zu Kana'", in: *Speculum medii aevi. Zeitschrift für Geschichte und Literatur des Mittelalters* 1:2 (1995), S. 37–62.

Rist, Johann, *Der Adeliche Hausvatter,* Lüneburg 1650, in: ders., *Sämtliche Werke,* Bd. 7: *Prosaabhandlungen,* hg. von Eberhard Mannack, Berlin 1982, S. 151–380.

Robert de Sorbon, *Ehepredigt,* hg. von Barthélemy Hauréau, in: *Notices et extraits de quelques manuscrits latins de la Bibliothèque Nationale,* Bd. 1, Paris 1890, S. 188–202.

Rufinus von Bologna, *Summa decretorum*, hg. von Heinrich Singer, Paderborn 1902.

Selneccerus [Selnecker], Nicolaus, *Ehespiegell. Christliche Lere/ vom heiligen Ehestand/* [...], Eisleben 1589.

Sermo de matrimonio (deutsch), hg. von Gerd Brinkhus, in: ders., *Eine bayerische Fürstenspiegelkompilation des 15. Jahrhunderts. Untersuchungen und Textausgabe*, München 1978, S. 122–130.

Vinzenz von Beauvais, *Speculum doctrinale* (*Speculum quadruplex sive Speculum maius*, Bd. 2), Graz 1965.

Von dem Eelichen Sta[n]dt, Augsburg s.a. (VD 16–V 2461).

Von Hohberg, Wolf Helmhard, *Georgica Curiosa: Das ist Umständlicher Bericht und klarer Unterricht von dem Adelichen Land= und Feld=Leben*, Nürnberg 1682.

Von Hohberg, Wolf Helmhard, *Georgica curiosa aucta, Das ist Umständlicher Bericht und klarer Unterrict Von dem Adelichen Land- und Feld=Leben*, Nürnberg 1695 (und 1716).

Wittenwiler, Heinrich, *Der Ring*. Frühneuhochdeutsch/Neuhochdeutsch, übers. u. hg. von Horst Brunner, Stuttgart 1991.

Wündsch, Johann Wilhelm, *Memoriale oeconomicum politico-practicum, Das ist Kurtze doch nützliche und außführliche Unterrichtung Eines Haushaltischen Beambten und Hoffbedienten/* [...], Leipzig 1669.

Wündsch, Johann Wilhelm, *Neu vermehrt- und verbessertes Memoriale Oeconomico-politico-practicum, Oder Unterrichtung/ Wie die Haußhaltungs-Aemter* [...] *nützlich verwaltet* [...] *werden können/* [...], Frankfurt/Leipzig [ca. 1683].

Xenophon, *Oikonomikos*, in: *Xenophon. Ökonomische Schriften*, griech.-dt., hg. von Gert Audring, Berlin 1992, S. 30–121.

Sekundärliteratur

Bastl, Beatrix, „Caritas conjugalis. Der Begriff des Friedens in der Ehe", in: *Wiener Geschichtsblätter* 52 (1997), S. 221–233.

Becker-Cantarino, Barbara, „Johann Rists *Der adeliche Hausvatter* und die frühneuzeitliche Ökonomie-Literatur", in: *Johann Rist (1607–1667). Profil und Netzwerke eines Pastors, Dichter und Gelehrten*, hg. von Johann Anselm Steiger und Reinhard Jahn, Berlin/Boston 2015, S. 613–627.

Behrendt, Walter, „Lutherisch-orthodoxe Ehelehre in der Haustafelliteratur des 16. Jahrhunderts", in: *Text und Geschlecht. Mann und Frau in Eheschriften der frühen Neuzeit*, hg. von Rüdiger Schnell, Frankfurt a.M. 1997, S. 214–229.

Behrendt, Walter, *Lehr-, Wehr- und Nährstand. Haustafelliteratur und Dreiständelehre im 16. Jahrhundert*, Diss. FU Berlin 2008.

Blažek, Pavel, *Die mittelalterliche Rezeption der aristotelischen Philosophie der Ehe*, Leiden/Boston 2007.

Broomhall, Susan (Hg.), *Emotions in the household, 1200–1900*, Basingstoke/New York 2008.

Brundage, James A., *Law, sex, and Christian society in medieval Europe*, Chicago/London 1987.

Buchholz, Stephan, „Ehe und Herrschaft. Geschlechterbeziehungen in den Rechtsquellen des 17. und 18. Jahrhunderts", in: *Europa in der Frühen Neuzeit*. Festschrift für Günter Mühlpfordt, hg. von Erich Donnert, Bd. 4: *Deutsche Aufklärung*, Weimar u.a. 1997, S. 1–19.

Casagrande, Carla, *Prediche alle donne del secolo XIII*, Milano 1978.

Drossbach, Gisela, *Die „Yconomica" des Konrad von Megenberg*, Köln u.a. 1997.
„Ehen vor Gericht" (Webportal), URL: https:ehenvorgericht.wordpress.com/2015/11 (5.4.2017).
Frühneuzeit-Info 26 (2015), S. 11-63, Themenheft „Streitpaar. Verfahren in Ehesachen", URL: www.univie.ac.at/iefn (5.4.2017).
Gottwald, Heinz, *Vergleichende Studie zur Ökonomik des Aegidius Romanus und des Justus Menius*, Frankfurt a.M. u.a. 1988.
Hahn, Philip, *Das Haus im Buch. Konzeption, Publikationsgeschichte und Leserschaft der „Oeconomia" Johann Colers*, Erpfendorf 2013.
Harrington, Joel F., „*Hausvater* and *Landesvater*: Paternalism and marriage reform in sixteenth-century Germany", in: *Central European History* 25 (1992), S. 52–75.
Hörauf-Erfle, Ulrike, *Wesen und Rolle der Frau in der moralisch-didaktischen Literatur des 16. und 17. Jahrhunderts im Heiligen Römischen Reich deutscher Nation*, Frankfurt a.M. 1991.
Hoffmann, Julius, *Die „Hausväterliteratur" und die „Predigten über den christlichen Hausstand". Lehre vom Hause und Bildung für das häusliche Leben im 16., 17. und 18. Jahrhundert*, Weinheim 1959.
Koch, Elisabeth, *Maior dignitas est in sexu viril. Das weibliche Geschlecht im Normensystem des 16. Jahrhunderts*, Frankfurt a.M. 1991.
Krüger, Sabine, „Zum Verständnis der Oeconomica Konrads von Megenberg. Griechische Ursprünge der spätmittelalterlichen Lehre vom Haus", in: *Deutsches Archiv* 20 (1964), S. 475–561.
Kundert, Ursula, *Konfliktverläufe. Normen der Geschlechterbeziehungen in Texten des 17. Jahrhunderts*, Berlin/New York 2004.
Margraf, Erik, *Die Hochzeitspredigt der Frühen Neuzeit*, München 2007.
Meyer, Ulrich, *Soziales Handeln im Zeichen des ‚Hauses'. Zur Ökonomik in der Spätantike und im früheren Mittelalter*, Göttingen 1998.
Münch, Paul, „Die ‚Obrigkeit im Vaterland'. Zu Definition und Kritik des ‚Landesvaters' während der frühen Neuzeit", in: *Staat und Gesellschaft in der Literatur des 17. Jahrhunderts*, hg. von Elger Blühm u.a., Amsterdam 1982, S. 15–40.
Pöhlmann, Wolfgang, *Der verlorene Sohn und das Haus. Studien zu Lukas 15,11–32 im Horizont der antiken Lehre von Haus, Erziehung und Ackerbau*, Tübingen 1993.
Puff, Helmut, „Von Freunden und Freundinnen. Freundschaftsdiskurs und -literatur im 16. Jahrhundert", in: *WerkstattGeschichte* 28 (2001), S. 5–22.
Richarz, Irmintraut, „Oeconomia: Lehren vom Haushalten und Geschlechterperspektiven", in: *Geschlechterperspektiven. Forschungen zur Frühen Neuzeit*, hg. von Heide Wunder und Gisela Engel, Königstein/Ts. 1998, S. 316–336.
Richter, Gerhard, *Oikonomia. Der Gebrauch des Wortes Oikonomia im Neuen Testament, bei den Kirchenvätern und in der theologischen Literatur bis ins 20. Jahrhundert*, Berlin/New York 2005.
Schmidt, Heinrich R., „Hausväter vor Gericht. Der Patriarchalismus als zweischneidiges Schwert", in: *Hausvater, Priester, Kastraten. Zur Konstruktion von Männlichkeit in Spätmittelalter und Früher Neuzeit*, hg. von Martin Dinges, Göttingen 1998, S. 213–236.
Schnell, Rüdiger, „Die Frau als Gefährtin (*socia*) des Mannes. Eine Studie zur Interdependenz von Textsorte, Adressat und Aussage", in: ders. (Hg.), *Geschlechterbeziehungen und Textfunktionen. Studien zu Eheschriften der Frühen Neuzeit*, Tübingen 1998, S. 119–170.

Schnell, Rüdiger, *Frauendiskurs, Männerdiskurs, Ehediskurs. Textsorten und Geschlechterkonzepte in Mittelalter und Früher Neuzeit*, Frankfurt a.M. 1998.

Schnell, Rüdiger, *Sexualität und Emotionalität in der vormodernen Ehe*, Köln u.a. 2002.

Schnell, Rüdiger „Rezension zu Gabriela Signori, *Von der Paradiesehe zur Gütergemeinschaft. Die Ehe in der mittelalterlichen Lebens- und Vorstellungswelt*", in: *Zeitschrift für historische Forschung* 41:2 (2014), S. 267–269.

Schwab, Dieter, „Ehe und Familie nach den Lehren der Spätscholastik", in: *La seconda scholastica nella formazione del diritto privato moderno*, hg. von Paolo Grossi, Mailand 1972, S. 73–116.

Sère, Bénédicte, *Penser l'amitié au Moyen Âge. Étude historique des commentaires sur les livres VIII et IX de l'Éthique à Nicomaque (XIIIe–XIVe siècle)*, Turnhout 2007.

Signori, Gabriela, *Von der Paradiesehe zur Gütergemeinschaft. Die Ehe in der mittelalterlichen Lebens- und Vorstellungswelt*, Frankfurt/New York 2011.

Herr und Knecht

Inszenierungen des Verhältnisses zur Dienerschaft bei Lando, Montaigne, Alfieri und Larra

Anita Traninger

Es gibt kaum eine soziale Konstellation, die sich stärker gewandelt hat als das Verhältnis zwischen Herrschaft und Dienerschaft, zwischen, wie man lange zu sagen pflegte, Herr und Knecht. Während man bis zum 19. Jahrhundert die Dienerschaft als Problem sah, entwickelte sich im 20. Jahrhundert ein Problem mit der Dienerschaft, und zwar mit dem Umstand, überhaupt Dienstpersonal zu haben. Um 1900, so argumentiert der Soziologe Jean-Claude Kaufmann, erfuhr die Haushaltsorganisation einen fundamentalen Wandel, der zunächst mit einer Ausweitung der Schichten, die Dienerschaft beschäftigten, eingeläutet wurde. Doch auf lange Sicht kommt es zu einem radikalen Rückgang von Haushalten, in denen angestelltes Dienstpersonal lebt; die entsprechenden Tätigkeiten werden vielmehr zunehmend von punktuell eingesetzten Dienstleistern übernommen, die nicht mit der Familie in einem Haus oder einer Wohnung leben.[1] Die auf dieser Grundlage sich entwickelnde Scham der Mittelschicht, Versorgungarbeit zu delegieren, ist in der sozialen Praxis heute weithin sichtbar vom weit verbreiteten Vermeiden des persönlichen Zusammentreffens mit der Putzfrau bis zur Aufsplitterung sozialer Dienstleistung über verschiedene Apps – Einkaufen, Kochbox, Essenslieferung, Reinigungsservice. Individuelle Evasion und technologische Entlastung dienen gleichermaßen dem Zweck, den Moment des Offenbarwerdens sozialer Hierarchie im domestischen Machtgefälle nicht aushalten zu müssen.[2]

Vor dieser Wasserscheide, die mit dem Jahr 1900 eher symbolisch als historisch akkurat benannt ist, ist die Befindlichkeit der Dienerschaft explizit und dezidiert kein Thema. Man sieht das Beschäftigen von Dienern nicht als Problem, vielmehr sind die Diener das Problem: „The servant problem, as our forbears called it, has been with us since the human race began."[3] Worin das Problem bestand, werde ich im Folgenden anhand einer Reihe von Fallbeispielen ausführen; dass es bestand, liegt daran, dass man Diener haben musste. Ein Faktor dabei

1 Vgl. Jean-Claude Kaufmann, *Mit Leib und Seele. Theorie der Haushaltstätigkeit*, übers. von Daniela Böhmler, Konstanz 1999, S. 139.

2 S. dazu auch jüngst Christoph Bartmann, *Die Rückkehr der Diener. Das neue Bürgertum und sein Personal*, München 2016.

3 Ernest Sackville Turner, *What the Butler Saw. Two Hundred and Fifty Years of the Servant Problem*, London 2012 ([1]1962), S. 9.

ist die Bewirtschaftung des vormodernen Hauses, die schwere körperliche, nicht maschinenentlastete, repetitive Tätigkeiten umfasste. Im Haus einer Witwe ohne nennenswerte Mittel konnte es einer einzigen Magd zufallen, von der Küche bis zum Stall die gesamte Subsistenz sicherzustellen. Eine solche ist die Heldin von Flauberts *Un Cœur simple,* Félicité:

> Pendant un demi-siècle, les bourgeoises de Pont-l'Évêque envièrent à Mme Aubain sa servante Félicité. Pour cent francs par an, elle faisait la cuisine et le ménage, cousait, lavait, repassait, savait brider un cheval, engraisser les volailles, battre le beurre, et resta fidèle à sa maîtresse qui n'était pas cependant une personne agréable.
>
> Ein halbes Jahrhundert lang neideten die Pont-l'Évêquer Bürgerinnen Mme Aubain ihre Magd Félicité. Für hundert Franken im Jahr besorgte sie Küche und Haus, nähte, wusch, plättete, verstand ein Pferd zu schirren, Geflügel zu mästen, Butter zu bereiten und blieb ihrer Herrin treu – welche keineswegs eine angenehme Frau war.[4]

Während in einem materiell eingeschränkten Witwenhaushalt also gegebenenfalls eine einzelne Person schuftete, bedeutete Reichtum nicht nur die Möglichkeit der, sondern nachgerade die Verpflichtung zur Beschäftigung einer im Verhältnis zu den zu erledigenden Aufgaben überproportional großen Zahl von Bediensteten. Die Zahl der Diener bemaß sich nicht allein an der Größe des Haushalts und der effektiv anfallenden Menge an Arbeit. Vielmehr wurde eine Dienerschaft in direktem Verhältnis zum Einkommen erwartet. Ein Gentleman mit 2000 Pfund pro Jahr hatte im 18. Jahrhundert aus Statusgründen acht weibliche und acht männliche Diener zu beschäftigen.[5] Proportional zur ökonomischen Prosperität transformierte sich die Arbeitsleistung der Dienerschaft in die Funktion der Statusrepräsentation bis hin zur nahezu puren Ornamentalität. Ein *groom* oder *tigre* genannter Diener, der auf der Kutsche mitfuhr, klein, zierlich und prächtig mit einer Livree ausstaffiert, war im 19. Jahrhundert ein Faktor in der demonstrativen Zurschaustellung des Umstands, dass man genug Diener hatte, um sie unproduktive Tätigkeiten ausführen zu lassen – eine Praxis, die Thorstein Veblen als „vicarious conspicuous leisure" bezeichnete.[6] Trotz der ‚leichten' und letztlich

4 Gustave Flaubert, *Trois contes*, hg. von Peter-Michael Wetherill, Paris 1988, S. 157; ders. *Trois contes*, frz.-dt., übers. von Ernst Hardt, Frankfurt a. M./Hamburg 1961, S. 7. Übersetzung geringfügig von mir angepasst.

5 Vgl. Turner, *What the Butler Saw*, S. 9. 2000 Pfund waren ein sehr stattliches Einkommen, wenngleich nicht einmal in der Nähe von jenem Mr. Darcys, der in Jane Austens *Pride and Prejudice* „[t]en thousand a year, and very likely more" hat, s. Jane Austen, *Pride and Prejudice*, hg. von Donald J. Gray, New York 1966, S. 261.

6 Vgl. Thorstein Veblen, *The Theory of the Leisure Class*, New York 1899 (Reprint New York 1994), Kap. 3. Eine Verkörperung dieses Prinzips waren die *tigres* (oder, im englischen Original: *tigers*), die in Frankreich zu Beginn des 19. Jahrhunderts in Mode kamen, nachdem sie von Lord Barrymore ‚erfunden' worden sein sollen. Sie waren aber von besonders zartem Kör-

ineffektiven Tätigkeit sind diese Dienerfiguren aber natürlich genau wie die im Haus Schuftenden eingereiht in das Konzept des Verfügens über Menschen, das Dienerschaft zwingend impliziert.

1. Ortensio Lando und die Unberechenbarkeit des Dieners

Ich habe mich nun von der Gegenwart bis in das 18. Jahrhundert zurückbewegt, doch Fokus des Bandes ist das Haus in der Frühen Neuzeit, und genau dort wird die Problematik des Verfügens über und der Gefügigkeit von Dienern thematisch. Für Ortensio Lando, den italienischen Humanisten, der dem Protestantismus nahestand und der u. a. 1548 Thomas Mores *Utopia* ins Italienische übersetzte, war es nur als Paradox formulierbar, dass es besser sei, keine Diener zu haben: „Meglio è non aver servidori che averne" (Paradosso XXII). Dieser Text entstammt Landos Sammlung von dreißig *Paradossi* aus dem Jahr 1543, die durchaus ein europäischer Bucherfolg waren: Fünfundzwanzig von Landos *Paradossi* wurden 1553 von Charles Estienne ins Französische übersetzt, und die ersten zwölf wurden wiederum von Anthony Munday 1593 ins Englische übertragen. Sieben weitere übersetzte Thomas Milles in *The Treasurie of Auncient and Moderne Times* von 1613.[7]

Der Begriff des Paradox verweist hier natürlich nicht auf einen logischen Widerspruch, sondern darauf, dass Lando eine Position verteidigt, die der allgemeinen Meinung entgegensteht – dementsprechend lautet auch der vollständige Titel *Paradossi cioè sentenze fuori del comun parere* (*Paradoxa, das heißt Ansichten außerhalb der allgemeinen Meinung*). Nachdem jeder Haushalt auf die systemerhaltende Arbeit von Bediensteten angewiesen ist, scheint es nicht argumentierbar oder vertretbar (der zeitgenössische Terminus dafür ist *inopinabile*), dass man ohne sie auskommen solle.

perbau, vergleichbar den heutigen Jockeys, und waren wegen ihrer körperlichen Delikatheit eher für Schauzwecke bestimmte Statussymbole: „The smartest men-about-town had the largest horses and the smallest tigers." Frank E. Huggett, *Carriages at Eight: Horse-drawn Society in Victorian and Edwardian Times*, Guildford 1979, S. 45. Samuel Sidney, *The Book of the Horse (Thorough-bred, Half-bred, Cart-bred), Saddle and Harness, British and Foreign*, London o.J. [ca. 1900], S. 541. Vgl. die Beschreibung des *tigre* in Diensten von Godefroi de Beaudenord in Balzacs *La Maison Nucingen*: „Il avait un tigre, et non pas un groom, comme l'écrivent des gens qui ne savent rien du monde. Son tigre était un petit Irlandais, nommé Paddy, Joby, Toby (à volonté), trois pieds de haut, vingt pouces de large, figure de belette, des nerfs d'acier faits au gin, agile comme un écureuil, menant un landau avec une habileté qui ne s'est jamais trouvée en défaut ni a Londres ni à Paris, un œil de lézard, fin comme le mien, montant à cheval comme le vieux Franconi, les cheveux blonds comme ceux d'une vierge de Rubens, les joues roses, dissimulé comme un prince, instruit comme un avoué retiré, âgé de dix ans, enfin une vraie fleur de perversité, jouant et jurant, aimant les confitures el le punch, insulteur comme un feuilleton, hardi et chipeur comme un gamin de Paris. Il était l'honneur et le profit d'un célèbre lord anglais, auquel il avait déjà fait gagner sept cent mille francs aux courses. Le lord aimait beaucoup cet enfant: son tigre était une curiosité, personne à Londres n'avait un tigre si petit. Sur un cheval de course, Joby avait l'air d'un faucon." Honoré de Balzac, *La Comédie humaine*, 12 Bde., hg. von Pierre-Georges Castex, Paris 1976–1981, Bd. 6, S. 344f.

7 Vgl. Peter G. Platt, *Shakespeare and the Culture of Paradox*, Aldershot u. a. 2009, S. 23f.

Landos Argument nimmt seinen Ausgang von dem Sprichwort „quot servi, tot hostes" – „quanti servidori, tanti nemici abbiamo".[8] Der Diener erscheint hier als die ultimative Bedrohung, als der Feind im eigenen Haus. Dieser Feind sei umso gefährlicher, als er äußerlich unter dem Kommando des Hausherrn stehe, sein serviles Handeln allerdings einen dissimulatorischen Beigeschmack habe, seien doch die wahren Gedanken des Dieners der Verfügungsgewalt des Herrn nicht zugänglich. Der Kern des Unbehagens liegt mithin darin, dass die Dienerschaft zwar zu dirigieren, aber nicht vollends zu beherrschen sei: „Certa cosa è che tu non pòi mai esser ben servito se il servidore non ti serve di buon animo, con ciò sia che l'autorità nostra per grande che sia non abbia imperio sopra l'animo di alcuno" („Sicher ist, dass Du niemals gut bedient werden kannst, wenn der Diener Dir nicht gerne dient, denn so groß unsere Autorität auch sein mag, wir beherrschen niemandes Herz").[9]

2. Michel de Montaigne und das Herrschaftsinstrument des Zorns

Die Argumentationshaltung des Paradoxen ist auch das Stichwort für Michel de Montaignes Reflexionen über das Verhältnis zur Dienerschaft. Montaigne wird in seinen *Essais* nicht müde zu betonen, wie sehr er sich gegen allgemeine Meinungen stellt; dies betrifft auch das Umgehen mit seinen Affekten, und entgegen allen Maximen der Selbstregulierung und Affektsuppression behauptet er im Essay *De la colère* (II, 31), sich kategorisch allen Imperativen zur Unterdrückung seiner Emotionen zu widersetzen.[10]

In der Tat freilich zeigt sich Montaigne in seiner mäandernden Reflexion auf seinen eigenen Zorn als durchaus auf zeitgenössische Überzeugungen verpflichtet, insbesondere jene, dass *anger management* (wie man heute sagen würde) eine Machttechnik sei, mittels derer roher Affekt in das Ausstellen von Superiorität transformiert wird. Der Gegenstand, an dem Montaigne seine Überlegungen zur Handhabung und Einregulierung von Zorn entfaltet, ist ungewöhnlich im Kontext seiner Zeit, die sich gerne in der Tradition der Fürstenspiegelliteratur auf die Frage konzentrierte, ob ein Herrscher zornig sein dürfe. Montaigne hingegen diskutiert die Frage, welche Rolle der Zorn in der Führung eines Haushaltes, eines *ménage* bzw. einer *maison*, spielen könne und, im Weiteren, wie aufsässige und ungehorsame Bedienstete zu disziplinieren seien. Hier weicht Montaigne freilich so gar nicht von zeitgenössischen Vorstellungen ab: Er sieht es als seine Aufgabe

8 Ortensio Lando, *Paradossi, cioè sentenze fuori del comun parere*, hg. von Antonio Corsaro, Rom 2000, Paradosso XXII, S. 207–210, hier S. 209. Diener werden u. a. auch deshalb als Feinde aufgefasst, weil sie anderen die Geheimnisse ihrer Herren enthüllen könnten. Corsaro listet in seinem Anmerkungsapparat einige Stationen der langen Tradition auf, auf die dieses Argument zurückgeht, von Aristoteles' *Oeconomica* (I, 5) über Senecas *Briefe an Lucilius* (47) und Antonio Bruciolis Dialog *Del governo della famiglia* bis zu Tommaso Garzonis *Piazza universale*.

9 Lando, *Paradossi*, Paradosso XXII, S. 207–210, hier S. 209.

10 Vgl. David Quint, „Letting Oneself Go: ‚De la colere' and Montaigne's Ethical Reflections", in: *Philosophy and Literature* 24:1 (2000), S. 126–137, hier S. 126.

als Vorstand eines Haushalts, dessen Mitglieder – Frauen, Kinder, Bedienstete – in Schach zu halten und einen geordneten *oikos* zu gewährleisten.

Montaigne eröffnet den Essay II, 31 mit Überlegungen zur Kindererziehung und zur Frage, ob zornige Schulmeister ihre Schüler züchtigen dürfen; doch rasch ändert sich der Aufmerksamkeitsfokus: Hinsichtlich der Dienerschaft ist es für ihn keine Frage, *dass* sie zu züchtigen sei – offen ist vielmehr, wie und, zunächst, wann. Was ist der richtige Zeitpunkt für eine Bestrafung? „Nous mesmes, pour bien faire, ne devrions jamais mettre la main sur noz serviteurs, tandis que la cholere nous dure [...]" („Wir selber sollten, wollen wir uns richtig verhalten, nie die Hand gegen unsere Bediensteten erheben, solang wir zornig sind [...]").[11] Eine körperliche Züchtigung der Diener ist also keineswegs ausgeschlossen, sie muss nur so lange hinausgeschoben werden, bis der Zorn über deren Fehlverhalten sich gelegt hat. Das ist eine Bezugnahme auf Senecas *De ira*, wo im ersten Buch für eine vernunftgeleitete Bestrafung plädiert wird, die erst erfolgen könne, wenn der Zorn verflogen sei.[12] Die Maxime für die richtige Reaktion auf Verfehlungen ist bei Seneca klar, und er formuliert sie nicht nur einmal: „non sine castigatione, sed sine ira" – nicht ohne Bestrafung, aber ohne Zorn.[13]

Die Sorge um eine möglicherweise zu harte Strafe, die im Affekt gegeben werde, ist zwar eine Besorgnis, aber eine nachrangige. Vielmehr geht es darum, dass sich der Herr vor dem Beherrschtwerden zu hüten habe, in diesem Fall durch die *passion*: „C'est la passion qui commande lors, c'est la passion qui parle, ce n'est pas nous" („Vorher [i.e. bis wir uns beruhigt haben] ist es die Leidenschaft, die das Kommando führt, es ist die Leidenschaft, die spricht – nicht wir").[14] Unbeherrschtheit beraubt den Herrn seiner Souveränität, unterwirft ihn seinem Affekt, wo er doch gebieten soll. Genau dies sei ein Zeichen von Schwäche und mache die Bestrafung des Dieners weniger effektiv:

> Et puis, les chastiemens, que se font avec poix et discretion, se reçoivent bien mieux, et avec plus de fruit, de celuy qui les souffre. Autrement, il ne pense pas avoir esté justement condamné, par un homme agité et de furie: et allegue pour sa justification, les mouvements extraordinaires de son maistre, l'inflammation de son visage, les sermens inusitez, et cette sienne inquietude, et precipitation temeraire.

---

11 Michel de Montaigne, *Les essais*, hg. von Jean Balsamo und Alain Legros, Paris 2007 (Bibliothèque de la Pléiade), S. 750–757, II, 31, „De la cholere". Michel de Montaigne, *Essais*, übers. von Hans Stilett, Frankfurt a. M. 1998, S. 353, mit meinen Änderungen.

12 Im ersten Buch antwortet Seneca dem Einwurf eines vermeintlichen Kritikers: „‚Quid ergo? non aliquando castigatio necessaria est?' Quidni? sed haec sine ira, cum ratione; [...]." „‚Ja, wie? Ist nicht auch manchmal Züchtigung notwendig?' Keine Frage! Aber bitte ohne Wut und mit Vernunft." Seneca, *De ira. Über die Wut*, lat.-dt., hg. von Jula Wildberger, Stuttgart 2007, I, 6, 1.

13 Seneca, *De ira*, I, 15, 1.

14 Montaigne, „De la cholere", S. 751. Übers. Stilett, S. 353, mit meinen Änderungen.

> Zudem werden mit Bedacht und Augenmaß vollzogne Strafen bereitwilliger und mit größrem Gewinn aufgenommen; so fühlt sich etwa ein Bedienter von einem vor Wut rasenden Herrn keineswegs gerecht behandelt, sondern führt zu seiner Rechtfertigung gerade dessen aufgeregtes Gebaren an, sein flammendes Gesicht, seine ungewöhnlichen Flüche und sein haltloses Darauflostoben.[15]

Dass die Bestrafung von Kindern und Dienstpersonal im Eingang des Essays zusammen diskutiert werden, spiegelt die Auffassung der Familie als „un ménage composé d'un chef et de ses domestiques, soit femmes, enfans, ou serviteurs", wie Furetière in seinem *Dictionnaire universel* definiert.[16] Vor dem 18. Jahrhundert wurden Diener eher über ihre Zugehörigkeit zum Haushalt denn über ihre Lohnarbeit definiert, weshalb, wie wir eingangs am Beispiel von Flauberts Félicité gesehen haben, ihre Tätigkeitsbereiche kaum definiert waren.[17] Ihr Status als *domestiques* unterwarf Kinder und Diener (und im Übrigen ja auch Frauen, die ich hier aber beiseitelasse) gleichermaßen der disziplinierenden Autorität des Haushaltsvorstandes, der beide in dieser Rolle zu züchtigen hatte, der aber zugleich als ein oder wie ein Vater für beider moralische Erziehung zu sorgen hatte.[18] Umgekehrt bedeutet dies, dass Diener als ebenso unreif und unmündig angesehen wurden wie Kinder.

Die Position eines *chef de ménage* erforderte eine bestimmte Haltung von einem Mann: Im Sinne einer Verkörperung des Patriarchats sollte er hart, aber gerecht regieren; mit Autorität, aber ohne Affekt. Zur Vermeidung von Grausamkeit, mehr aber noch um seiner selbst willen, zügelt der Patriarch seine Affekte, insbesondere den Grundaffekt der Herr-Knecht-Beziehung, den Zorn.

Zentrale Vorlagen für Montaignes Reflexionen über diese Fragen sind Senecas *De ira* und Plutarchs *De ira cohibenda* – wobei natürlich gesagt werden muss, dass Senecas Fokus eher auf dem öffentlichen Leben liegt, auf dem Auftreten eines Bürgers gegenüber seinesgleichen, während Plutarch im Genre des Dialogs Fudanus berichten lässt, wie er seinen Zorn gegenüber Familienmitgliedern, Freunden und Sklaven in den Griff bekommen hat.[19] Plutarch ist daher insgesamt wichtiger

---

15 Ebd.

16 Antoine Furetière, *Dictionnaire universel contenant generalement tous les mots françois, tant vieux que modernes, & les termes de toutes les sciences et des arts*, 3 Bde., Den Haag/Rotterdam 1690, Bd. 2, S. 13ff., s.v. „famille". S. dazu Cissie Fairchilds, *Domestic Enemies: Servants and Their Masters in Old Regime France*, Baltimore 1984, S. 5.

17 Vgl. Fairchilds, *Domestic Enemies*, S. 18, 23, 54f.

18 S. Jacqueline Sabattier, *Figaro et son maître: Maîtres et domestiques à Paris au XVIII*ᵉ *siècle*, Paris 1984, S. 98–101. Zur Kontinuität dieser Auffassung im 18. Jahrhundert s. Sarah C. Maza, *Servants and Masters in Eighteenth-Century France: The Uses of Loyalty*, Princeton, NJ 1983.

19 Plutarch, „On the Control of Anger (De cohibenda ira)", in: ders., *Moralia*, Bd. 6, übers. von William C. Helmbold, Cambridge, MA/London 1939, S. 89–159. Zu Montaigne als Leser Plutarchs s. Isabelle Konstantinovic, *Montaigne and Plutarque*, Genf 1989, spezifisch zum Essay II, 31 S. 410–417; Peter Mack, *Reading and Rhetoric in Montaigne and Shakespeare*, London/New York 2010, S. 8–11; Hugo Friedrich, *Montaigne*, Tübingen/Basel ^{3}1993, S. 71–79; Rudolf

für Montaignes Überlegungen. Diese beiden Texte, die Montaignes Reflexion über den Umgang mit der Dienerschaft steuern, behandeln freilich eigentlich nicht lohngesteuerte Dienstverhältnisse, sondern die sozialen Implikationen der Sklaverei. Man muss es sich spezifisch ins Gedächtnis rufen, dass die verehrten klassischen Autoren, die von den Renaissancehumanisten als imitations- und aemulationswürdig erachteten Autoritäten im Kanon antiker Texte, der neben sprachlicher Ästhetik vor allem moralphilosophische Präzepte lieferte, das Idearium einer Sklavenhaltergesellschaft repräsentieren. Die Maximen Senecas und Plutarchs, die die Haushaltsführung anleiten, sind eigentlich auf den Umgang mit Sklaven gemünzt, die ebenso scharf wie dauerhaft von den ‚ehrenhaften', freien Mitgliedern der Gesellschaft unterschieden waren. Wenn also frühneuzeitliche Leser, wie in unserem Fall Montaigne, die antiken Autoren konsultieren, akzeptieren und adoptieren sie Aussagen, die auf ein ganz anderes Gesellschaftssystem bezogen sind, transponieren sie aber ganz offenbar ohne erkennbare Hindernisse oder Vorbehalte auf ihre eigene Situation.[20]

Von beiden Autoren, Seneca und Plutarch, und letztlich von Xenophon kommt die Idee her, dass Bestrafungen im Zorn unbedingt zu vermeiden seien, und zwar nicht aus Sorge um das Wohlergehen und die Unversehrtheit des Sklaven, sondern des Sklavenhalters.[21] Dabei spielt dessen ideale Freiheit vom Affekt als Zeichen von Selbstkontrolle und damit Machtausübung über sich selbst eine Rolle, aber auch die Sorge um ein Kippen der Situation: ein durch exzessive Züchtigung gereizter Sklave könnte sich gegen den Herrn auflehnen und ihn sogar töten[22] – es ist dies ein Punkt, auf den ich unten im Zusammenhang mit Vittorio Alfieris *Vita* zurückkommen werde.

Doch bleiben wir noch einen Moment bei Montaigne. In den Ergänzungen, die er 1588 zu dem Essay über den Zorn hinzugefügt hat (dem sogenannten B-Text), beschreibt er sein Umgehen mit seinem eigenen Zorn. Dieser sei von allen Passionen am schwierigsten für ihn zu handhaben, er wisse weder, wie er ihn

Schottlaender, „Montaignes Verhältnis zu Plutarch – Anregungen und Affinitäten", in: *Antike und Abendland* 32 (1986), S. 159–172, bes. S. 168–170. Im *essai*, der auf jenen zum Zorn folgt, „Deffence de Seneque et de Plutarque" (II, 32), behauptet Montaigne leicht hyperbolisch, das gesamte Buch beruhe ausschließlich auf seiner Ausbeute aus der Lektüre dieser beiden Autoren (es sei „massonné purement de leurs despouilles", Montaigne, *Les essais*, S. 757). Vgl. dazu die Diskussion in Gisèle Mathieu-Castellani, *Éloge de la colère. L'humeur colérique dans l'Antiquité et à la Renaissance*, Paris 2012, S. 345–372, hier S. 353.

20 Markus Krajewski hebt hervor, dass der Diener gerade kein Sklave sei und enumeriert eine Reihe von Unterschieden. Dem sei auch gar nicht widersprochen; mir kommt es vielmehr darauf an, dass der Sklavenhalterdiskurs sich offenbar problemlos auf das Nachdenken über die Dienerschaft anwenden ließ. S. Markus Krajewski, *Der Diener. Mediengeschichte einer Figur zwischen König und Klient*, Frankfurt a.M. 2010, S. 45.

21 S. William V. Harris, *Restraining Rage. The Ideology of Anger Control in Classical Antiquity*, Cambridge, MA/London 2001, Kap. „Slavery", S. 317–336, hier S. 319; Lieve van Hoof, „Strategic Differences: Seneca and Plutarch on Controlling Anger", in: *Mnemosyne* 60:1 (2007), S. 59–86, hier S. 60, 76, sowie das Zitat auf S. 75.

22 Vgl. Harris, *Restraining Rage*, S. 322.

verbergen noch wie er ihm widerstehen solle.[23] Weil aber der Zorn den ganzen Körper erfasse, wenn man ihn zu verbergen suche („[o]n incorpore la cholere en la cachant" – „wer den Koller kaschiert, körpert ihn sich ein", so Hans Stiletts kongeniale Übersetzung), rät er zur Affektentladung : „qu'on donne plustost une buffe à la joue de son valet, un peu hors de saison, que de gehenner sa fantaisie, pour representer ceste sage contenance" („Ich würde raten, lieber seinem Diener etwas zur Unzeit eine Backpfeife zu geben, als sich innerlich Zwang anzutun, nur damit man eine solch weise Contenance an den Tag legen kann").[24]

Hier geht es also nicht um die gerechte Bestrafung eines Dieners, sondern um dessen Instrumentalisierung zur Affektableitung: Montaigne findet nichts dabei, einem Diener eine nachgerade beiläufige Ohrfeige zu geben („une buffe" – *baffe* im modernen Französisch), um sich der ersten Anwandlungen von Zorn zu entledigen, statt Gleichmut vorzuspielen. Das steht in der Tat im Gegensatz zu Plutarchs Forderung nach Selbstbezähmung;[25] zugleich scheint es Senecas Rat gerecht zu werden, um jeden Preis das Platzgreifen des Zorns abzuwenden.[26] Die Misshandlung des *valet* ist daher eine ‚kathartische' Handlung,[27] die gerade verhindern soll, dass der Zorn ungezügelt ausbricht – das ist, wenn man so will, eine selbstsorgerische Delegation von Schmerz.

Das Maßhalten im Zorn gegenüber Bediensteten delegiert das Ich in Montaignes *essai* ebenfalls. Es gibt eine nicht näher spezifizierte Gruppe, die in der Familie – also im Haushalt – das Recht hat, Zorn zu zeigen. Diese freilich möge sich darin selbst zügeln. Der Umgang mit dem Zorn ist einer eigenen Ökonomie unterworfen, was durch das Verb *ménager* indiziert wird:

> J'advertis ceux, qui ont la loy de se pouvoir courroucer en ma famille, premierement *qu'ils mesnagent leur cholere*, et ne l'espandent pas à tout prix: car cela en empesche l'effect et le poids. La criaillerie temeraire et ordinaire, passe en usage, et fait que chacun la mesprise: celle que vous employez contre un serviteur pour son larcin, ne se sent point, d'autant que c'est celle mesme qu'il vous a veu employer cent fois contre luy, pour avoir mal rinsé un verre, ou mal assis une escabelle.
>
> Ich ermahne freilich jene, die sich in meinem Hause Wutausbrüche erlauben können, erstens: damit hauszuhalten und nicht bei jeder Kleinigkeit loszupoltern, denn das nimmt ihnen Wirkung und Gewicht – ein ständiges Aufbrausen wird zur Gewohnheit und von allen nur noch mißachtet (so daß es beispielsweise auf einen Diener keinerlei Eindruck mehr macht,

23 „Et pour moy, je ne sçache passion, pour laquelle couvrir et soustenir, je peusse faire un tel effort." Montaigne, „De la cholere", S. 755.

24 Montaigne, „De la cholere", S. 755. Übers. Stilett, S. 355, mit meinen Änderungen.

25 Vgl. Quint, „Letting Oneself Go", S. 133.

26 Vgl. Seneca, *De ira*, I, 8, 1.

27 So Michael G. Paulson, *The Possible Influence of Montaigne's* Essais *on Descartes'* Treatise on the Passions, Lanham u.a. 1988, S. 107.

wenn er wegen eines Diebstahls mit derselben Heftigkeit gescholten wird wie schon hundertmal vorher wegen eines schlecht gespülten Glases oder eines falsch hingestellten Schemels) [...].[28]

Die Delegation dieser maßvollen Züchtigungsakte ist von einer anderen Besorgnis geprägt als der zuvor diskutierten: nicht der Sorge um sich, sondern jener um die effiziente Organisation des Haushalts. Um dessen Funktionieren und Ordnung sicherzustellen, gilt es, mit dem Zorn selbst zu haushalten (*ménager la colère*). Hier geht es um die Sicherstellung der Disziplin der Hausangestellten, die sich an unspezifisch ausgeteilte physische Bestrafungen (also eigentlich vom Typ von Montaignes oben zitierter Ohrfeige) gewöhnen oder aber durch unverhältnismäßig harte Strafen selbst aggressiv werden könnten. Die nötige Affektregulierung wird den höherrangigen Haushaltsmitgliedern übertragen, ihre Psychohygiene – wir erinnern uns, für wie gefährlich Montaigne das Verbergen der Leidenschaften für sich selbst hält – spielt keine Rolle.[29]

Zwei Argumente des Sklavenhalterdiskurses haben sich bisher als zentral für Montaignes Argumentation erwiesen: die absolute Priorität des psychischen und physischen Wohlergehens des Herrn; und das möglichst reibungslose Haushaltsmanagement, das auf einem wohldosierten Einsatz von Strafe und Züchtigung beruht. Doch Montaigne berichtet noch von einer weiteren Variante. Er gesteht ein, bei Bedarf Zorn nur zu simulieren, um seinen Haushalt effizient zu regieren: „Par fois m'advient il aussi, de representer le courroussé, pour le reiglement de ma maison, sans aucune vraye emotion" („Gelegentlich überkommt es mich auch, um der guten Ordnung meines Hauswesens willen ohne jede wirkliche Erregung den Wutentbrannten zu spielen").[30] Montaigne berichtet hier offen und schonungslos von seinen Gewohnheiten, die – in bemerkenswerter Spannung zu diesem offenen Gestus – gerade darin bestehen, die Mitglieder seines Haushalts zu täuschen.

Natürlich hat der Diskurs des Affektregimes von Anfang an Techniken der Dissimulation und der Verstellung mitgeführt. Tun, als ob man ruhig bliebe, wurde als Remedium des Zorns gesehen, und die Entkopplung von Worten und Taten als Index einer effizienten Affektkontrolle. Das herausragende Exemplum dafür liefert Plutarch, und zwar nicht in seinen eigenen Schriften, sondern als Figur in einer von Aulus Gellius überlieferten Anekdote. Als ein Sklave Plutarchs ausgepeitscht wird, prangert dieser die Züchtigung als Ausdruck des ungezügelten Zorns seines Herrn an, der dessen philosophischer Haltung diametral entgegenstehe. Plutarch antwortet ihm in aller Kühle, dass er ganz offensichtlich kein

28 Montaigne, „De la cholere", S. 755f., meine Herv. Übers. Stilett, S. 355.

29 Quint, „Letting Oneself Go", S. 133f. argumentiert (entgegen meiner Lektüre der Passage), dass Montaigne seine Dienerschaft praktisch gar nicht körperlich züchtige, sondern vielmehr eine Milde an den Tag lege, die mit der allgemeinen ethischen Grundhaltung der *Essais* übereinstimme.

30 Montaigne, „De la cholere", S. 757. Übers. Stilett, S. 365.

einziges Zeichen von Zorn an sich trage und instruiert den die Strafe ausführenden Sklaven: „‚Interim', inquit, ‚dum ego atque hic disputamus, tu hoc age'" („In der Zwischenzeit', sagte er, ‚mach weiter, während er und ich diskutieren'").[31] Die erbitterte Auseinandersetzung mit einem aufbegehrenden Sklaven wird zur Diskussion heruntergeredet, und die Ausführung der brutalen Körperstrafe wird ohne mit der Wimper zu zucken angeordnet und miterlebt – der Effekt ist die Ausstellung von Selbstbeherrschung, die die Beherrschung des Sklaven legitimiert.

Montaigne folgt freilich ganz im Gegenteil Seneca und dessen Rat, Zorn im Sinn einer Machttechnik vorzutäuschen: Wann immer es nötig sei, anderen den eigenen Willen aufzuzwingen, also in Situationen, in denen Dominanz hergestellt und Unterwürfigkeit erzwungen werden muss, dann solle man sich zornig zeigen (Seneca, *De ira*, II, 17, 1). Nachdem aber die erste Prämisse ist, dass man sich dem Zorn niemals hingeben darf, ist Simulation geboten. Das Instrument für die effiziente Führung eines Haushalts ist also gerade ein Affekt, der für den Herrn selbst als höchst gefährlich eingestuft wird; die stets gebotene psychohygienische Selbstsorge, die nur auf Seiten des Herrn greift, lizenziert die Verstellung. Letztlich ist jedes Mittel recht, um die asymmetrische Beziehung zwischen Herr und Knecht auf Dauer zu stellen.

3. Vittorio Alfieri und der Bruch mit alten Hierarchien

Trotz allen gesellschaftlichen Wandels bleibt das Verhältnis von Herr und Knecht, Klaus-Dieter Ertler hat es mit Blick auf die periodische Presse konstatiert, auch ein zentrales Thema der Aufklärung.[32] Diderots *Jacques le Fataliste et son maître* (entstanden zwischen 1756 und 1784, posthum veröffentlicht) drängt sich natürlich als Beispiel auf, doch ich will noch einmal nach Italien blicken, auf einen Zeitgenossen Diderots, Vittorio Alfieri. Ungefähr zur selben Zeit, in der Diderot an *Jacques le fataliste* arbeitete, spielt eine Episode aus Alfieris Leben (es geht um die von ihm so genannte „época terza", die Zeit von 1766–1775), die er in seiner *Vita* festhält.[33] Alfieri (1749–1803) begann seine *Vita* bereits im Alter von 40 Jahren, getragen von dem Begehren, wie Gisela Schlüter formuliert, „die literarische Gestaltung seiner Lebensgeschichte zu einem Teil seines ästhetischen Lebensprojekts zu machen".[34]

Die hier interessierende Episode spielt in Madrid, während Alfieris spanischer Reise, zu einem Zeitpunkt, als er von der Stadt enttäuscht und dementsprechend reizbar ist. An einem Abend ereignet sich in dieser Stimmung eine „orribile ris-

31 Aulus Gellius, *Noctes atticae. The Attic Nights*, übers. und hg. von John C. Rolfe, 3 Bde., Cambridge, MA/London 1927–1952, I, 26,9, S. 118; Montaigne zitiert die Anekdote vollständig, s. „De la cholere", S. 752f.

32 Vgl. Klaus-Dieter Ertler, *Moralische Wochenschriften in Spanien. José Clavijo y Fajardo:* El Pensador, Tübingen 2003, S. 172f.

33 Vittorio Alfieri, *Vita, rime e satire*, hg. von Giuseppe G. Ferrero, Turin 1978. Vittorio Alfieri, *Vita. Mein Leben*, übers. von Gisela Schlüter, Mainz 2010.

34 Gisela Schlüter, „Nachwort", in: Alfieri, *Vita. Mein Leben*, S. 517–551, hier S. 517.

sa", eine schreckliche Handgreiflichkeit mit seinem Diener Elia. Wie üblich will Elia dem Herrn die Haare richten, bevor dieser zu Bett geht, obwohl er noch mit einem Uhrmacher ins Gespräch vertieft zusammensitzt – allein diese Intimität, dass der Diener sich an die Behandlung der Haare macht, während ein Gast zugegen ist, gibt uns eine Idee von der distanzlosen Nähe und beständig mitlaufenden Versorgungsarbeit durch die Dienerschaft. Elia bearbeitet also die Haare mit einer Brennschere und zieht dabei zu stark an einer Strähne. Ohne ein Wort zu sagen springt Alfieri ‚wie der Blitz' auf, „balzato in piedi più ratto che folgore", und schlägt Elia mit einem Kerzenleuchter so heftig gegen die Schläfe, dass das Blut nur so herausschießt. Elia wiederum, der den unverhältnismäßigen Ausfall nicht mit einem Fehlverhalten seinerseits zusammenbringen kann, kann sich das impulsive Verhalten nicht erklären und denkt, sein Herr sei verrückt geworden. Er stürzt sich auf ihn, um ihn zu schlagen: „mi era saltato addosso per picchiarmi; e bene fece." Elia war auf ihn gesprungen – doch die Einordnung „e bene fece" („und er tat das Richtige") ist eine nachträgliche. Denn im Moment des Geschehens stürzt Alfieri zu seinem Degen, und der spanische Uhrmacher muss nun bald den Herrn, bald den Diener zurückhalten, bis das ganze Gasthaus in Aufruhr ist und dessen Bedienstete dazwischengehen. Und so endet „la zuffa tragicomica e scandalosissima", das tragikomische und beschämende Gerangel, wie Alfieri notiert.[35]

35 Alfieri, *Vita*, S. 192–194. Die Geschichte sei zur Gänze in Gisela Schlüters Übersetzung wiedergegeben: „Hier will ich nun in aller Kürze von einer idiotischen Gewalttätigkeit berichten, die ich mir in Anwesenheit jenes jungen Spaniers Elia gegenüber erlaubte. Eines Abends, der Uhrmacher hatte bei mir gespeist und ins Gespräch vertieft saßen wir anschließend noch bei Tisch, kam Elia herein, um mir wie üblich das Haar zu richten, bevor wir zu Bett gingen. Als er mit der Brennschere eine Haarsträhne bearbeitete, zog er etwas mehr als üblich an einer Strähne. Wortlos sprang ich blitzschnell auf, und mit einem Kerzenleuchter in der Hand versetzte ich ihm einen so heftigen Schlag auf die rechte Schläfe, dass eine Fontäne Blut hervorschoss und das Gesicht und den ganzen Körper des jungen Mannes besudelte, der mir gegenüber am großen Esstisch saß. Er glaubte nicht ohne Grund, ich habe plötzlich den Verstand verloren, denn er hatte nicht gesehen und konnte ja auch nicht auf die Idee kommen, dass mein plötzlicher Wutausbruch durch eine Haarsträhne ausgelöst worden war, an der man mich gezogen hatte. Er sprang auf, um mich zurückzuhalten. Indes war Elia, den ich beleidigt und schwer verletzt hatte, voll Wut auf mich gesprungen, um mich zu schlagen, zu Recht! Flugs entwand ich mich ihm, stürzte zu meinem Degen, der auf einer Truhe im Zimmer lag, und schon zog ich ihn. Wutentbrannt stürzte Elia mir entgegen, ich setzte ihm den Degen auf die Brust, und der Spanier musste bald ihn, bald mich zurückhalten. Das ganze Gasthaus war in Aufruhr, die Diener kamen herauf, und so endete schließlich dieses tragikomische, für mich beschämende Gerangel. Als wir uns ein wenig beruhigt hatten, begannen die wechselseitigen Rechtfertigungen […]. Die Wunde an der Schläfe war nicht tief, blutete aber heftig. Hätte ich ihn etwas weiter oben getroffen, ich hätte einen Mann getötet, den ich sehr liebte, und das nur wegen eines Haares, an dem vielleicht ein bisschen gezupft worden war. Ein so bestialischer Wutausbruch ließ mich schaudern. Elia schien zwar besänftigt, aber mir gegenüber noch immer angespannt. Daher wollte ich kein Misstrauen gegen ihn an den Tag legen. Als wenige Stunden später die Wunde verbunden und alles geordnet war, begab ich mich zu Bett und ließ die Tür zu Elias Zimmer, das neben meinem lag, wie üblich offen. Ich hörte nicht auf den Spanier, der mich warnte, ich

Der eingeschobene Kommentar – „e bene fece“ – wäre für Montaigne undenkbar gewesen, drückt er doch Zustimmung zu dem bis dahin als unerhörte Insubordination geltenden Gegenangriff aus. Doch die Geschichte geht noch weiter: Denn Elia erscheint zwar besänftigt, ist aber schwer verletzt. Der Uhrmacher warnt, ganz im oben genannten Sinn, dass die unverhältnismäßige Gewalt des Herrn gegen den Diener diesen zur Rache veranlassen könnte – auf keinen Fall solle Alfieri, wie er es sonst zu tun pflege, in der Nacht die Tür zum Schlafzimmer des Dieners offenstehen lassen. Doch Alfieri schlägt die Warnung in den Wind, setzt vielmehr noch eins drauf:

> Ma io anzi dissi forte ad Elia che era già stato posto a letto, che egli poteva volendo uccidermi quella notte se ciò gli tornava comodo, poiché io lo meritava. Ma egli era eroe per lo meno quanto me; né altra vendetta mai volle prendere, che di conservare poi sempre due fazzoletti pieni zeppi di sangue, coi quali s'era rasciutta da prima la fumante piaga; e di poi mostrarmeli qualche volta, che li servò per degli anni ben molti.
>
> Ich sagte sogar noch laut zu Elia, der schon im Bett lag, er könne mich nach Belieben in dieser Nacht töten, wenn ihm daran gelegen sei, denn ich hätte es nicht besser verdient. Er aber war gewiss nicht minder hochherzig als ich. Seine einzige Rache bestand darin, zwei blutgetränkte Tücher aufzubewahren, mit denen er die frische Wunde getrocknet hatte, um mir diese Tücher hin und wieder zu präsentieren, denn er hob sie jahrelang auf.[36]

Der grundsätzlich bedrohliche Diener, der Nachfahre des geschmähten und gefürchteten Sklaven, ist „nicht minder hochherzig“ als sein Herr – „egli era eroe per o meno quanto me“. Die Beziehung ist – und das ist ein Effekt der Erzählung, nicht ein Faktum der zeitgenössischen Wirklichkeit – symmetrisch, die beiden kommunizieren nun endlich – und vielleicht erstmals –, wie Ulrich Schulz-Buschhaus formuliert hat, „da uomo ad uomo“.[37]

---

könnte damit einen Mann, der frisch beleidigt und wütend war, dazu auffordern, sich in irgendeiner Form zu rächen. Ich sagte sogar noch laut zu Elia, der schon im Bett lag, er könne mich nach Belieben in dieser Nacht töten, wenn ihm daran gelegen sei, denn ich hätte es nicht besser verdient. Er aber war gewiss nicht minder hochherzig als ich. Seine einzige Rache bestand darin, zwei blutgetränkte Tücher aufzubewahren, mit denen er die frische Wunde getrocknet hatte, um mir diese Tücher hin und wieder zu präsentieren, denn er hob sie jahrelang auf.“ Alfieri, *Vita. Mein Leben*, S. 195–197.

36 Alfieri, *Vita*, S. 193. Übers. Schlüter, S. 197.

37 Ulrich Schulz-Buschhaus, „Alfieri e la ‚nobiltà dell'arte'“ (unveröff. Manuskript), in: ders., *Das Aufsatzwerk*, hg. von Klaus-Dieter Ertler und Werner Helmich, URL: http://gams.uni-graz.at/o:usb-073-363 (2.9.2018). Weniger glücklich geht eine 1791, also nur wenig später vorgefallene Auseinandersetzung zwischen dem Phanarioten Panagiotis Kodrikas und seinem Diener Nikolakis aus. Nachdem Kodrikas diesen hart verprügelt hat, droht Nikolakis, zum Islam zu konvertieren. Zwar macht er erst fünf Jahre später seine Drohung wahr, doch tritt er dann gleich zusammen mit einer Gruppe von Bewaffneten auf, um seinen ehemaligen Herrn zur Rechenschaft zu ziehen. S. dazu Miltos Pechlivanos, „Vom Dragoman der Osmanen zum

4. Mariano José de Larra und die Kontinuität des Sklavenhalterdiskurses

Die Aufklärung entwickelt ein Unbehagen gegenüber der Submission der Dienerschaft, und Alfieris unerhörte *rissa* legt davon Zeugnis ab, doch der antike Sklavereidiskurs steht noch lange darüber hinaus zur Verfügung, um das Verhältnis zwischen Herr und Diener zu diskutieren und literarisch zu inszenieren. Wir bleiben für das letzte – kurze – Beispiel in Madrid. Es ist der 24. Dezember 1836, „La Nochebuena de 1836".[38] Das ist zugleich der Titel von Mariano José de Larras berühmtestem Artikel. Larra, der Journalist, Autor und Übersetzer, dessen costumbristische Miniaturen oft von einer Verzweiflung über die Rückständigkeit seines Landes geprägt sind, erinnert sich an diesem Weihnachtsabend an den römischen Brauch, dass bei den Saturnalien die Sklaven frei waren, ihren Herren die Wahrheit zu sagen:

> Me acordé de que en sus famosas saturnales los romanos trocaban los papeles y que los esclavos podían decir la verdad a sus amos. Costumbre humilde, digna del cristianismo. Miré a mi criado y dije para mí: ‚Esta noche me dirás la verdad.'
>
> Ich erinnerte mich, dass die Römer in ihren berühmten Saturnalien die Rollen tauschten und dass die Sklaven ihren Herren die Wahrheit sagen konnten. Ein demütiger Brauch, des Christentums würdig. Ich sah meinen Diener an und sagte für mich: ‚Heute Nacht wirst du mir die Wahrheit sagen.'[39]

Er geht aus, wandert stundenlang durch die Straßen Madrids, bis er sich allein und isoliert wiederfindet, und gerade, bevor es Mitternacht schlägt, fällt ihm ein, dass zu Hause ja der *criado* mit dem Essen auf ihn wartet. Der Diener öffnet ihm betrunken und hält Fígaro – Larras Pseudonym und satirische *persona* – eine lange Rede über dessen Scheitern als Schriftsteller. Doch das finale Urteil verweist uns zurück auf Positionen, die wir schon bei Montaigne – und vor ihm bei Plutarch und Seneca – kennengelernt haben: „Tú me mandas, pero no te mandas a ti mismo. [...] Yo estoy ebrio de vino, es verdad; pero tú lo estás de deseos y de impotencia!..." („Du gebietest mir, aber Du gebietest nicht über Dich selbst. Ich bin vom Wein betrunken, das ist wahr; aber Du bist es von Begehren und Ohnmacht!...").[40]

Dragoman der Heimat. Mehrsprachigkeit und Personkonstitution im griechischsprachigen Osmanischen Reich", in: *Selbstzeugnis und Person. Transkulturelle Perspektiven*, hg. von Claudia Ulbrich, Hans Medick und Angelika Schaser, Köln/Weimar/Wien 2012, S. 227–241, hier S. 240.

38 Mariano José de Larra, „La Nochebuena de 1836. Yo y mi criado. Delirio filosófico", in: ders., *Artículos varios*, hg. von Evaristo Correa Calderón, Madrid 1984, S. 554–563, hier S. 556. Meine Übersetzung. Für eine detaillierte Analyse des Textes s. John R. Rosenberg, „Between Delirium and Luminosity: Larra's Ethical Nightmare", in: *Hispanic Review* 61:3 (1993), S. 379–389.

39 Larra, „La Nochebuena de 1836", S. 556. Meine Übersetzung.

40 Ebd., S. 562. Meine Übersetzung.

Das größte Vergehen des Herrn ist es, nicht Herr seiner selbst zu sein. Der Sklavereidiskurs unterliegt dem gesamten Text, ist dieser doch eng modelliert an Horaz' Satire II, 7, in der der Sklave Davus die sogenannte Dezemberfreiheit der Saturnalien nutzt, um dem Herrn vorzurechnen, dass nur frei sei, wer sich selbst beherrscht.[41] Sklave und Diener, Herr und Dienstherr, diese Positionen liegen in der europäischen Transfergeschichte ökonomischen Denkens jeweils auf einer Linie.

Es ist klar, dass der Frühen Neuzeit die Sklaverei nicht fremd ist, weder als Konzept noch als Praxis. Doch Hauswirtschaft basiert nicht mehr – oder nicht mehr wesentlich – auf Sklavenwirtschaft. Die Iteration des Sklavenhalterdiskurses liefert allerdings die Bausteine einer Ökonomie, die auf Selbstbeherrschung als Voraussetzung der effizienten Fremdbeherrschung, auf unbedingte Selbstsorge und effizienzorientierte Dissimulation ebenso wie auf eine radikal asymmetrische Konstitution des Hauses setzt. Sogar dort, wo ein aufklärerisches Programm der Gleichheit illustriert wird, dienen die alten Topoi als Haltepunkte der Entfaltung eines neuen Ideariums. Und selbst noch im 19. Jahrhundert lässt sich der Diener an die Position des Horazischen Sklaven transponieren, um den Souveränitätsverlust des modernen Subjekts durch die Linse der doppelten Herrschaftsanforderung an den Sklavenhalter zu fokussieren. Es ist wohl nicht zu viel zu behaupten, das Herr und Knecht, *dominus* und *servus*, die konstitutive, asymmetrische Dichotomie für das Denken und Schreiben des Hauses in der Frühen Neuzeit ist, aber zugleich weit darüber hinaus weist.[42]

Bibliographie

Quellen

Alfieri, Vittorio, *Vita. Mein Leben*, hg. und übers. von Gisela Schlüter, Mainz 2010.
Alfieri, Vittorio, *Vita, rime e satire*, hg. von Giuseppe G. Ferrero, Turin 1978.
Austen, Jane, *Pride and Prejudice*, hg. von Donald J. Gray, New York 1966.
Balzac, Honoré de, *La Comédie humaine*, 12 Bde., hg. von Pierre-Georges Castex, Paris 1976–1981.
Flaubert, Gustave, *Trois contes*, hg. von Peter-Michael Wetherill, Paris 1988.
Flaubert, Gustave, *Trois contes*, frz.-dt., übers. von Ernst Hardt, Frankfurt a.M./Hamburg 1961.
Gellius, Aulus, *Noctes atticae. The Attic Nights*, übers. und hg. von John C. Rolfe, 3 Bde., Cambridge, MA/London 1927–1952.
Larra, Mariano José de, „La Nochebuena de 1836. Yo y mi criado. Delirio filosófico", in: ders., *Artículos varios*, hg. von Evaristo Correa Calderón, Madrid 1984, S. 554–563.

41 S. dazu Augusto Centeno, „La Nochebuena de 1836 y su Modelo Horaciano", in: *Modern Language Notes* 50:7 (1935), S. 441–445.

42 Zur Hypothese eines Konnexes zwischen Sklavenhalter- und moderner Dienstleistungsgesellschaft s. Iris Därmann, „Vom antiken Sklavendienst zur modernen Dienstleistungsgesellschaft. Paulinische Bausteine für eine genealogische Skizze", in: *Agenten und Agenturen*, hg. von Lorenz Engell, Bernhard Siegert und Joseph Vogl, Weimar 2008, S. 23–38.

Lando, Ortensio, *Paradossi, cioè Sentenze fuori del comun parere*, hg. von Antonio Corsaro, Rom 2000.
Montaigne, Michel de, *Les essais*, hg. von Jean Balsamo und Alain Legros, Paris 2007 (Bibliothèque de la Pléiade).
Montaigne, Michel de, *Essais*, übers. von Hans Stilett, Frankfurt a.M. 1998.
Plutarch, „On the Control of Anger (De cohibenda ira)", in: ders., *Moralia*, Bd. 6, übers. von William C. Helmbold, Cambridge, MA/London 1939, S. 89–159.
Seneca, *De ira. Über die Wut*, lat.-dt., hg. von Jula Wildberger, Stuttgart 2007.

Sekundärliteratur

Bartmann, Christoph, *Die Rückkehr der Diener. Das neue Bürgertum und sein Personal*, München 2016.
Centeno, Augusto, „La Nochebuena de 1836 y su Modelo Horaciano", in: *Modern Language Notes* 50:7 (1935), S. 441–445.
Därmann, Iris, „Vom antiken Sklavendienst zur modernen Dienstleistungsgesellschaft. Paulinische Bausteine für eine genealogische Skizze", in: *Agenten und Agenturen*, hg. von Lorenz Engell, Bernhard Siegert und Joseph Vogl, Weimar 2008, S. 23–38.
Ertler, Klaus-Dieter, *Moralische Wochenschriften in Spanien. José Clavijo y Fajardo:* El Pensador, Tübingen 2003.
Fairchilds, Cissie, *Domestic Enemies: Servants and Their Masters in Old Regime France*, Baltimore 1984.
Friedrich, Hugo, *Montaigne*, Tübingen/Basel ³1993.
Furetière, Antoine, *Dictionnaire universel contenant generalement tous les mots françois, tant vieux que modernes, & les termes de toutes les sciences et des arts*, 3 Bde., Den Haag/Rotterdam 1690.
Harris, William V., *Restraining Rage. The Ideology of Anger Control in Classical Antiquity*, Cambridge, MA/London 2001.
Huggett, Frank E., *Carriages at Eight: Horse-drawn Society in Victorian and Edwardian Times*, Guildford 1979.
Kaufmann, Jean-Claude, *Mit Leib und Seele. Theorie der Haushaltstätigkeit*, übers. von Daniela Böhmler, Konstanz 1999.
Konstantinovic, Isabelle, *Montaigne and Plutarque*, Genf 1989.
Krajewski, Markus, *Der Diener. Mediengeschichte einer Figur zwischen König und Klient*, Frankfurt a.M. 2010.
Mack, Peter, *Reading and Rhetoric in Montaigne and Shakespeare*, London/New York 2010.
Mathieu-Castellani, Gisèle, *Éloge de la colère. L'humeur colérique dans l'Antiquité et à la Renaissance*, Paris 2012, S. 345–372.
Maza, Sarah C., *Servants and Masters in Eighteenth-Century France: The Uses of Loyalty*, Princeton, NJ 1983.
Paulson, Michael G., *The Possible Influence of Montaigne's* Essais *on Descartes'* Treatise on the Passions, Lanham u.a. 1988.
Pechlivanos, Miltos, „Vom Dragoman der Osmanen zum Dragoman der Heimat. Mehrsprachigkeit und Personkonstitution im griechischsprachigen Osmanischen Reich", in: *Selbstzeugnis und Person. Transkulturelle Perspektiven*, hg. von Claudia Ulbrich, Hans Medick und Angelika Schaser, Köln/Weimar/Wien 2012, S. 227–241.
Platt, Peter G., *Shakespeare and the Culture of Paradox*, Aldershot u.a. 2009.

Quint, David, „Letting Oneself Go: ‚De la colere' and Montaigne's Ethical Reflections", in: *Philosophy and Literature* 24:1 (2000) S. 126–137.

Rosenberg, John R., „Between Delirium and Luminosity: Larra's Ethical Nightmare", in: *Hispanic Review* 61:3 (1993), S. 379–389.

Sabattier, Jaqueline, *Figaro et son maître: Maîtres et domestiques à Paris au XVIII*[e] *siècle*, Paris 1984.

Schlüter, Gisela, „Nachwort", in: Vittorio Alfieri, *Vita. Mein Leben*, hg. und übers. von Gisela Schlüter, Mainz 2010, S. 517–551.

Schottlaender, Rudolf „Montaignes Verhältnis zu Plutarch – Anregungen und Affinitäten", in: *Antike und Abendland* 32 (1986), S. 159–172.

Schulz-Buschhaus, Ulrich, „Alfieri e la ‚nobiltà dell'arte'" (unveröff. Manuskript), in: ders., *Das Aufsatzwerk*, hg. von Klaus-Dieter Ertler und Werner Helmich, URL: http://gams.uni-graz.at/o:usb-073-363 (2.9.2018).

Sidney, Samuel, *The Book of the Horse (Thorough-bred, Half-bred, Cart-bred), Saddle and Harness, British and Foreign*, London o. J. [ca. 1900].

Turner, Ernest Sackville, *What the Butler Saw. Two Hundred and Fifty Years of the Servant Problem*, London 2012 ([1]1962).

Van Hoof, Lieve, „Strategic Differences: Seneca and Plutarch on Controlling Anger", in: *Mnemosyne* 60:1 (2007), S. 59–86.

Veblen, Thorstein, *The Theory of the Leisure Class*, New York 1899 (Reprint New York 1994).

Haus und Geschlecht

Von monastischen und weltlichen ‚Häusern'

Denkformen des ‚Hauses' bei Christine de Pizan

Margarete Zimmermann

In memoriam Otto Gerhard Oexle (1939–2016)

1. Annäherungen

Das ‚Haus' als Denkfigur hat auch in unserer Gegenwart der zweiten Moderne Spuren hinterlassen. So ist im politischen Denken der Rekurs auf die 1987 von Michail Gorbatschow geprägte Metapher von Europa als Haus geläufig, zu verstehen als ein übernationales *consortium*, als eine Gemeinschaft, basierend auf gemeinsamen Grundwerten.[1] Doch ist die Komplexität, die dieser Vorstellung in der Antike und dem Mittelalter eigen war, hier kaum noch vorhanden.[2]

In andere Bereiche führen uns die Variationen zum Thema der *femme-maison* von Louise Bourgeois (1911–2010), als Visualisierung der scheinbar unlösbaren Verkettung von ‚Haus' und ‚Weiblichkeit'. Den Anfang macht eine Tuschzeichnung von 1947. Zu sehen ist ein hybrides Gebilde aus Frauenkörper und Haus, wobei letzteres – und die damit verbundene Haus-Sorge? – den Kopf als Ort des Denkens zu okkupieren und letztendlich zu zerstören scheint. Louise Bourgeois' geradezu obsessive Beschäftigung mit diesem Thema, das zu unterschiedlichen Interpretationen anregen kann, ist der Versuch einer feministischen Künstlerin, die vermeintlich ‚natürliche' Verbindung *femme-maison* zu sprengen.[3] Die hier implizit abgerufene Vorstellung von ‚Haus' ist die einer bürgerlichen Hauswirtschaft mit der „Hausmutter als Betriebsleiterin".[4]

Ein letztes Beispiel stammt aus den in der alteuropäischen Hausliteratur wie auch in Frauendidaxen immer wieder zitierten und in neue Narrative verwandel-

---

1 Zuletzt bei Frank-Walter Steinmeier, der diese Kategorie auch auf den Bereich des ökumenischen Denkens überträgt. Siehe hierzu Stephan-Andreas Casdorff, „Der Präsident", in: *Der Tagesspiegel*, 19.3.2017.

2 So z.B. in Rolf Bachem/Kathleen Battke, „Unser gemeinsames Haus Europa. Zum Handlungspotential einer Metapher im öffentlichen Raum", URL: www.wissenschaft-und-frieden.de (8.7.2017).

3 Siehe hierzu Jean Frémon, *Louise Bourgeois femme maison*, Tusson 2013, S. 14ff. Das Thema findet sich später auch in anderer Form, z.B. einer Marmorskulptur von 1994. Sie zeigt einen liegenden Frauenkörper, mit einem Haus anstelle des Kopfs. Abgebildet bei Xavier Hufkens, *Louise Bourgeois*, URL: http://www.xavierhufkens.com/artists/louise-bourgeois (10.06.2017).

4 Michael Andritzky, „Einleitung", in: *Oikos. Von der Feuerstelle zur Mikrowelle. Haushalt und Wohnen im Wandel.* Katalog der Gemeinschaftsausstellung des Deutschen Werkbunds Baden-Württemberg und des Design Center Stuttgart mit dem Museum für Gestaltung Zürich, hg. von Michael Andritzky, Gießen 1992, S. 8–16, hier S. 8.

ten Sprüchen Salomos (Spr. 31, 10–31).[5] Hier setzt sich erst 2016 eine entscheidende Veränderung durch, wenn die Formulierung „Das Lob der tüchtigen Hausfrau", die eher bürgerliche Lebensverhältnisse des 19. Jahrhunderts evozierte, durch „Das Lob der tüchtigen Frau" ersetzt wird. Damit wird die adäquatere Vorstellung von „eine[r] Frau [...], die das Haus besitzt und beherrscht" aktualisiert.[6] Zugleich wird erneut die den Sprüchen Salomos zugrundeliegende Vorstellung des ‚Hauses' als eines komplexen sozialen Gebildes erkennbar.

Doch wie kann man das ‚Haus' aus literaturwissenschaftlicher Perspektive produktiv werden lassen und hierbei zugleich dessen historische Tiefendimension berücksichtigen? Der von Helena Sanson und Francesco Lucioli 2016 herausgegebene Band *Conduct Literature for and about Women in Italy 1470–1900* übersieht den engen Zusammenhang zwischen „conduct literature" und dem Lebens- und Vorstellungsraum des ‚Hauses' und bietet hierzu kaum neue Fragestellungen oder konzeptuelle Anregungen.[7] Auf den ersten Blick ebenfalls wenig hilfreich für transdisziplinäre Brückenschläge scheint die Studie des englischen Sozialhistorikers Daniel Smail über *Legal Plunder. Households and Debt Collection in Late Medieval Europe,* so informativ sie im Hinblick auf eine materielle Kultur ist, die nicht nur kostbare Objekte der ständischen Repräsentation, sondern auch die „shabby things" einbezieht.[8] Anschlussmöglichkeiten bieten sich jedoch, wenn Smail, im Hinblick auf Praktiken von Schuldeneintreibung und Gewalt, die emotionalen Folgen für die Betroffenen in den Blick nimmt.

Zielführender ist dagegen eine andere, weniger fakten- als problemorientierte Form der mediävistischen Sozialgeschichte, für die die Erforschung von Gruppen zentral ist, wie sie Otto Gerhard Oexle in seinen Abhandlungen über ‚Haus' und Ökonomie darlegt.[9] Seine für unseren Zusammenhang hilfreichen Überlegungen sollen im Folgenden kurz referiert werden.

5 Einführend zu diesem Text und den mit ihm verbundenen Forschungsproblemen: Ruth Scoralick, „Sprüche Salomos", URL: https://www.bibelwissenschaft.de/stichwort/12030/ (24.7.2017).

6 Christoph Levin, zitiert in: Eduard Kopp, „Neue Lutherbibel: Positiverer Blick auf das Judentum. Ende eines Fluches", URL: https://chrismon.evangelisch.de/artikel/2016/32636/neue-lutherbibel-entspannt-verhaeltnis-zu-juden (30.8.2017).

7 Helena Sanson/Francesco Lucioli (Hg.), *Conduct Literature for and about Women in Italy. 1470–1900. Prescribing and Describing Life,* Paris 2016.

8 Daniel Lord Smail, *Legal Plunder. Households and Debt Collection in Late Medieval Europe,* Cambridge, Mass./London 2016, Kap. „The Old and the Shabby", S. 37–45.

9 Pierre Monnet bezeichnet Oexle als „le défendeur passionné, parfois véhément, d'une histoire-problème, c'est-à-dire qui pose des problèmes et est elle-même un problème" (ders., „Otto Gerhard Oexle, historien du Moyen Âge, de l'Europe et de l'Histoire [1939–2016]", in: *Francia* 44 [2017], S. 425–427, hier S. 426).

2. Das ‚Haus‘ aus der Perspektive der Sozialgeschichte

Oexle definiert das ‚Haus‘ als eine „Form sozialer Gruppen“[10] und als ein im Mittelalter relativ konstantes Gebilde, dessen Entwicklung seit der Antike von einer kontinuierlichen Reflexion – der Ökonomik – als einer „Form von sozialem Wissen“ begleitet wird, letzteres zu verstehen als „das komplexe Geflecht von Vorstellungen, mittels derer die Menschen einer Gesellschaft ihre soziale Realität auf den Begriff zu bringen versuchen“.[11] Welches sind nun die Bereiche, die im Mittelalter und in der Frühen Neuzeit von diesem sich allmählich verschriftlichenden Nachdenken über die Sozialform des ‚Hauses‘ erfasst werden? Idealtypische Ökonomieschriften wie der anonyme *Mesnagier de Paris* (um 1393) oder das Dritte Buch von Leon Battista Albertis *Della Famiglia* (um 1433/34) kennzeichnet, trotz aller formaler und inhaltlicher Diversität, stets eine Reflexion, die sich bezieht

> [...] auf den Begriff des Hauses, auf die Ordnung der sozialen Beziehungen und Bindungen verschiedener Art, die das Haus als Sozialgebilde kennzeichnen, zugleich aber auch auf die Regelung aller jener dinglichen Gegebenheiten, die das Haus im materiellen und wirtschaftlichen Sinne tragen und die allesamt in dem Begriff der ‚Verwaltung‘ des Hauses, der ‚Ökonomie‘ zusammengefaßt wurden. In diesen Reflexionen wird, wie immer in der Sozialreflexion des Alten Europa, Wirklichkeit sowohl beschrieben wie zugleich normativ geordnet und geregelt.[12]

„Wie schon in der Antike“ bezieht sich im Mittelalter der Begriff des ‚Hauses‘ sowohl auf „dingliche, nämlich räumliche und materielle, als auch [auf] soziale und rechtliche Gegebenheiten und Verhältnisse“[13] und umfasst insgesamt vier Bereiche:

- „Das Wort ‚Haus‘ hat (1) eine räumliche und dingliche Bedeutung, meint also das ‚Gebäude‘, die ‚Behausung‘ (‚habitaculum‘), den ‚gesicherten‘ und ‚festen Sitz‘ (‚certa habitatio‘).
- Damit verknüpft ist (2) die personale und soziale Bedeutung des Begriffs im Sinne einer im Haus ‚unter einem Dach‘ wohnenden, dem Haus zugeordneten Personengruppe, die als ‚familia‘ bezeichnet wird.“[14] Und: „Diese Personengemeinschaft steht unter der Leitung des *paterfamilias* oder *dominus*. Zugleich kann das Wort ‚familia‘ aber nicht nur die Gesamtheit aller dieser Personen

10 Otto Gerhard Oexle, „Haus und Ökonomie im früheren Mittelalter“, in: *Person und Gemeinschaft im Mittelalter*, hg. von Gerd Althoff u.a., Sigmaringen 1988, S. 101–122, hier S. 102.

11 Ulrich Meyer, *Soziales Handeln im Zeichen des Hauses: Zur Ökonomik der Spätantike und im frühen Mittelalter*, Göttingen 1998, S. 37ff.

12 Oexle, „Haus und Ökonomie“, S. 102. Vgl. Leon Battista Alberti, *I libri della famiglia*, hg. von Ruggiero Romano und Alberto Tenenti, Turin 1994; An., *Le Mesnagier de Paris*, hg. von Georgina E. Brereton und Janet M. Ferrier, übers. u. kommentiert von Karin Ueltschi, Paris 1994.

13 Oexle, „Haus und Ökonomie“, S. 102.

14 Otto Gerhard Oexle, „Der mittelalterliche Begriff ‚Haus‘“, in: *Geschichtliche Grundbegriffe. Historisches Lexikon zur politisch-sozialen Sprache in Deutschland*, hg. von Otto Brunner, Werner Conze und Reinhart Koselleck, Bd. 7, Stuttgart 1992, S. 526–550, hier S. 526f.

der Hausgemeinschaft bezeichnen, sondern auch einzelne ihrer Teile, und dann ebenso die ‚Familie' im engeren Sinn, also nur die Eltern mit ihren Kindern und allernächsten Verwandten als auch nur die Gesamtheit der in einem ‚Hause' dienstleistenden Personen [...]."[15]

- „Der Begriff ‚Haus' umfaßt sodann (3) das wirtschaftliche Substrat des Zusammenlebens dieser Personengruppe(n): alles, was zum Haushalt gehört, den ‚Hausrat' und überhaupt das ganze Vermögen (substantia), die res familiares oder res domesticae [...]."[16]
- „Schließlich umfasst der Begriff des ‚Hauses' einen vierten Aspekt, insofern die im Haus und als Familie lebende Gruppe miteinander verwandter Personen durch ihre gemeinsamen Vorfahren definiert wird, also ein ‚Geschlecht' bildet", zu verstehen als eine „Abstammungsgemeinschaft Lebender und Toter".[17]

3. Haus-Denken bei Christine de Pizan

Das ‚Haus' als erdrückende Last für die Frau, von der es sich zu befreien gilt – dies war die implizite Aussage der künstlerischen Variationen zum Thema *femme-maison* von Louise Bourgeois. Eine andere Position nimmt die franko-italienische Autorin Christine de Pizan (1364–ca. 1430) ein, vor allem in ihrem 1405 entstandenem *Livre des Trois Vertus* (*Buch von den Drei Tugenden*):[18] Hier erscheint der *governo della casa* als ein einzuübendes pragmatisches und soziales Wissen und zugleich als eine Form von Macht, die es wahrzunehmen gilt. Christines Buch ist damit auch ein Plädoyer für die *vita activa*. Deren Nutzen für das menschliche Zusammenleben wird hier höher veranschlagt als jener der *vita contemplativa*, denn, wie eine der wortführenden drei Tugenden dem fiktiven Autorinnen-Ich Christine erklärt: „Yceste vie active sert, si comme tu puez veoir, plus au monde que la devant dicte [i.e. la vie contemplative, M.Z.]" („Diese *vita activa* ist der Welt nützlicher als die zuvor Erwähnte [die *vita contemplativa*, M.Z.]").[19]

Mit einer solchen Gewichtung schlägt Christine neue Wege ein. Hannah Arendt weist darauf hin, wie lange unter dem Einfluss der antiken Philosophie die Höhereinschätzung der *vita contemplativa* das westliche Denken dominiert hat, bevor in der Frühen Neuzeit eine Neubewertung erfolgte.[20] Hinzu kommt die sich erst

15 Oexle, „Haus und Ökonomie", S. 103.
16 Oexle, „Der mittelalterliche Begriff ‚Haus'", S. 527.
17 Oexle, „Haus und Ökonomie", S. 104.
18 In deutscher Übersetzung erschienen als *Der Schatz der Stadt der Frauen. Weibliche Lebensklugheit in der Welt des Spätmittelalters.* Ein Quellentext, übers. von Claudia Probst, hg. und eingeleitet von Claudia Opitz, Freiburg/Basel/Wien 1996.
19 Christine de Pizan, *Le Livre des Trois Vertus*, hg. von Charity Cannon Willard, Paris 1998, S. 24. – Alle folgenden deutschen Übersetzungen von mittelfranzösischen Zitaten von Margarete Zimmermann.
20 Vgl. hierzu Hannah Arendt, *Vita activa oder Vom tätigen Leben* [1958/1960], München 2002, S. 22ff.

unter dem Einfluss des Christentums wandelnde Haltung zur Arbeit, die in der Antike als ein Merkmal der Existenz der Unfreien galt.[21]

Doch woher bezieht Christine de Pizan ihre Vorstellungen von dem Funktionieren der verschiedenen ‚Häuser' der Gesellschaft ihrer Zeit, für das sie schriftliche Regelwerke entwickelt? Die in Venedig geborene Autorin entstammt einer norditalienischen Gelehrtenfamilie.[22] Als renommierter Arzt und Astronom wird Christines Vater Tommaso da Pizzano von dem französischen König Charles V. an seinen Hof berufen und seine Tochter, „a child of two worlds", wächst im Umkreis dieses ‚intellektuellen' Herrschers auf.[23] Ausführlich schildert sie später, wie ihre Familie dem Vater von Venedig nach Paris folgt, „le ‚transport de nous d'Ytalie en France". Sie beschreibt, wie Charles V. an einem Wintertag im Louvre ihre Familie – „mainage" – empfängt, in ihren „reichverzierten lombardischen Gewändern, wie es für Frauen und Kinder von Stand üblich ist" („atout leurs abis lombars, riches d'aournement et d'atour selon l'usaige des femmes et enfans d'estat").[24]

Doch die *cassettoni* dieser Familie aus einem norditalienischen Gelehrtenmilieu enthielten sicher nicht nur Repräsentationsgewänder, sondern ebenfalls eine Bibliothek in Gestalt zahlreicher Handschriften in italienischer, lateinischer und griechischer Sprache. Welche dies genau waren, wissen wir nicht, können aber vermuten, dass sich darunter frühe Ökonomieschriften in lateinischer und griechischer Sprache befanden, vielleicht Xenophons *Oikonomikos* und andere. Auf jeden Fall kennt Christine, die später Zugang zu der königlichen Bibliothek bekommt, die im Mittelalter intensiv rezipierten Schriften des Kirchenvaters Augustinus, einer Schlüsselfigur „für die Erschließung der (sozialen) Bedeutungen der Begriffe ‚Haus' und ‚Ökonomie'",[25] der „dabei den Gedanken einer irdischen und himmlischen Ordnung von Häusern [skizzierte]" und in dem einzelnen ‚Haus' die „‚Grundlage' (*initium*) und [den] ‚Baustein' der *civitas*"[26] sieht. Daraus folgt wiederum die Bedeutung des häuslichen Friedens, der *pax domestica*, für die *pax civica*.[27] Dieser zentrale Gedanke Augustins durchzieht auch Christines *Livre des Trois Vertus*, als Postulat des Friedens innerhalb weiblicher Grup-

---

21 Hierzu Otto Gerhard Oexle, „Zwischen Armut und Arbeit. Epochen der Armenfürsorge im europäischen Westen", in: *Caritas. Nächstenliebe von den frühen Christen bis zur Gegenwart*, hg. von Christoph Stiegemann, Petersberg 2015, S. 52–73.

22 Detailliert zu allen genealogischen Fragen: Nikolai Wandruszka, „The Family Origins of Christine de Pizan: Noble Lineage between City and Contado in the Thirteenth and Fourteenth Centuries", in: *Au champ des escriptures. III*e *Colloque international sur Christine de Pizan (Lausanne, 18–22 juillet 1998)*, hg. von Eric C. Hicks, Diego Gonzalez und Philippe Simon, Paris 2000, S. 111–130.

23 Charity Cannon Willard, *Christine de Pizan. Her Life and Works*, New York 1984, S. 15; vgl. ferner: Margarete Zimmermann, *Christine de Pizan*, Reinbek 2002.

24 Christine de Pizan, *Le livre de l'advision Cristine*, hg. von Liliane Dulac und Christine Reno, Paris 2001, S. 96.

25 Meyer, *Soziales Handeln*, S. 37.

26 Oexle, „Der mittelalterliche Begriff ‚Haus'", S. 534.

27 Sinngemäß nach ebd.

pen in verschiedenen Schichten der spätmittelalterlichen Gesellschaft. Sie dürfte ebenfalls die anonyme pseudoaristotelische Ökonomik gekannt haben, denn deren mittelfranzösische Übersetzung durch Nicolas Oresme, *Le Livre de Yconomique d'Aristote* (1374), war eine Auftragsarbeit für Charles V.[28]

Nach dessen Tod, dann dem ihres Vaters und schließlich ihres Ehemannes Étienne du Castel und der Rückkehr ihrer Brüder nach Italien wird Christine unfreiwillig zum Vorstand ihrer Familie, einer kleinen Gruppe von etwa zehn Personen. Zugleich entwickelt sie sich durch autodidaktische Studien seit den neunziger Jahren des 14. Jahrhunderts zu einer zunehmend erfolgreichen Dichterin und Schriftstellerin,[29] später bestens vernetzt im europäischen Hochadel. Sie verfasst neben späthöfischer Lyrik zahlreiche politische Werke und Didaxen für junge Ritter wie für Frauen aller Stände. In diesem ebenso umfangreichen wie thematisch vielfältigen Gesamtwerk gibt es verschiedene Arten, das ‚Haus' zu denken, basierend auf der antiken und der mittelalterlich-christlichen Tradition.

In diesem Zusammenhang ist es hilfreich, zwei Formen der Präsenz von Ökonomiedenken zu unterscheiden. Auf einer ersten Ebene wären Ökonomie-Schriften im eigentlichen Verständnis zu situieren, als Regelwerke für das Funktionieren des alteuropäischen ‚Hauses', wie Konrad von Megenbergs *Yconomica*, der *Mesnagier de Paris*, Leon Battista Albertis *Della famiglia* mit seinem dritten, *Economicus* betitelten Teil oder Paolo Caggios *Iconomica*. Auf einer zweiten Ebene stünden dann Texte, die keine Ökonomieschriften sind, aber durchzogen von Elementen des mittelalterlichen oder frühneuzeitlichen ‚Haus'-Denkens. Zu dieser zweiten Gruppe gehören einige Werke Christines.

Angesichts des Umfangs ihres Gesamtwerks beschränke ich mich hier auf drei im Hinblick auf Form, Entstehung und Zielpublikum sehr unterschiedliche Texte: auf die poetische Reiseerzählung *Le Dit de Poissy*, auf *Le Livre des Trois Vertus* und das dritte, stark autobiographische Buch ihrer *Advision Cristine*.

Drei Begriffe kehren in diesen Texten immer wieder: Es sind dies *ménage* (Haushalt), *maisonnée* (Hausgemeinschaft) und *maisnagière* (Haushälterin, Wirtschafterin) – in unterschiedlichen Orthographien und in Kombination mit verschiedenen Attributen wie *sage* (weise), *prudent* (klug, umsichtig), *petit* (bescheiden), aber auch mit *désolé* (verwüstet, ruiniert).

Die Semantik von *ménage* ist dabei weiter aufgefächert als die von *maisonnée* und *maignagier/mai(s)nagière*. So bezeichnet *mainage/mesnage* in der Formulierung „occupacion de mainage" die „Haussorge" bzw. die „Beschäftigung mit dem Haushalt" (*Advision*, S. 123), die Hausarbeiten („quand ses chamberieres auront fait leur mainage" – „nachdem ihre Kammerzofen ihre Hausarbeiten erledigt haben", *Trois*

28 Es handelt sich um den einzigen spätmittelalterlichen Traktat in französischer Sprache, dessen Titel den Begriff „Ökonomik" enthält. Vgl. Nicole Oresme, *Le Livre de Yconomique d'Aristote*. Critical Edition of the French Text from the Avranches Manuscript with the Original Latin Version, Introduction and English Translation, hg. von Albert Douglas Menut, in: *Transactions of the American Philosophical Society* (Philadelphia) 47:5 (1957), S. 783–853.

29 Beschrieben in Christine de Pizan, *L'advision*, S. 109ff.

Vertus, S. 175); dann den Hausstand mit den Dingen des Hauses, Hausrat, Besitz, Vermögen: „la cure de leur maisnage, souffraiteux" („die Sorge um ihren jämmerlichen Besitz", *Advision*, S. 97); ferner die soziale Gruppe der *familia* und ihren Besitz („le maisnage de Maistre Thomas" – „die Hausgemeinschaft von Meister Tommaso", ebd., S. 98); „le desolé mainage" („die vereinsamte Familie", ebd., S. 100); „chief du mainage" („Haushaltsvorstand", ebd., S. 99).

Die Begriffe *maignagier/mai(s)nagière* bezeichnen dagegen den/die Wirtschafter(in), Verwalter(in); in Idealform „[...] cellui est saige et vray bon maignagier ou celle qui toutes choses scet bien traire a son prouffit et bien en user, soit de prosperité ou d'aversité [...]" („[...] ist der- oder diejenige ein/e weise/r und wirklich gute/r Wirtschafter/in, der/die es versteht, alle Dinge gewinnbringend und umsichtig zu verwenden, in guten wie in schlechten Zeiten [...]", ebd., S. 127).

4. *Domus Dei* – das ideale ‚Haus' (*Le Dit de Poissy*)

Doch keiner dieser Begriffe findet sich in Christines früher Verserzählung *Le Dit de Poissy* von 1400, einer Mischung aus Reisetext und Liebesdebatte. Hier berichtet eine autodiegetische Erzählerinnenstimme in einem „documentary-style opening",[30] wie Ende April 1400 eine Gruppe von Männern und Frauen von Paris entlang der Seine und über Saint-Germain-en-Laye zu dem Dominikanerinnen-Kloster Saint-Louis de Poissy östlich von Paris reist.

Bei ihrer Ankunft wird die Reisegruppe von den Nonnen und Christine von ihrer Tochter freundlich empfangen. Sie hören eine Messe, nehmen „en lieu bel, cler et fres" („an einem schönen, hellen und kühlen Ort")[31] eine Mahlzeit ein, bevor sie von der Priorin Marie de Bourbon[32] begrüßt und in den „bel hostel royal, que nous trouvasmes/Moult bien paré" (in das „schöne königliche Klostergebäude, das wir/Überaus schön geschmückt vorfanden")[33] geladen werden:

30 Barbara K. Altmann, *The Love Debate Poems of Christine de Pizan*, Gainesville 1998, S. 18.

31 Christine de Pizan, *Le Dit de Poissy*, in: Altmann, *The Love Debate Poems*, S. 203–274, hier S. 212.

32 Dieses Kloster, eine Gründung des Heiligen Ludwig IX., ist ein Rückzugsort vor allem für Frauen des Hochadels: „Plusieurs filles de France, plusieurs princesses du sang, & un grand nombre de filles de grande condition, ont embrassé la vie religieuse dans ce monastère [...]" (Abbé Expilly, *Dictionnaire géographique, historique et politique des Gaules et de la France*, Bd. V, Amsterdam 1768, S. 722). Marie de Bourbon, die Schwägerin von Charles V., kommt 1351 als Vierjährige nach Poissy, wird 1380 Priorin und stirbt dort 1402. Christine de Pizans Tochter lebt ebenfalls in Saint-Louis de Poissy. Die ältere Forschung nahm lange Zeit an, auch Christine habe dort die letzten Jahre ihres Lebens verbracht, doch wurde dies von Karen Green 2014 in Frage gestellt („Was Christine de Pizan at Poissy 1418–1429?", in: *Medium Ævum* LXXIII:1 [2014], S. 93–103).

33 Christine de Pizan, *Poissy*, S. 212. – In diesem Gemach erscheint kurz darauf noch „ma dame Marie", eine Tochter von König Charles VI. und Elisabeth von Bayern, umgeben von ihrem Gefolge, in dem die Tochter des Herzogs Johann VI. von Harcourt und Catherine von Bourbon, der Schwägerin von Charles V., besonders erwähnt wird (ebd., S. 213). Alle diese Personen verweisen auf die engen Beziehungen dieses Klosters zum Hochadel.

Quant la songneuse
Et tres vaillant, noble religïeuse,
Ma redoubtee dame gracïeuse,
Marie de Bourbon, qui est prïeuse
De celle place,
[...]
Si nous manda de sa benigne grace
Quë aillissions
Devers elle [...].[34]

Als die ebenso umsichtige/ Wie überaus tatkräftige vornehme Nonne,/ Meine huldvolle verehrte Herrin,/ Marie de Bourbon, die Priorin/ Dieses Ortes,/ [...] Uns in ihrer huldvollen Gnade bedeutete,/ Vor sie zu treten [...].

Es folgen eine Mahlzeit, ein kurzer Aufenthalt auf dem Klostergelände, dann die Rückreise der kleinen Gruppe nach Paris. Dies alles wird erneut dargestellt „with an appreciation for precision and factual reporting".[35] Eingefügt in diesen *récit de voyage* in der Tradition von Petrarcas Erzählung von der Besteigung des Mont Ventoux sind die dialogisch angelegten Geschichten zweier unglücklich Liebender. Auf den ersten Blick erscheint die Verbindung dieser beiden Themen innerhalb der rund zweitausend Verse umfassenden narrativ-poetischen Miniatur widersprüchlich und wurde von der Kritik auch so wahrgenommen.[36]

Doch sehen wir, geleitet von der Perspektive des ‚Hauses', etwas genauer hin. Christine entwirft hier über die detaillierte Beschreibung des Funktionierens eines realen Dominikanerinnenklosters die Vorstellung eines ‚vollkommenen', idealen ‚Hauses'. Es ist ein in sich geschlossener und nach außen abgeschlossener Raum, eine Heterotopie, mit einer ausschließlich weiblichen *comunitas*, die von den Reisenden – „nous" – mit sichtlichem Vergnügen wahrgenommen wird:

Si nous plut moult a veoir la maniere
Du bel estat royal qui leans yere,
Toutes dames, car en nulle maniere
N'i entreroit
Pour les servir nul homme, on n'i lairoit,
Ne a elles aucun ne parleroit,
S'il n'est parent ou ceulz qu'il y menroit
Avecques lui;
N'on n'y lairoit jamais entrer nullui
Fors par congié [...].[37]

34 Ebd., S. 212.
35 Altmann, *The Love Debate Poems*, S. 23.
36 Diese Lesart bereits bei Paul Pougin, „Le Dit de Poissy de Christine de Pisan: description du prieuré de Poissy en 1400", in: *Bibliothèque de l'Ecole des chartes* 18 (1857), S. 535–555.
37 Christine de Pizan, *Poissy*, S. 213.

> Uns gefiel ungemein der Anblick/ Des schönen königlichen (Haus-)Standes dort drinnen,/ Alles Frauen, denn keinesfalls/ Hätte ein Mann dort Zutritt,/ Um ihnen zu dienen, man ließe ihn nicht hinein./ Auch spräche keiner mit ihnen,/ Es sei denn ein Verwandter oder Personen/ aus seinem Gefolge./ Keiner Menschenseele würde man dort jemals Einlass gewähren/ Außer mit besonderer Genehmigung [...].

In ihrer Beschreibung der Organisation des Klosterlebens von Poissy greift die Autorin zudem auf die Vorstellung des Klosters als *domus Dei* zurück, wie sie sich bei Benedikt findet. Es untersteht dem Abt als „Verwalter und ‚Ökonom' (*dispensator*) dieses Hauses" und: „Die religiöse und soziale Ordnung des klösterlichen Hauses hat ihre Grundlage wiederum in der wirtschaftlichen Autarkie; denn nach den Vorstellungen Benedikts soll das Kloster so angelegt sein, dass sich ‚alles Notwendige' (*omnia necessaria)* innerhalb seiner Mauern befindet, nämlich ‚Wasser, Mühle, Garten und die verschiedenen Handwerke'."[38]

Genau diese Elemente werden in *Le Dit de Poissy* in die poetische Beschreibung eines *locus amœnus* umgesetzt: Hier finden wir die perfekte Gemeinschaft der Nonnen unter ihrer Priorin Marie de Bourbon. Ihr Lebensraum, ihr ‚Haus', ist ein umsichtig gebautes Kloster – *domus* –, mit einer Quelle, „la fontaine", schönen Gärten („leurs beaulx vergiers"), in denen alles Notwendige wächst und die einem Paradies gleichen („[...] ce semble estre un tres doulx paradis"), einem Wildgehege, einem Fischteich.[39] Vor der kriegsbewegten Außenwelt wird dieser besondere Raum geschützt durch „les grans portes fortes et bien barrees" („die riesigen, mächtigen und fest verriegelten Pforten").[40]

Das Kloster ist somit ein wirtschaftlich autarkes ‚Haus', in dem eine eigene Ordnung herrscht. Im Hinblick auf die Ausstattung der Schlafräume wird die Dominikanerregel der Beschränkung auf das strikt Notwendige befolgt,[41] nur im Umgang mit Besuchern herrscht eine standesgemäße „grant largece".[42] Das zugleich architektonisch perfekte Dominikanerinnenkloster als ‚Haus' Gottes wie auch als Haus seines königlichen Gründers Ludwig XI. beschreibt Christine mit Hilfe immer neuer Überbietungstopoi als „Le tres bel estre/ De cellui lieu qui fu fait de bon maistre,/ Car ce semble droit paradis terrestre" („Das ungemein schöne Gebäude/ An diesem Ort, das Werk eines großen Meisters,/ Denn es scheint wirklich ein irdisches Paradies zu sein").[43]

Es ist zudem ein Ort, an dem die Gesetze der weltlichen Zeit außer Kraft getreten sind und in dem umfassender Frieden – eine irdische und himmlische *pax* im

38 Oexle, „Haus und Ökonomie", S. 109.
39 Christine de Pizan, *Poissy*, S. 219.
40 Ebd., S. 220.
41 Siehe hierzu ebd., S. 215f. – Ähnlich bereits bei der Beschreibung der Kleidung der „dames de belles sortes" („ansehnlichen Frauen"), ebd., S. 211.
42 Dieser Begriff findet sich bei der Bewirtung der Reisegruppe, ebd., S. 215.
43 Ebd.

Sinne Augustins – herrscht. Mit dieser ‚Insel', diesem ‚Haus' des Friedens kontrastiert indes die Welt des ‚Draußen', eingeblendet über die Stimmen der unglücklich Liebenden und ihrer Schicksale. Sie repräsentieren die Außenwelt, ein Tal der Tränen, bestimmt vom Chaos der Emotionen, von Melancholie, Krieg und Tod.

Vor diesem Hintergrund gewinnt, so meine These, der vermeintlich hybride Text seine Kohärenz, denn über die Vorstellung des – idealen – monastischen Hauses werden die beiden vermeintlich disparaten Textteile, der *récit de voyage* und die Liebesdebatte, aufeinander bezogen. Christines Beschreibung des Klosters von Poissy und seiner Bewohnerinnen steht in der Tradition mittelalterlicher Beschreibungen von Klöstern und Klosterleben. Sie fügt deren Elemente jedoch neu zusammen und verleiht dem klösterlichen Raum zugleich Züge einer femininen Heterotopie. Man kann dieses *Dit* also auch als eine Vorstufe zu der *Cité des Dames* von 1405 betrachten. Der kleine Reise-Text bekäme damit einen spielerisch-experimentellen Charakter. Die Autorin sucht, so scheint es, in dieser Frühphase ihres Schaffens noch nach Modellen eines idealen Zusammenlebens von Frauen, eine Suche, die einige Jahre später mit der Konstruktion des utopischen Raums der „Stadt der Frauen" ihr Ziel findet.[44]

5. Das reale ‚Haus' als Raum weiblicher Macht: *Le Livre des Trois Vertus* (1405)

In andere Bereiche des ‚Hauses' verweist Christines *Livre des Trois Vertus* mit seinem detaillierten Regelwerk für unterschiedliche, sozial jeweils differenzierte ‚Häuser'. Vermittelt über weibliche Sprecherinstanzen richtet sie sich an ein weibliches, nach sozialen Schichten abgestuftes Lesepublikum. Die Einzigartigkeit dieser Schrift im Gattungskontext der „Conduct Literature for and about Women" verdeutlicht bereits Helena Sansons Einleitung zu dem gleichnamigen Sammelband – wie vor allem das *Livre des Trois Vertus* selbst.[45] Erhellend ist auch ein Blick auf den wenige Jahre zuvor entstandenen *Mesnagier de Paris* (*Der Haushälter von Paris* oder *Das Hausbuch von Paris*), ein umfangreiches Kompendium, detailliert aufgefächert nach den Bedürfnissen des stadtbürgerlichen ‚Hauses', verbunden mit der durch eine männliche Sprecherinstanz vermittelten Ehelehre für eine fünfzehnjährige Ehefrau.[46]

---

44 Zur Einstufung der *Cité des Dames* als mittelalterliche Utopie siehe Otto Gerhard Oexle, Art. „Utopie", in: *Lexikon des Mittelalters* 8 (1997), Sp. 1345–1348, ferner Margarete Zimmermann, „Utopie et lieu de la mémoire féminine: la *Cité des Dames*", in: *Au champ des escriptures. IIIe Colloque international sur Christine de Pizan (Lausanne, 18–22 juillet 1998)*, hg. von Eric C. Hicks, Diego Gonzalez und Philippe Simon, Paris 2000, S. 561–578.

45 Siehe hierzu ausführlich Claudia Probst, *Ein Ratgeberbuch für die weibliche Lebenspraxis. Christine de Pizans „Livre des Trois Vertus"*, Pfaffenweiler 1996, sowie Margarete Zimmermann, „‚Sages et prudentes mainagieres' in Christine de Pizans *Livre des Trois Vertus* (1405)", in: *Haus und Familie in Mittelalter und früher Neuzeit*, hg. von Trude Ehlert, Sigmaringen 1991, S. 193–207.

46 Zum *Mesnagier*: Margarete Zimmermann, *Vom Hausbuch zur Novelle. Didaktische und erzählende Prosa im Frankreich des späten Mittelalters*, Düsseldorf 1989, S. 33–78, sowie dies., *Christine de Pizan*, S. 85f.

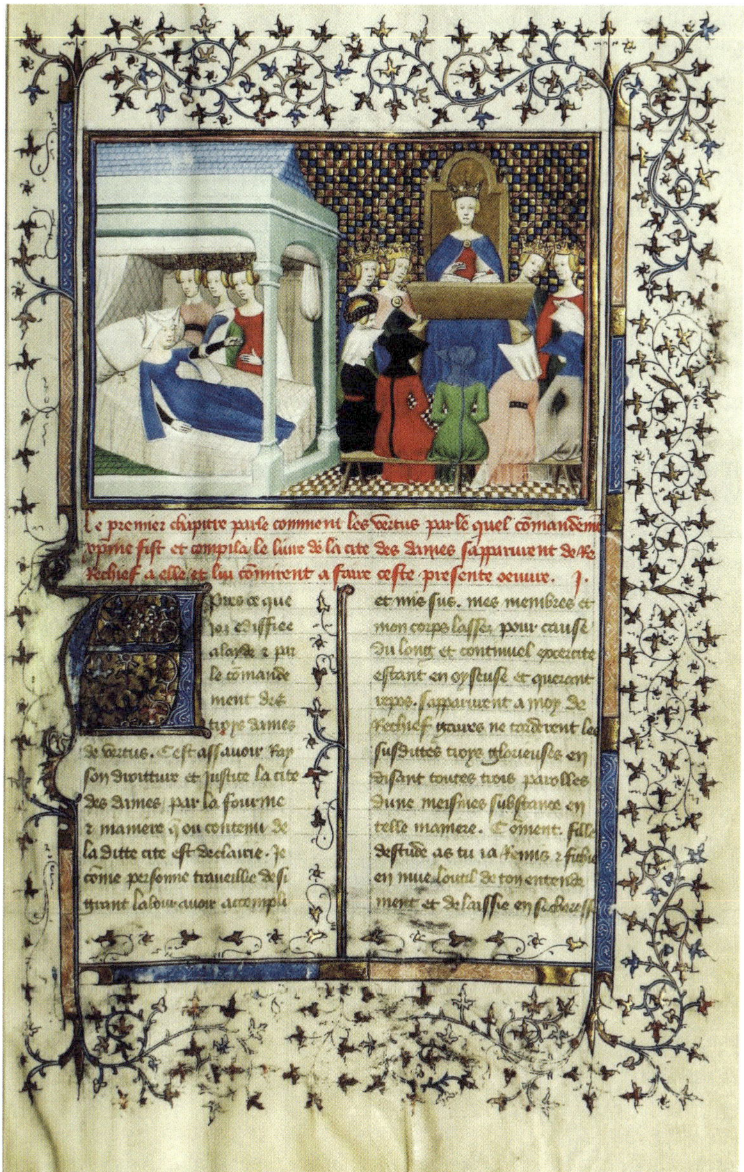

Abb. 1: Maître de la Cité des Dames, Frontispizminiatur des *Livre des Trois Vertus* (Boston Public Library, fr. Med. 101, f. 3r.; Courtesy of the Trustees of the Boston Public Library/Rare Books)

In dem auto-referentiellen Rahmen des *Le Livre des Trois Vertus* setzt sich das schreibende Ich Christine als eine Art Sekretärin der drei Tugendallegorien *Rayson, Droicture* und *Justice* (*Vernunft, Rechtschaffenheit* und *Gerechtigkeit*) in Szene, die sich bereits als Baumeisterinnen der *Cité des Dames* bewährt hatten. Als Vertreterinnen einer „Schule der Weisheit" („escole de Sapience", *Trois Vertus*, S. 10) richten sie sich an Adressatinnen, die mit den Kollektivbezeichnungen „colliege femenin", „université des femmes" („weibliches Kolleg", „Gemeinschaft der Frauen", ebd., S. 9, 10) eingeführt werden. Auffällig ist an dieser Stelle und am Ende des Buchs die Häufung von Begriffen aus den Bereichen Politik und Bildung.[47]

Die zu Christines Lebzeiten entstandene und vermutlich von ihr in Auftrag gegebene Eingangsminiatur zeigt ein Simultanbild mit zwei zeitlich aufeinander folgenden Vorgängen (s. Abb. 1).[48] Links zerren die drei Tugenden die erschöpfte Christine von ihrem Ruhebett, um sie zur Abfassung eines neuen Buchs zu zwingen. Rechts doziert die majestätisch auf einem Prunkstuhl sitzende *Rayson* vor zehn Frauen aller Stände. Sie stützt sich dabei auf die Autorität eines vor ihr auf einem Lesepult liegenden, aufgeschlagenen Buchs.

Le Livre des Trois vertus, das keine eigentliche Ökonomik ist, vereint in sich verschiedene Texttraditionen – die des Fürstinnenspiegels, ferner die der Frauendidaxe und der „*sermones ad status* einer Laiin"[49] – ohne sich mit einer einzigen in Deckung bringen zu lassen. Dies hängt sicher auch mit dem Erfahrungshorizont der Verfasserin zusammen, mit den von ihr erlebten Brüchen, Krisen und Entwurzelungen wie mit ihrem Geschlecht.[50]

Die dezidierte Andersartigkeit sowie die nachhaltige Wirkung dieses Buchs verweisen auf seine Entstehung. Auftraggeber ist vermutlich der burgundische Herzog Johann Ohnefurcht, die Adressatin seine kleine Tochter: Margarete von Burgund, zum Zeitpunkt der Entstehung dieses Buchs gerade einmal zwölfjährig, jedoch bereits zum ersten Mal ‚verwitwet' durch den Tod ihres neunjährigen *fiancé*, dann neu verlobt mit Ludwig von Guyenne, der seinerseits 1403, kurz nach der Eheschließung, verstirbt. Ihre nächste Ehe und ihr weiteres Leben stehen ebenfalls unter dem düsteren Stern einer *male fortune*, die sie jedoch – mit Hilfe der Lektionen der Drei Tugenden? – vorbildlich meistert. Überliefert ist die Schrift in mehr als zwanzig Handschriften, davon sind allerdings nur zwei zu Lebzeiten der Verfasserin entstanden. Die Mehrzahl trägt den (nicht von Christine stammenden) Untertitel *Le Trésor de la Cité des dames*, der den Bezug zu der

47 An anderer Stelle ist noch die Rede von dem „Rat der Tugenden" („Conseil des Vertus"), den von ihnen vermittelten „lecçons" ihrer „Schule" („nostre escole") (*Trois vertus*, S. 8f., 224f.).

48 Zu diesen „images voulues et conçues par Christine de Pizan", die die Aussage ihrer Texte verstärken: Inès Villela-Petit, „Introduction sur les peintres enlumineurs", in: Gilbert Ouy, Christine Reno und Inès Villela-Petit, *Album Christine de Pizan*, Turnhout 2012, S. 90–170, hier S. 92.

49 Probst, *Ratgeberbuch*, S. 70.

50 Die Differenz zur italienischen Hausliteratur wird deutlich bei: Élise Leclerc, „La tradition florentine des ‚livres de famille' et le *De Familia* d'Alberti", in: *Les* Livres de la famille *d'Alberti. Sources, sens et influence*, hg. von Michel Paoli, Paris 2013, S. 283–323.

Cité des dames unterstreicht wie auch den enzyklopädischen Charakter des *Livre des Trois Vertus*.[51]

Doch die Wirkung dieser Schrift beschränkt sich nicht auf diese erste Leserin (und auf die Frauen aus ihrem Gefolge), sondern hält bis ins 16. Jahrhundert an: Abschriften finden sich in den Bibliotheken der Diana von Poitiers und Anna von Beaujeu, Herzogin von Bourbon; Leserinnen des 16. Jahrhunderts sind unter anderem Luise von Savoyen, Margarete von Österreich, Margarete von Navarra, Maria von Ungarn. Andere Leserinnen aus dem Hochadel werden erreicht durch drei gedruckte, Anne de Bretagne gewidmete Ausgaben. Diese Rezeption setzt sich bis in die lusophone Welt fort, wo Christines Schrift um 1450 für die Königin Isabella von Portugal ins Portugiesische (*O Espelho de Cristina*) übersetzt und im 16. Jahrhundert im Druck verbreitet wird. Vermutlich gibt es auch nichtadlige Leserinnen, wofür einfache Papierhandschriften sowie die gedruckten Ausgaben sprechen.[52] Die letzte gedruckte Fassung erscheint 1536, exakt ein Jahr vor der französischen Übersetzung von Castigliones *Cortegiano*.

Le Livre des Trois Vertus richtet sich an Frauen aller Stände, von Angehörigen des hohen Adels über kleine Landadlige, Stadtbürgerinnen, Nonnen bis hin zu Prostituierten. Hier geht es, je nach den Anforderungen des sozialen Standes und der damit verbundenen Genderrollen, um die durch *raison*, *savoir* und *constance* – mit Hilfe von *Vernunft*, *Wissen* und *Beständigkeit* – zu bändigende Natur. Letzere erscheint als ein die Gesellschaftsordnung – die Ordnung des ‚Hauses' – gefährdendes Chaos. Jedoch im Unterschied zu der später in Albertis *Della famiglia* konzeptualisierten Verbannung, ja ‚Einschließung' von Frauen in das Innere des Hauses, im Unterschied zu dem Idealbild einer „‚virtuous' woman, […] whose virtue seems to be very often and very much, confined within the context of the household and of the domestic, private sphere", ist hier von einer solchen prinzipiellen ‚Einschließung' wenig zu spüren.[53]

Es ist bereits eine fundamentale Besonderheit dieser Schrift, dass die Unterweisung von Frauen durch eine Frau – bzw. durch die von ihr geschaffenen weiblichen Sprecherinstanzen – geschieht – und nicht etwa durch Kleriker oder Hausväter; noch ungewöhnlicher ist indes, dass hier ein neues, *avant la lettre* soziologisches Klassifikationsschema angewendet wird, an Stelle des ‚alten' paulinischen nach den drei weiblichen ‚Ständen' Jungfrau, Ehefrau, Witwe. Obwohl quantitativ das Gewicht auf Frauen des Hochadels und somit auf Fragen des adligen ‚Hauses' liegt, so dekliniert die Autorin doch die zeitgenössische *condition fé-*

---

51 Vgl. hierzu Josette A. Wisman, „Aspects socio-économiques du *Livre des Trois Vertus* de Christine de Pizan", in: *Le Moyen Français* 30 (1992), S. 27–44, hier S. 28. – Diese Gattungsbezeichnung findet sich auch in dem Titel der Enzyklopädie des Dante-Freunds Brunetto Latini, dem im Pariser Exil entstandenen *Li Livres dou Trésor* (1260–1267).

52 Hier stütze ich mich auf Willard, *Christine de Pizan*, S. XIV–XVI.

53 Helena Sanson, „Introduction. Women and Conduct in the Italian Tradition, 1470–1900: An Overview", in: *Conduct Literature for and about Women in Italy. 1470–1900. Prescribing and Describing Life*, hg. von ders. und Francesco Lucioli, Paris 2016, S. 9–38, hier S. 10.

minine durch bis zu den *femmes de fole vie*, den städtischen Prostituierten. Zudem, so die Historikerin Marie-Thérèse Lorcin, kreuzt sie diese soziale Kategorie mit den Kategorien Alter, Zivilstand und wirtschaftlicher Situation.[54] So anspruchsvoll und riskant dieses Verfahren auch ist, sein Gewinn ist eindeutig: „[...] les critères choisis par Christine de Pizan permettent de dresser de la population féminine un tableau infiniment plus réaliste et complet que tout ce qui avait été fait jusqu'alors."[55]

Von den von Oexle genannten vier Bedeutungsbereichen des ‚Hauses' (*habitatio, consortium* bzw. *familia, substantia* und *Geschlecht/stirps/gens*) ist für Christine das *consortium* besonders wichtig, vor allem die Regelung der Beziehungen innerhalb dieser Gruppe im Hinblick auf eine *pax domestica*. Ferner geht es ihr um Probleme der *substantia*: zum einen, wenn sie die Souveränität der Frau des Landadels und der Stadtbürgerin als *maisnagiere*, als Wirtschafterin, diskutiert; zum andern, wenn sie gegen den gerade im Spätmittelalter grassierenden und die Ständeordnung gefährdenden Kleiderluxus Stellung bezieht und die Notwendigkeit der Armenfürsorge erörtert.

Besonders zwei längere Passagen des zweiten und dritten Buchs fallen durch ihre hohe Frequenz der Begriffe des ‚Hauses' und des Haushaltens auf: Hier entwickelt Christine die Lebensregeln für die Landadeligen (II, 10) und für die Frauen einer städtischen Elite („femmes d'estat des citez"), verheiratet mit hohen Verwaltungsbeamten und königlichen Räten, wie auch für die Frauen „mariees aux bourgois des citéz et bonnes villes" (III, 1–2).[56]

Dabei okkupiert zwar die Sorge um *mainage* und *maisonnée*, um das Funktionieren des Hauswesens und das friedliche Zusammenleben aller ‚Hausgenossen' das Denken, den ‚Kopf' der „sage et prudente maisnagiere" (um an Louise Bourgeois zu erinnern), aber dies ist für Christine keine notwendige Zerstörung anderer, vielleicht ‚wesentlicherer' Kompetenzen, sondern die selbstbewusste Ausübung von Macht im und über das Haus. Den Landadeligen fällt dieser Zuwachs an häuslicher Macht zu aufgrund der häufigen Abwesenheit ihrer Männer, bedingt durch deren Einsatz im Krieg oder Dienst bei Hof.[57] Bevor jedoch detaillierte Regeln für die Sorge um die *substantia* entwickelt werden, geht es immer um das Zusammenleben des *consortium*, der Mitglieder des Familienverbands, und das augustinische Ideal der *pax domestica*. Allerdings definiert Christine sie nicht als „Eintracht der Hausgenossen (*cohabitantes*), in der die Sklaven, Frauen und Kinder dem *paterfamilias* Gehorsam leisten", sondern als das Ergebnis von kluger weiblicher Sorge um das ‚Haus'.[58]

54 Vgl. Marie-Thérèse Lorcin, „*Le Livre des Trois Vertus* et le *sermo ad status*", in: *Une femme de lettres au Moyen Âge*, hg. von Liliane Dulac und Bernard Ribémont, Orléans 1995, S. 138–149.

55 Ebd., S. 144.

56 Christine de Pizan, *Trois Vertus*, S. 171.

57 Vgl. ebd., S. 152.

58 Oexle, „Haus und Ökonomie", S. 108.

6. Das ‚ruinierte Haus‘ (*L'Advision Cristine*)

Abschließend ein Blick auf das deformierte, das ‚ruinierte‘ Haus, so wie wir ihm in dem dritten, stark autobiographischen Buch der *Advision Cristine* (1405) begegnen.[59] Diese Erscheinungsform des ‚Hauses‘ verdeutlicht, dass sein Zustand nicht allein rational und unter Befolgung des Rats der Drei Tugenden zu regeln und dauerhaft zu sichern ist. Vielmehr ist es auch dem Spiel des Zufalls unterworfen und kann – durch das Einwirken einer übellaunigen Fortuna – zerstört werden. Bereits im *Livre des Trois Vertus* entfaltete Christine, im Zusammenhang mit Überschuldung durch ungebremsten und nicht standesgemäßen Konsum, eine Schreckensvision von Chaos und Schande, akustisch vermittelt durch die Kakophonie der „debiteurs [qui] viennent tous les jours crier et braire a l'ostel et lever les bateaulx“ („Gläubiger, die jeden Tag zum Wohnhaus kommen, dort herumschreien, keifen und üble Witze reißen“).[60]

In Christines Fall erfolgt die ‚Ruinierung des Hauses‘ – und sie denkt dabei sowohl an die Auflösung der *familia* als auch an die Zerstörung der materiellen *substantia* – durch drei Todesfälle in schneller zeitlicher Abfolge. Sie beseitigen jeweils den *pater familias*: zuerst, mit dem königlichen Mäzen Charles V., den ‚Vorstand‘ des königlichen Hauses, dann Christines Vater Tommaso, den Vorstand des „mainage de Maistre Thomas“ (*Advision*, S. 98), und schließlich dessen Nachfolger, ihren Mann Étienne: „Or fu demouré chief du mainage mon mary, jeune preudomme saige et prudent [...] par lequel, moiennant sa saige prudence, estoit soumis l'estat de ladicte famille“ („Jetzt verblieb als Familienoberhaupt mein Ehemann, ein junger Ehrenmann, klug und umsichtig [...], durch dessen weise Lebensklugheit der Lebensunterhalt jener Familie aufrecht erhalten wurde“, ebd., S. 99).

In Anlehnung an den von Christine hier oft zitierten Boethius und dessen *De Consolatione philosophiae* erfolgt die Beschreibung dieses Niedergangs in einem Zwiegespräch mit „dame Philosophie“. Dieses kulminiert in einer langen Klage Christines („La complainte de Cristine a Philosophie“, ebd., S. 95–117). In einer für das Mittelalter sehr ungewöhnlichen, sehr konkreten Art und Weise, unter Nennung zahlreicher *realia*, werden hier zwei nach dem Zusammenbruch des ‚Hauses‘ einsetzende und mit ihm eng verbundene verbundene Prozesse beschrieben: zuallererst die Angst vor Armut und sozialem Abstieg – *déchéance* – aufgrund des Fehlens des *pater familias*, aber auch der fehlenden regionalen und sozialen Verankerung der *familia*. Christine spricht deshalb von einem „désolé mainage hors de son lieu et païs“ („einem zerstörten ‚Haus‘, fern seines Herkunftsorts und Heimatlandes“, ebd., S. 100). Gleichzeitig thematisiert sie immer wieder Armut als soziale Schwäche – die einer immigrierten Familie in der Fremde („en estrange

59 Es handelt sich um eine eminent politische Schrift, in der die drei allegorischen Figuren *Nature*, *Opinion* und *Philosophie* im Dialog mit dem Text-Ich Christine ein düsteres Tableau des von Bürgerkrieg und innenpolitischer Krise zerstörten ‚Hauses‘ Frankreich vermitteln.

60 Christine de Pizan, *Trois Vertus*, S. 153. Vgl. hierzu Wisman, „Aspects“, S. 41.

lieu", ebd., S. 116), mit einer Frau als Familienvorstand und bar jeder Verankerung im Verband der Großfamilie.[61]

Insgesamt beschreibt sie hier detailliert die drei „grundlegenden Formen von unfreiwilliger Armut".[62] Zuerst die Ängste einer Person, die im Begriff ist, ihre soziale Position zu verlieren, verbunden mit „la peur de ne plus pouvoir conserver les apparences, cette allure extérieure qui, dans la société d'ordres, est indispensable, jusqu'à l'expression du visage et l'état des vêtements."[63] Dann die Armut als „faiblesse sociale, la situation du pauvre devant les *potentes*, la situation de se trouver sans protection" und schließlich „la peur de l'anéantissement économique total"[64] als Folge wiederholter Pfändungen und Entnahmen selbst kleiner, vielleicht auch *shabby things*: „Et Dieux scet comment mon cuer tourmenté estoit quant execucions par sergens sur moy estoient faictes et mes chosetes m'estoient levees! Le dommaige grant m'estoit mais plus craignoie la honte" („Und Gott allein weiß, wie sehr es mein Herz quälte, wenn Schergen Pfändungen bei mir vornahmen und meine Sächelchen mir weggenommen wurden! Doch so groß der Schaden für mich auch war, noch mehr fürchtete ich die Schande", *Advision*, S. 103). Diese als Folge des ‚ruinierten Hauses' präzis beschriebenen Emotionen – Scham und Angst – und der psychische Stress, die mit dieser Situation der sozialen und ökonomischen Schwäche im Falle von Schuldeneintreibung einhergehen, lassen sich mit Hilfe des von Smail untersuchten Materials aus dem westlichen Mittelmeerraum noch erhellen und verdichten.[65]

Doch die Autorin lässt ihr Text-Ich Christine nicht in der Haltung der Klagenden verharren, sondern imaginiert angesichts dieses Status der verarmten, nahezu rechtlosen Ausländerin und Witwe, die jetzt notgedrungen die Funktionen des Familienvorstands übernehmen muss, eine überraschende Verwandlung. Dies geschieht allerdings in einem früheren Text und in Form einer post-ovidischen Metamorphose, nachzulesen im ersten Buch des 1402–1403 entstandenen *Livre de la Mutacion de Fortune* (*Buch von den Wechselfällen des Schicksals*). Sie habe sich in einer Lebenskrise notgedrungen von einer Frau in einen Mann verwandelt und nennt dies „l'estrange cas [...]/ comment de femme homme devins" („den merkwürdigen Fall [...]/ wie ich von einer Frau zu einem Mann wurde").[66]

61 Vgl. ebd., S. 100, 115f.

62 Otto Gerhard Oexle, „Christine et les pauvres", in: *The City of Scholars. New Approaches to Christine de Pizan*, hg. von Margarete Zimmermann und Dina De Rentiis, Berlin/New York 1994, S. 206–220, hier S. 211: „[...] les trois dimensions de la pauvreté involontaire".

63 Ebd.

64 Ebd., S. 211f.

65 Vgl. hierzu Smail, *Legal Plunder*, v.a. Kapitel 3, „The Pursuit of Debt", S. 136–180.

66 Christine de Pizan, *Le Livre de la Mutacion de Fortune*, hg. von Suzanne Solente, Paris 1959–1966, Bd. 1, S. 41. – Ausführlicher zu dieser Metamorphose Margarete Zimmermann, „‚Une cité des hommes'? Représentations du masculin dans la pensée de Christine de Pizan", in: *Le masculin dans les œuvres d'écrivaines françaises*, hg. von Françoise Rétif, Paris 2016, S. 49–71, hier S. 53–57.

Ihre Lebensreise in Begleitung ihrer „meisgnee“ (*Mutacion,* S. 49), das heißt: mit allen Personen ihres ‚Hauses‘, sei mit einem „Schiffbruch“ („naufrage“) geendet. Dies ist der Tod des „bon patron“ (ebd., S. 48), des *pater familias,* und das Auflaufen des Schiffs auf einen Felsen – in unsere Begrifflichkeit übersetzt: der ‚ruinierte Haushalt‘. In eben diesem Moment erfolgt die Verwandlung des weiblichen Ich, das für die Rolle des „bon patron“ und Haushaltsvorstands nicht vorgesehen ist, in einen Mann mit allen traditionell diesem Geschlecht zugeschriebenen Eigenschaften:

> Si me levay legierement,
> Plus ne me tins en la parece
> De plour, qui croissoit ma destrece.
> Fort et hardi cuer me trouvay,
> Dont m'esbahi, mais j'esprouvay
> Que vray homme fus devenu. (Ebd., S. 52)
>
> Mühelos erhob ich mich,/ Verharrte nicht länger in der Trägheit/ Der Tränen, die meine Traurigkeit nur noch verstärkte./ Ich fand mich mit einem starken und kühnen Herzen versehen,/ Was mich verblüffte, doch ich spürte,/ Dass ich tatsächlich ein Mann geworden war.

Dieser Wechsel des sozialen Geschlechts ist, abgesehen von seinem mythologischen und allegorischen Beiwerk, eine aus heutiger Sicht extrem ‚moderne‘ Weise, um Überlebensstrategien zu begründen und zugleich auf die Zufälligkeit – da von Fortuna zugeteilten – Genderidentitäten zu verweisen. Die Leitung und Lenkung eines ‚Hauses‘ wird damit eine für beide Geschlechter offene Machtposition.

Im dritten Buch der *Advision Cristine* geht es allerdings, anders als in den *Trois Vertus,* nicht um die Macht im Hause: Hier wird das Werk der Destruktion – Tod des *pater familias,* Verlust der vertrauten Lebensform, Zerstörung bzw. Fragilisierung des gesamten ‚Hauses‘ – letztendlich aufgefangen durch die Konstruktion eines neuen Ich, das einer Schriftstellerin, dessen Genese ohne diese Umbrüche nicht denkbar gewesen wäre.

Diese Interpretation delegiert das Text-Ich Christine geschickt an die allegorische Figur der *dame Philosophie,* die einen geradezu notwendigen Zusammenhang zwischen ‚ruiniertem Haus‘ und Findung der eigenen Bestimmung herstellt. In dem „Blasme Philosophie Cristine de qu'elle se plaint“ („Philosophie tadelt Christine dafür, dass sie sich beklagt“) überschriebenen 18. Kapitel des dritten Buchs der *Advision Cristine* heißt es dann: „A ton propos il n'est mie doubte que, se ton mary t'eust duré jusques a ore, l'estude tant comme tu as n'eusses fréquenté, car occupacion de mainage ne le t'eust souffert […]“ („Was dich betrifft, so hättest du, wäre dein Mann dir bis zum heutigen Tage erhalten geblieben, dich zweifellos nicht so sehr dem Wissenserwerb widmen können, denn die Beschäftigung mit dem Hauswesen hätte dir dies nicht erlaubt [...]", *Advision*, S. 123).[67] So erhält der ,ruinierte Haushalt' aus der Retrospektive seine ultimative Berechtigung und Rechtfertigung: als ein notwendiger Schritt auf dem Weg der Wandlung – *mutacion* – zu jener gelehrten Schriftstellerin, die Christine de Pizan zu Beginn der *Cité des Dames* in einer wechselseitigen Erhellung von Text und Eingangsminiatur souverän in Szene setzt.

7. Fazit

Am Anfang stand die Frage der Präsenz von spätmittelalterlichem Hausdenken in dem Werk der Christine de Pizan. Dabei ließen bereits vor allem ihre pragmatischen Schriften einen positiven Befund erwarten, dies eine Vermutung, die sich im Folgenden bestätigte. Obwohl diese Autorin keine eigentliche Ökonomieschrift verfasst hat, so ist doch das Denken vom ,Haus' eine Konstante in einem Teil ihres Werks, die gattungs- und zeitspezifisch variiert wird. Hierbei ließ sich eine Bewegung von einer wenngleich durch die Zeitverhältnisse fragilisierten Idealität bis zur Destruktion des ,Hauses' feststellen.

So erschien in dem frühen *Dit de Poissy* das ,Haus' als ein „perfekte[r] Ordnungsraum[ ] des irdischen Lebens".[68] Zugleich war der *domus Dei* des Dominikanerinnenklosters von Poissy eine heterotopische Gegenwelt zu einem von Krieg, Instabilität und Gewalt bestimmten Außenraum. In dem einige Jahre später entstandenen *Livre des Trois Vertus* artikulierte sich Hausdenken dagegen in Form einer auf Persuasion bedachten Rede an Frauen verschiedener sozialer Schichten. Das ,Haus' war hier ein komplexer sozialer Raum und ein Machtgefüge, in dem sich Frauen behaupten mussten, um die Chancen eines zeitspezifischen Machtvakuums wahrzunehmen. In der *Advision Cristine* erschien das ,Haus' schließlich als ein höchst fragiler Lebensraum, der nicht mehr zu stabilisieren und zu retten war. Seine Erschütterung bot aber auch die Möglichkeit zur Übernahme einer neuen Genderrolle – die des *pater familias* und, à la longue, die der Schriftstellerin.

Wir haben versucht, mit dem ,Scheinwerfer der Sozialgeschichte' das gedankliche Substrat dieser Texte zu erhellen und aus diesem Vorgehen zuallererst eine präzise und operable Definition des ,Hauses' mit seinen vier Bereichen gewonnen (mit der ,Behausung', der *familia*, den *res domesticae* und dem ,Haus' als Geschlechterabfolge). Durch die Verknüpfung von Fragestellungen der mediävistischen Sozialgeschichte wurde spätmittelalterliches Hausdenken, so wie es sich in Christines Schriften manifestierte, neu und anders kontextualisiert. Christine de Pizans Texte wurden so Teil einer jeweils historisch neu zu beschreibenden, da sich verändernden Art, das ,Haus' zu denken.

Dabei erschienen jene Texte, die auf uns durch den langen Umgang mit ihnen bislang vertraut, ja geradezu ,domestiziert' wirkten, plötzlich in einem neuen

67 Die Autorin widerspricht ihrem eigenen Lob der *vita activa*, wie sie es im *Livre des Trois Vertus* formuliert hatte, wenn sie „dame Philosophie" sagen lässt, sie (Christine) habe immer die *vita contemplativa* als höchste Lebensform angesehen (vgl. *Advision*, S. 123).

68 Christina Schaefer/Simon Zeisberg, „Einleitung", S. 3.

Licht, als (fast) Fremde und in anderer ‚Gesellschaft': Hatten wir sie zuvor ausschließlich mit literarischen Texten und Traditionen in Verbindung gebracht, so traten sie nun in einen Dialog mit philosophischen, politischen oder theologischen Schriften und Denkweisen, wurden dichter, kompakter, vielfältiger, interessanter und regten zu neuen Lektüren an.

Deutlich wurde, in welch langer Tradition Christines ‚Hausdenken' steht. Sie dürfte, wie ihre Zeitgenossen, sowohl Aristoteles' Schriften bzw. die pseudoaristotelischen Ökonomieschriften rezipiert haben, letztere vermutlich über Nicolas Oresmes' *Livre de Yconomique d'Aristote,* des Weiteren war sie mit dem augustinischen ‚Haus'- und *ordo*-Denken vertraut, vielleicht auch mit italienischen und arabischen Texttraditionen.[69] Diese Wissensbestände waren durch die Kategorien ‚Zeit' und ‚Politik' in Bewegung gebracht worden, und unter dem Einfluss der sogenannten „Krise des Spätmittelalters" (František Graus) wurde in dem ‚Ausnahmefall Christine de Pizan' sogar eine Erschütterung von Geschlechterrollen möglich.

Bibliographie

Quellen

Alberti, Leon Battista, *I libri della famiglia,* hg. von Ruggiero Romano und Alberto Tenenti, Turin 1994.

An., *Le Mesnagier de Paris,* hg. von Georgina E. Brereton und Janet M. Ferrier, übers. u. kommentiert von Karin Ueltschi, Paris 1994.

Christine de Pizan, *Le Dit de Poissy,* in: Barbara K. Altmann, *The Love Debate Poems of Christine de Pizan,* Gainesville 1998, S. 203–274.

Christine de Pizan, *Le Livre de l'advision Christine,* hg. von Christine Reno und Liliane Dulac, Paris 2001.

Christine de Pizan, *Le Livre de la Mutacion de Fortune,* 3 Bde., hg. von Suzanne Solente, Paris 1959–1966.

Christine de Pizan, *Le Livre des Trois Vertus,* hg. von Charity Cannon Willard, Paris 1998.

Christine de Pizan, *Der Schatz der Stadt der Frauen. Weibliche Lebensklugheit in der Welt des Spätmittelalters.* Ein Quellentext, übers. von Claudia Probst, hg. und eingeleitet von Claudia Opitz, Freiburg/Basel/Wien 1996.

Oresme, Nicole, *Le Livre de Yconomique d'Aristote.* Critical Edition of the French Text from the Avranches Manuscript with the Original Latin Version, Introduction and English Translation, hg. von Albert Douglas Menut, in: *Transactions of the American Philosophical Society* (Philadelphia) 47:5 (1957), S. 783–853.

Sekundärliteratur

Altmann, Barbara K., *The Love Debate Poems of Christine de Pizan,* Gainesville 1998.

Andritzky, Michael, „Einleitung", in: *Oikos. Von der Feuerstelle zur Mikrowelle. Haushalt und Wohnen im Wandel.* Katalog der Gemeinschaftsausstellung des Deutschen

69 Zu dem Einfluss islamischer Hauslehren vgl. Oexle, „Der mittelalterliche Begriff ‚Haus'", S. 535.

Werkbunds Baden-Württemberg und des Design Center Stuttgart mit dem Museum für Gestaltung Zürich, hg. von Michael Andritzky, Gießen 1992, S. 8–16.
Arendt, Hannah, *Vita activa oder Vom tätigen Leben* [1958/1960], München 2002.
Bachem, Rolf/Battke, Kathleen, „Unser gemeinsames Haus Europa. Zum Handlungspotential einer Metapher im öffentlichen Raum“, URL: www.wissenschaft-und-frieden.de (8.7.2017).
Casdorff, Stephan-Andreas, „Der Präsident“, in: *Der Tagesspiegel*, 19.3.2017.
Expilly, Abbé, *Dictionnaire géographique, historique et politique des Gaules et de la France*, Bd. V, Amsterdam 1768.
Frémon, Jean, *Louise Bourgeois femme maison*, Tusson 2013.
Green, Karen, „Was Christine de Pizan at Poissy 1418–1429?“, in: *Medium Ævum*, LXXIII:1 (2014), S. 93–103.
Hufkens, Xavier, *Louise Bourgeois.* URL: http://www.xavierhufkens.com/artists/louise-bourgeois (10.6.2017).
Kopp, Eduard, „Neue Lutherbibel: Positiverer Blick auf das Judentum. Ende eines Fluches“, URL:https://chrismon.evangelisch.de/artikel/2016/32636/neue-lutherbibel-entspannt-verhaeltnis-zu-juden (30.8.2017).
Leclerc, Élise, „La tradition florentine des ‚livres de famille‘ et le *De Familia* d'Alberti“, in: *Les* Livres de la famille *d'Alberti. Sources, sens et influence*, hg. von Michel Paoli, Paris 2013, S. 283–323.
Lorcin, Marie-Thérèse „*Le Livre des Trois Vertus* et le *sermo ad status*“, in: *Une femme de lettres au Moyen Âge*, hg. von Liliane Dulac und Bernard Ribémont, Orléans 1995, S. 138–149.
Meyer, Ulrich, *Soziales Handeln im Zeichen des Hauses: Zur Ökonomik der Spätantike und im frühen Mittelalter*, Göttingen 1998.
Monnet, Pierre, „Otto Gerhard Oexle, historien du Moyen Âge, de l'Europe et de l'Histoire (1939–2016)“, in: *Francia* 44 (2017), S. 425–427.
Oexle, Otto Gerhard, „Haus und Ökonomie im früheren Mittelalter“, in: *Person und Gemeinschaft im Mittelalter*, hg. von Gerd Althoff u. a., Sigmaringen 1988, S. 101–122.
Oexle, Otto Gerhard, „Der mittelalterliche Begriff ‚Haus‘“, in: *Geschichtliche Grundbegriffe. Historisches Lexikon zur politisch-sozialen Sprache in Deutschland*, hg. von Otto Brunner, Werner Conze und Reinhart Koselleck, Bd. 7, Stuttgart 1992, S. 526–550.
Oexle, Otto Gerhard, „Christine et les pauvres“, in: *The City of Scholars. New Approaches to Christine de Pizan*, hg. von Margarete Zimmermann und Dina De Rentiis, Berlin/New York 1994, S. 206–220.
Oexle, Otto Gerhard, Art. „Utopie“, in: *Lexikon des Mittelalters* 8 (1997), Sp. 1345–1348.
Oexle, Otto Gerhard, „Zwischen Armut und Arbeit. Epochen der Armenfürsorge im europäischen Westen“, in: *Caritas. Nächstenliebe von den frühen Christen bis zur Gegenwart*, hg. von Christoph Stiegemann, Petersberg 2015, S. 52–73.
Probst, Claudia, *Ein Ratgeberbuch für die weibliche Lebenspraxis. Christine de Pizans „Livre des Trois Vertus“*, Pfaffenweiler 1996.
Pougin, Paul, „Le Dit de Poissy de Christine de Pisan: description du prieuré de Poissy en 1400“, in: *Bibliothèque de l'Ecole des chartes* 18 (1857), S. 535–555.
Sanson, Helena, „Introduction. Women and Conduct in the Italian Tradition, 1470–1900: An Overview“, in: *Conduct Literature for and about Women in Italy. 1470–1900.*

Prescribing and Describing Life, hg. von ders. und Francesco Lucioli, Paris 2016, S. 9–38.

Sanson, Helena/Lucioli, Francesco (Hg.), *Conduct Literature for and about Women in Italy. 1470–1900. Prescribing and Describing Life*, Paris 2016.

Smail, Daniel Lord, *Legal Plunder. Households and Debt Collection in Late Medieval Europe*, Cambridge, Mass./London 2016.

Scoralick, Ruth, „Sprüche Salomos“,
URL: https://www.bibelwissenschaft.de/stichwort/12030/ (24.7.2017).

Villela-Petit, Inès, „Introduction sur les peintre enlumineurs“, in: Gilbert Ouy, Christine Reno und dies., *Album Christine de Pizan*, Turnhout 2012, S. 90–170.

Wandruszka, Nikolai, „The Family Origins of Christine de Pizan: Noble Lineage between City and Contado in the Thirteenth and Fourteenth Centuries“, in: *Au champ des escriptures*, hg. von Eric Hicks, Paris 2000, S. 111–130.

Willard, Charity Cannon, *Christine de Pizan. Her Life and Works*, New York 1984.

Wisman, Josette A., „Aspects socio-économiques du *Livre des Trois Vertus* de Christine de Pizan“, in: *Le Moyen Français* 30 (1992), S. 27–44.

Zimmermann, Margarete, *Vom Hausbuch zur Novelle. Didaktische und erzählende Prosa im Frankreich des späten Mittelalters*, Düsseldorf 1989.

Zimmermann, Margarete, „‚Sages et prudentes mainagieres‘ in Christine de Pizans *Livre des Trois Vertus* (1405)“, in: *Haus und Familie in Mittelalter und früher Neuzeit*, hg. von Trude Ehlert, Sigmaringen 1991, S. 193–207.

Zimmermann, Margarete, „Utopie et lieu de la mémoire féminine: la *Cité des Dames*“, in: *Au champ des escriptures. III*e *Colloque international sur Christine de Pizan (Lausanne, 18–22 juillet 1998)*, hg. von Eric C. Hicks, Diego Gonzalez und Philippe Simon, Paris 2000, S. 561–578.

Zimmermann, Margarete, *Christine de Pizan*, Reinbek 2002.

Zimmermann, Margarete, „‚Une cité des hommes‘? Représentations du masculin dans la pensée de Christine de Pizan“, in: *Le masculin dans les œuvres d'écrivaines françaises*, hg. von Françoise Rétif, Paris 2016, S. 49–71.

Zählen und Erzählen

Weibliche Ökonomie in den *Fabliaux*

Doris Ruhe

Contes à rire en vers: so Joseph Bédiers frühe Charakterisierung für die flott erzählten mittelalterlichen Verserzählungen, die unter der Gattungsbezeichnung Fabliaux zusammengefasst werden. Zeit und Ort ihrer Verbreitung und der Umfang des Textcorpus lassen sich recht genau bestimmen. Die frühesten der ca. 160 erhaltenen Texte stammen vom Ende des 12. Jahrhunderts; zur Mitte des 14. Jahrhunderts verschwinden die Fabliaux, allerdings nicht ohne Spuren in der französischen und italienischen Novellistik zu hinterlassen. Ihr Raum sind die nordfranzösischen Städte. Als ihr ‚Erfinder' wird Jean Bodel genannt, der Jongleur, dessen Name untrennbar mit dem seiner Heimatstadt Arras verbunden ist und der, wie die übrigen Autoren, für seine Texte ohne Zweifel aus einer reichen oralen Tradition schöpfen konnte.

Der Schock, den die explizite Darstellung der Sexualität in den Fabliaux bedeutete, die in krassem Gegensatz zu dem stand, was bis ins 20. Jahrhundert als sagbar und anständig galt, war möglicherweise der Grund, der die Forschung lange Zeit bei der Bearbeitung dieser Texte auf formale Gebiete ausweichen ließ. Untersucht wurden der Ursprung und die Definition der Gattung, die Zusammenstellung des Corpus der Texte, ihr mögliches Publikum etc.[1]

Wenn dabei vor allem in Frankreich eine große Zurückhaltung herrschte, im Fabliau einen Spiegel der zeitgenössischen Realität zu sehen, so kann und muss man dem in gewissem Rahmen sicherlich zustimmen. Allerdings ging Dominique Boutet wohl zu weit mit seinem Fazit: „Les fabliaux sont vraiment le royaume de l'illusion".[2] Wenn es sich um reine Illusion handeln sollte, wie erklärt sich dann, dass in einer Vielzahl von Fabliaux gerade solche Elemente die Handlung bestimmen, die für ihre Entstehungszeit charakteristisch sind? Ohne die stürmische ökonomische Entwicklung der Städte, die zunehmende Bedeutung des Handels und der Geldwirtschaft würde diesen Texten die Basis fehlen, auf der der Wiedererkennungseffekt beruht, der das einvernehmliche Lachen der Rezipienten möglich macht. Charles Muscatine, der 1986 eine auch heute noch gültige differenzierte Analyse der Gattung vorgelegt hat, sah den Erfolg beim Publikum

---

1 Simon Gaunt (*Gender and Genre in medieval French Literature*, Cambridge 1995, S. 234f.) hat dies in seinen Ausführungen zum Fabliau kritisch kommentiert.

2 Dominique Boutet, *Les Fabliaux*, Paris 1985, S. 122.

sicher zu Recht in der Vermittlung einer „shared recognition of the felt texture of life".[3]

Die moderne Forschung, neben Simon Gaunt wäre hier z.B. E. Jane Burns zu nennen,[4] hat sich, der Entwicklung der *gender studies* folgend und in Absetzung von früheren Ansätzen, in erster Linie mit der ungewöhnlich expliziten Darstellung der Körperlichkeit in diesen Texten beschäftigt. Sie hat dabei der engen Verknüpfung des Themas mit ökonomischen Aspekten kaum Aufmerksamkeit geschenkt. Auch Gaunt geht darauf nicht ein, stellt jedoch fest, dass nicht die sexuelle Differenz das Hauptthema der Fabliaux ist, vielmehr sei das, was sie antreibe, „an impulse to overturn perceived hierarchical structures of all kinds".[5]

In mehr als der Hälfte der in der zehnbändigen Ausgabe von Noomen und van den Boogaard edierten Texte – auch in den von den oben genannten Autoren behandelten – spielt laut An Smets Geld eine wichtige Rolle.[6] Auch Boutet stellt in erstaunlichem Gegensatz zu seinem oben erwähnten Fazit an anderer Stelle fest: „L'argent est au cœur de la problématique des fabliaux comme de l'époque où ils ont été composés."[7]

Geld, so legen es die Texte nahe, drängte sich als Handlungsmotiv offenbar auf in einer Zeit, in der der ererbte Grundbesitz nicht mehr die alleinige Basis für Reichtum und Macht ist und das Geld als ökonomischer Faktor Probleme entstehen lässt, die Besitzstände in Frage stellen und Institutionen destabilisieren, die man bisher für dauerhaft gehalten hatte. In der Auseinandersetzung mit diesen Spannungen lassen sich die vielfältigen Formen erklären, in denen es in den Blick gerückt wird: Geld wird gezählt; die damals von Region zu Region unterschiedlichen Währungen werden umgerechnet; Klingelbeutel werden geplündert; Geldwechsler tauchen als Protagonisten auf; Kredite werden eingefordert; um Marktpreise und den Lohn für Dienstleistungen wird gefeilscht, und nicht zuletzt wird Geld zur Bestechung eingesetzt.

Es ist gewiss kein Zufall, dass auch philosophische Denker in dieser Zeit geradezu von einer Leidenschaft für das Zählen, Messen und Quantifizieren ergriffen wurden, wie es Joel B. Kaye im Anschluss an John Murdoch als Basis für seine Analyse von „Economy and Nature in the Fourteenth Century" feststellt.[8] Beides steht vor dem Hintergrund der wirtschaftlichen Entwicklung im 13. Jahrhundert, dem Aufschwung der Städte und des Handels und der damit einhergehenden Ausbreitung und Ausdifferenzierung der Geldwirtschaft und ihren

3 Charles Muscatine, *The Old French Fabliaux,* West Hanover, Mass. 1986, S. 55.

4 E. Jane Burns, *Bodytalk. When Women Speak in Old French Literature,* Philadelphia 1993, insb. S. 25–70.

5 Gaunt, *Gender and Genre,* S. 235.

6 Vgl. An Smets, „De la maille à la livre", in: *Reinardus* 12 (1999), S. 173–188, hier S. 173.

7 Boutet, *Les Fabliaux,* S. 93.

8 Joel B. Kaye, *Economy and Nature in the Fourteenth Century. Money, Market Exchange and the Emergence of Scientific Thought,* Cambridge u.a. 2000, S. 3.

Folgen.[9] „L'attention des théologiens à l'éthique économique est indéniable tout au long du XIIIe siècle", so Nicole Bériou, die zugleich konstatiert, dass die ersten zusammenhängenden Texte zu diesem Thema erst im letzten Viertel des Jahrhunderts auftauchten.[10]

Die Autoren der Fabliaux waren den Theologen und Philosophen in dieser Hinsicht voraus. Sie stellten sich seit dem Ende des 12., vor allem aber im 13. Jahrhundert den konkreten Folgen der Entwicklung, ohne dabei der Gattung entsprechend die komischen Aspekte aus dem Blick zu verlieren: Geld als Möglichkeit zu schnellem Aufstieg und als Ursache für ebenso plötzlichen Abstieg, Geld als Mittel zur Durchsetzung mehr oder weniger lauterer Ziele, Geld verbunden mit Betrug, List und Geschäftstüchtigkeit. Ein herausragendes Merkmal und charakteristisch für die Gattung, so meine These, ist dabei die Korrelation von Sexualität und Geld. Frauen stehen dabei im Fokus, und ich möchte an ausgewählten Texten zeigen, wie in diesem Zusammenhang die vielfach anonymen Autoren deren Handlungsspielräume in einem von ökonomischen und sozialen Umbrüchen geprägten Umfeld zur traditionellen Geschlechterrolle in Beziehung setzen.

Unter den vielen Fabliaux, in denen Frauen und Geld thematisch im Zentrum stehen, sollen im Folgenden Texte behandelt werden, die sich durch auffällige strukturelle Ähnlichkeiten auszeichnen. Ihr Ausgangspunkt ist sehr konkret das Haus, das hier jedoch nicht als der Ort erscheint, in dem die inzwischen als Mythos entlarvte vorindustrielle Großfamilie zusammenlebt;[11] nicht einmal Kinder gehören zum Hausstand. Vielmehr hat sich dort ein Ehepaar eingerichtet, das offenbar einen gewissen Wohlstand genießt, der sich in der Ausstattung, dem Personal und den Lebensgewohnheiten spiegelt. Die gesicherte Basis einer solchen Existenz erscheint jedoch stets als durch Einwirkungen von außen gefährdet. Der drohende Verlust des Hauses im Zusammenhang mit finanziellen Einbußen, die aus verschiedenen Gründen zustande kommen, wird zum handlungsauslösenden Moment in zahlreichen Fabliaux.

Die Voraussetzung, damit das im Zentrum stehende Paar zunächst in materieller Sicherheit leben kann, schafft der Ehemann durch seine berufliche Tätigkeit, dem damit im Sinne der patriarchalischen Gesellschaftsordnung auch die Rolle als Haushaltsvorstand zufällt. Er kann ein reicher Bauer sein wie Constant du Hamel. Sehr viel häufiger aber ist er Kaufmann, der im Interesse seiner Geschäfte oft verreisen und Messen und Märkte besuchen muss, was ihn, so die For-

---

9 Vgl. hierzu die grundlegenden Arbeiten von Jacques Le Goff, *Marchands et banquiers du Moyen Âge*, Paris 1966 sowie ders., *Le Moyen Âge et l'argent. Essai d'anthropologie historique*, Paris 2010.

10 Nicole Bériou, „L'esprit de lucre entre vice et vertu. Variations sur l'amour de l'argent dans la prédication du XIIIe siècle", in: *L'Argent au Moyen Âge: idéologie, finances, fiscalité, monnaie (Actes du XXVIIe congrès de la Société des Médiévistes de l'Enseignement Supérieur, Clermont-Ferrand, 30 mai–1 juin, 1997)*, Paris 1998, S. 267–287, hier S. 276.

11 Vgl. Michael Mitterauer, „Der Mythos von der vorindustriellen Großfamilie", in: ders./Reinhard Sieder, *Vom Patriarchat zur Partnerschaft. Zum Strukturwandel der Familie*, München 1977, S. 38–65.

mulierung Boutets, zum „cocu idéal" macht.[12] Die launige Formulierung überdeckt, dass hier ein Berufsstand in den Blickpunkt gerückt wird, dessen Status im 13. Jahrhundert in einer stetigen Aufwärtsbewegung begriffen war und der wohl vor allem auch deshalb besondere literarische Beachtung erfuhr. Das gleiche gilt für den „changeor" („Geldwechsler"). Sein Beruf war unverzichtbar, weil für den Handel zwischen den Regionen die unterschiedlichen im Umlauf befindlichen Zahlungsmittel umgerechnet und in die ortsüblichen getauscht werden mussten;[13] ein einträgliches Geschäft, wie die Fabliaux erkennen lassen. Beide Berufe stehen für den Umgang mit Geld und die Auseinandersetzung mit den positiven und negativen Folgen, die mit der sich im 13. Jahrhundert durchsetzenden Geldwirtschaft verbunden sind. Sie repräsentieren eine neue, nicht nur räumliche Mobilität, die mit ihrem Einzug einherging und unabhängig von Herkunft und ererbtem Besitz auch Menschen aus kleinem Herkommen den Aufstieg ermöglichte. Zugleich aber werden an ihnen auch die Wechselfälle gezeigt, denen ein bewegliches Vermögen ausgesetzt ist. Auf diese Weise wird die dunkle Seite der nicht mehr auf Landbesitz gründenden neuen Verhältnisse beleuchtet. An den Fabliaux lässt sich exemplarisch die von Kaye konstatierte „penetration of monetary and commercial values into all areas of social life" studieren.[14]

1. Gewinn- und Verlustrechnungen

Nicht alle Fabliaux legen Wert auf eine raffinierte narrative Struktur. So folgen die im ersten Teil dieses Beitrags behandelten Texte dem gleichen Handlungsschema, *Estormi,* dessen Autor Hues Piaucele auch ein weiteres Fabliau mit seinem Namen zeichnet, und die drei verschiedenen Fassungen des *Sacristain.*[15] Der gesichert erscheinenden komfortablen Existenz des im Mittelpunkt stehenden Paares wird plötzlich der Boden entzogen. Während sich der Erzähler in *Estormi* nicht die Mühe macht, das Zustandekommen der plötzlichen Armut des Paares zu erklären (vgl. V. 7–10), werden die Gründe für den plötzlichen Niedergang in den drei Fassungen des *Sacristain* auf jeweils unterschiedliche Weise präzisiert. Im ersten Fall hat der junge Ehemann über seine Verhältnisse gelebt, im zweiten wird der Hausherr, von Beruf „changeor" („Geldwechsler"), überfallen und beraubt, und schließlich hat im *Sacristain III* der „riche bourgeois" durch eine leichtsinnige Transaktion sein Geld verloren. Die Eheleute, früher „riche gent a merveille" („unglaublich reiche Leute", *Le Sacristain II,* V. 19), sehen sich plötzlich mit einer existenzbedrohenden Situation konfrontiert. Einzig in der ersten Fassung des *Sacristain* geht der Impuls zur Lösung des Problems vom Ehemann aus. In allen anderen Fällen stehen die betroffenen Männer dem Geschehen hilflos gegenüber. „Ne set que dire ne que faire" („Er weiß nicht, was er sagen oder tun soll")

---

12 Boutet, *Les Fabliaux,* S. 92.

13 Vgl. hierzu Kaye, *Economy and Nature,* S. 19.

14 Ebd., S. 15.

15 Der *Nouveau recueil complet des Fabliaux (NRCF),* S. 1–189, enthält drei Fassungen des *Sacristain* (*Sacristain I, Sacristain II, Sacristain III*); alle sind anonym.

heißt es von Hues, dem Protagonisten der dritten Fassung. In diesem Moment gerät die patriarchalische Ordnung ins Wanken. Wenn das ‚Haus', die Lebensgrundlage des Paares bedroht ist, schlägt, um es dramatisch auszudrücken, die Stunde der Frau.

Zwar besitzt sie in keinem der genannten Fälle ein Vermögen im Sinne von Geld oder Ländereien, mit dem das Schlimmste abgewendet werden könnte, aber sie verfügt über ein Kapital, dessen Wert ihr von den stets vorhandenen Interessenten präzis vor Augen geführt wird. „…l'argent constitue, en toutes circonstances, un instrument de mesure des valeurs", so Albert Rigaudière.[16] Im Fabliau entgeht das den Frauen nicht. Sie verfügen mit ihrer sexuellen Attraktivität über ein wertvolles Gut und wissen aus Erfahrung, welchen Preis die Interessenten für ihre Gunst aufzuwenden bereit sind. Je nach Text reichen die Summen von sieben bis zu mehr als hundert Livres – dies natürlich eine eher symbolische Zahl, die für eine hohe Summe steht –, nicht gerechnet von Fall zu Fall sind hierbei die Zugaben in Form von Schmuck, Gürteln, Taschen etc. In einigen Fällen hat es diese Angebote schon gegeben, als die Frauen sich noch in einer komfortablen materiellen Lage befanden, und sie hatten sie mehr oder weniger entrüstet abgelehnt.

Immer erscheint die Frau in diesen Texten zunächst als untadelig, treu, fromm und klug. Von dem verschwenderischen „borgois" des *Sacristain I* heißt es:

> Femme avoit tele qu'en cent mile
> Ne trovast on si avenant,
> Si cortoise ne si vaillant,
> Si sage ne si bien aprise; (*Le Sacristain I*, V. 6–9)
>
> Er hatte eine Frau, wie man sie so nicht in hunderttausend finden könnte, so anmutig, höfisch und tapfer, so klug und so gebildet.[17]

Sie weiß sehr wohl, welcher Eigenschaft ihres Mannes die schlechte finanzielle Lage zu verdanken ist, in der sie nun mit ihm steckt:

> J'ai un mari ki despendroit
> Un roiame, s'il estoit siens (*Le Sacristain I*, V. 46f.)
>
> Ich habe einen Mann, der ein Königreich ausgeben würde, wenn er es hätte.

Tugendhaft sind auch die Frau des „changeor" und die des „riche homme/ Qui de nouvel ot fame prise" (des „reichen Mannes, der sich soeben wiederverheira-

16 Albert Rigaudière, „Conclusions", in: *L'Argent au Moyen Âge: idéologie, finances, fiscalité, monnaie (Actes du XXVIIe congrès de la Société des Médiévistes de l'Enseignement Supérieur, Clermont-Ferrand, 30 mai–1 juin, 1997)*, Paris 1998, S. 327–344, hier S. 332f. Vgl. auch Christine Desan, *Making Money. Coin, Currency, and the Coming of Capitalism*, Oxford 2014, S. 1: „Money is […] a way to mark value".

17 Übersetzungen, sofern nicht anders vermerkt, D.R.

tet hatte", V. 18f.) wie auch die des grobschlächtigen Ehemanns in *Estormi*. Plötzliche Armut jedoch ist ein bitteres Schicksal, „mout est sauvage" (sie ist „sehr schlimm"), wie es Yfame in *Estormi* ausdrückt.[18] Sie macht verletzlich, eine ökonomische Logik, die von ihr selbst ebenso wie von den möglichen Nutznießern der Situation unmittelbar wahrgenommen wird. So heißt es in diesem Text:

> Troi prestre, par lor mal savoir,
> Covoitierent dame Ifamain.
> Bien la cuidierent a la main
> Avoir prise por la poverte
> Qui la feroit a descouverte. (*Estormi*, V. 12–16)
>
> Drei Priester begehrten Dame Ifamain in böser Absicht. Sie glaubten, sie in der Hand zu haben wegen ihrer Armut, die sie schutzlos machen würde.

Der Ehemann ist von der Höhe der angebotenen Summe – „plus de quatre vinz livres" („mehr als achtzig Pfund", V. 27) – stark beeindruckt („Te prometent il tant d'avoir/ Com tu me vas ci acontant?", „Versprechen sie dir so viel Geld, wie du mir erzählst?", V. 42f.), möchte zunächst aber lieber tot und begraben sein, als dass seine Frau den Verlockungen nachgibt. Er wird jedoch von ihr mit dem Verweis auf die Qualen der Armut und den von ihr klug erdachten Plan umgestimmt und wird schließlich ihrem Rat folgen.

Wie hier sind es auch in den drei anderen Texten Priester bzw. Mönche, die den Damen Avancen machen. Das Fabliau ist bekannt für seine antiklerikale Tendenz. Die implizite Kritik richtet sich nicht nur auf die Lüsternheit der Kleriker, die hier wie in vielen anderen Texten Motor der Handlung ist. Ein zweiter, entscheidender Faktor kommt hinzu: Sie sind reich, denn sie haben Zugriff auf die Einnahmen der Kirche und nutzen diese ohne Bedenken für ihre persönlichen Zwecke, ein Verhalten, das die betroffenen Frauen als wohlbekannt in ihr Kalkül einbeziehen. In *Estormi*, wo gleich drei Priester im Spiel sind, werden ausdrücklich der Klingelbeutel, „la queilloite", der Inhalt der „coffres" („Truhen") und das schwere Gewicht von „deniers" („Münzen") erwähnt, die sie für das erhoffte Abenteuer aufzubringen bereit sind. In der zweiten und dritten Version des *Sacristain* teilen die Protagonisten der von ihnen begehrten Dame mit, sie seien „trésorier" („Schatzmeister") ihrer Abtei und verfügten daher über die entsprechenden Mittel. Vor dem Rendez-vous plündern sie nicht nur die Opferstöcke,

18 Der Begriff „sauvage" lässt sich im Kontext als „schlimm" übersetzen, allerdings birgt er von seiner Etymologie her die Konnotation des Wilden, aus der Gesellschaft Ausgegrenzten. Dass diese Bedeutung mitgedacht werden müsste, erschließt sich, wenn man die Reaktion des Paares in *Le Sacristain III* angesichts ihres finanziellen Ruins betrachtet. Man habe jetzt nur noch „la meson desor nos testes", gesteht der Mann seiner Frau und fragt sie, ob man das Haus nun verkaufen solle (V. 86f.). Sie ist so entsetzt über diesen Gedanken, dass sie vorschlägt, man solle eher das Land verlassen. Ohne „nostre manoir" (V. 90) glaubt sie, keinen Platz mehr in der Gesellschaft zu haben.

sondern der Mönch der dritten Fassung bricht sogar die Edelsteine aus der Dornenkrone des Kruzifixes, um sie seiner Angebeteten zu überbringen.[19]

Das Verhältnis zwischen den wohlhabenden Priestern und den Frauen, deren materielle Existenz durch die Verluste des Ehemanns ruiniert ist, weist eine für die Aufnahme von ‚Geschäftsbeziehungen' charakteristische Konstellation auf: Dem Bedarf auf der jeweils einen Seite steht das Angebot auf der anderen gegenüber. Das Keuschheitsgelübde verbietet den Priestern ihre Sexualität auszuleben. Die Frau ihrerseits verfügt mit ihrer sexuellen Anziehungskraft über ein Gut, das diese Not lindern könnte. Mit Hilfe des Geldes wird eine Ebene geschaffen, die beiden Seiten die Befriedigung ihrer Bedürfnisse verspricht. Yfame, die Protagonistin in *Estormi*, spricht in aller Deutlichkeit an, wie ungleich dieses Wirtschaftsgut zwischen ihr und den Priestern verteilt ist:

> Li prestre sont riche renté,
> S'ont trop dont nous avons petit. (*Estormi*, V. 58f.)
>
> Die Priester haben ein hohes Einkommen. Sie haben zu viel von dem, wovon wir zu wenig haben.

Fülle und Mangel sind Begriffe, die in den theoretischen Analysen des Marktgeschehens, z.B. bei Pierre de Jean Olivi, eine zentrale Rolle spielen. Die Legitimität des *mercator christianus* speist sich nach seiner Analyse daraus, dass er Mangelsituationen verhindert; andererseits sorgt die *raritas* gewisser Güter dafür, dass sein Absatz gesichert ist.[20] Unter diesem Aspekt erscheint die Frau in den hier vorgestellten Fabliaux als Akteur in einem Marktgeschehen. Ihr steht ein Gut zur Verfügung, für das sie mit einer beständigen Nachfrage rechnen kann und über dessen jeweils konkret bezifferten Marktwert ihr die wiederholten Angebote der Priester Aufschluss geben.

In *Le Sacristain II* wird allein sieben Mal der Betrag von „cent livres" genannt, den der Priester Ydoine anbietet mit dem Hinweis, davon werde sie sich endlich wieder ein gutes Leben leisten können (V. 117–122), nachdem ihr Mann, der „changeor", durch einen Raubüberfall plötzlich mittellos dasteht.[21] Auch hier ist die offensichtlich hohe Summe Anlass genug, dass dieser recht schnell seinen Widerstand gegen die Pläne seiner Frau aufgibt. Ein Vorschuss von *dis sous* tut ein Übriges – und zeigt darüber hinaus, wie groß die Not im Haus schon ist, „Ou il n'avoit ne pein ne sel,/ Quar povreté les destregnoit" („wo es weder Brot noch Salz gab, denn Armut quälte sie", *Le Sacristain II*, V. 152f.).

---

19 Vgl. *Le Sacristain II*, V. 271–275.

20 Vgl. hierzu Giacomo Todeschini, „Olivi e il *mercator* christiano", in: *Pierre de Jean Olivi (1248–1298). Pensée scolastique, dissidence spirituelle et société. Actes du Colloque de Narbonne (mars 1998)*, hg. von Alain Boureau und Sylvain Piron, Paris 1999, S. 217–237.

21 Nach An Smets („De la maille à la livre", S. 177): „Le sou et la livre sont seulement des unités de calcul, c'est-à-dire qu'il n'existe pas de pièces d'un sou ou d'une livre, mais que ces termes sont utilisés pour indiquer de grandes sommes d'argent."

Der Markt, auf den sich Ydoine mit der Annahme des Angebots begibt, ist in diesem Fall allerdings ein Schwarzmarkt, denn die Transaktion, um die es geht, ist in jeder Hinsicht illegal. Auch daraus lässt sich ein Argument gewinnen: Der *sacristain*, so versichert sie ihrem Mann, werde sich aus naheliegenden Gründen nicht bei seinen Ordensoberen beklagen, wenn man ihn um sein Geld gebracht habe:

> Il ne se clameroit por rien
> Ne au prior ne a l'abé. (*Le Sacristain II*, V. 188f.)
>
> Er wird sich nicht beschweren, weder beim Prior noch beim Abt.

Das Paar werde so vor der Armut gerettet, ohne seinen guten Ruf einzubüßen.

Gabrielle Hutton hat in ihrer eleganten Analyse der im Fabliau verwendeten Strategien die Unterscheidung zwischen *avoir* und *savoir* vorgeschlagen, wobei ersteres mit Besitz und Macht und das zweite mit Intelligenz und List korreliert. Da Frauen das „pouvoir concret sur lequel s'appuyer" fehle, seien sie quasi gezwungen, sich auf ihr *savoir* zu stützen.[22] Hier scheint mir eine Modifikation vonnöten. Zwar verfügen die Frauen nicht über Geld und materiellen Besitz, dafür aber über ein gewissermaßen naturgegebenes *avoir*, ihre sexuelle Anziehungskraft. Um dieses Kapital unangetastet zu bewahren und doch die dem Hausstand entstandenen Verluste ausgleichen zu können, setzen sie ihr *savoir* ein, um zum Ziel zu gelangen.

Bedingung für die Wiedererringung des häuslichen Besitzstandes ist allerdings die Umkehrung der Autoritätsverhältnisse im Haus: „Elle parla et il se test" („Sie sprach, und er schwieg") heißt es von vornherein (V. 156); schön wäre es, wenn wir das Geld hätten, sagt der Mann an anderer Stelle, aber „Quel conseil i porron nos metre?" („Wie können wir das anstellen?", V. 194). Ihre Antwort lässt nicht auf sich warten:

> Sire, dit el, ge l'i metrai!
> Or escoutés que ge ferai: (*Le Sacristain II*, V. 195f.)
>
> Sire, sagt sie, ich schaffe das! Jetzt hört Euch an, was ich tun werde.

Wie stark die Subjektposition der Frau in dieser Situation ist, lässt sich allein dem Satzbau entnehmen: Das wiederholte „ge" zeigt deutlich, wer jetzt die Richtung vorgibt. In der Tat hat der Mann mit seinem Vermögen auch seine Machtposition verloren. An seiner Figur wird die Schattenseite der Geldwirtschaft sichtbar. Sie ermöglicht gesellschaftliche Mobilität mit der Chance eines schnellen Aufstiegs, gleichzeitig aber birgt sie die Gefahr des jähen Verlusts, der den erworbenen Status zunichte macht. Als Reaktion darauf weiß sich hier der Mann keinen anderen Rat, als schicksalsergeben auf Gottes Hilfe zu hoffen (vgl. *Le Sacristain II*,

22 Gabrielle Hutton, „La stratégie dans les fabliaux", in: *Reinardus* 4 (1991), S. 111–117, hier S. 115.

V. 75–78). Mit seiner geschwundenen Tatkraft ist jedoch auch seine Autorität als Ehemann erschüttert. Sie basierte auf der traditionellen Hierarchie, in der mit der Rolle als Vorstand der Familie die Verantwortung für deren materielle Sicherheit verbunden war. Kann er sie nicht mehr gewährleisten, können – so wird es jedenfalls hier gezeigt – auch die damit verbundenen Vorrechte verloren gehen.

Für die Frau hingegen eröffnen sich in dieser Situation Handlungsspielräume, die ihr nicht zur Verfügung standen, solange der Status des Hauses gesichert war. Gegen die Volatilität des Geldes und die Hilflosigkeit des Mannes setzt sie die Stabilität ihrer naturgegebenen sexuellen Anziehungskraft und ihre Intelligenz; *avoir* und *savoir* wirken zusammen. Anders als in der patriarchalischen Gesellschaft üblich und anders auch als es die Erziehungstraktate für Frauen im späten Mittelalter vorgeben – Christine de Pizan ausgenommen –, diktiert nicht der Mann der Frau ihr Verhalten. Vielmehr erhofft er von ihr Ratschläge für das weitere Vorgehen und zwar hinsichtlich eines gemeinhin eher männlich konnotierten Bereichs, nämlich in Geldangelegenheiten:

> Ele parla et il se test:
> Sire, fait ele, entendez moi:
> Un conseil vos dirai, ce croi,
> Dont vos seroiz riche clamez
> Ja ne seront deus anz passez.
> Dame, fait il, en quel maniere? (*Le Sacristain II*, V. 156–161)
>
> Sie sprach, und er schwieg. Sire, sagte sie, hört zu: Ich gebe Euch einen Rat. Ich glaube, damit werdet ihr Euch reich nennen können, ehe zwei Jahre vergangen sind. Aber wie, Madame?, sagte er.

Die Umkehrung hierarchischer Strukturen, wie sie Simon Gaunt als das Grundanliegen des Fabliau bezeichnet, ist damit perfekt.[23]

Yfame und Idoine werden beide ihre finanziellen Ziele erreichen. Allerdings kommt es bei der Durchführung ihrer Pläne zu Kollateralschäden. Die Ehemänner, die die Priester aus dem Haus werfen sollten, nachdem ihnen das Geld abgenommen worden war, schießen übers Ziel hinaus. Sowohl die drei Priester in *Estormi* als auch der *sacristain* in den nach ihm betitelten Fabliaux bezahlen ihre unlauteren Absichten mit dem Leben. Bei der Beseitigung der Leichen spielen die Frauen keine Rolle mehr. Diese Aufgabe wird von den Männern übernommen, was dem Erzähler Stoff für eine Fülle slapstickartiger Szenen liefert, die von der Ausgangskonstellation weit weg führen. Die narrative Struktur dieser Partien spiegelt in gewisser Weise das Geschehen auf der Handlungsebene: Wo Wohlstand hier unvermittelt in Armut und Not umschlägt, wird dort in mehrfachen Wiederholungen gezeigt, wie sich Gelingen und Fehlschläge bei der Bewältigung der entstandenen Probleme in raschem Wechsel folgen.

23 Vgl. Gaunt, *Gender and Genre*, S. 235.

2. Nullsummenspiel und Gewinnmaximierung

Eine ähnliche, aber weitaus komplexere Struktur weist *Constant du Hamel* auf, ein Fabliau, das nicht nur eines der längsten, sondern, so Gabriel Bianciotto, auch eines der elaboriertesten ist.[24] Die Bedrohung des Hauses steht auch hier im Zentrum, allerdings ist die narrative Verflechtung zwischen drohendem Verlust und dessen Abwendung raffinierter als in den bisher erwähnten Texten. Als Kontrahenten stehen sich örtliche Funktionsträger – Priester, *prevost* und Förster – und ein wohlhabendes bäuerliches Paar gegenüber.

Das Ehepaar Isabel und Constant lebt in bestem Einverständnis, auch wenn beide als äußerst gegensätzlich charakterisiert werden. Constant ist ganz Bauer, der selbst aufs Feld geht und den Pflug führt. Äußerlich ist er das Urbild des *vilain*, „hideus et lait" („abstoßend und hässlich"), „la face bise" („mit dunklem Gesicht", V. 681 und 675), dazu schreckhaft und unfähig zu argumentieren („Tant fu esbahiz por la honte/ Que il ne set qu'il doie dire", „Er war so erschreckt über die Schande, dass er nicht wusste, was er sagen sollte", V. 207f.). Seine Frau dagegen wird als „cortoise dame" bezeichnet (V. 6); sie ist „bele et gente et avenant" („schön und zierlich und gefällig", V. 7), Attribute, die so häufig wiederholt werden, dass sich Anklänge an die *mésalliance* zwischen verarmten adeligen Töchtern und reichen Bauern aufdrängen, wie sie in anderen Fabliaux häufig thematisiert, in diesem aber nicht weiter ausgeführt werden.

Isabels Redegewandtheit und ihr Mut verlassen sie auch nicht im Angesicht dörflicher Autoritäten. Dem Priester, dem *prevost* und dem Förster, die alle um ihre Gunst werben, antwortet sie nicht mit stereotyper Ablehnung, sondern mit den jeweils zu deren Position passenden Argumenten. Alle Anträge weist sie schließlich als „ostraige" („Beleidigung") und „vilennie" („Gemeinheit") zurück und macht deutlich, dass sie die angebotenen ‚Geschenke' wie z.B. den Ring des Försters nicht nötig hat:

> Sire, fet el, pas ne me poise
> Se le vostre ennel vos remaint,
> Quar nul besoing ne me destraint
> Par quoi vos m'aiez si tost prise. (V. 111–114)

> Sire, sagte sie, es ist mir egal, wenn der Ring bei Euch bleibt, denn mich drückt keine Not, durch die ihr mich schnell hättet gewinnen können/ rumkriegen können.

Dass Armut („besoing") für Verlockungen anfällig machen könnte, ist Isabel bewusst. Sie betont mit Stolz, dass dieser Fall bei ihr nicht vorliegt. Das Motiv wird gleichwohl im Folgenden handlungsbestimmend. Die abgewiesenen Liebhaber sind nämlich durch ihre Funktionen mit Machtbefugnissen ausgestattet, die sie

24 Vgl. Gabriel Bianciotto, „De Constant du Hamel", in: *Reinardus* 6 (1993), S. 15–30, hier S. 15.

auszunützen gedenken. Bei einem Trinkgelage beschließen sie unter Führung des Priesters, Isabel gefügig zu machen, indem sie Constant finanziell ruinieren.

Die Aktion, zu der sie sich zusammenschließen („Or soion compaignon tuitroi,/ Bien poons compaignier marchié!", „Schließen wir uns jetzt alle drei zusammen, gemeinsam können wir den Handel abschließen!", V. 181f.) wird vom Herausgeber des Textes in den Anmerkungen mit „s'associer en vue d'une opération commerciale ou financière" („sich im Hinblick auf eine kommerzielle oder finanzielle Aktion zusammentun") wiedergegeben. Der kommerzielle Aspekt des Vorhabens wird damit deutlich: Das erstrebte Gut, das nicht zu haben ist, solange die Frau unter guten finanziellen Bedingungen lebt, wird ihnen zufallen, wenn sich deren ökonomische Situation verschlechtert:

> Qui de lui se velt entremetre,
> De son chatel l'estuet jus metre,
> Tant que besoig, poverte ou faim
> La face venir a reclaim. (V. 166–169)
>
> Wer bei ihr etwas erreichen will, der muss sie von ihrem Besitz vertreiben, bis Not, Armut oder Hunger sie zum Gehorsam bringen/sie gefügig machen.

Um dieses Ziel zu erreichen, beschließen sie, die Machtmittel einzusetzen, die ihnen kraft ihres Amtes zur Verfügung stehen. Der Priester als Anführer der Intrige stellt Constant vor der versammelten Kirchengemeinde bloß, indem er ihm fälschlicherweise vorwirft, die kirchlichen Gesetze gegen die Verwandtschaftsehe gebrochen zu haben; es droht ihm die Trennung von seiner Frau. Aus der Kirche gewiesen, weiß sich der entsetzte *vilain* nicht anders zu helfen, als vor dem Pfarrhaus zu warten und dem Priester Geld anzubieten: „Por faire moi quite clamer" („Um mich freisprechen zu lassen", V. 224). Dieser geht sofort auf den Bestechungsversuch ein, so wie es auch der *prevost* und der Förster tun, die Constant des Getreide- bzw. des Holzdiebstahls bezichtigen.

Die drei Honoratioren fungieren als Amtsträger eines übergeordneten Systems, das nicht näher spezifiziert wird und die Rechte und Pflichten der Dorfbewohner regelt. Der *prevost* übt polizeiähnliche Funktionen als verlängerter Arm eines anonym bleibenden „seignor" aus. Der Priester wacht über die Einhaltung der religiösen Vorschriften, der Förster über die Gesetze, die die Bewirtschaftung des Waldes regeln – auch dies übrigens ein Zeichen für die Ökonomisierung eines Bereichs, der bisher nicht der Profitmehrung diente.[25] Alle Funktionsträger,

25 Vgl. Kaye, *Economy and Nature,* S. 17: „Where previously, for example, forests had been primarily valued by lords for the status and pleasure they afforded, they came in the thirteenth century to be seen as income opportunities, as resources to be rationally exploited toward the end of profit." Vgl. hierzu auch Peter Spufford, *Money and its use in medieval Europe,* Cambridge u. a. 1989, S. 245: „Forests ceased to be seen merely in terms of hunting for pleasure or food and were valued in money terms."

so wird gezeigt, sind bereit, ihre Anschuldigungen gegen eine Geldzahlung fallen zu lassen. Die Summen, die dabei zum Einsatz kommen, lassen Rückschlüsse auf den Status der Bestochenen zu: Der Prevost, der im Auftrag des Seigneur zu handeln vorgibt, bekommt zehn Livres, der Priester sieben und der Förster, dem, wie der Herausgeber erläutert, der Ruf des „rustre" („Grobian") anhaftet,[26] nur „cent sous de deniers" (V. 358). Constant kennt offensichtlich die ortsüblichen Preise und bietet auf Anhieb Beträge an, die akzeptiert werden. Ihrer Käuflichkeit steht Isabels Unbestechlichkeit gegenüber, deren Weigerung, gegen Geld ihren sexuellen Wünschen zu entsprechen, diesen Szenen vorangegangen ist. Bei den Gesprächen, die sie geführt hat, konnte sie zugleich feststellen, welcher Marktwert ihren sexuellen Diensten zugemessen wird.

Die Rolle der Frau entwickelt sich in diesem Fabliau nicht erst mit der Bedrohung ihres Hausstandes. Dass sie, wie es Marie-Thérèse Lorcin generell für die Frau im Fabliau ausdrückt, „empereur en son hôtel" ist, lässt sich nicht übersehen.[27] So heißt es nach ihrem ersten Zusammentreffen mit den potentiellen Verführern, von dem sie ihrem Mann übrigens nichts erzählt:[28]

> A son ostel en vint errant,
> Si fist mengier son païsant,
> Puis l'en envoia el labor
> Ou il selt aller chascun jor. (V. 138–141)
>
> Sie kam schnell nachhause, machte ihrem Bauern etwas zu essen und schickte ihn dann zur Arbeit, wie jeden Tag.

Das Verhältnis zwischen den Eheleuten wird gleichwohl als ausgesprochen liebevoll geschildert. Als Constant nach den Ereignissen in der Kirche verängstigt nachhause kommt, heißt es:

> Et quant sa feme l'ot veü
> Bien sot que il fu enchantez;
> Ses braz li a au col plaiez.
> ‚Qu'est ce, dist ele, mes amis?' (V. 235–238)
>
> Als seine Frau ihn sah, wusste sie sofort, dass man ihn betrogen hatte. Sie schlang ihm die Arme um den Hals und sagte: Was ist los mit Dir, mein Freund?

Auf die Forderung des Priesters reagiert sie lässig und offensichtlich vertraut mit dem Instrument der Korruption zur Vermeidung von Auseinandersetzungen: Man werde ihm „dis livres ou vint" („zehn oder zwanzig Pfund") geben, denn

26 *NRCF*, t. I, S. 322.
27 Marie-Thérèse Lorcin, *Façons de sentir et de penser: Les fabliaux français*, Paris 1979, S. 89.
28 „Mes sire Coutanz du Hamel/ Ne savoit mot de tot ce plait ...", V. 135f.

„Plus avon nos deniers que paille" („Wir haben mehr Geld als Stroh", V. 249). Als sich die Forderungen allerdings häufen, scheinen die Möglichkeiten des Paares schnell an ihre Grenzen zu kommen. Constant fürchtet endgültig um seine ökonomische Existenz und kündigt angsterfüllt an, er müsse nun sein Vieh und sogar sein Vorratsgetreide verkaufen. Dass hier bei aller Komik der Darstellung ein realistisches Szenario im Hintergrund steht, lässt sich meines Erachtens nicht übersehen.[29] Die Grundfesten, auf denen die bäuerliche Lebensweise ruht – Land, Vieh, Anbau – werden durch die Geldwirtschaft bedroht. Ihrer bedienen sich die von der hier unsichtbar bleibenden „seignorie" eingesetzten Funktionsträger. Zunächst wollen sie mit den Verlockungen des Geldes die Ehe des Paares zerstören,[30] was auf nichts anderes hinausläuft als auf den Versuch, das begehrte Sexualobjekt buchstäblich zu kaufen. Während Isabel dies abwehrt, erweisen sie selbst sich als käuflich, indem sie gegen Bestechungsgeld die Folgen der fälschlicherweise erhobenen Vorwürfe abzuwenden versprechen.

Isabel, die „[...] mout ert saige/ Plus que nule de son lignaige" (sie war „sehr klug, mehr als irgendeine von ihrem Stand", V. 390f.), durchschaut diese Logik: „Bien sai dont ceste chose vint" („Ich weiß, woher der Wind weht", V. 251). Vom Kaufobjekt verwandelt sie sich in eine tatkräftige Akteurin, die die Verführer mit ihren eigenen Mitteln schlägt und dabei auch dem eigenen Mann die Richtung vorgibt. Ihn in ihre Pläne einzuweihen, hält sie nicht für nötig. Sie beruhigt ihn mit freundlichen Worten, isst mit ihm zu Abend und schickt ihn dann ins Bett: „Dame Isabel si l'a couchié" (V. 401).

Für die Vorbereitung ihrer Strategie vertraut sie auf eine Frau, die wie sie mit Geld umzugehen weiß, was Anlass zu einer kleinen, komödienhaften Nebenhandlung gibt, bei der die weibliche Rolle ein wenig herabgestuft und dem traditionellen Bild der listigen, auf ihren Vorteil erpichten Frau angenähert ist. Galestrot, ihr Dienstmädchen, bekommt den Auftrag, die potentiellen Liebhaber ihrer Herrin einen nach dem anderen einzuladen, da diese endlich auf ihre Wünsche eingehen wolle. Dabei winkt beiden, wie Isabel in Aussicht stellt, Profit, den sie kühn als gottgesandt bezeichnet: „Damedieus nos envoit gaaig!" („Der Herr schickt uns Gewinn", V. 410). Galestrot, erfahren in Betrug und Intrigen („fart" und „tripot", V. 407), schreibt im Gespräch mit den Galanen Isabels plötzliche Bereitschaft ihrem eigenen guten Zureden zu, wofür sie gleich drei Geldbeträge als Belohnung kassiert. Isabel ihrerseits verlangt von jedem der Herren genau die Summe, die sie als Bestechungsgeld von ihrem Mann gefordert haben – vorläufig also ein Nullsummenspiel. Dazu wird sie ihnen allerdings, was zusätzlichen Gewinn verspricht, auch ihre Kleider abnehmen; nicht einmal die Beinkleider

29 So auch Boutet (*Les Fabliaux*, S. 96), für den der Bekanntheitsgrad der in diesem Fabliau geschilderten sozialen Missstände *Constant du Hamel* zu dem „fabliau le plus subversif peut-être" macht. Anders dagegen Bianciotto („De Constant du Hamel", S. 25), der in dem Text vor allem das „jeu littéraire" sehen will.

30 Vgl. hierzu die Beschimpfungen Constants, mit denen der *prevost* seiner Werbung Nachdruck zu verleihen sucht.

wird sie ihnen lassen („Ne li laissa nes les chauchiers", V. 499), denn alle sollen, bevor das Liebesspiel beginnt, in das von Galestrot vorbereitete Bad steigen – und damit der im Fabliau üblichen Chronologie folgen. Natürlich wird es durch die raffinierte Strategie Isabels nicht zum Vollzug kommen. Die Verführer werden nacheinander nackt in ein mit Federn gefülltes Fass springen müssen, um sich vor dem angeblich zufällig zurückkehrenden Constant zu schützen.

Die folgende Szene, die Gabriel Bianciotto zu recht als „épisode obscène" bezeichnet, hat nicht nur ihn befremdet.[31] Ihre misogynen Züge lassen sich kaum leugnen, allerdings mag man sich darüber wundern, dass die der Szene vorausgegangene obszöne Verabredung der drei Männer offenbar nicht die gleiche Entrüstung hervorgerufen hat. Isabel missbraucht in dieser Szene das Vertrauen ihrer Nachbarinnen, der Ehefrauen des *prevost*, des Försters und – wie selbstverständlich und ohne dass ein Wort darüber verloren wird – auch der *„prêtresse"* (V. 663 und 698), indem sie sie scheinbar harmlos zu einem gemeinsamen Bad einlädt. Sie befiehlt dann ihrem Mann, die Frauen vor den Augen ihrer Männer zu vergewaltigen. Über dem Unbehagen an dieser Episode ist bisher ihre strukturelle Stringenz und prägnante Bildlichkeit nicht beachtet worden.

Geld und Sexualität, das ist von Beginn der Geschichte an nicht zu übersehen, stehen in einer metonymischen Beziehung zueinander. Geld als Herrschaftsinstrument repräsentiert zugleich die symbolische Macht des Phallus, mit der die Honoratioren Isabel gefügig machen wollen. In dem Augenblick, in dem sie ihnen dieses Machtmittel entwindet, bleiben sie nicht nur symbolisch nackt zurück. Das phallische Potential ist auf die Frau übergegangen, die mit ihrem Mann als Erfüllungsgehilfen nun diejenige ist, die sexuelle Gewalt ausübt und dies den Männern triumphierend vor Augen führt. Die symbolische Kastration, die sie so vornimmt, trifft nicht nur die drei Verführer, sondern auch ihren eigenen Mann, der nur auf ihren Befehl die angeordnete ‚Leistung' vollbringt. Darüber hinaus fordert sie ihn auf, die Frauen dabei ständig mit der Axt zu bedrohen, d.h. nicht nur die Vergewaltigungen gehen von ihr aus, sondern sie sollen auf ihren Wunsch von der ständigen Angst vor physischer Agression begleitet werden, wie sie Frauen in dieser Situation zwangsläufig erleben:

> Ge vueil que ainsi le faciez!
> Mais toz jorz tenez vostre hache,
> Quar ele valt une menace.
> Donez lor en, se nul se muet! (V. 657–660)
>
> Ich will, dass ihr es so macht! Aber haltet dabei immer Eure Axt als Drohung hoch. Gebt es ihnen, wenn sie aufmucken!

Das, was Simon Gaunt „the anarchic spirit of the genre" nennt, wird in dieser Szene, die die Figur der Isabel, so stark sie auch gezeichnet ist, durchaus ambiva-

31 Bianciotto, „De Constant du Hamel", S. 29.

lent erscheinen lässt, besonders deutlich.[32] Sie zählt gewiss nicht zu jenen Protagonistinnen des Fabliau, die sich als Protofeministinnen vereinnahmen lassen, – falls es solche denn überhaupt gibt. Wie der weitere Verlauf des Textes zeigt, destabilisiert sie jedoch die für unveränderlich gehaltene hierarchische Ordnung nicht nur durch die Umkehrung der Gewaltverhältnisse, sondern auch durch den Witz, mit dem sie die Entlarvung der Verführer orchestriert.

Aus dieser Perspektive enthüllt ein zunächst beiläufig erscheinendes Detail seine Relevanz. Warum, so konnte sich der Rezipient fragen, hat Isabel die Männer ausgerechnet in eine mit Federn gefüllte Tonne gesperrt? Die Bedeutung ergibt sich, als sie in höchster Not aus diesem Behältnis entfliehen, an das Constant Feuer gelegt hat. Jetzt haften ihnen die Federn als äußeres Zeichen dessen an, was ihnen widerfahren ist:

> Tuit estoient de plume enclos,
> Il n'i paroit ventre ne dos,
> Teste ne jambe ne costé,
> Que tuit ne fussent enplumé. (V. 786–789)
>
> Sie waren alle voller Federn. Man sah weder den Bauch noch den Rücken, weder Kopf noch Bein noch die Seite; sie waren ganz und gar gefedert.

In ihrer äußeren Erscheinung offenbart sich, wozu sie soeben geworden sind: *cocu*. Im Federkleid des Kuckucks, so die Herkunft des bereits im Altfranzösischen in der heutigen Bedeutung verbreiteten *cocu*,[33] fliehen sie vor Constant, der seine Hunde auf sie hetzt und sie selbst als Tiere bezeichnet:

> Par l'ame d'Anquetin Hamel,
> Mon bon pere qui me norri,
> Puis l'ore que m'engenoï
> N'oï mais parler de teus bestes! (V. 795–798)
>
> Bei der Seele von Anquetin Hamel, meinem guten Vater, der mich aufgezogen hat; seit der Stunde, da er mich gezeugt hat, hörte ich nie von solchen Tieren.

Was folgt, ist die Vergeltung für das, was die drei als örtliche Autoritäten Constant angetan haben. „La renommée est d'une importance capitale au moyen âge", so Séverine Fargette.[34] Sie ist nicht nur das Distinktionsmerkmal, auf dem die sozia-

---

32 Gaunt, *Gender and Genre*, S. 274.

33 „En français d'ailleurs, *coucou* est l'origine du mot *cocu* et en ancien français les jeux de mots sur coucou/cocu étaient fréquents." (Aurélia Paulin, „Analyse contrastive de la métaphore du comportement en français et en anglais", in: *Lexicologie anglaise et comparée*, hg. von Jean Tournier, Paris 1998, S. 99–122, hier S. 108).

34 Séverine Fargette, „Rumeurs, Propagande et opinion publique au temps de la guerre civile (1407–1420)", URL: http://www.cairn.info/article_S.php?ID_ARTICLE=RMA_132_0309 (8.6.2017).

le Anerkennung – oder eben ihr Verlust – basiert, sondern sie ist, wie es z. B. in der zweiten Fassung des *Sacristain* eindrucksvoll vorgeführt wird, auch ein ökonomisches Kapital.[35] Hier geht der männliche Protagonist durch einen Raubüberfall seines Vermögens verlustig. Die Kunde von seiner Insolvenz verbreitet sich in Windeseile, und schon stehen die Kreditgeber vor der Tür, mit deren Hilfe bei den auswärtigen Messebesuchen Geschäfte getätigt werden sollten, die für alle Beteiligten Gewinn abwerfen würden.[36] Der „changeor" wird dazu gezwungen, auch noch die drei Mühlen zu verkaufen, die ihm als letzte Einkommensquelle geblieben waren.

Constant ist kein Geschäftsmann, sondern ein Bauer, dennoch ist auch für ihn der gute Ruf ein wertvolles Gut. Die falschen Anschuldigungen, die Priester, *prevost* und Förster gegen ihn erhoben haben, bezichtigen ihn nicht nur des Verstoßes gegen das Kirchenrecht, des Diebstahls und des Waldfrevels. Die Machenschaften der drei *compaignons* zielten darüber hinaus darauf ab, ihn durch den Ehebruch seiner Frau zu entehren. In allen Fällen spielt das Geld die entscheidende Rolle. Es bedroht die Stabilität der bäuerlichen Welt, als deren Repräsentanten Constant und Isabel hier stehen. Während Constant dem hilflos gegenübersteht, durchschaut Isabel die Zusammenhänge. Sie beherrscht das Instrumentarium von Geld und Sexualität in gleicher Weise. Dem existenzbedrohenden Potential des Geldes, dessen sie sich voll bewusst ist, setzt sie das Kapital ihrer Sexualität entgegen. Während jedoch Geld kommt und geht, ist die Sexualität ein stabiler Faktor, den sie gezielt einsetzt, um die Volatilität des anderen in Schach zu halten. Die Rache für die geplante Demütigung und das Vereinnahmen von Geld und Wertsachen fallen damit in eins. Beides ist nötig für Isabels Triumph:

> Mais j'oï dire en la contree
> Que la dame s'estoit provee
> Comme preude feme et veraie,
> Que mout tost ot conté sa paie! (V. 854–857)
>
> Ich habe in der Gegend erzählen hören, dass die Dame sich als ehrenwerte und integre Frau erwiesen habe, die dann schnell ihre Einnahmen zählen konnte.

Mit diesem Schlusswort, in dem die Protagonistin – fast wie eine Marktfrau – ihre Einnahmen zählt, wird anschaulich, dass es in diesem Text sehr wohl um Geld geht, allerdings nicht im Sinne einer kaufmännischen Gewinnmaximie-

35 Vgl. hierzu Laurence Jean-Marie, „Distinction et supériorité sociale dans les textes de coutume normands du début du XIIIe siècle", in: *Distinction et supériorité sociale (Moyen Âge et époque moderne)*, hg. von Laurence Jean-Marie und Christophe Maneuvrier, Caen 2010, S. 25–42, hier S. 35.

36 Zur Rechtfertigung des Gewinns durch entliehene und im Handel investierte Summen durch Petrus Joannis Olivi vgl. Kaye, *Economy and Nature*, S. 121.

rung, sondern um eine Ausbeute, die die Zwänge einer Geldwirtschaft außer Kraft setzt, die in diesem Fall mit sexueller Gewalt Hand in Hand geht.[37]

Zugleich aber ergibt sich ein leichthändig gesetzter Verweis auf eine metatextuelle Ebene. Die Doppelbedeutung von „conter", zählen und erzählen, schreibt Isabel einen doppelten Ertrag zu. Sie zählt ihren Gewinn und setzt gleichzeitig das Erzählen in Gang, das sich dann „en la contree" verbreiten wird: die Geschichte einer Frau, die durch ihr tatkräftiges Agieren männliche Intrigen durchkreuzt. Sie hat ihr Haus gerettet und korrupte Autoritäten nicht nur im Moment des Geschehens, sondern in der Fortdauer des Erzählens dem Gelächter preisgegeben.

Bibliographie

Quellen

Anonym, *De Constant du Hamel*, in: *Nouveau recueil complet des Fabliaux (NRCF)*, t. I, hg. von Willem Noomen und Nico van den Boogaard, Assen 1983, S. 31–126.

Anonym, *Sacristain I, Sacristain II, Sacristain III*, in: *Nouveau recueil complet des Fabliaux (NRCF)*, t. VII, hg. von Willem Noomen, Assen 1993, S. 1–189.

Hues Piaucele, *Estormi*, in: *Nouveau recueil complet des Fabliaux (NRCF)*, t. I, hg. von Willem Noomen und Nico van den Boogaard, Assen 1983, S. 3–28.

Jehan le Galois, *La Bourse pleine de sens*, in: *Nouveau recueil complet des Fabliaux (NRCF)*, t. II, hg. von Willem Noomen und Nico van den Boogaard, Assen 1984, S. 107–149.

Sekundärliteratur

Bériou, Nicole, „L'esprit de lucre entre vice et vertu. Variations sur l'amour de l'argent dans la prédication du XIIIe siècle", in: *L'Argent au Moyen Âge: idéologie, finances, fiscalité, monnaie (Actes du XXVIIe congrès de la Société des Médiévistes de l'Enseignement Supérieur, Clermont-Ferrand, 30 mai–1 juin, 1997)*, Paris 1998, S. 267–287.

Bianciotto, Gabriel, „De Constant du Hamel", in: *Reinardus* 6 (1993), S. 15–30.

Boutet, Dominique, *Les Fabliaux*, Paris 1985.

Burns, E. Jane, *Bodytalk. When Women Speak in Old French Literature*, Philadelphia 1993.

Desan, Christine, *Making Money. Coin, Currency, and the Coming of Capitalism*, Oxford 2014.

Fargette, Séverine, „Rumeurs, Propagande et opinion publique au temps de la guerre civile (1407 1420)",
URL: http://www.cairn.info/article_S.php?ID_ARTICLE=RMA_132_0309 (8.6.2017).

Gaunt, Simon, *Gender and Genre in medieval French Literature*, Cambridge 1995.

Hutton, Gabrielle, „La stratégie dans les fabliaux", in: *Reinardus* 4 (1991), S. 111–117.

Jean-Marie, Laurence, „Distinction et supériorité sociale dans les textes de coutume normands du début du XIIIe siècle", in: *Distinction et supériorité sociale (Moyen Âge*

37 Es erscheint eher dem modischen Bedürfnis nach einem theoretischen Überbau als den Gegebenheiten des Textes geschuldet, wenn Christian Sheridan („Conflicting Economies in the Fabliaux", in: *Comic Provocations. Studies in Arthurian and Courtly Cultures*, hg. von Holly Adryan Crocker, New York u.a. 2006, S. 97–111) den Ausgang des Fabliau als Beweis dafür sieht, dass es Isabel in ihrer Strategie nicht nur um Geld gehe, sondern um eine Ausdrucksform der „gift economy", die darauf abzielt, den Beschenkten durch nicht zu übertrumpfende Geschenke zu beschämen. Geschenke werden hier nicht gemacht, vielmehr wird in einem genuin mittelalterlichen Bezugsrahmen mit gleicher Münze heimgezahlt.

et époque moderne), hg. von Laurence Jean-Marie und Christophe Maneuvrier, Caen 2010, S. 25–42.

Kaye, Joel B., *Economy and Nature in the Fourteenth Century. Money, Market Exchange and the Emergence of Scientific Thought*, Cambridge u. a. 2000.

Le Goff, Jacques, *Marchands et banquiers du Moyen Âge*, Paris 1966.

Le Goff, Jacques, *Le Moyen Âge et l'argent. Essai d'anthropologie historique*, Paris 2010.

Lorcin, Marie-Thérèse, *Façons de sentir et de penser: Les fabliaux français*, Paris 1979.

Mitterauer, Michael, „Der Mythos von der vorindustriellen Großfamilie", in: ders./ Reinhard Sieder, *Vom Patriarchat zur Partnerschaft. Zum Strukturwandel der Familie*, München 1977, S. 38–65.

Muscatine, Charles, *The Old French Fabliaux*, West Hanover, Mass. 1986.

Paulin, Aurélia, „Analyse contrastive de la métaphore du comportement en français et en anglais", in: *Lexicologie anglaise et comparée*, hg. von Jean Tournier, Paris 1998, S. 99–122.

Rigaudière, Albert, „Conclusions", in: *L'Argent au Moyen Âge: idéologie, finances, fiscalité, monnaie (Actes du XXVIIe congrès de la Société des Médiévistes de l'Enseignement Supérieur, Clermont-Ferrand, 30 mai–1 juin, 1997)*, Paris 1998, S. 327–344.

Sheridan, Christian, „Conflicting Economies in the Fabliaux", in: *Comic Provocations. Studies in Arthurian and Courtly Cultures*, hg. von Holly Adryan Crocker, New York u. a. 2006, S. 97–111.

Smets, An, „De la maille à la livre", in: *Reinardus* 12 (1999), S. 173–188.

Spufford, Peter, *Money and its use in medieval Europe*, Cambridge u. a. 1989.

Todeschini, Giacomo, „Olivi e il *mercator* christiano", in: *Pierre de Jean Olivi (1248–1298). Pensée scolastique, dissidence spirituelle et société. Actes du Colloque de Narbonne (mars 1998)*, hg. von Alain Boureau und Sylvain Piron, Paris 1999, S. 217–237.

Weibliche *prudentia* auf der Bühne

Zur Inszenierung ökonomischer Konzepte in Paolo Caggios *Flamminia prudente* (1551)

Christina Schaefer

Die von Aristoteles unter die praktischen Wissenschaften subsumierte Oeconomia,[1] die Lehre von der guten Führung des Hauses (gr. *oikos*), wird von der Antike bis in die Frühe Neuzeit vornehmlich in den beiden großen Gattungen des theoretisch-argumentativen Diskurses, im Dialog oder Traktat, verhandelt. Ökonomische Fragen spielen aber seit jeher auch in anderen, nicht-theoretischen Gattungen eine Rolle – nicht zuletzt in der Komödie, wo Ehe, Kindererziehung, Haushaltsführung und das Verhältnis von Herr- und Dienerschaft seit der Antike rekurrente Themen sind.[2] In der Dramentheorie der italienischen Renaissance schlägt sich dieser Umstand beispielsweise bei Pellegrino Prisciani nieder, der in seinem theaterbaulichen Traktat *Spectacula* (entst. zw. 1486 und 1502) die Angelegenheiten des *pater familias* als das Komödienthema schlechthin erwähnt. Während die Tragödiendichter das Elend der Herrscher und die ‚Satiriker' (im damaligen Sinne) das Schäferleben zeigten, widmeten sich die „[poeti] comici" der Darstellung der „pensieri, affanni et travalgie de patri de familgia".[3] Ähnlich stellt auch Giambattista Giraldi Cintio in seiner *Lettera intorno al comporre delle comedie e delle tragedie* (1543; gedruckt 1554) der Tragödie mit ihren um die Figur des Königs zentrierten ‚großen und königlichen Gegenständen' („cose grandi e reali") einerseits die um den Familienvater („padre di famiglia") kreisende Komödie mit ihren ‚familiären und niederen Gegenständen' („cose famigliari e basse") andererseits gegenüber.[4]

---

1 Vgl. Aristoteles, *Die Nikomachische Ethik: griechisch-deutsch*, übers. von Olof Gigon, neu hg. von Rainer Nickel, Düsseldorf ²2007, S. 11 (= Buch I, 1094b).

2 Zur bereits antiken Gattungsvielfalt der Oeconomia vgl. Astrid Habenstein, „Das Haus in den Wissensordnungen der griechisch-römischen Antike", in: *Das Haus in der Geschichte Europas. Ein Handbuch*, hg. von Joachim Eibach und Inken Schmidt-Voges, Berlin/Boston 2015, S. 649–666. Zur Relation von Komödie und Oeconomia vgl. auch den Beitrag von Daniel Fulda in diesem Band.

3 Pellegrino Prisciani, *Spectacula*, hg. von Danilo Aguzzi Barbagli, Modena 1992, S. 46.

4 Giovambattista Giraldi Cintio, „Lettera intorno al comporre delle comedie e delle tragedie, a Giulio Ponzio Ponzoni", in: ders., *De' romanzi, delle comedie e delle tragedie [...]*, 2 Bde., Mailand 1864, Bd. 2, S. 1–121, hier S. 95 u. 98. Sofern nicht anders angegeben, stammen alle Übersetzungen von mir, C.S.

Der vorliegende Beitrag widmet sich mit Paolo Caggios *Flamminia prudente* (Venedig 1551) einem komödienhaften Theaterstück der italienischen Renaissance, das aufgrund seiner Nähe zu gewissen Positionen, die der Autor auch in seiner Ökonomik (*Iconomica*, Venedig 1552) vertritt, in der Forschung als *réécriture* dieser Ökonomik bzw. als ‚theatrale Ökonomik' („*Iconomica* teatrale") bezeichnet worden ist.[5] Eine genauere Untersuchung der ökonomischen Aspekte – inklusive ihrer Wechselwirkung mit den im Stück zum Tragen kommenden literarischen Traditionen, insbesondere dem Petrarkismus – steht aber noch aus. In diesem Zusammenhang stellt sich die Frage nach den Spezifika des für die Bühne adaptierten ökonomischen Wissens: vor allem nach der Verbindung, die Oeconomia und Literatur bzw. Theater vor dem Hintergrund zeitgenössischer Konventionen eingehen. Wie unterscheiden sich beispielsweise die im Stück präsentierten ökonomischen Ideale von denen der zeitgenössischen Ökonomie-Traktate und -Dialoge? Welche *anderen* Möglichkeiten nutzt das Drama für die Inszenierung ökonomischen Wissens, und wie funktionalisiert es sie mit Blick auf seine Rezipienten?

1. Einführung: Paolo Caggio und die *Flamminia prudente*

Paolo Caggio wurde im ersten Viertel des 16. Jahrhunderts in Palermo geboren. Er gilt als einer der wichtigsten Literaten des damaligen Sizilien und als vehementer Verfechter der toskanischen Sprache und Kultur. Diese kannte er allerdings nur aus seinen Lektüren und seiner Korrespondenz, da er Sizilien bis zu seinem Tod, 1562 in Palermo, offenbar nie verlassen hat.[6] Nach dem Studium der Rechte wurde er 1545 Sekretär des Senats von Palermo, 1549 zudem Notar der *Corte Pretoriana*, d.h. des palermitanischen Gerichtshofs, bevor er 1554 in den Dienst des Herzogs von Bivona eintrat und fortan an verschiedenen Orten Siziliens tätig war.[7] Im Jahr 1549 gründete er unter der Schirmherrschaft des Vizekönigs Don Juan de Vega die erste literarische Akademie Siziliens. Unter dem Motto „non solum" und dem Emblem eines im Wald singenden Vogels traf sich die *Accademia dei Solitari* in der Villa eines ihrer Mitglieder, Enrico Patella, vor den Toren Palermos.[8] Zu Caggios Bedauern musste sie ihre Tätigkeit allerdings schon im Mai 1554 wieder einstellen. Als Caggios Hauptwerke gelten zwei Dialoge: die um Fragen der politischen Herrschaft kreisenden *Ragionamenti* (Venedig 1551) sowie die schon erwähnte *Iconomica*, in der der Klosterbruder Apollonio seinen Schützling Monofilo über die Kunst der Haus- und Familienführung belehrt. Überliefert sind weiterhin zwei Akademie-Vorlesungen über Petrarca (*Lezzioni sul Petrarca*, 1553), ein

5 Maria Di Venuta, „Introduzione", in: Paolo Caggio, *Flamminia prudente*, hg. von Maria Di Venuta, Caltanissetta/Rom 2002, S. 7–18, hier S. 11 u. 18.

6 Vgl. Giovanna Ratto, „Introduzione", in: Paolo Caggio, *Iconomica*, hg. von Giovanna Ratto, Neapel 1987, S. 11–86, hier S. 18.

7 Vgl. Ratto, „Introduzione", S. 15–17. Als Sekretär des Senats von Palermo überarbeitete Caggio die *Consuetudines*, d.h. die Regeln für den palermitanischen Handel, die 1547 erschienen.

8 Vgl. Delphine Montoliu, *Accademie siciliane 1400–1701 (database)*, URL: http://revues.univ-tlse2.fr/pum/lineaeditoriale/index.php?id=83 (20.6.2018).

unveröffentlichter Diskurs über die Gerechtigkeit (*Discorso della giustizia*), einige petrarkistische Gedichte sowie diverse Briefe, u.a. an Pietro Aretino, den Caggio überaus bewunderte und in seinen Schriften regelmäßig zitiert.[9]

Die *Flamminia prudente*, ein mit petrarkistischen und bukolischen Elementen durchsetzter Zweiakter, entstand vermutlich um 1549 und wurde erstmals 1551 in Venedig publiziert.[10] Trotz der deutlich komödienhaften Züge – man denke nur an die burlesken Szenen der Dienerschaft und das glückliche Ende – grenzt Caggio sein Stück explizit von dem etablierten dramatischen Genre der Komödie ab. Es sei noch keine Komödie, sondern eine *novelletta*, eine *favola*, ein *capriccio*, heißt es im Prolog: „Non è già comedia, ma si ben una novelletta, una favola, un capriccio".[11] Und in einem Brief an Aretino spricht Caggio von einer ‚Geschichte, die man aufführen könne' („una favola da potersi rappresentare").[12] Im Untertitel ist die Rede von einer *novelletta* (im Sinne von Neuheit), die der Autor ‚aus einer Laune heraus und zum gemeinsamen Vergnügen seiner Freunde verfasst' habe („composta per capriccio e a commun diletto degli amici"; FP 19).[13] Die Abgrenzung von der Komödie mag der Kürze des Stücks geschuldet sein, auf die sowohl der Prolog als auch die finale Zuschauerapostrophe verweisen: Nur eineinhalb Stunden („un'ora e mezza", FP 30) dauere das Stück; es sei ‚keine fünf bis sechs Stunden verschlingende Komödie', sondern eine *favola*, und diese sei

9 Die *Lezzioni sul Petrarca* sind abgedruckt in: Giovanna Ratto, „La *Iconomica* di Paolo Caggio", in: *Atti dell'Accademia di scienze, lettere ed arti di Palermo, Serie IV* 33, parte 2,1 (1974), S. 119–197, hier S. 145–197. Für die Gedichte s. Paolo Caggio, „Sonetti (*Corre desposta l'aspra sua fierezza; La Schiera de gli augei nemica al lume; Questa nova d'amor leggiadra Orsetta*)", in: *Il sesto libro delle rime di diversi eccellenti autori, nuovamente raccolte, et mandate in luce. Con un discorso di Girolamo Ruscelli*, hg. von Girolamo Ruscelli, Venedig 1553, fol. 57r/v. Die Briefe an Aretino (1550/1551) finden sich in: Pietro Aretino, *Lettere scritte a Pietro Aretino* II,2, hg. von Teodorico Landoni, Bologna 1875, S. 269–279. Fünf weitere Briefe in: Giovanna Ratto, „Dall'epistolario di Paolo Caggio", in: *Bollettino del Centro di Studi filologici e linguistici siciliani (Palermo)* 14 (1980), S. 148–170, hier S. 158–170. Zu Caggios Verhältnis zu Aretino vgl. Paolo Procaccioli, „*Ad Aretinum per Aristotelem*. Intorno a Paolo Caggio ‚allievo' e corrispondente siciliano di Aretino", in: *Rinascimento meridionale* 1 (2010), S. 85–97.

10 Zur Entstehungszeit vgl. den auf den 14. Januar 1549 datierten Widmungsbrief an Ottaviano Precone. Die Handlung spielt allerdings erst 1550 (vgl. unten Anm. 19), was auf weitere Bearbeitungen vor der Drucklegung hindeutet. – Zu den literarischen Modellen (Petrarca, Sannazaro) der *Flamminia prudente* vgl. Di Venuta, „Introduzione", S. 15.

11 Paolo Caggio, *Flamminia prudente*, hg. von Maria Di Venuta, Caltanissetta/Rom 2002, S. 30. Im Folgenden zitiert als FP mit Seitenzahl.

12 Paolo Caggio, „Lettera a Pietro Aretino, 10.10.1550", in: *Lettere scritte a Pietro Aretino* II,2, hg. von Teodorico Landoni, Bologna 1875, S. 269–275, hier S. 274.

13 Zum Ausweis der Neuheit vgl.: „Nova è, non d'altronde tolta che dal vero capo dell'auttore" (Neu ist sie und nirgends als dem Kopf des Autors entnommen; FP 30). Der Begriff *novelletta* ruft, insbesondere in Verbindung mit dem des *diletto* und dem Rückzug ins ländliche Idyll, die Rahmenerzählung von Boccaccios *Decamerone* auf. Man kann hierin einen ersten Hinweis auf Caggios durchgängiges Bemühen sehen, sich in der Tradition der großen toskanischen Autoren zu situieren.

‚schon vorbei'.[14] Auch die atektonische Struktur mit dem acht Szenen umfassenden ersten (FP 35–58), aber nur drei Szenen umfassenden zweiten Akt (FP 61–72) mag ein Grund für die Abgrenzung sein.[15] Vor dem Hintergrund der ländlichen Szenerie ist das Stück zudem im Kontext der neu entstehenden rural-dramatischen Gattungen (*egloga*, *pastorale*, *favola* etc.) zu sehen, die in der ersten Hälfte des Cinquecento noch unter die Komödie subsumiert, dann jedoch zunehmend als eigenständig wahrgenommen und ausdifferenziert wurden.[16] Auch diesbezüglich lässt sich das Stück als Neuheit sehen. Gleichwohl kann es seine Nähe zur Komödie nicht leugnen – ansonsten wären die wiederholten Abgrenzungen in diese Richtung wohl auch überflüssig.[17]

Grundsätzlich lassen sich zwei Handlungsstränge differenzieren: die um die Liebesgeschichte Flamminias und Monofilos kreisende Haupthandlung sowie die mit den Liebeleien der Dienerschaft befasste Nebenhandlung.[18] Das Stück spielt im Oktober 1550 in der ländlichen Umgebung Palermos.[19] Der junge Monofilo ist verzweifelt aus Palermo aufs Land geflüchtet, weil die schöne Flamminia, in die er verliebt ist, sein Flehen auch nach sechs Jahren noch immer nicht erhören will. Er sucht Rat und Trost bei dem befreundeten, seit einer Weile auf dem Land lebenden Ehepaar Telesforo und Porzia. Beides findet er im Gespräch mit Porzia, die er mit ihrer Dienerin Ifigenia zu Hause antrifft. Telesforo ist nicht zu Hause, sondern auf die Weide zu den Ziegen gegangen. Porzia hat Mitleid mit Monofilo und verspricht, ihm zu helfen: Während er spazierengehe, werde sie sich etwas ausdenken. Als Monofilo nach einer Weile zurückkehrt, berichtet Porzia völlig unvermittelt von Flamminias Entschluss, Monofilo zu heiraten. Nur ihren Vater, einen ausgesprochenen Geizhals, müsse man noch überzeugen. Porzia will zu diesem Zweck eine Bekannte aus Palermo, die *comare* (‚Gevatterin'; in Aretinos *Ragionamenti* die Kupplerin), zu ihm schicken. Diese soll ihm die Einwilligung in die Heirat mit dem Angebot schmackhaft machen, dass Monofilo auf die Mitgift verzichte.[20] Monofilo erklärt sich zu diesem Verzicht bereit, ist jedoch keineswegs

14 „Spettatori, questa non è stata comedia che ci si consumino le cinque e le sei ore di sopra; ella è stata una favola ed è già compiuta" (FP 72).

15 Dass es sich angesichts des kurzen zweiten Akts um ein Fragment handelt (vgl. Di Venuta, „Introduzione", S. 12), ist allerdings unwahrscheinlich, denn offenbar hat Caggio das Stück für ausreichend ‚fertig' gehalten, um es in den Druck zu geben. Zum Problem der atektonischen Form vgl. auch unten Anm. 22.

16 Vgl. Rolf Lohse, *Renaissancedrama und humanistische Poetik in Italien*, Paderborn 2015, S. 205.

17 Dass die *Flamminia prudente* von Caggios Zeitgenossen als Komödie gelesen wurde, belegt das Widmungssonett von Domenico Merenda, in dem das Stück schlicht als „comedia" bezeichnet wird (FP 25).

18 Ich konzentriere mich im Folgenden auf die Haupthandlung. Die für meine Argumentation sekundäre Nebenhandlung lässt sich dahingehend resümieren, dass die in den Burschen Serafio verliebte Dienerin Ifigenia diesen am Ende auch bekommt, nachdem ihr zwischenzeitlich auch Loschetto Avancen gemacht hatte.

19 S. die auf den 10. Oktober 1550 datierten Briefe (FP 68 u. 70).

20 Diese Herabstufung der Mitgift zielt klar gegen die zeitgenössisch übliche Praxis, die Töchter mit teils exorbitanten Mitgiften auszustatten. Wie hier wird auch in Caggios *Iconomica*

beruhigt, was den Ausgang des Unternehmens angeht. Der erste Akt endet mit der Rückkehr Telesforos, der Monofilo zum Abendessen ins Haus bittet.

Der zweite Akt führt schnell, ja geradezu übereilt und dramaturgisch nicht besonders überzeugend, die Lösung und das glückliche Ende herbei. Noch bevor die *comare* beauftragt werden kann, überbringt Monofilos Diener Serafio, aus Palermo kommend, seinem Herrn zwei Briefe.[21] Der erste stammt von Monofilos Vater, der mitteilt, er sei mit Flamminias Vater übereingekommen, dass Monofilo Flamminia unter Verzicht auf die Mitgift heiraten solle.[22] Im zweiten Brief erklärt Flamminia, dass sie Monofilo insgeheim seit langem liebe, ihrem Verlangen aber aus Vorsicht und gebotener Diskretion bislang deswegen nicht nachgegeben habe, weil ihrer beider Eltern noch nicht in die Ehe eingewilligt hätten. Nun aber, nach der Übereinkunft der Väter, erwarte sie Monofilos sofortige Rückkehr nach Palermo. Der höchst erfreute Monofilo ist im Nachhinein dankbar, dass Flamminia so klug (*prudente*) war, sich ihm erst zu offenbaren, als die Heirat offiziell beschlossen war. Dadurch habe sie ihn vor einem Irrtum („errore“, FP 71) bewahrt. Mit diesem Irrtum kann sowohl eine unsittliche voreheliche Verbindung als auch eine sogenannte klandestine, ohne Einverständnis der Eltern erfolgte Eheschließung gemeint sein, in jedem Fall aber etwas – gemäß der damaligen Ehenorm – Unmoralisches.

---

empfohlen, die Tugendhaftigkeit der künftigen Frau höher zu bewerten als ihre Mitgift. Vgl. Paolo Caggio, *Iconomica*, hg. von Giovanna Ratto, Neapel 1987, S. 90: „fa che la prima dote ch'ella ti rechi sia la virtù“, und S. 95: „che non facci conto d'arricchirti per mezzo della dote sua“. Eine solche Empfehlung ist zeitgenössisch ungewöhnlich, hat im Ehediskurs aber durchaus Vorläufer; vgl. Francesco Barbaro: „Derart werden wir bei der Gattin Klugheit [*prudentia*] so hoch werten, daß wir, wenn es unsre Güter erlauben, das Geld der Frau außer acht lassen, oder darüber hinaus ihrer Dürftigkeit etwas beisteuern, um so des Hauses Ehre und Frieden zu gewinnen. Eben dies bringt uns wahrhaftig größeren Ruhm, als wenn die Gattin durch Versippung und Gold ansehnlich, dabei des Guten bar ist“ (Francesco Barbaro, *Das Buch von der Ehe – De re uxoria* [1415], deutsch von Percy Gothein, Berlin 1933, Buch I, Kap. 1, S. 24).

21 Vgl. dazu das Resümee im Prolog, wonach Serafios Eintreffen dem gesamten Plan zuvorkam: „Monofilo [...] restando con proposito di tornare in città con lettere di Porzia, è sopragiunto da Serafio ragazzo con lettere di suo padre e della sua amata Flamminia, che lo chiamano alle nozze conchiuse“ (FP 29).

22 Die Handlungsführung wirkt hier, wie an mehreren anderen Stellen, unplausibel. Schon im 1. Akt war fraglich geblieben, weshalb Porzia erst nach seinem Spaziergang von Flamminias Entscheidung berichtet, ihn heiraten zu wollen, obwohl ihr diese zuvor bekannt gewesen sein muss. Hier nun, im 2. Akt, erfährt man nichts darüber, wie es zu der Übereinkunft der beiden Väter kam und insbesondere nicht, was Monofilos Vater motiviert hat, auf die Mitgift zu verzichten, obwohl er diesen Verzicht ganz ausdrücklich bedauert. Klar ist nur, dass dies alles ohne Zutun der *comare* geschah, die erst gar nicht kontaktiert werden konnte. Es bleiben also gewisse handlungslogische Leerstellen, die allerdings für meine Argumentation nicht weiter ins Gewicht fallen. Im Übrigen sind die atektonische Form und die teils unplausible Handlungsführung vor dem Hintergrund der rinascimentalen Poetik zu sehen, die andere Maßstäbe an die Kohärenz der Handlung anlegte, als wir dies heute gewohnt sind: Eine Handlung galt als gelungen, wenn sie ‚wahrscheinlich‘ war, wobei ‚wahrscheinlich‘ durchaus nicht nur eine „kausal kohärente Abfolge des äußeren Geschehens“, sondern auch die „Übereinstimmung von Handeln mit dem Decorum“ meinen konnte (Brigitte Kappl, *Die Poetik des Aristoteles in der Dichtungstheorie des Cinquecento*, Berlin/Boston 2012, S. 315).

Bevor ich auf die ökonomischen Aspekte des Stücks zu sprechen komme, werde ich zunächst auf die spezifische Ausgestaltung des Liebessujets und die in diesem Kontext erfolgenden Referenzen auf den Petrarkismus eingehen, denn diese bilden, wie im Anschluss zu sehen sein wird, einen Kontrapunkt zu einigen zentralen, im Stück exponierten ökonomischen Konzepten.

2. *A commun diletto degli amici*: Petrarkismus-Parodie und Literatensatire

Dass es Caggio um mehr als eine – im Resümee eher magere – Liebesgeschichte gegangen sein dürfte, zeigt die den Prolog eröffnende Tirade des Histrione auf ‚gewisse Schreiberlinge' („certi letteratuzzi", FP 27), die, egal ob in Sonett, Kanzone, Madrigal, Komödie oder Tragödie, über nichts anderes als die Liebe zu schreiben wüssten, obwohl es doch insbesondere für die Komödie an Themen nicht mangele. Da seien die Laster der Schulmeister und Kurtisanen, der Geiz der hohen Herren, die Dummheit der Priester, die Bosheit der Mönche, die Zügellosigkeit der Jugend, die Angeberei der Soldaten, Adligen und Möchtegern-Damen, die man aufs Korn nehmen könne (vgl. FP 28). Angesichts dieser deutlichen Kritik etwas überraschend folgt dann allerdings das Eingeständnis, das vorliegende Stück sei ebenfalls das Werk eines solchen *letteratuzzo* („un di loro", FP 29) und handele – es tue ihm leid! – von der Liebe, wenngleich von einer höchst ehrenhaften: „E per esser di *soggetto amoroso* mi dispiace, quantunque sia *onestissimo*" (Und dass es [das Stück] ein Liebessujet hat, tut mir leid, obgleich es ein höchst ehrenhaftes ist; FP 29; Herv. C.S.). Dass der Histrione zwischen Liebe (*amore*) und ehrbarer Liebe (*amore onesto*) differenziert und das von Caggio gewählte Liebessujet als „onestissimo" charakterisiert, deutet darauf hin, dass das Liebessujet hier nicht unkritisch verwendet wird. Die Wahl des *amore onesto* verweist zunächst auf den Petrarkismus und sein zentrales Thema, die Schmerzliebe.

Die Polemik gegen die *letteratuzzi* allerdings macht in diesem Kontext darauf aufmerksam, dass es Caggio dabei nicht um eine schlichte, petrarkistisch inspirierte Liebesgeschichte gegangen sein dürfte, sondern vielmehr um eine Parodie auf den spätestens seit Pietro Bembo ausgesprochen in Mode gekommenen Petrarkismus, die ihrerseits satirisch funktionalisiert ist:[23] als Spitze gegen die

23 Parodie und Satire (qua Schreibweise) sind hier insofern grundsätzlich zu unterscheiden, als die Parodie (wie in diesem Beispiel) satirisch gebraucht werden *kann*, aber nicht muss. Zu weiteren Funktionen der Parodie (etwa der Komisierung) vgl. Theodor Verweyen/Gunther Witting, *Die Parodie in der neueren deutschen Literatur. Eine systematische Einführung*, Darmstadt 1979, S. 160–211 (zur Unterscheidung von ‚bloß komischer' und ‚kritisch komischer' bzw. ‚satirischer' Parodie S. 200). Zum Satirischen als Schreibweise (in Abgrenzung zur Satire als Gattung) vgl. Klaus W. Hempfer, *Gattungstheorie. Information und Synthese*, München 1973, S. 163. Zum Satirischen als einem „Phänomen der textexternen extrapragmatischen Ebene, mithin als Phänomen des Gebrauchs", das unter Maßgabe eines ‚satirischen Vertrags' operiert, vgl. Andreas Mahler, „Der satirische Kontrakt. Performanzen des Satirischen", in: *Zeitschrift für französische Sprache und Literatur* 127:3 (2017), S. 253–277, hier S. 259, Anm. 16.

letteratuzzi und ihre – aus Caggios Sicht – schlechte Petrarca-*imitatio*.[24] Als Modell mag hierbei einmal mehr Aretino gedient haben, der in Komödien wie *La cortigiana* (1525/revid. 1534) nicht nur den sprachlichen Petrarkismus, sondern auch das Laura-Ideal verspottet und von dem Caggio selbst sagt, er habe ihn (bzw. seinen ‚Stil') in der *Flamminia prudente* nachzuahmen versucht.[25] Caggios Selbstausweis als *letteratuzzo* wäre insofern ironisch zu verstehen: als Strategie, um sich umso dezidierter von der Masse petrarkistischer Dichter abzuheben. Dass das Liebessujet in der *Flamminia prudente* für eine satirische Attacke auf die *letteratuzzi* (im Folgenden kurz: Literatensatire)[26] refunktionalisiert wird, bestätigt sich im Fortgang des Stücks. Zunehmend wird deutlich, dass typisch petrarkistische Elemente nicht nur seitenlang evoziert, sondern parodiert, komisch gebrochen und im Sinne der Oeconomia umkodiert werden. Dies sei nun genauer ausgeführt.

Besonders prägnant aufgerufen werden die zeitgenössisch nur allzu bekannten Versatzstücke petrarkistischer Liebesdichtung durch das Schönheitslob, in dem Monofilo seine geliebte Flamminia als vollendete *bellezza* nach dem Vorbild von Petrarcas Laura modelliert: engelsgleiches Gesicht, milchweiße Stirn, Augen wie Sonnen, Wangen wie Rosen, ein wohlkonturiertes Näschen, Zähne wie Perlen, anmutige Gesten etc.[27] Ebenso wie Laura erscheint die göttliche Flamminia („Flamminia divina", FP 42), die nach Porzias Aussage mehr himmlischer Engel („angel celeste", FP 40) denn irdisches Wesen ist, dem Liebenden aber zugleich als gefühlskalte *donna crudele*, die ihn in Amors Kerker („carcere", FP 40) gefangen hält: Flamminia sei von sturer, hochmütiger Härte und Kälte („sempre ostinata nella sua altiera durezza, sempre dura nella sua freddezza", FP 41), klagt Monofilo. Und schließlich spielt auch der von Monofilo am Ende evozierte Irrtum auf Petrarca an. Er evoziert den im Eingangssonett des *Canzoniere* erwähnten jugendlichen Irrtum („giovenile errore").[28]

Bei aller Nähe lassen diese Beispiele aber zugleich eine Distanznahme zu Petrarca erkennen. So enthält die Charakterisierung Flamminias Elemente, die den Rahmen des Laura-Ideals – offenbar gezielt – transgredieren. Im Schönheitskatalog fällt die Nase („quel nasetto profilato", FP 39) auf, die es bei Petrarca bekanntlich gerade nicht gibt.[29] Die Erwähnung der Nase gilt geradezu als Kennzeichen satirischer, burlesker und antipetrarkistischer Dichtung, die damit gezielt „auf

24 Ratto hat das Stück in diesem Zusammenhang als „‚satira' antipetrarchista" bezeichnet. Ratto, „Introduzione", S. 27. Zu Caggios Polemik gegen die „sterili imitatori" Petrarcas vgl. auch Di Venuta, „Introduzione", S. 13.

25 Vgl. Caggio, „Lettera a Pietro Aretino, 10.10.1550", S. 274.

26 Satire hier nach wie vor im Sinne von satirischer Schreibweise, nicht Gattung. Vgl. oben Anm. 23.

27 Vgl. „il sembiante angelico, le divine bellezze, quella fronte di latte, quegli occhi di sole, quelle guancie di rose, quel nasetto profilato, quei rubini di Paradiso e quelle perle ond'ella frange parole [...] col resto delle sue vezzose maniere" (FP 39f.).

28 Francesco Petrarca, *Canzoniere*, hg. von Marco Santagata, Mailand 2010, S. 5.

29 Vgl. Amedeo Quondam, „Il naso di Laura. Considerazioni sul ritratto poetico e la communicazione lirica", in: ders., *Il naso di Laura. Lingua e poesia lirica nella tradizione del classicismo*, Modena 1991, S. 291–328.

das Hässliche, Lächerliche oder Komische" weist.[30] Ebenso gibt es das Attribut „altiera" bei Petrarca nicht: Laura wird zwar als kalt und hart bezeichnet, nie jedoch als hochmütig. Und was den Jugendirrtum angeht, so meint der von Monofilo aufgerufene *errore* freilich etwas gänzlich anderes als jener bei Petrarca: eben nicht das jahrelange Schmachten nach der *donna* (denn diesem ist Monofilo ebenso wie das lyrische Ich Petrarcas erlegen), sondern eine vor- oder uneheliche Verbindung mit dieser.

Zahlreiche weitere petrarkistische Elemente erscheinen bei näherem Hinsehen komisch ‚kontaminiert' und ins Lächerliche gekippt. Exemplarisch hierfür ist der weinerliche Monofilo, dessen „lamento e [...] mormorìo che farebbe di certo rompere i sassi e intenerir gli aspidi crudeli" (Steine brechendes und grausame Schlangen erweichendes Gejammer und Gesäusel, FP 36) von seiner nahenden Ankunft kündet, noch bevor er überhaupt die Bühne betritt. Dieser jämmerliche Liebhaber kann im Rahmen eines genuin komisch angelegten Stücks wie der *Flamminia prudente* nicht anders als verlacht werden. In der Textfassung wird die Komik besonders dann ersichtlich, wenn das Weinen lautmalerisch ausgestaltet ist: „Lagrime, ah? Oh cuor mio dolcissimo, uuuh, uuuh" (FP 51). Der Transfer in die komisch-dramatische Gattung unterstützt hier die Ridikülisierung der petrarkistischen Schmerzliebe, indem er die Wehklage vom Modus des *telling* in den des *showing* überführt. Die damit einhergehende ‚Veräußerlichung' des Schmerzes, die sich in einer etwaigen theatralen Performanz freilich nochmals steigern würde, lässt die Wehklage leichter ins Lächerliche kippen, als wenn ein lyrisches Ich *sagt*, dass es weint.

Ein weiteres Beispiel illustriert, wie die petrarkistische Schmerzliebe bei Caggio durch unpassende Vergleiche und Metaphern komisiert und insofern parodiert wird. Monofilo stilisiert sich an einer Stelle als Lamm („agnello"), das von seiner Henkerin Flamminia zur Opferung („al sacrificio") geführt wird (FP 41), was, wohl nicht zuletzt wegen der übertriebenen Assoziation der *donna* mit dem blutrünstigen Akt des Schlachtens, komisch wirkt. Eine Lamm-Metapher gibt es zwar auch bei Petrarca, wird von diesem aber in einem völlig anderen Bildfeld verwendet: Hier bezeichnet sich der Sprecher als ‚glückliches Lamm in leidender Herde' und evoziert damit das Lamm nicht als Opfertier, sondern als Bild für eine unschuldige Jugend.[31]

Ridikülisierend wirken auch gewisse Verstöße gegen das *aptum*, so beispielsweise, wenn die petrarkistische Verbindung von ‚Gehen und Klagen' durch profane Elemente wie Essen und Trinken gestört wird. Während das ‚Wandern und Weinen' bei Petrarca in Sonett RVF 35 („Solo et pensoso") die Flucht in eine einsame, menschenleere Natur bedeutet, eine Natur, die zugleich überhöht, personifiziert

30 Evi Zemanek, *Das Gesicht im Gedicht. Studien zum poetischen Porträt*, Köln u. a. 2010, S. 99.

31 Vgl. Kanzone RVF 207 („Ben mi credea"): „Felice agnello a la penosa mandra/ mi giacqui un tempo [...]" (Glückliches Lamm in leidender Herde/ war ich eine Weile lang [...]). Petrarca, *Canzoniere*, S. 887 (V. 43f.). Zur Interpretation des Lamms als Bild für die Jugend vgl. auch den Kommentar von Marco Santagata zu dieser Stelle; ebd., S. 893f.

und mit menschlichem Wissen ausgestattet wird,[32] endet das Gehen und Klagen für Monofilo keineswegs in der Einsamkeit, sondern in der Gesellschaft Porzias und mit der Befriedigung elementarer körperlicher Bedürfnisse wie Hunger und Durst. Käse, Wein und Eier, die Porzia ihm darreicht, geben ihm die Kraft zurück, die ihm der lange Fußmarsch und das lange Weinen („il lungo caminar e il lungo pianto") geraubt haben (FP 39).

Dass Monofilos Gejammer nicht im Sinne einer petrarkistischen Klage ernstzunehmen ist, zeigt sich ebenfalls, wenn sich sein Liebeskummer in dem Ifigenias spiegelt und damit implizit auf die niedrigere Stilebene des Diskurses der Dienerschaft gezogen wird. In Ifigenias Worten hallt Monofilos Klage unmittelbar nach: „Uh, trist'a me, chi sta più scontenta d'Ifigenia al mondo?" (Uh, ich trauriges Geschöpf, wer auf der Welt ist unglücklicher als Ifigenia?, FP 38). Wenn aber Herr und Dienerin auf die gleiche Weise klagen und damit die – gemäß den Kriterien von Stand und Gender – gebotene Stildifferenz eingeebnet wird, dann kann nicht nur mit der Klage der Dienerin, sondern auch mit der des Herrn etwas nicht stimmen.[33] Sie wird der Lächerlichkeit preisgegeben.

Vor dem Hintergrund der – auf Basis dieser Parodie operierenden – satirischen Attacke auf die *letteratuzzi* erscheint nun auch die Widmung „a commun diletto degli amici" in neuem Licht. Das Stück ist offensichtlich eine Satire *von* Literaten *gegen* Literaten, verfasst von Caggio, um sich gemeinsam mit seinen Freunden aus der *Accademia dei Solitari* auf Kosten anderer Literaten zu amüsieren.[34] Es dient insofern nicht zuletzt auch dem *community-fashioning* von Caggios Akademie. Als zeitgenössischer Rezeptionskontext kommt damit die *Accademia dei Solitari* und, für die Druckfassung, die italienische Akademienlandschaft als Ganzes in den Blick. Qua Literatensatire dient die *Flamminia prudente* dann Caggios Selbstpositionierung im literarischen Feld und speziell seiner Profilierung im Wettstreit mit anderen Akademien und Akademikern. Hierauf ist zurückzukommen.

Zunächst aber ist nun auf die ökonomischen Aspekte des Theaterstücks zu sprechen zu kommen, die – bezeichnenderweise ebenfalls ausgehend von dem Liebessujet – eine weitere, gänzlich anders geartete Rezeptionsmöglichkeit eröffnen. Es zeigt sich nämlich, dass die petrarkistischen Versatzstücke nicht nur parodiert, sondern zudem umkodiert und im Dienste der Oeconomia refunktionalisiert und resemantisiert werden.[35] Dies wird bereits an dem oben erwähnten

---

32 Vgl. V. 9–11: „io mi credo omai che monti et piagge/ et fiumi et selve sappian di che tempre/ sia la mia vita" (ich glaube nun, dass Berge und Täler/ und Flüsse und Wälder wissen, von welcher Art/ mein Leben ist). Petrarca, *Canzoniere*, S. 190.

33 Vgl. dazu die komödientheoretischen Ausführungen von Giraldi Cintio, der darauf insistiert, dass jede Figur standesgemäß sprechen und so den Erfordernissen des *decorum* genügen muss. Vgl. Giraldi Cintio, „Lettera intorno al comporre delle comedie e delle tragedie", S. 95f.

34 Dass mit den *amici* die Mitglieder der *Accademia dei Solitari* gemeint sind, nimmt auch Di Venuta („Introduzione", S. 12) an.

35 Auch Di Venuta erkennt diese Doppelstruktur (Polemik gegen Petrarkisten einerseits, Vermittlung ökonomischer Motive andererseits), geht aber nicht weiter auf ihr spezifisches Zusammenspiel ein. Vgl. Di Venuta, „Introduzione", S. 13.

Beispiel des *errore* ersichtlich, der sich bei Petrarca auf das Schmachten des Liebenden, bei Caggio dagegen, obwohl er auf Petrarca anspielt, auf eine im Sinne der ökonomischen Doktrin unmoralische, weil illegitime Verbindung bezieht.

3. Formen weiblicher *prudentia* und ihre Funktionalisierung

3.1 Weibliche prudentia *in der Hierarchie des Hauses*

Schon über das im Titel platzierte Adjektiv *prudente* wird in Caggios Stück ein eminent ökonomisches Thema aufgerufen. *Prudentia* gilt als die haushälterische Tugend schlechthin und hat entsprechend in der ökonomischen Literatur von der Antike bis in die Frühe Neuzeit eine herausgehobene Stellung inne.[36] Dies gilt auch für Caggios *Iconomica*.[37] *Prudentia* ist jene, auf die Aristotelische *phronēsis* rückführbare praktische Lebens- oder Handlungsklugheit, die den Menschen – und speziell den Haushälter – dazu befähigt, ein gutes und glückliches Leben zu führen. Aristoteles definiert *phronēsis* als eine praktische Form der Klugheit, „ein mit richtiger Vernunft verbundenes handelndes Verhalten [*alēthous meta logou praktikē*] [...] im Bezug auf das, was für den Menschen gut oder schlecht ist".[38] Wer auf eine solche praktische Weise klug ist, weiß nicht nur in der Theorie, welche Dinge vernünftig und nützlich sind, sondern vermag sie auch in die Tat umzusetzen. Er vermag handlungsorientiert zu urteilen – was laut Aristoteles für eine praktische Wissenschaft wie die Haushaltsführung entscheidend ist.[39]

Diesem Aristotelischen Konzept folgt auch Porzias Definition des Klugen (*prudente*):

> [L]'ufficio del prudente [è] di saper ben consultare ed eleggere tutte quelle cose che son ragionevoli e utili a ben vivere e alla felicità propria [...].
> [...] [L]a terza condizione che si ricerca all'ufficio del prudente [è] il metter in opra quel che per lo consiglio e per lo buono giudicio ha determinato di fare [...]. (FP 49)

36 Für die italienische Renaissance vgl. exemplarisch Albertis *I libri della famiglia*, wo *prudenza* durchweg gelobt wird und es eingangs programmatisch heißt, dem Wohl einer Casa sei mit Vernunft (*ragione*) und Klugheit (*prudenza*) mehr gedient als mit Glück (*fortuna*) und Zufall (*caso*): Selbst herausragende Familien stürzten ins Unglück, wenn es ihnen an *prudenza* und *diligenza* (Fleiß) mangele. Vgl. Leon Battista Alberti, *I libri della famiglia*, hg. von Ruggiero Romano, Alberto Tenenti und Francesco Furlan, Turin 1999, S. 11.

37 Zur zentralen Stellung von *prudentia* in der *Iconomica* und *Flamminia prudente* vgl. Di Venuta, „Introduzione", S. 10f.; Ratto, „Introduzione", S. 50f.

38 Aristoteles, *Nikomachische Ethik*, S. 245 (= Buch VI, 5, 1140b). Zur Handlungsklugheit (*phronēsis*) als Eigenschaft des guten Haushälters vgl. ebd., S. 247 (= Buch VI, 5, 1140b) sowie ebd., S. 253 (= Buch VI, 8, 1141b).

39 Zum „Urteil im Handeln" als Fähigkeit des Klugen vgl. ebd., S. 247 (= Buch VI, 5, 1140b). – Zum Konzept der *prudentia* bei Aristoteles und seiner Rezeption vgl. Pierre Aubenque, *La prudence chez Aristote*, Paris [3]1986; André Tosel, „De la prudence des Anciens à la prudence des Modernes", in: ders., (Hg.), *De la prudence des Anciens comparée à celle des Modernes: sémantique d'un concept, déplacement des problématiques*, Paris 1995, S. 7–34; Marie-Christine Granjon, „La prudence d'Aristote: histoire et pérégrinations d'un concept", in: *Revue française de science politique* 49:1 (1999), S. 137–146.

> Die Aufgabe des Klugen ist es, sich gut zu beraten und all jene Dinge zu wählen, die vernünftig und nützlich für ein gutes Leben und das eigene Glück sind [...].
> [...] Die dritte Bedingung, die ein Kluger erfüllen muss, ist, das, was er aufgrund von Rat und gutem Urteil zu tun beschlossen hat, in die Tat umzusetzen [...].

Als in diesem Sinne klug wird dann die Protagonistin nicht nur durch den Titel des Stücks, sondern auch durch Porzia ausgewiesen: Flamminia sei die klügste junge Frau der Welt („la più prudente giovane [...] del mondo", FP 43f.).

Prudentia wird in Caggios Stück also primär als weibliche Tugend thematisch. Dies ist insofern bemerkenswert, als es im ökonomischen Diskurs der Renaissance keineswegs selbstverständlich war, *prudentia* überhaupt als eigenständige weibliche Tugend zu begreifen. So gesteht etwa Torquato Tasso der Frau *prudentia* nur in Abhängigkeit von jener des Mannes zu: „la prudenza [...] nella donna è serva della prudenza dell'uomo, e non deve essere se non tanta, quanta basta per ubbidire alla prudenza virile" (Die Klugheit [...] dient bei der Frau der Klugheit des Mannes; und sie soll nur so viel davon haben, wie nötig ist, um der männlichen Klugheit zu gehorchen).[40] Als ähnlich abhängig hatte zuvor bereits Leon Battista Alberti die *prudentia* der perfekten *mater familias* definiert. Eine so fleißige und in der Familienführung kluge Frau („donna tanto faccente e tanto nel reggere la famiglia prudente") finde man kaum ein zweites Mal, heißt es in den *Libri della famiglia* (1433–41) von der Ehefrau Giannozzos, der seinerseits als Inbegriff des *economo prudente*, des klugen Haushälters, fungiert.[41] Doch sei sie dazu erst durch die Unterweisung ihres Gatten geworden, wie dieser erklärt: „Fu certo la mia e per suo ingegno e costumi, ma molto più per miei ammonimenti ottima madre di famiglia" (Meine Frau war sicher sowohl aufgrund ihres Verstandes als auch ihrer Sitten eine ausgezeichnete Hausmutter, weit mehr aber noch aufgrund meiner Belehrungen).[42] Die Frau ist also weniger von sich aus (noch für sich selbst) klug, als vielmehr vermittelt durch (und für) den klugen Mann. Dass die weibliche der männlichen Klugheit zu dienen hat, zeigt sich dann u.a. darin, dass die Haushaltsführung der Frau nur die kleinen Dinge („cose minori") umfasst, von denen der Mann zugunsten wichtigerer Angelegenheiten („maggiori faccende") entlastet werden soll.[43] Es ließen sich weitere Beispiele für die Unterordnung weiblicher

40 Torquato Tasso, *Discorso della virtù feminile e donnesca* [1582], hg. von Maria Luisa Doglio, Palermo 1997, S. 61. Tasso beruft sich in diesem Kontext auf Aristoteles. Vgl. ebd., S. 60 und Aristoteles, *Politik*, I,13, 1260a11ff.

41 Alberti, *I libri della famiglia*, S. 268. Vgl. Giannozzos Selbstbezeichnung als klug: „sono io prudente" (ebd., S. 197).

42 Ebd., S. 268.

43 Ebd., S. 266.

prudentia anführen, die letztlich alle auf die – aristotelisch oder auch christlich fundierte – Hierarchie von Mann und Frau rückführbar sind.[44]

3.2 Flamminia und Porzia: prudentia *der Jungfrau,* prudentia *der Ehefrau*

Eine solche Unterordnung weiblicher *prudentia* unter die männliche gibt es bei Caggio nun gerade nicht. Selbst wenn man in Rechnung stellt, dass er (anders als etwa Alberti) nicht die innereheliche (sondern vor- und außereheliche) Relation von männlicher und weiblicher *prudentia* ins Zentrum stellt, so erscheint die Hierarchie dennoch geradezu umgekehrt. Dies zeigt sich bereits in der Verteilung der Diskurshoheit: Es ist hier mit Porzia eine Frau, die einen Mann (Monofilo) in ökonomischen Dingen (*prudentia,* Ehetugenden, Wahl der richtigen Ehefrau) unterweist, während die Rolle des ‚Lehrers' traditionell dem Mann zukommt.[45] Generell ist es die vorausschauende Klugheit Flamminias und Porzias, die das gute Ende erst ermöglicht. Monofilos desolater Zustand hingegen lässt keinen Zweifel, dass er nicht als Träger von (viriler) *prudentia* fungiert. Er befindet sich ganz in der untergeordneten Rolle, die für gewöhnlich der Frau vorbehalten ist: Seine Klugheit besteht im Wesentlichen darin, Porzias klugem Rat zu folgen und auf die Mitgift zu verzichten. Dass er alles andere als ein *uomo prudente* ist, zeigt auch sein langjähriges Freien um Flamminia, das, wie er am Ende selbst einsieht, höchst unvorsichtig (*imprudente*) war, solange die Eltern nicht in die Ehe eingewilligt hatten. Vor dem aus ökonomischer Sicht gravierenden Fehler (*errore*) einer unsittlichen Verbindung bewahrt hat ihn allein Flamminias Klugheit: genauer, ihre standhafte Ablehnung, die aus ökonomischer Sicht eben nicht als ‚Härte' oder ‚Kälte', sondern als kluges, strategisches Handeln im Kontext der Eheanbahnung erscheint.

Diese Umkodierung petrarkistischer Elemente unter den Vorzeichen ökonomischer Ideale betrifft nun auch das Konzept des *amore onesto* selbst. Nicht nur Flamminias Standhaftigkeit und das Abwarten des richtigen Moments, schon ihre Entscheidung für die Ehe ist aus Porzias Sicht ein vollendeter Akt der Klugheit („un atto di prudenza [...] perfetto"), denn damit habe sie sich für eine ‚ehrbare Liebe', einen „amore onesto" entschieden:

> [E]ssendo l'ufficio del prudente di saper ben consultare ed eleggere tutte quelle cose che son ragionevoli e utili a ben vivere e alla felicità propria, ella [sc. Flamminia], consigliatasi che la donna è stata procreata dal Signore Iddio per commodità dell'uomo e visto che nulla vale e nient'è da riputarsi colei che non cerca riscaldarsi di un *amore onesto,* ha finalmente conchiuso di darsi a voi [sc. Monofilo] [...]. (FP 49; Herv. C.S.)

44 Zu den aristotelischen bzw. christlichen Ursprüngen der Hierarchie von Mann und Frau im Ehediskurs und Ökonomie-Diskurs vgl. den Beitrag von Rüdiger Schnell in diesem Band.

45 Wo in Ausnahmefällen eine Frau diese Rolle einnimmt, so tut sie dies nur gegenüber anderen Frauen, z.B. ihren Töchtern. Vgl. etwa die Figur der Cassandra Spannocchi in Aonio Palearios *Dell'economia o vero del governo della casa* (1555; hg. von Salvatore Caponetto, Florenz 1983).

> Weil es die Aufgabe des Klugen ist, sich gut zu beraten und all jene Dinge zu wählen, die vernünftig und nützlich für ein gutes Leben und das eigene Glück sind, hat sie [sc. Flamminia] – nachdem sie zu dem Ergebnis gekommen ist, dass die Frau von Gott zur Annehmlichkeit des Mannes geschaffen wurde und ihr nichts mehr ansteht als sich an einer ehrbaren Liebe zu wärmen – sich am Ende dazu entschlossen, Sie [sc. Monofilo] zu heiraten [...].

Der Begriff des *amore onesto* erscheint hier nun freilich neu kodiert. Er meint ganz eindeutig nicht mehr die petrarkistische Schmerzliebe, sondern die eheliche Liebe der Oeconomia. Diese wird nicht zufällig in einem Atemzug mit der traditionellen ökonomischen Tugend der *prudentia* sowie jenem zeitgenössischen Ehe-Ideal zitiert, demzufolge die Frau nach Gottes Willen dem Mann eine gute Gefährtin (*socia*) sein soll.[46] Aus anderen Stellen des Stücks geht zudem hervor, dass dieser *amore onesto* auf eine von den Eltern befürwortete, standesgemäße Ehe mit einem jungen Mann zielt, der, wie Monofilo, Geld zu machen versteht („sa[] far danari", FP 68) und damit die notwendige wirtschaftliche Sicherheit mitbringt (eine Sicherheit, die ihm letztlich sogar erlaubt, auf die Mitgift zu verzichten). Vor dem Hintergrund dieses höchst praktisch orientierten Ehe- und Liebeskonzepts wird verständlich, warum Flamminias Entscheidung für die Ehe – gemäß den Vorgaben ökonomischer *prudentia* – erst nach gründlichem Abwägen und aufgrund durchweg rationaler Erwägungen zustandegekommen ist.

Flamminia verkörpert damit das zeitgenössische ökonomische Ideal der heiratsfähigen Jungfrau, die nicht nur ihre Keuschheit bis zur Eheschließung standhaft verteidigt, sondern mit Blick auf ihre künftige Rolle als gut wirtschaftende *madre di famiglia* auch rational zu kalkulieren weiß.[47] Dieses Ideal, das sogenannte erste von drei Stadien im Leben einer Frau (Jungfrau, Ehefrau, Witwe), hat zeitgenössisch vor allem durch Juan Luis Vives' viel rezipierten Traktat *De institutione feminae christianae* (Von der Erziehung der christlichen Frau; 1523, revid. 1538) Verbreitung gefunden. Bei Vives findet sich auch die Norm kodiert, nach der ein Mädchen bzw. eine unverheiratete junge Frau ihr Elternhaus vor der Heirat möglichst wenig verlassen soll, um sich nicht der Gefahr männlicher Blicke und Worte auszusetzen.[48] Diese Norm, mag sie zeitgenössisch auch umstritten und lebens-

---

46 Zur Rolle der Frau als *socia* des Mannes vgl. Rüdiger Schnell, „Die Frau als Gefährtin (*socia*) des Mannes. Eine Studie zur Interdependenz von Textsorte, Adressat und Aussage", in: ders. (Hg.), *Geschlechterbeziehungen und Textfunktionen. Studien zu Eheschriften der Frühen Neuzeit*, Tübingen 1998, S. 119–170.

47 Zur Sparsamkeit (*parsimonia*) als Tugend der Frau in der Hauswirtschaft vgl. Juan Luis Vives, *De institutione feminae christianae: liber primus* (= *Selected works of J. L. Vives*, 6), hg. von Charles Fantazzi und Constantinus Matheeussen, Leiden u.a. 1996, S. 114 (unter Rekurs auf Platon und Aristoteles); Tasso, *Discorso della virtù feminile e donnesca*, S. 56 u. 64.

48 Nicht alle Zeitgenossen vertreten eine so strikte Auffassung wie Vives, der junge Frauen so wenig wie möglich aus dem Haus gehen lassen will, da draußen überall das Laster lauere (vgl. Vives, *De institutione feminae christianae*, S. 102 u. 126). Junge Frauen sollten nur zu wohl-

weltlich nicht in dieser Strenge praktiziert worden sein, könnte gleichwohl einen Hinweis darauf liefern, warum die Figur der Flamminia zu keinem Zeitpunkt auf der Bühne auftritt. Nimmt man die ökonomische Stilisierung der Protagonistin ernst, so kann Flamminia – vor den Toren Palermos – nicht auftreten, ohne das *decorum* zu verletzen und damit die Integrität der Figur zu gefährden. Eine Protagonistin, die nicht auftritt, ist im Übrigen im Kontext der Renaissancekomödie weniger ungewöhnlich, als es aus heutiger Sicht scheinen mag. Tatsächlich kommt es hier häufiger vor, dass die Figur der jungen, verliebten Frau die Bühne aus Gründen des *decorum* gar nicht erst betritt.[49] Gleichwohl bleibt die Leerstelle auffällig, zumal es sich um die Titelfigur handelt, deren moralische Vorbildlichkeit ein Ideal repräsentiert. Dabei ist es gerade Flamminias Nichterscheinen, ihre körperliche Absenz, die diese Idealhaftigkeit noch steigert. Flamminia *bleibt* auf diese Weise ein Ideal, das in seiner Perfektion – man denke nur an ihre Charakterisierung als ‚die klügste, keuscheste, standhafteste und weiseste junge Frau der Welt' („la più prudente giovane, la più continente, la più costante e la più saggia del mondo", FP 43f.) – durch keinerlei Inkarnation getrübt wird. Dass sie damit die perfekte Projektionsfläche darstellt, ist ein Aspekt, der im Hinblick auf die noch zu thematisierende Frage nach dem potentiellen Publikum (und die auf dieses abzielende Belehrung) nicht ohne Belang ist.

In ihrer idealen Vorbildhaftigkeit ist Flamminia auch als Gegenmodell zu gewissen anderen theatralen Frauengestalten zu sehen, die ganz offensichtlich als Folie für die Rezeption dienen. So bildet Flamminia beispielsweise das tugendhafte Pendant zu der aus der Commedia dell'arte bekannten Figur der *innamorata*, jener verliebten jungen Frau, die gerade in der Frühphase der Commedia dell'arte durchaus auch eine Kurtisane sein konnte.[50] Angesichts der Tatsache, dass für diese *innamorata*-Figur der Name Flam(m)inia nicht ungebräuchlich war, erscheint der Titel *Flamminia prudente* als eine oxymorale Anspielung auf die

gewählten Anlässen (S. 102), nur in Begleitung der Mutter oder einer anderen tugendhaften Frau (S. 128) und nur verschleiert ausgehen: Nur ein Auge dürfe freibleiben, um den Weg zu erkennen (S. 130). In Anwesenheit von Männern sollten sie den Blick senken (S. 132). Auch zu Hause sollten sie stets von einer tugendhaften Frau bewacht werden (S. 102–104).

49 Vgl. Paola Cosentino, „Tragiche eroine. Virtù femminili fra poesia drammatica e trattati sul comportamento", in: *Italique. Poésie italienne de la Renaissance* 9 (2006), S. 65–99, hier S. 93, Anm. 10. Wolfram Krömer verweist in diesem Kontext auf die Tradition der lateinischen Komödie, wo das Phänomen ebenfalls zu beobachten sei. Vgl. Wolfram Krömer, *Die italienische Commedia dell'arte*, Darmstadt [3]1990, S. 33.

50 Vgl. Kristine Hecker, „Die Frauen in den frühen Commedia dell'Arte-Truppen", in: *Die Schauspielerin. Zur Kulturgeschichte der weiblichen Bühnenkunst*, hg. von Renate Möhrmann, Frankfurt a.M. 1989, S. 27–58, hier S. 34. Von dieser eher unkeuschen Seite der *innamorata* zeugt beispielsweise ein Holzschnitt des Recueil Fossard (Ende 16. Jh., Nationalmuseum Stockholm): *Capitan Cocodrillo, Harlequin deguisé, La donna Lucia* (Holzschnitt 3, Bl. 8); vgl. Angelika Leik, *Frühe Darstellungen der Commedia dell'arte. Eine Theaterform als Bildmotiv*, Neuried 1996, S. 399, Abb. 58. – Zur *innamorata* allgemein vgl. John Rudlin, *Commedia dell'arte. An actor's handbook*, London u.a. 1994, S. 106–119.

Commedia dell'arte, die signalisiert, dass die *innamorata* hier – ausnahmsweise – in einer klugen, tugendhaften Variante, eben als *prudente*, in Szene gesetzt wird.

Sucht man nach positiven Vorbildern für Caggios Flamminia, so kommt Alessandro Piccolominis Komödie *L'amor costante* (Die beständige Liebe, 1536) in den Sinn, wo die verliebte junge Frau (Lucrezia) ebenfalls „eine ernste und ideale Person" ist,[51] die ihren Ehemann ‚beständig' (*constante*), ja geradezu unverbrüchlich liebt.[52] Lucrezia verkörpert insofern das ökonomische Ideal der treuen Ehefrau – eine Rolle, die bei Caggio von Porzia eingenommen wird.

Mit Porzia kommt damit eine weitere Form spezifisch weiblicher Klugheit auf die Bühne: die *prudentia* der Ehefrau. Porzia ist ihrem Mann gehorsame Gattin und treue Gefährtin, die sich nie beklagt, obgleich ihr das Landleben offenbar nicht leicht fällt.[53] Ihre Klugheit demonstriert Porzia nicht zuletzt dadurch, dass es ihr gelingt, Monofilo zum Verzicht auf die Mitgift zu überreden. Und als Heiratsvermittlerin macht sie sich nicht nur um Flamminia und Monofilo, sondern um das gesamte Gemeinwesen verdient, denn die Stiftung heiliger Ehen („matrimoni santi") gehört, wie es in Caggios *Ragionamenti* heißt, zu dem, was gesellschaftlich vernünftig („di ragion' civile") ist.[54] Porzia, die von Monofilo als „cara, gentile, cortese, umana", „fidelissima" (lieb, freundlich, höflich, menschlich, sehr treu, FP 36) beschrieben wird, erscheint, kurz gesagt, als positives Pendant zur intriganten Kupplerin, vor der Vives vehement warnt, weil sie die Sittsamkeit junger Frauen hintertreibe.[55] Als literarische Figur ist die Kupplerin zeitgenössisch u.a. aus Aretinos *Ragionamenti* (1534–36) und Piccolominis *Raffaella ovvero della bella creanza delle donne* (Raffaella, oder von der schönen Erziehung der Frauen, 1539) bekannt. Dass diese Figur aus ökonomischer Perspektive eine Gefahr für die guten Sitten und vor allem für die Keuschheit junger Frauen bedeutet, daran lässt auch Caggio keinen Zweifel, wenn sein Hauptsprecher Apollonio in der *Iconomica* den ehebrecherischen Aspekt von Piccolominis Dialog kritisiert:[56]

> Et in questo io lodo molto quella creanza bella che insegna lo Stordito Intronato [sc. Alessandro Piccolomini] alle donne di Siena, non in tutto però (perdonimi la Signoria di sua Eccellenza), perché non mi piace che una donna abbia altro amore che quello del suo marito [...].[57]

51 Krömer, *Die italienische Commedia dell'arte*, S. 34.

52 Vgl. Alessandro Piccolomini, „L'amor costante", in: *Commedie del Cinquecento I*, hg. von Nino Borsellino, Mailand 1962, S. 291–426, hier S. 414 (Akt V,4, wo sich Lucrezias beständige Liebe offenbart).

53 Seit sie Palermo verlassen hat, ist Porzia laut ihrer Dienerin „mai lieta" (FP 38), nie fröhlich gewesen.

54 Paolo Caggio, *Ragionamenti*, Venedig 1551, S. 63.

55 Vgl. Vives, *De institutione feminae christianae*, S. 76f.

56 Hintergrund dieser Kritik ist, dass bei Piccolomini die ältere Raffaella die junge Margarita zum Ehebruch anstiftet.

57 Caggio, *Iconomica*, S. 108.

> Und hierin lobe ich die ‚Schöne Erziehung', die der *Stordito Intronato* [sc. Alessandro Piccolomini] die Frauen von Siena lehrt, sehr, nicht jedoch in allem – Seine Exzellenz möge es mir verzeihen –, denn dass eine Frau eine andere Liebesbeziehung als die zu ihrem Ehemann haben solle, gefällt mir nicht [...].

Dass hier letztlich der gesamte erotisch-lizenziöse Diskurs kritisiert wird, wie er zeitgenössisch von bestimmten Akademien – und auch, aber keineswegs nur von Piccolomini und der *Accademia degli Intronati* – gepflegt wurde,[58] zeigt sich deutlich, wenn kurz darauf Antonio Vignalis obszöner Dialog *La Cazzaria* (ca. 1530), Annibale Caros *Diceria de nasi* (1538) – eine in der römischen *Accademia della Virtù* gehaltene, scherzhafte Rede auf die große ‚Nase' des Vorsitzenden Giovan Francesco Leoni – sowie das ständige Gerede über ‚Bohnen', ‚Feigen', ‚Kürbisse' und ‚Melonen', also das verkappte Sprechen über Geschlechtsorgane, als „sporchezze" (Schmuddeleien) gebrandmarkt werden.[59]

Vor dem Hintergrund dieser Kritik wird klar, dass die tugendhaften Figuren Flamminia und Porzia nicht zuletzt als Gegenreaktion auf diese freizügige Literatur ihrer Zeit zu verstehen sind. Zugleich sind erneut die Akademien als Rezeptionskontext aufgerufen: Nicht nur die Petrarkismus-Parodie, auch das ‚höchst ehrbare' ökonomische Sujet dient offensichtlich Caggios akademischer Selbstprofilierung. So gesehen instrumentalisiert Caggio die Oeconomia für die Zwecke der Dichtung, nutzt sie zum Ausweis seiner eigenen Poetik und zu seiner Positionierung im dichterischen Agon.

3.3 Porzia, weibliche Bildung und die Indienstnahme der Dichtung für die Oeconomia

Die genau umgekehrte Instrumentalisierung, die der Dichtung für die Oeconomia, zeigt sich (innerhalb der Fiktion) bei Porzia. Diese verfügt offensichtlich über eine gewisse literarische Bildung. Obwohl sie eine Frau sei, sagt sie bescheiden, habe sie ‚ein wenig Umgang' mit Petrarca gehabt: „io son donna, e ho pur qualche prattichetta con l'opere di messer Francesco" (FP 52). Ihre Kenntnisse enden dabei aber keineswegs beim petrarkistischen Schönheitskatalog, den sie im Übrigen auch in seiner Langfassung beherrscht und damit Monofilos *catalogo breve* spielend übertrumpft (vgl. FP 40).[60] Vor allem paraphrasiert sie aus dem Stand dreißig Verse aus Petrarcas Lehrgedicht *Triumphus mortis*, um Monofilo von Flamminias

58 Zum erotischen Diskurs der *Intronati* vgl. Katja Gvozdeva, „Le monde ludique des académies italiennes: l'exemple des Intronati de Sienne", in: *Savoirs ludiques. Pratiques de divertissement et institutions savantes, littéraires et politiques dans l'Europe moderne*, hg. von ders. und Alexandre Stroev, Paris 2014, S. 49–88, insb. S. 66–75.

59 Vgl. Caggio, *Iconomica*, S. 115f. (Zitat S. 116).

60 Zu den beiden Typen des petrarkistischen Schönheitskatalogs, dem *catalogo lungo* und dem *catalogo breve*, vgl. Giovanni Pozzi, „Il ritratto della donna nella poesia d'inizio Cinquecento e la pittura di Giorgione", in: *Lettere Italiane* 31:1 (1979), S. 3–30, hier S. 7.

Tugendhaftigkeit zu überzeugen (vgl. FP 52f.).[61] Gerade dieser Rekurs auf die *Trionfi* ist überaus bezeichnend. Dass Porzia mit Petrarcas *Canzoniere* vertraut ist, ist angesichts der zeitgenössischen Mode des Petrarkismus, wie sie gerade auch unter gebildeten Frauen verbreitet war, nicht besonders ungewöhnlich.[62] Wesentlich signifikanter ist die Tatsache, dass sie an besagter Stelle nicht auf den *Petrarca lirico* des *Canzoniere* rekurriert, sondern auf den höherrangigen „‚epischen' Petrarca des *Triumphus mortis*".[63] Doch nicht allein, dass Porzia diesen ‚epischen' (und zudem lateinischen) Petrarca kennt und zitiert, was für eine Frau zur damaligen Zeit selten war. Hinzu kommt, dass sie diese Referenz strategisch für ihre ökonomische Argumentation einsetzt. Zum einen wertet sie mit dem Rekurs auf die hochrangige Epentradition[64] ihr ökonomisches Projekt, d.h. die Ehestiftung zwischen Monofilo und Flamminia, implizit auf. Zum anderen spielt sie die beiden Petrarca-Referenzen gegeneinander aus und nutzt den Verweis auf den ‚epischen' Petrarca für eine neuerliche Umkodierung des lyrischen Petrarca (bzw. petrarkistischer Versatzstücke). Konkret verläuft dies wie folgt: Wohl wissend, dass das Laura-Bild des *Canzoniere* mit dem ökonomischen Ideal der klugen, heiratsfähigen Jungfrau inkompatibel ist, zitiert Porzia eine *andere* Laura, um Monofilo von Flamminias ehrbaren Motiven zu überzeugen: die Laura der *Trionfi*, die dem Sprecher-Ich im Sterben erklärt, sie habe ihn stets geliebt und ihre kühle Zurückweisung habe bloß der Rettung ihrer beider Ehre gedient.[65] Aus dem gleichen Grund, so Porzia, habe Flamminia Monofilo abgewiesen und sich so der Weisheit Petrarcas würdig erwiesen: „Ecco la saviezza che cerca il Petrarca" (FP 52).

Indem Porzia den poetischen Diskurs für die geplante Ehestiftung und damit für die Oeconomia in Dienst nimmt, beweist sie zugleich, dass sie ihr poetisches Wissen auch *richtig einzusetzen* weiß. Sie demonstriert also nicht nur ihre Belesenheit, sondern macht diese auch für die ökonomische Praxis fruchtbar. Damit stellt sie ihrerseits vollendete *prudentia* unter Beweis, denn offensichtlich verfügt

61 Vgl. Francesco Petrarca, „Triumphus mortis" II, V. 88–120, in: ders., *Triumphi*, hg. von Marco Ariani, Mailand 1988, S. 266–270.

62 Zu den Implikationen des hochgradig gegenderten petrarkistischen Diskurses sowie den ‚Problemen', aber auch Möglichkeiten, die sein Aufgreifen durch Frauen bzw. weibliche Stimmen im Cinquecento mit sich brachte, vgl. Ulrike Schneider, *Der weibliche Petrarkismus im Cinquecento. Transformationen des lyrischen Diskurses bei Vittoria Colonna und Gaspara Stampa*, Stuttgart 2007, insb. S. 83–155.

63 Zur Differenzierung zwischen einem *Petrarca lirico* und einem *Petrarca grave* bzw. einem ‚epischen' Petrarca vgl. Bernhard Huß, „Petrarkismus und Tragödie", in: *Der Petrarkismus – ein europäischer Gründungsmythos*, hg. von dems. und Michael Bernsen, Göttingen 2011, S. 225–257 (das Zitat auf S. 232).

64 Zum Epos als der höchsten Gattung der Renaissance vgl. August Buck, „Italien – Einleitung", in: *Dichtungslehren der Romania aus der Zeit der Renaissance und des Barock*, hg. von dems., Klaus Heitmann und Walter Mettmann, Frankfurt a.M. 1972, S. 11–53, hier S. 38.

65 Vgl. „gli fu risposto che mai il cuor suo era stato diviso da quel di lui, ma si ben, perché non v'era altra via per salvar l'onor d'amendue" (FP 52). Vgl. Petrarca, *Triumphi*, S. 266f., V. 88–92: „Poi disse sospirando: – Mai diviso/ da te non fu 'l mio cor, né già mai fia;/ ma temprai la tua fiamma col mio viso,/ perché a salvar te e me null'altra via/ era [...]".

sie nicht nur über das nötige *knowing how,* um das für die gegebene Situation Vernünftige und Nützliche zu wählen (*eleggere*), sondern beherrscht auch die Umsetzung in die Praxis (*metter in opra*).[66] Der Rekurs auf den ‚epischen Petrarca' ist darüber hinaus freilich auch auf der Ebene des äußeren Kommunikationssystems signifikant, denn indem Caggio den Petrarca der *Trionfi* gegen den Petrarkismus (im Sinne eines Dichtens in der Nachfolge des *Petrarca lirico*) ausspielt, bekräftigt er auf elegante und höchst kunstfertige Weise erneut seine Kritik an den *letteratuzzi* und ihren – aus seiner Sicht kläglichen – Versuchen der Petrarca-*imitatio.*

Vergleicht man nun die Art und Weise, wie Oeconomia und Dichtung jeweils auf der Ebene des inneren und des äußeren Kommunikationssystems miteinander korreliert werden, so zeigt sich eine chiastische Relation. Während der Autor Caggio ein ökonomisches Sujet nutzt, um sein literarisches Profil zu schärfen, nimmt seine Figur Porzia gerade umgekehrt die Dichtung für ein ökonomisches Unterfangen in Dienst.[67] Diese Umkehrung ist, unter Gender-Aspekten betrachtet, kein Zufall, sondern fügt sich in das Rollenverständnis von Mann und Frau, wie es in der damaligen ökonomischen Literatur kodiert ist. Während der Mann Oeconomia und Dichtung verbindet, um seine *außerhäusliche* Stellung (hier: seine Reputation als Dichter) zu verbessern, mobilisiert die Frau ihr poetisches Wissen, um daraus Exempla weiblichen Rollenverhaltens (Jungfrau, Ehefrau) *im Haus* zu extrahieren. Die Frau unterstellt die Verbindung von Oeconomia und Dichtung ganz dem Nützlichen (*utile*) und erfüllt damit das an die gute *mater familias* gerichtete Erwartungsschema: „[l]a madre di famiglia [...] avrà per oggetto l'utile", so Tasso.[68] Hierin ähnelt Porzia weniger dem Typus der *donna letterata,* wie er von herausragenden Dichterinnen wie Vittoria Colonna oder Veronica Gambara verkörpert und von gewissen Akademikern (darunter Alessandro Piccolomini) hochgelobt wurde,[69] als vielmehr jener ökonomischen Vorstellung von einer gebildeten Frau, wie sie Vives proklamiert. Da die meisten weiblichen Laster von Unwissenheit (*inscitia*) herrührten, so Vives in der 1538er Fassung der *Institutio feminae christianae,* könne eine ausgewählte literarische Bildung dazu beitragen, Frauen und Mädchen zur Tugendhaftigkeit zu erziehen.[70] Damit steht auch für

66 FP 49. S. das entsprechende Zitat oben Abschnitt 3.1.

67 Mir geht es hier freilich nicht darum, den Unterschied zwischen fiktionaler Figur und realem Autor zu schleifen, sondern nur um den Kontrast zwischen den Gender-Rollen, die der (männliche) Autor einerseits und seine (weibliche) Figur andererseits verkörpern.

68 Tasso, *Discorso della virtù feminile e donnesca,* S. 64.

69 Zum zeitgenössisch nicht unumstrittenen, aber von einigen Akademikern sehr gelobten Ideal der *donna letterata* als einer Frau, die moralische Vorbildlichkeit mit literarischer Bildung vereint, vgl. Virginia Cox, „Members, Muses, Mascots: Women and Italian Academies", in: *The Italian academies 1525–1700: networks of culture, innovation and dissent,* hg. von Jane E. Everson, Denis V. Reidy und Lisa Sampson, Cambridge 2016, S. 132–169, hier S. 155. Zu Vittoria Colonna und Veronica Gambara als Inbegriff der *donna letterata* vgl. dies., *Women's Writing in Italy 1400–1650,* Baltimore MD 2008, S. 64–79.

70 Vgl. Vives, *De institutione feminae christianae,* S. 30, Z. 1–5 (Kap. 4 „De doctrina puellarum"). In der Edition von 1523 hatte sich Vives allerdings noch gegen weibliche Bildung ausgesprochen; vgl. die Einleitung der Herausgeber, ebd., S. xx.

Vives die literarische Bildung einer Frau ganz im Zeichen ihres moralischen Nutzens und damit des *utile*: Sie dient, wie bei Caggio, dazu, kluge Jungfrauen und Ehefrauen heranzubilden.

Gängige ökonomische Ideale wie das der klugen Jungfrau oder Ehefrau werden in der *Flamminia prudente* also ganz offensichtlich affirmiert und bleiben, was vor dem Hintergrund der zunächst festgestellten komisch-parodistischen Ausrichtung des Textes umso auffälliger ist, von der parodistischen Attacke verschont. Letzteres ist wesentlich darauf zurückzuführen, dass das Liebessujet doppelt kodiert ist bzw. zwei unterschiedliche Liebeskonzepte gegeneinander ausgespielt werden: Während die von Monofilo verkörperte Schmerzliebe als unökonomisch kritisiert und verlacht wird, feiert das ökonomische Konzept des auf *prudentia* beruhenden *amore onesto* am Ende einen Triumph und wird so vor dem Verlachen gerettet. Dass dies möglich ist, liegt daran, dass sich das petrarkistische und das ökonomische Liebesideal so sehr unterscheiden, ja mitunter einander diametral entgegengesetzt erscheinen. Zugespitzt formuliert, eine Laura ist eben keine gute *mater familias* und vice versa. Auf der Basis dieser gegensätzlichen Liebeskonzeptionen erfolgt dann die Rekodierung von petrarkistischen Stilemen im Sinne der Oeconomia. Dies illustriert ein nochmaliger Blick auf die Stelle, wo Porzia den vom Wandern und Weinen erschöpften Monofilo mit Brot, Wein und Käse wieder zu Kräften bringt (vgl. FP 39). Was hier unter petrarkistischen Vorzeichen als Verballhornung des Liebesschmerzes erscheint, wirkt unter ökonomischen Gesichtspunkten keineswegs komisch. Porzia, in der Rolle als Gastgeberin, handelt hier schlicht wie eine gute *madre di famiglia*, die ihren Gast angemessen bewirtet. Ein Bruch mit dem petrarkistischen *aptum* bedeutet also keinen Bruch mit dem ökonomischen *aptum*, ganz im Gegenteil.

4. Die zwei Publika der *Flamminia prudente*

Es ist nicht bekannt, ob die *Flamminia prudente* je aufgeführt worden ist und wenn ja, in welchem Rahmen.[71] Geht man aber davon aus, dass mit den im Untertitel adressierten „amici" Caggios Kollegen der *Accademia dei Solitari* gemeint sind, so ist zunächst ein rein männlicher Rezipientenkreis aufgerufen, denn wie zeitgenössisch üblich bestand die Akademie ausschließlich aus Männern.[72] Für eine potentielle Aufführung des Stücks ist gleichwohl von einem gemischtgeschlechtlichen

71 Vgl. Di Venuta, „Introduzione", S. 11f.

72 Als Mitglieder der *Solitari* namentlich bekannt sind neben Caggio neun weitere Männer (Gregorio Apari, Vincenzo Del Bosco, Mariano Di Bologna, Girolamo Ferlito, Marco Filippo, Gian Filippo Ingrassia, Giovan Battista Macarello, Enrico Patella, Giuseppe Rosignano). Vgl. Montoliu, *Accademie siciliane 1400–1701 (database)*. Nach aktuellem Forschungsstand ist die Zahl der Frauen, die bis 1560 als offizielle Mitglieder italienischer Akademien eingeschrieben waren, mit drei bzw., wenn man einige ungesicherte Fälle hinzuzählt, sieben sehr gering (Akademien hier im engeren Sinne, d.h. als solche verstanden, die sich ‚Akademien' nannten). Aus Gründen des *decorum* nahmen diese weiblichen Mitglieder zudem üblicherweise nicht an offiziellen Sitzungen teil, sondern tauschten sich mit den Akademikern vorwiegend schriftlich aus. Vgl. Cox, „Members, Muses, Mascots", S. 132 u. 134f.

Publikum auszugehen. Zwar blieben die Akademiker in ihren offiziellen Sitzungen und Debatten in der Regel unter sich, pflegten dort also einen exklusiv männlichen Diskurs, mit ihren öffentlichen Veranstaltungen, insbesondere Lesungen und Theateraufführungen zur Karnevalszeit, richteten sie sich jedoch regelmäßig an ein gemischtes Publikum.[73] Katja Gvozdeva hat dies die zwei ‚Gesprächsbühnen' der Akademie genannt: die männliche des gelehrten Diskurses und die gemischtgeschlechtliche des geselligen Diskurses.[74] Insofern Frauen als Musen dieses geselligen akademischen Diskurses fungierten, war ihre Anwesenheit nicht nur geduldet, sondern sogar erwünscht.[75] Schätzungen zufolge bestand das Publikum akademischer Theateraufführungen entsprechend etwa zur Hälfte aus Frauen.[76]

Im Prolog der *Flamminia prudente* wird dieses weibliche Publikum nun explizit angesprochen. Ziel des Stückes sei es, im Hinblick auf die Gemüter ‚dieser' (d.h. der anwesenden) Frauen eine gewisse Wirkung zu entfalten: „per trattener gli animi di queste donne alquanto pien d'effetti" (FP 30). Hierin manifestiert sich ein didaktischer Anspruch gegenüber dem Publikum, in dem sich auch Caggios Idee spiegelt, die Aktivitäten der *Accademia dei Solitari* möchten dem öffentlichen Wohl und insbesondere der Erziehung der Jugend zugute kommen.[77] Als konkretes Modell dieser Publikumsapostrophe könnten die Komödien der *Accademici Intronati* gedient haben, die sich in ihren Prologen regelmäßig an die Frauen im Publikum wandten und zwar explizit zum Zweck moralischer Unterweisung.[78] So heißt es etwa im Prolog von Piccolominis *L'amor costante*, die anwesenden Frauen sollten darüber belehrt werden, dass nur die beständige Liebe zu einem guten Ende führe und es ein Irrtum sei, sich den Launen der Liebe hinzugeben.[79] Ähn-

73 Vgl. Conor Fahy, „Women and Italian Cinquecento Literary Academies", in: *Women in Italian Renaissance Culture and Society*, hg. von Letizia Panizza, Oxford 2000, S. 438–452, hier S. 445.

74 Vgl. Katja Gvozdeva, „Zwei Gesprächsbühnen der Akademie im *Dialogo de' giuochi* von Girolamo Bargagli", in: *Inszenierte Gespräche. Zum Dialog als Gattung und Argumentationsmodus in der Romania vom Mittelalter bis zur Aufklärung*, hg. von Matthias Hausmann und Marita Liebermann, Berlin 2014, S. 83–105.

75 Vgl. ebd., S. 91.

76 Die Schätzungen basieren auf Analysen zur *Accademia degli Intronati* (Siena) und der *Accademia Olimpica* (Vicenza). Vgl. Cox, „Members, Muses, Mascots", S. 152.

77 Vgl. dazu Caggios Schreiben an Vincenzo del Bosco mit der Bitte um Wiederbelebung der geschlossenen Akademie: „Che la prima cura di colui che tien carico di Magistrato dee essere intorno al governo e dispositione dei Giovani, e si conforta il Conte a ripigliare l'Accademia dei Solitari di Palermo". Paolo Caggio, „Lettera a Vincenzo del Bosco, 13.9.1554", abgedruckt im Appendix von: Vincenzo Di Giovanni, „Paolo Caggio e Pietro Corsetto o l'Accademia degli Accesi e de' Riaccesi di Palermo nei secoli XVI e XVII", in: *Atti della Reale Accademia di Scienze, Lettere e Arti di Palermo*, III ser. 4 (1896), S. 2–23, hier S. 17.

78 Vgl. Fahy, „Women and Italian Cinquecento Literary Academies", S. 442; Cox, „Members, Muses, Mascots", S. 151; Alexandra Coller, „The Sienese *Accademia degli Intronati* and its female interlocutors", in: *The Italianist* 26:2 (2006), S. 223–246, hier S. 244, Anm. 78.

79 „[V]i ammaestraremo, con la nostra comedia, quanto un amor costante (donde piglia il nome la comedia) abbia sempre buon fine e quanto manifesto error sia abbandonarsi nelle aversità amorose" (Wir belehren euch mit unserer Komödie, inwiefern eine beständige Liebe [von der die Komödie ihren Namen hat] stets zu einem guten Ende führt und welch großer Irrtum es wäre, sich den Wechselfällen der Liebe hinzugeben). Piccolomini, „L'amor costante", S. 307.

lich wenden sich die *Intronati* in ihrem kollektiv verfassten Stück *Gli ingannati* (Die Getäuschten, 1532) an die anwesenden Sieneser Frauen und kritisieren die Verführungskünste, mit denen sie die Männer manipulieren und quälen (*straziare*).[80] Wie ein Echo hallt diese Kritik zu Beginn der *Flamminia prudente* nach. Dort rügt Porzia, als sie Monofilos Weinen hört, – bereits hier übrigens mit klarer Stoßrichtung gegen den Petrarkismus – all jene ‚undankbaren Frauen', die ‚arme junge Männer auf diese Weise quälen' („queste donne ingrataccie, quando straziano i miseri giovani a questo modo", FP 36). Auch Caggio geht es offenbar um eine theatral-spielerische, aber gleichwohl moralische ‚Erziehung' des weiblichen Publikums – mit Flamminia und Porzia als *role models* der tugendhaften jungen Frau bzw. Ehefrau.[81] Diese moralische Aufgabe der Literatur wird binnenfiktional sogar als *mise en abyme* vorgeführt, wenn Porzia die Laura der *Trionfi* als Vorbild für Flamminias Verhalten zitiert. Die Verbindung von Unterhaltung und Belehrung ist freilich über die wirkmächtige horazische Tradition des *delectare* und *prodesse* in der zeitgenössischen Komödienpoetik fest verankert. So definiert Giambattista Giraldi Cintio als Ziel der Komödie, dem Zuschauer gute Sitten und gute Lebensführung zu vermitteln („introdurre buoni costumi"; „ne chiama al buon modo di vivere"), indem sie ihm, gemischt mit Spiel, Scherz und Lachen („mescolati con giuochi, con risa e con scherzevoli motti"), nachahmenswerte, d.h. gemäßigte Leidenschaften („passioni", „affetti temperati") vorführe.[82]

Vor diesem Hintergrund erscheint die *Flamminia prudente* als eine ‚weibliche Ökonomik' in doppeltem Sinne: Nicht nur thematisiert sie Spielformen weiblicher *prudentia* und stellt kluge Frauen (und sei es *in absentia*) in den Mittelpunkt der Handlung, sondern sie zielt zudem auf die ökonomische Unterweisung des weiblichen Publikums. Das Stück ist damit gewissermaßen das ‚weibliche' Pendant zu Caggios *Iconomica*, in der männliche Sprecher über männliche *prudentia* verhandeln und die sich an ein gebildetes und damit zumindest faktisch vorwiegend männliches Publikum richtet. Auch die Gattungswahl erscheint vor diesem Hintergrund gegendert: Der Dialog (die *Iconomica*) wendet sich an die männlichen Rezipienten, das unterhaltsam-lehrreiche Theaterstück (die *Flamminia prudente*) an das gemischte Publikum – wobei im letzteren Fall der ökonomisch-didakti-

80 „[S]e voi [sc. le donne] gli [sc. gli accademici Intronati] volgete una volta gli occhi un poco pietosi, e' si lasceranno maneggiare, portar per bocca da voi [...] e straziare" (Wenn ihr [sc. die Frauen] ihnen [sc. den *Intronati*] nur einmal einen mitleiderregenden Blick zuwerft, lassen sie sich manipulieren, an der Nase herumführen [...] und quälen). Accademici Intronati di Siena, *La commedia degli ingannati*, hg. von Florindo Cerreta, Florenz 1980, S. 114.

81 Die *Flamminia prudente* zeigt damit eine gewisse Nähe zu der als Commedia seria bekannt gewordenen Spielart der Komödie, zu der auch Piccolominis *L'amor costante* zählt und in der eine ernste Haupthandlung auf die moralische Belehrung des mittleren Standes abzielt, während die im engeren Sinne komischen Szenen den Nebenfiguren überlassen werden (Letzteres freilich gestaltet sich in der *Flamminia prudente* anders: Dort sorgt die Petrarkismus-Parodie durchaus für komische Akzente in der Haupthandlung). Zur Commedia seria vgl. Wolfram Krömer, „Die Rezeption des antiken Dramas in der ‚Tragoedia laeta' und der ‚Commedia seria' der italienischen Renaissance", in: *Arcadia* 9:1 (1974), S. 225–234, hier S. 232–234.

82 Giraldi Cintio, „Lettera intorno al comporre delle comedie e delle tragedie", S. 32.

sche Part explizit an die Zuschauer*innen*, die Literatensatire dagegen vermutlich primär an das männliche Publikum (und insb. die Akademiker) adressiert ist. Erklärbar wird dies nicht zuletzt damit, dass eine Theateraufführung, verglichen mit dem theoretischen Diskurs, einen potentiell breiteren weiblichen Rezipientenkreis erreicht: nämlich auch jene Frauen, die literarisch wenig gebildet oder Analphabetinnen sind.[83] Zumal in seiner finalen Form, der Aufführung, verfügt das Drama zudem über eine Anschaulichkeit, mit der Traktate und Dialoge aufgrund ihrer genuinen Schriftlichkeit nicht mithalten können. Hinzu kommen ein eingängiges sprachliches Register, Kürze und Unterhaltsamkeit, mit dem ein komödienhaftes Stück wie die *Flamminia prudente* ganz andere Rezipient(inn)enschichten anzusprechen vermag als die theoretischen Gattungen.

5. Ökonomische Normen zwischen Affirmation und Wandel

Wenn die italienische Komödie des 16. Jahrhunderts insgesamt dazu tendiert, geltende ökonomische Werte und Hierarchien aus den Angeln zu heben, auf den Kopf zu stellen und zu karikieren,[84] so kann es als Besonderheit der *Flamminia prudente* gelten, dass sie dies gerade nicht tut, sondern die ökonomische Norm zumindest grundsätzlich bekräftigt. Geradezu brav wirkt das Stück etwa im Vergleich mit Niccolò Machiavellis *La mandragola* (1524), wo am Schluss der Liebhaber der Frau auf ausdrücklichen Wunsch des gehörnten und getäuschten Ehemannes mit in den Haushalt einzieht und somit der Ehebruch auf Dauer gestellt wird. Deutlich subversiver ist auch Aretinos *Il marescalco* (1533), wo der heiratsunwillige Protagonist dadurch ‚kuriert' werden soll, dass er zum Schein mit einem als Mädchen verkleideten Pagen verheiratet wird: Dabei wird die Geltung des traditionellen Ehe- und Liebesideals der Oeconomia nicht nur dadurch untergraben, dass der – wie sich herausstellt: homosexuelle – Protagonist am Ende ungeläutert und erleichtert über den Scherz zurückbleibt, sondern auch dadurch, dass das Stück schließlich in ein Lob der Ehelosigkeit mündet.[85] Von derart offensichtlichen Subversionen (ebenso wie übrigens von der „drastische[n] Erotik" von Piccolominis *L'amor costante*)[86] ist die *Flamminia prudente* weit entfernt. Ihre satiri-

83 Zum weiblichen Analphabetentum, das im Italien des 16. Jahrhunderts insgesamt eher die Regel als die Ausnahme darstellte, vgl. Attilio Bartoli Langeli, „Scrivere e leggere come fattori d'identità tra medioevo ed età moderna", in: *Identità collettive tra Medioevo ed età moderna: convegno internazionale di studio*, hg. von Paolo Prodi und Wolfgang Reinhard, Bologna 2002, S. 333–344, hier S. 341.

84 Bernadette Majorana spricht von aus den Angeln gehobenen Hierarchien und Werten („gerarchie e valori [...] scardinati"), aufgehobener erzieherischer Verantwortung („responsabilità educative [...] annullate") und kompromittierter häuslicher Ökonomie („l'economia domestica [...] compromessa"). Bernadette Majorana, „Finzioni, imitazioni, azioni: Donne e teatro", in: *Donna, disciplina, creanza cristiana dal XV al XVII secolo*, hg. von Gabriella Zarri, Rom 1996, S. 121–139, hier S. 121.

85 Zum Marescalco als Parodie der Verhaltens- und Liebestraktatistik des Quattro- und Cinquecento vgl. Matteo Bosisio, „‚Pur che il Signore abbia di me piacere'. Il Marescalco dell'Aretino come anticommedia imperfetta", in: *Critica letteraria* 151:2 (2011), S. 245–269, insb. S. 257ff.

86 Lohse, *Renaissancedrama*, S. 454.

schen Attacken gelten mehr literarischen als ökonomischen Konventionen. Dies heißt nun aber nicht, dass die ökonomische Norm völlig unberührt bliebe. Auch wenn zentrale ökonomische Ideale nicht infrage gestellt werden, unterliegen sie doch einem – wie auch immer gearteten – Wandel. Geht man davon aus, dass jede Iteration bereits ein transformierendes Element in sich birgt, führt schon eine bloße Rekontextualisierung zu Verschiebungen, und seien sie auch nur latent.[87]

In der *Flamminia prudente* ist es nicht zuletzt die Verbindung der Oeconomia mit bestimmten literarischen Traditionen, die zu einer dezenten, aber nicht minder signifikanten Variation ökonomischer Normen führt. Da ist zum einen die im Vergleich zur Verhaltenstraktatistik deutlich aktivere Rolle der Frauen: sowohl die der heiratsfähigen Jungfrau (Flamminia) als auch die der erfahrenen *mater familias* (Porzia), die beide den schwachen Mann mit ihrer *prudentia* führen und lenken. Gerade vor der Folie der – parodierten – petrarkistischen Schmerzliebe gewinnen gewisse ökonomische Ideale wie das der Klugheit der Frau oder das des *amore onesto* an Profil. Gestützt wird die Aufwertung weiblicher Klugheit nicht zuletzt vom Transfer in den dramatisch-theatralen Modus. Dieser macht die Frauen zu Akteurinnen und holt sie so aus der Abstraktion und Passivität ökonomischer Dialoge und Traktate heraus, wo sie in der Regel gar nicht oder höchstens schweigend auftreten.[88] Mit den Frauen rückt auch ihre spezifische *prudentia* ins Zentrum der Handlung und erhält eine bis dahin ungekannte Relevanz für die Handlungskonstitution. Dabei kann das Drama *prudentia* qua praktischer Klugheit schon medial bzw. gattungsbedingt leichter in Szene setzen als ein theoretischer Text. Als Nachahmung menschlicher Handlungen, die die Figuren, so Aristoteles, „als handelnde und in Tätigkeit befindliche auftreten" lässt, fokussiert es Handlungsklugheit immer schon *in actu*.[89] Als signifikant darf des Weiteren die Öffnung der Oeconomia für ein spezifisch weibliches Publikum gelten, das im Prolog als Subjekt der Belehrung direkt angesprochen wird.[90]

---

87 Zum Konzept von Iteration als nichtidentischer Wiederholung und seinen Implikationen für die Analyse vormoderner Wissenstransfers vgl. die Einleitung der Herausgeberinnen in: *Wissen in Bewegung: Institution – Iteration – Transfer*, hg. von Eva Cancik-Kirschbaum und Anita Traninger, Wiesbaden 2015, S. 1–13.

88 Dies gilt auch, obwohl Flamminia nicht auftritt: Ihre Abwesenheit auf der Bühne wird durch ihre aktive Rolle bei der Eheanbahnung kompensiert.

89 Aristoteles, *Poetik*, griech.-dt., hg. von Manfred Fuhrmann, Stuttgart ^{2}1994, S. 9.

90 Eine genauere Analyse wert wären schließlich auch die bukolischen Elemente des Stücks, die ebenfalls zu einer Akzentverschiebung beitragen. Sie, die Caggios Szenerie den Rahmen geben, fügen sich zu einem Lob des Landlebens, das seine Wurzeln in der Antike, insbesondere bei den römischen *auctores de re rustica* hat, aber im Cinquecento vor dem Hintergrund des *ritorno alla terra*, der Rückkehr des Adels auf das Land, einen neuen Impuls erhält und auch in Caggios *Iconomica* eine wichtige Rolle spielt. Kein Zufall scheint es da, wenn Telesforo und Porzia von Palermo aufs Land gezogen sind, wo sie ein schlichtes, aber mit dem Nötigsten ausgestattetes Leben führen. Man denke hierbei nur an die wiederholte Erwähnung des für das Abendessen frisch geschlachteten Zickleins („lo capretto [...] il più grasso e il più bello del mondo", FP 38). Zum Lob des Landlebens in der *Iconomica* vor dem Hintergrund des *ritorno alla terra* vgl. Ratto, „Introduzione", S. 40–47; Daniela Frigo, „La ‚vita

Insofern ist der im Prolog geäußerte Originalitätsanspruch – das Stück sei eine *novelletta* im Sinne von Neuheit – ernst zu nehmen. Das Stück ist weder eine Komödie im etablierten Sinn noch eine theatrale *réécriture* von Caggios *Iconomica*. Es ist vielmehr eine ungewöhnliche Theatralisierung ökonomischer Konzepte, Literatensatire und Zeugnis zeitgenössischer akademischer Literaturproduktion zugleich.

Bibliographie

Quellen

Accademici Intronati di Siena, *La commedia degli ingannati*, hg. von Florindo Cerreta, Florenz 1980.

Alberti, Leon Battista, *I libri della famiglia*, hg. von Ruggiero Romano, Alberto Tenenti und Francesco Furlan, Turin 1999.

Aretino, Pietro, *Lettere scritte a Pietro Aretino* II,2, hg. von Teodorico Landoni, Bologna 1875.

Aristoteles, *Die Nikomachische Ethik: griechisch-deutsch*, übers. von Olof Gigon, neu hg. von Rainer Nickel, Düsseldorf ^{2}2007.

Aristoteles, *Poetik*, griech.-dt., hg. von Manfred Fuhrmann, Stuttgart ^{2}1994.

Barbaro, Francesco, *Das Buch von der Ehe – De re uxoria* [1415], deutsch von Percy Gothein, Berlin 1933.

Caggio, Paolo, „Lettera a Pietro Aretino, 10.10.1550“, in: *Lettere scritte a Pietro Aretino* II,2, hg. von Teodorico Landoni, Bologna 1875, S. 269–275.

Caggio, Paolo, „Lettera a Vincenzo del Bosco, 13.9.1554“, in: Vincenzo Di Giovanni, „Paolo Caggio e Pietro Corsetto o l'Accademia degli Accesi e de' Riaccesi di Palermo nei secoli XVI e XVII“, in: *Atti della Reale Accademia di Scienze, Lettere e Arti di Palermo*, III ser. 4 (1896), S. 2–23 (Brief im Appendix S. 17–23).

Caggio, Paolo, „Sonetti (*Corre desposta l'aspra sua fierezza; La Schiera de gli augei nemica al lume; Questa nova d'amor leggiadra Orsetta*)“, in: *Il sesto libro delle rime di diversi eccellenti autori, nuovamente raccolte, et mandate in luce. Con un discorso di Girolamo Ruscelli*, hg. von Girolamo Ruscelli, Venedig 1553, fol. 57r/v.

Caggio, Paolo, *Flamminia prudente*, hg. von Maria Di Venuta, Caltanissetta/Rom 2002.

Caggio, Paolo, *Iconomica*, hg. von Giovanna Ratto, Neapel 1987.

Caggio, Paolo, *Ragionamenti*, Venedig 1551.

Giraldi Cintio, Giovambattista, „Lettera intorno al comporre delle comedie e delle tragedie, a Giulio Ponzio Ponzoni“, in: ders., *De' romanzi, delle comedie e delle tragedie [...]*, 2 Bde., Mailand 1864, Bd. 2, S. 1–121.

Paleario, Aonio, *Dell'economia o vero del governo della casa* [1555], hg. von Salvatore Caponetto, Florenz 1983.

Petrarca, Francesco, *Canzoniere*, hg. von Marco Santagata, Mailand 2010.

Petrarca, Francesco, *Triumphi*, hg. von Marco Ariani, Mailand 1988.

Piccolomini, Alessandro, „L'amor costante“, in: *Commedie del Cinquecento I*, hg. von Nino Borsellino, Mailand 1962, S. 291–426.

Prisciani, Pellegrino, *Spectacula*, hg. von Danilo Aguzzi Barbagli, Modena 1992.

---

in villa': cultura e socialità nobiliare nel Cinquecento italiano“, in: *Archivio storico per la Sicilia orientale* 94 (1998), S. 103–130.

Tasso, Torquato, *Discorso della virtù feminile e donnesca* [1582], hg. von Maria Luisa Doglio, Palermo 1997.

Vives, Juan Luis, *De institutione feminae christianae: liber primus* (= *Selected works of J. L. Vives*, 6), hg. von Charles Fantazzi und Constantinus Matheeussen, Leiden u.a. 1996.

Sekundärliteratur

Aubenque, Pierre, *La prudence chez Aristote*, Paris [3]1986.

Bartoli Langeli, Attilio, „Scrivere e leggere come fattori d'identità tra medioevo ed età moderna", in: *Identità collettive tra Medioevo ed età moderna: convegno internazionale di studio*, hg. von Paolo Prodi und Wolfgang Reinhard, Bologna 2002, S. 333–344.

Bosisio, Matteo, „‚Pur che il Signore abbia di me piacere'. *Il Marescalco* dell'Aretino come anticommedia imperfetta", in: *Critica letteraria* 151:2 (2011), S. 245–269.

Buck, August, „Italien – Einleitung", in: *Dichtungslehren der Romania aus der Zeit der Renaissance und des Barock*, hg. von dems., Klaus Heitmann und Walter Mettmann, Frankfurt a.M. 1972, S. 11–53.

Cancik-Kirschbaum, Eva/Traninger, Anita, „Institution – Iteration – Transfer. Zur Einführung", in: dies. (Hg.), *Wissen in Bewegung: Institution – Iteration – Transfer*, Wiesbaden 2015, S. 1–13.

Coller, Alexandra, „The Sienese *Accademia degli Intronati* and its female interlocutors", in: *The Italianist* 26:2 (2006), S. 223–246.

Cosentino, Paola, „Tragiche eroine. Virtù femminili fra poesia drammatica e trattati sul comportamento", in: *Italique. Poésie italienne de la Renaissance* 9 (2006), S. 65–99.

Cox, Virginia, „Members, Muses, Mascots: Women and Italian Academies", in: *The Italian academies 1525–1700: networks of culture, innovation and dissent*, hg. von Jane E. Everson, Denis V. Reidy und Lisa Sampson, Cambridge 2016, S. 132–169.

Cox, Virginia, *Women's Writing in Italy 1400–1650*, Baltimore MD 2008.

Di Venuta, Maria, „Introduzione", in: Paolo Caggio, *Flamminia prudente*, hg. von Maria Di Venuta, Caltanissetta/Rom 2002, S. 7–18.

Fahy, Conor, „Women and Italian Cinquecento Literary Academies", in: *Women in Italian Renaissance Culture and Society*, hg. von Letizia Panizza, Oxford 2000, S. 438–452.

Frigo, Daniela, „La ‚vita in villa': cultura e socialità nobiliare nel Cinquecento italiano", in: *Archivio storico per la Sicilia orientale* 94 (1998), S. 103–130.

Granjon, Marie-Christine, „La prudence d'Aristote: histoire et pérégrinations d'un concept", in: *Revue française de science politique* 49:1 (1999), S. 137–146.

Gvozdeva, Katja, „Le monde ludique des académies italiennes: l'exemple des Intronati de Sienne", in: *Savoirs ludiques. Pratiques de divertissement et institutions savantes, littéraires et politiques dans l'Europe moderne*, hg. von ders. und Alexandre Stroev, Paris 2014, S. 49–88.

Gvozdeva, Katja, „Zwei Gesprächsbühnen der Akademie im *Dialogo de' giuochi* von Girolamo Bargagli", in: *Inszenierte Gespräche. Zum Dialog als Gattung und Argumentationsmodus in der Romania vom Mittelalter bis zur Aufklärung*, hg. von Matthias Hausmann und Marita Liebermann, Berlin 2014, S. 83–105.

Habenstein, Astrid, „Das Haus in den Wissensordnungen der griechisch-römischen Antike", in: *Das Haus in der Geschichte Europas. Ein Handbuch*, hg. von Joachim Eibach und Inken Schmidt-Voges, Berlin/Boston 2015, S. 649–666.

Hecker, Kristine, „Die Frauen in den frühen Commedia dell'Arte-Truppen", in: *Die Schauspielerin. Zur Kulturgeschichte der weiblichen Bühnenkunst*, hg. von Renate Möhrmann, Frankfurt a.M. 1989, S. 27–58.
Hempfer, Klaus W., *Gattungstheorie. Information und Synthese*, München 1973.
Huß, Bernhard, „Petrarkismus und Tragödie", in: *Der Petrarkismus – ein europäischer Gründungsmythos*, hg. von dems. und Michael Bernsen, Göttingen 2011, S. 225–257.
Kappl, Brigitte, *Die Poetik des Aristoteles in der Dichtungstheorie des Cinquecento*, Berlin/ Boston 2012.
Krömer, Wolfram, „Die Rezeption des antiken Dramas in der ‚Tragoedia laeta' und der ‚Commedia seria' der italienischen Renaissance", in: *Arcadia* 9:1 (1974), S. 225–234.
Krömer, Wolfram, *Die italienische Commedia dell'arte*, Darmstadt [3]1990.
Leik, Angelika, *Frühe Darstellungen der Commedia dell'arte. Eine Theaterform als Bildmotiv*, Neuried 1996.
Lohse, Rolf, *Renaissancedrama und humanistische Poetik in Italien*, Paderborn 2015.
Mahler, Andreas, „Der satirische Kontrakt. Performanzen des Satirischen", in: *Zeitschrift für französische Sprache und Literatur* 127:3 (2017), S. 253–277.
Majorana, Bernadette, „Finzioni, imitazioni, azioni: Donne e teatro", in: *Donna, disciplina, creanza cristiana dal XV al XVII secolo*, hg. von Gabriella Zarri, Rom 1996, S. 121–139.
Montoliu, Delphine, *Accademie siciliane 1400–1701 (database)*, URL: http://revues.univ-tlse2.fr/pum/lineaeditoriale/index.php?id=83 (20.6.2018).
Pozzi, Giovanni, „Il ritratto della donna nella poesia d'inizio Cinquecento e la pittura di Giorgione", in: *Lettere Italiane* 31:1 (1979), S. 3–30.
Procaccioli, Paolo, *„Ad Aretinum per Aristotelem*. Intorno a Paolo Caggio ‚allievo' e corrispondente siciliano di Aretino", in: *Rinascimento meridionale* 1 (2010), S. 85–97.
Quondam, Amedeo, „Il naso di Laura. Considerazioni sul ritratto poetico e la communicazione lirica", in: ders., *Il naso di Laura. Lingua e poesia lirica nella tradizione del classicismo*, Modena 1991, S. 291–328.
Ratto, Giovanna, „Dall'epistolario di Paolo Caggio", in: *Bollettino del Centro di Studi filologici e linguistici siciliani (Palermo)* 14 (1980), S. 148–170.
Ratto, Giovanna, „Introduzione", in: Paolo Caggio, *Iconomica*, hg. von Giovanna Ratto, Neapel 1987, S. 11–86.
Ratto, Giovanna, „La *Iconomica* di Paolo Caggio", in: *Atti dell'Accademia di scienze, lettere ed arti di Palermo, Serie IV* 33, parte 2,1 (1974), S. 119–197.
Rudlin, John, *Commedia dell'arte. An actor's handbook*, London u.a. 1994.
Schneider, Ulrike, *Der weibliche Petrarkismus im Cinquecento. Transformationen des lyrischen Diskurses bei Vittoria Colonna und Gaspara Stampa*, Stuttgart 2007.
Schnell, Rüdiger, „Die Frau als Gefährtin (*socia*) des Mannes: Eine Studie zur Interdependenz von Textsorte, Adressat und Aussage", in: ders. (Hg.), *Geschlechterbeziehungen und Textfunktionen. Studien zu Eheschriften der Frühen Neuzeit*, Tübingen 1998, S. 119–170.
Tosel, André, „De la prudence des Anciens à la prudence des Modernes", in: ders., (Hg.), *De la prudence des Anciens comparée à celle des Modernes: sémantique d'un concept, déplacement des problématiques*, Paris 1995, S. 7–34.
Verweyen, Theodor/Witting, Gunther, *Die Parodie in der neueren deutschen Literatur. Eine systematische Einführung*, Darmstadt 1979.
Zemanek, Evi, *Das Gesicht im Gedicht. Studien zum poetischen Porträt*, Köln u.a. 2010.

Haus und Staat

Vom *oikos* zum *ménage*

Antikerezeption und -revision in Jean Bodins *Six livres de la République* (1576)

Claudia Opitz-Belakhal

Jean Bodin (1530–1598) gilt als einer der wichtigsten Staatstheoretiker der frühen Neuzeit. Er hatte als humanistisch gebildeter Rechtsgelehrter nicht zuletzt auch die Schriften der antiken Theoretiker intensiv studiert, nutzte aber auch die zu seiner Zeit im Umlauf befindliche Geschichtsschreibung wie vor allem seine persönlichen Erfahrungen als Informationsquellen und reiches Anschauungsmaterial für seine staatstheoretischen, naturkundlichen und schließlich auch dämonologischen Werke.

Bodins wichtigstes und wirkungsvollstes Werk ist zweifellos seine umfangreiche Studie über den Staat (*Six livres de la République*), die 1576 erstmals in französischer Sprache publiziert und rasch in viele weitere Sprachen übersetzt und in ganz Europa verbreitet wurde. Diese *Sechs Bücher über den Staat* behandeln, so schreibt Bodin einleitend, die Souveränität (also die höchste Autorität) im Staat und bei seinen einzelnen Gliedern.[1] Daran schließen sich Überlegungen zu den einzelnen Staatsformen, Betrachtungen über Ursprung, Wachstum, Blüte, Wandel, Niedergang und Ruin von Staaten sowie zu verschiedenen Problemen und Fragen an, die mit der politischen Herrschaft verbunden sind – etwa die Faktoren, die zu Aufständen und politischen Konflikten führen, oder die Frage, ob und unter welchen Bedingungen ein Tyrann gestürzt werden dürfe, und schließlich, welches die günstigsten Bedingungen zur Einsetzung eines neuen Herrschers nach dem Tod des Souveräns seien.

Dass dieses umfangreiche Werk nicht nur Ausdruck und Ergebnis des umfassenden Wissens und wissenschaftlichen Ehrgeizes seines Autors, sondern auch ein direkter Reflex der zu dieser Zeit höchst schwierigen politischen Lage Frank-

1 „[...] j'ay traité dans cet œuvre, commençant par la famille et continuant par ordre à la souveraineté, discourant de chacun membre de la republique à savoir du Prince souverain, et de toutes sortes de Républiques; puis de Senat, des Officiers, Magistrats: des corps et Colleges, estats et communautez, de la puissance et debvoir d'un chacun; après j'ay remarqué l'origine, accroissemant, l'estat fleurissant, changement, decadence et ruine des Republiques avec plusieurs questions politiques, qui me semblent necessaires d'estre bien entendues. Et pour la conclusion de l'œuvre j'ay touché la justice destributive, commutative et harmonique, monstrant laquelle des trois est propre à l'estat bien ordonné." (Jean Bodin, *Les six livres de la République: avec l'apologie de René Harpin*, 2. Aufl., Paris 1583; Nachdr. Aalen 1977, „Préface", o.S.; im Folgenden zitiert als *République*).

reichs und der französischen Monarchie war, soll uns im Weiteren weniger beschäftigen als vielmehr die Frage, wie Bodin auf das überlieferte Wissen der Antike zu diesem wichtigen Themenfeld zurückgriff und wie und warum er sich dabei gleichzeitig als ‚moderner', d.h. dem antiken Wissen überlegener Autor zu stilisieren verstand.

Ich werde im Folgenden zunächst knapp Bodins Ausführungen zum Zusammenhang von Staat und Hauswesen (bzw. *république* und *ménage*), und damit zusammenhängend Ehe, Generationen- und Geschlechterordnung, darstellen, bevor ich dann in einem zweiten Schritt auf Bodins Umgang mit seinen antiken Quellen, insbesondere mit dem für dieses Thema hochwichtigen Aristoteles zu sprechen komme.

1. Herrschaft als Vaterschaft in *ménage* und *république*

Ich beginne meine Präsentation und Analyse der Bodin'schen Ausführungen über Haushalt und Staatsführung bzw. *ménage* und *république* mit einer kleinen Geschichte, die Bodin zu Beginn des 4. Kapitels im ersten seiner *Sechs Bücher über den Staat* erzählt: „Ein Vater, der seinem Sohn eine Ohrfeige geben wollte, mußte dafür einen Schwertstreich einstecken. Tödlich getroffen schrie er bis ihn der Tod ereilte auf seinen Sohn ein, zu fliehen, weil er fürchtete, dieser werde in die Hände der Justiz fallen und hingerichtet werden [...]".[2]

Mit der Schilderung solcher und ähnlicher Episoden stellt Bodin in geradezu blutrünstiger Weise Konflikte zwischen den Generationen dar. Es geht in diesem Kapitel denn auch um nichts Geringeres als Vater- bzw. Elternmord, um die unrechtmäßige Enteignung der Väter zugunsten ihrer Kinder und ganz grundsätzlich um die „abertausend Gefahren", in welchen das Leben der Eltern schwebte, „wenn nicht natürliche Güte und Gottesfurcht den Kindern Einhalt geböten".[3] Von der „allzu großen Willkür des Kindes" ist hier die Rede und von der (grundsätzlich ungerechtfertigten) Gewaltanwendung durch den Sohn.[4]

Bodin entwirft auf diese Weise ein finsteres Szenario vom Niedergang der väterlichen Gewalt, das an drastischer Eindrücklichkeit kaum zu wünschen übrig lässt. Die aus seinen Darlegungen folgende Forderung, die väterliche Gewalt dem göttlichen Recht und dem Gesetz der Natur folgend wiederherzustellen, erhält durch seine Darstellung zwingenden Charakter. Schließlich macht Bodin Wohl und Wehe aller Staaten davon abhängig, dass das Generationenverhältnis in der richtigen Ordnung gehalten bzw. – wo nötig – dahin gebracht wird:

2 Ich benutze hier wie im Folgenden die deutsche Übersetzung von Jean Bodins *Sechs Bücher über den Staat*, die Bernd Wimmer besorgte (hg. von Peter Cornelius Mayer-Tasch, Bd. 1, München 1981, hier S. 126), im Folgenden zitiert als Bodin, *Sechs Bücher*.

3 Ebd., S. 129.

4 Ebd., S. 130f. Ein etwas freundlicheres Bild wird von den Töchtern dadurch gezeichnet, dass sie in der Schrift nur an einer Stelle – und hier als „schönes Beispiel der Achtung vor Vater und Mutter" (ebd., S. 128) – erwähnt werden. Hier wie auch an anderer Stelle scheint der Generationenkonflikt ein Problem zwischen Männern zu sein.

> Alles was ich gesagt habe und die Beispiele, die ich aus jüngster Zeit angeführt habe, mögen als Beweis dafür angesehen werden, daß es in einem wohlgeordneten Staat notwendig ist, den Eltern jene Gewalt über Leben und Tod wiederzugeben, die ihnen das Gesetz Gottes und der Natur einräumt, das älteste Gesetz aller Zeiten [...]. Nur dann besteht Hoffnung, daß die guten Sitten, Ehre, Tugend und der einstige Glanz der Staaten neues Leben gewinnen.[5]

Dass Bodin gerade auf seine „Beispiele, die ich aus jüngster Zeit angeführt habe" so besonderen Wert legt (zu denen auch der oben erwähnte Fall zählt), macht hellhörig. Offenbar fand Bodin in seiner Zeit eine von Spannungen und Konflikten belastete Beziehung zwischen den Generationen, die in seine Schrift mittelbar oder unmittelbar Eingang fand. Der Niedergang der väterlichen Gewalt war hierbei ein zentraler Kritikpunkt. So legt Bodin nicht nur „italienischen Rechtsgelehrten" die Einschätzung in den Mund, „der Franzose unterstehe nicht der väterlichen Gewalt"; er bestätigt diesen Befund auch durch eigene Erfahrung, wenn er schreibt: „Von ihr [sc. der väterlichen Gewalt] ist nur noch ein schwacher Abglanz übrig, wenn der Vater seine Kinder zu Rechtsgeschäften [...] oder zur Ausübung eines selbstständigen Handelsgewerbes ermächtigt."[6]

Doch erweist die aufmerksame Lektüre seiner weiteren Ausführungen, dass es sich hier wohl kaum um eine unmittelbare Verarbeitung seiner individuellen Erfahrungen handelt, wenngleich Bodins Kenntnisse der Konfliktfälle mit tödlichem Ausgang mit einiger Sicherheit aus seiner Tätigkeit am Pariser *Parlement*, dem obersten Gerichtshof Frankreichs, herrührten. Vielmehr verlegt Bodin den Beginn allen Übels weit in die Vergangenheit, nämlich in die Zeit nach dem Tode des Kaisers Augustus als Anfang vom Ende. Den nachhaltigsten Eingriff in die Rechte des Vaters schreibt Bodin dabei dem Gesetzgeber und Neuordner Justinian zu – auch dies ganz im Sinne humanistisch gebildeter Juristen seiner Zeit[7] – jenem Justinian, den er wenige Seiten zuvor als „herzlich einfältigen Mann" und Pantoffelhelden charakterisiert hatte, über den eine Frau, die Kaiserin Theodora, einen „beherrschenden Einfluß gewonnen" hatte.[8] Nach modernen rechtshistorischen Erkenntnissen hatten die Justinianischen Kodifikationen allerdings Abwandlungen des überlieferten römischen Rechts insbesondere durch kir-

5 Ebd., S. 126.
6 Ebd., S. 131.
7 Vgl. zur rechtsgeschichtlichen Situation Jacques Poumarède, „Puissance paternelle et esprit communautaire dans les coutumes du Sud-Ouest de la France au Moyen Âge", in: *Mélanges Roger Aubenas*, hg. von der Société d'histoire du droit et des institutions des anciens pays de droit écrit/Université de Montpellier I, Montpellier 1974, S. 651–663, und John Gilissen, „Puissance paternelle et majorité émancipatrice dans l'ancien droit de la Belgique et du Nord de la France", in: *Revue historique de droit français et étranger*, 4e série, Bd. 38 (1960), S. 5–57.
8 Bodin, *Sechs Bücher*, S. 119. Zur Justinianischen Rechtsreform s. Berthold Rubin, „Das Römische Reich im Osten: Byzanz", in: *Propyläen Weltgeschichte*, Bd. 4: *Rom. Die römische Welt*, hg. von Golo Mann und Alfred Heuß, Berlin/Frankfurt a.M./Wien 1991, S. 605–658, hier S. 639f.

chenrechtliche, teilweise auch durch stammesrechtliche Einflüsse erfahren. Solche Einflüsse zurückzudrängen und zum ‚eigentlichen', ursprünglichen Recht zurückzukehren, hatte sich der *mos gallicus*, die französische Juristenschule des 16. Jahrhunderts, zur Aufgabe gemacht, der auch Bodin hier folgt.

Dennoch erscheint die Verve, mit der Bodin seine Forderung nach Wiederherstellung der *patria potestas* vorträgt, bemerkenswert und übersteigt den Rahmen einer bloß historisch-kritischen Erörterung – zumal dann, wenn man die beiden anderen Kapitel, in der Bodin die „Haus-Herrschaft" diskutiert, danebenstellt. So wird etwa im Kapitel 3 des ersten Buches „Über die eheliche Gewalt und darüber, ob es sich empfiehlt, das Gesetz über die Verstoßung der Ehefrau neu in Kraft zu setzen" der Führungsanspruch des Ehemannes und die Gehorsamspflicht der Ehefrau in ähnlich alarmistischer Weise thematisiert wie die Generationenordnung im Kapitel 4.[9] Das 5. Kapitel ist hingegen der Frage gewidmet, „ob in einem wohlgeordneten Staat die Sklaverei zulässig ist" – und Bodins Antwort auf diese Frage lautet eindeutig „nein" –, wenngleich er selbstredend ausführlich begründet, weshalb er – gewissermassen trotz der leuchtenden antiken Vorbilder, insbesondere der Ausführungen des Aristoteles – zu dieser Einschätzung gelangt. Um es knapp zu sagen: Aus der Sklaverei erwächst Tyrannei – und diese widerspricht den göttlichen Geboten wie aber v.a. auch jeglicher politischer Vernunft und kann, so Bodin, niemals eine gerechte und rechtmäßige, stabile (politische) Herrschaft begründen, weder im Haushalt, noch im Staatswesen.[10]

Es bleibt insofern klärungsbedürftig, weshalb Bodin – der ansonsten in jeder Hinsicht zur Umsicht und behutsamen Reform ermahnt – gerade hinsichtlich der Generationenbeziehungen bzw. der väterlichen Gewalt einen ebenso großen wie raschen Handlungsbedarf erkannte.

Mit seiner Einleitung zum 6. Kapitel, wo Bodin die häuslichen Herrschaftsverhältnisse verlässt, um sich den öffentlichen zuzuwenden, gibt er hierfür einen wichtigen Hinweis. Er merkt dort nämlich an: „Mit der Beschreibung der Führung der Familie und ihrer Bestandteile haben wir zugleich die ersten Grundlagen geschaffen, auf denen jeder Staat aufgebaut ist."[11]

Schon weiter oben wies er darauf hin, dass „die gut geführte Familie das wahre Abbild des Staates ist" (wörtlich: „l'image naive de l'état", also das Urbild des Staates) – und dementsprechend „ähnelt" nicht nur „die häusliche Gewalt der souveränen Gewalt", sondern „die gerechte Herrschaft im Hause [ist] das Vorbild für die Regierung im Staat" („Le pouvoir paternel est [l'image naive] du pouvoir absolu [du monarque]").[12]

9 Ebd., S. 115–123.

10 Vgl. ebd., S. 139–157. Vgl. dazu auch meine Ausführungen in: Claudia Opitz-Belakhal, *Das Universum des Jean Bodin. Staatsbildung, Macht und Geschlecht im 16. Jahrhundert*, Frankfurt a.M. 2006, Kap. 3.

11 Bodin, *Sechs Bücher*, S. 158.

12 Ebd., S. 107. Frz. Version in: Bodin, *République*, S. 16.

Ist damit also das Bild des Vaters dem Bild des souveränen Monarchen nachgebildet – oder ist es eher umgekehrt? Und kann die (Wieder-)Herstellung einer stabilen Monarchie infolgedessen nur über die Re-Souveränisierung des Vaters bzw. aller Väter erfolgen? Die Antwort auf diese Fragen ist nicht einfach zu geben, denn Monarchen und Väter treten in der Folge in je unterschiedlichen Funktionen und Kontexten auf.

Im 2. Buch etwa definiert Bodin die Rolle des Monarchen so: „Der königliche Alleinherrscher ist derjenige, der sich selbst ebenso an die naturgegebenen Gesetze hält, wie er dies von seinen Untertanen in ihrem Verhältnis zu ihm erwartet, und der jedermanns natürliche Freiheit und Eigentum respektiert."[13] Seine hauptsächliche Funktion ist das Festlegen, Überwachen und gegebenenfalls Reformieren von Gesetzen – und dies im Gegensatz zu antiken Vorstellungen und Vorbildern, wie etwa jenen Aussagen in Aristoteles' *Politik*, wo jener auf das Wahlkönigtum als beste Form der Monarchie hinweist. Diese Vorstellung weist Bodin vehement zurück mit dem Hinweis darauf, dass der König dann „keine Gesetzgebungsmacht über die Untertanen hätte und sich im Gegenteil von ihnen das Gesetz vorschreiben lassen müsste."[14] Diesem Bild nun entspricht der Hausherr in zweierlei Hinsicht *nicht*. Zum einen ist der Hausherr der souveränen Gewalt des Monarchen unterworfen, der seinerseits „absolut", also nur „den Gesetzen Gottes und der Natur folgend" regiert.[15] Zum anderen aber ist der Hausherr seinerseits der Besitzer von allem, was die Hausgemeinschaft mit- oder hervorbringt, denn:

> Darin besteht [...] der eigentliche Unterschied zwischen Staat und Familie. Das Familienoberhaupt hat nämlich Herrschaftsgewalt über das Eigentum der Familie, wenngleich jede Familie oftmals, ja praktisch immer gezwungen ist, etwa in Form von Kopfsteuern, von Zöllen und außerordentlichen Abgaben aus ihrem privaten Vermögen für die Allgemeinheit beizusteuern.[16]

Die Familienangehörigen bzw. Haushaltungsmitglieder sind insofern in einer Weise vom Hausherrn materiell und rechtlich abhängig, wie dies nach Bodins Auffassung keinem Bürger gegenüber dem Monarchen zuzumuten ist.

Dabei finden sich durchaus Abstufungen in dieser Hinsicht, denn die hausherrschaftliche Gewalt setzt sich ja aus ganz verschiedenen Kompetenzen und Herrschaftsverhältnissen zusammen: aus der Gewalt des Ehemanns über seine Frau, aus der väterlichen Gewalt über die Kinder, der Gewalt des Herrn über seine Sklaven und des Dienstherrn über seine Dienstboten.[17]

---

13 Bodin, *Sechs Bücher*, S. 343.
14 Ebd., S. 345.
15 Ebd., S. 343.
16 Ebd., S. 111.
17 Vgl. ebd., S. 115. Bodin äußert sich nur über die ersten drei Gewalten, von denen er die über die Sklaven gänzlich ablehnt (s. o.); über das Verhältnis Dienstherr-Gesinde wird hier interessanterweise nichts gesagt.

So reflektiert Bodin etwa hinsichtlich der Beziehung zwischen Ehemann und Ehefrau ausführlich über die Pflicht der letzteren zum Gehorsam. Wenngleich es hier in Bodins Augen keine Einschränkungen geben soll, so darf doch der Ehemann auch nicht unbeschränkt Gewalt – in jeglichem Wortsinn – über seine Frau ausüben. Denn die von Gott „dem Ehemann über seine Frau verliehene Gewalt hat [...] eine doppelte Bedeutung und beinhaltet Befehlsgewalt in zweierlei Hinsicht. Zum einen bedeutet sie ganz wörtlich die Gewalt des Ehemanns, zum anderen, und dies ist ihr sittlicher Sinn, bedeutet sie Gewalt der Seele über den Leib, der Vernunft über die Begierde" – es ist also letztlich eine Kontrollgewalt, kein tyrannisches Nutzrecht an Leib und Leben der Ehefrau.[18]

> Gibt es denn auch, wie Euripides sagt, nichts notwendigeres als den Gehorsam der Ehefrau gegenüber ihrem Mann, so heißt das nicht, daß der Ehemann unter dem Deckmantel der ehelichen Gewalt seine Ehefrau zur Sklavin machen dürfte. Denn wenn Marcus Varro schon für den Sklaven fordert, ihn lieber mit Worten, statt mit Schlägen zu maßregeln, so gilt dies erst recht für die Ehefrau, die das Gesetz als Gefährtin im Hause Gottes und der Menschen bezeichnet.[19]

Dies hat seinen Grund nicht zuletzt darin, dass Bodin despotische Herrschaft und sklavischen Gehorsam gleichermaßen ablehnt, wie er ja generell die Sklaverei als ein Herrschaftsverhältnis wider die Gesetze Gottes und der Natur empfindet, das eher früher als später aufgehoben werden sollte.

Der ideale „königliche Alleinherrscher", wie Bodin ihn nennt, ähnelt insofern in der Fülle wie in der Begrenzung seiner Macht am meisten dem Ehemann – wie ja die Ehe bei Bodin generell „als Quelle und Ursprung jeglicher menschlicher Gesellschaft" gilt.[20]

Ganz anders klingen die Ausführungen Bodins hinsichtlich der väterlichen Gewalt. Diese unterscheidet sich von allen anderen Gewalten durch ihre ebenso allumfassende wie ursprüngliche Natur:

> So befiehlt, wie Seneca sagt, der Fürst den Untertanen, der Magistrat den Bürgern, der Vater den Kindern, der Meister den Lehrlingen, der Hauptmann den Soldaten, der Herr den Sklaven. Keinem von ihnen allen aber ist die Macht, anderen zu befehlen oder sie gar zu unterjochen von Natur aus verliehen, außer dem Vater, dem wahren Ebenbild des allmächtigen Gottes und Vaters aller Dinge [...].[21]

Zwar hängt auch hier vieles von der richtigen Benutzung der väterlichen Gewalt ab, ebenso wie ja auch der „souveräne Monarch" „den Gesetzen der Natur zu ge-

18 Ebd., S. 116. Vgl. dazu auch Opitz-Belakhal, *Das Universum des Jean Bodin*, Kap. 1, sowie Ginevra Conti-Odorisio, *Famiglia e stato nelle „Republique" di Jean Bodin*, Turin 1993.

19 Bodin, *Sechs Bücher*, S. 122.

20 Ebd., S. 116.

21 Ebd., S. 124.

horchen [hat], d.h. die Lenkung seiner Untertanen und all sein Handeln haben sich an der natürlichen Gerechtigkeit auszurichten".[22] Doch während letzterer bei Fehlverhalten und Tyrannei seine Herrschaftslegitimation einbüßt, wird der Vater mit einem nahezu unumschränkten Vertrauensvorschuss ausgestattet. Für Bodin steht nämlich fest, „daß die Liebe von Vater und Mutter zu ihrem Kind gänzlich unvereinbar ist mit Grausamkeit und daß einem Vater keine größere Qual widerfahren kann, als seinen eigenen Sohn auf dem Gewissen zu haben."[23]

2. Vom *oikos* zum *ménage*: Aristotelesrezeption und -kritik bei Bodin

Wie hoffentlich deutlich geworden ist, dienen Bodins Darlegungen zu Haushalt und Staat, Familien- und Geschlechterordnung nur einem einzigen Ziel: Sie sollen die „legitime Herrschaft" im Staat begründen und erklären helfen. Das zeigt sich schon zu Beginn der umfangreichen Abhandlung, die Bodin mit der folgenden Definition eröffnet. „Républiqüe est un droit gouvernement de plusieurs mesnages et de ce qui leur est commun, avec puissance souveraine".[24] Also sinngemäß etwa: „Unter dem Staat versteht man die am Recht orientierte, souveräne Regierungsgewalt über eine Vielzahl von Haushaltungen und das, was ihnen gemeinsam ist."[25] Mit dieser Definition widerspricht Bodin explizit der Definition der Polis als Staatsform von antiken Autoren wie vor allem Aristoteles und Xenophon: „Die Alten nannten daher Staat (bzw. Républiqüe) eine gesellschaftliche Verbindung von Menschen, die sich zusammenfinden, um ein Leben in Wohlstand und Glückseligkeit zu führen. Diese Definition enthält aber einerseits Überflüssiges und entbehrt andererseits Notwendiges."[26]

Bodins Meinung nach fehlen dieser Definition v.a. drei entscheidende Kriterien, nämlich der Bezug auf die Familie, die Souveränität und das Gemeineigentum – womit die spezifischen Aspekte umrissen sind, die Bodins Definition des Staatswesens ausmachen. „Der Begriff der Haushaltung umfaßt für uns deshalb die gerechte Herrschaft über eine Familie, die Gewalt, die das Familienoberhaupt über die Seinen hat und den Gehorsam, der ihm geschuldet wird. Darüber aber sagen Aristoteles und Xenophon in ihren Werken kein Wort."[27]

Die Familie bzw. die Haushaltung ist dabei ein analog zum Staat zu denkendes Gebilde, eine Einheit, die sich, wie das Staatswesen, aus Untergebenen und Befehlenden zusammensetzt *und* die über Besitz verfügt: „Mesnage est un droit gouvernement de plusieurs subiects, sous l'obeissance d'un chef de famille, et de ce qui leur est propre."[28]

22 Ebd., S. 343.
23 Ebd., S. 133.
24 Bodin, *Républiqüe*, 1. Buch, Kap. 1, S. 1.
25 Bodin, *Sechs Bücher*, S. 107.
26 Ebd., S. 100.
27 Ebd., S. 107.
28 Bodin, *Républiqüe*, S. 10.

Haushalt und Staat entsprechen sich, wobei dieses Entsprechungsverhältnis ein doppeltes – und ein doppeldeutiges – ist: Der Haushalt ist einerseits das Ur- und Vorbild des Staates („la vraye source et origine de toute République et membre principale d'icelle"), andererseits aber auch seine ‚Keimzelle', denn ohne familiäre Reproduktion gäbe es keine generationenübergreifenden politischen Gebilde, keine Korporationen und keine Staaten: „Da aber die Haushaltungen, die Korporationen, Kollegien und Staaten, ja die ganze Menschheit allesamt zugrunde gingen, würde diese sich nicht in der Ehe fortpflanzen, so folgt daraus logisch, daß die Familie nicht vollständig ist ohne die Frau, die deshalb auch ‚Hausmutter' genannt wird."[29]

Bereits zu Beginn des ersten der sechs Bücher über den Staat tritt somit eine fundamentale Kritik der antiken Vordenker in Erscheinung, die zunächst überrascht, aber von Bodin hier wie an anderer Stelle nicht weiter ausgeführt wird, wenn er behauptet, dass „über die Haushaltung als Form der gerechten Herrschaft über eine Familie, die Gewalt, die das Familienoberhaupt über die Seinen hat und den Gehorsam, der ihm geschuldet wird, [...] Aristoteles und Xenophon in ihren Werken kein Wort [sagen]." Auch schon weiter oben bemängelte er: „Xenophon und Aristoteles haben deshalb meines Erachtens zu unrecht zwischen Hauswirtschaft und Gemeinwesen unterschieden. Dies ist aber nicht möglich, ohne das wichtigste Glied vom Ganzen zu trennen und liefe auf den Versuch hinaus, eine Stadt ohne Häuser bauen zu wollen."[30]

Diese und andere kritische Bemerkungen haben Bodin in der Forschung den Ruf eingebracht, ein Anti-Aristoteliker zu sein und die uneingeschränkte Bewunderung und breite Rezeption, die der antike Philosoph seit dem Hochmittelalter genoss, weit hinter sich gelassen zu haben. Diese Lesart hat jüngst Anna Becker grundsätzlich in Frage gestellt. Sie betont – gegen eine breite Front von Bodin-Forschern, aber dennoch meines Erachtens nach zu Recht –, dass Bodins *Sechs Bücher* weniger als eine konsequent anti-aristotelische Schrift zu verstehen seien, sondern eher als ein relativ später Aristoteles-Kommentar, der zentrale aristotelische Vorstellungen übernahm, andere hingegen in Frage stellte – wenn auch nicht immer in konsequenter Weise.[31]

Vor allem die eben angeführten Textstellen, in denen Bodin Aristoteles (und im gleichen Atemzug auch Xenophon) vorwarf, sich nicht zutreffend über Haus-Herrschaft, Staatswesen und Familienbeziehungen geäußert zu haben, erscheinen dem Aristoteles-Kenner erstaunlich, ja, unrichtig. Denn tatsächlich präsentiert auch Aristoteles in seiner *Politik* bereits in den ersten Kapiteln Haushalts- und Familienbeziehungen als zentrale Elemente der politischen Gemeinschaft:

29 Bodin, *Sechs Bücher*, S. 108. Gleichzeitig bemüht Bodin aber auch die Generationenbeziehungen, wie gezeigt, um die Naturalisierung von Hierarchie und Souveränität voranzutreiben; in der Figur des Vater-Fürsten findet diese ihre höchste Ausprägung. Vgl. dazu auch Opitz-Belakhal, *Das Universum des Jean Bodin*, bes. Kap. 3.

30 Bodin, *Sechs Bücher*, S. 107.

31 Vgl. Anna Becker, „Jean Bodin on Oeconomics and Politics", in: *History of European Ideas* 40:2 (2014), S. 135–154.

> Da es offenbar ist, aus welchen Teilen ein Staat besteht, muß man zunächst über die Hausverwaltung reden. Jeder Staat setzt sich nämlich aus Häusern zusammen. Doch die Teile der Hausverwaltung sind die, aus denen wiederum das Haus besteht. Ein vollständiges Haus aber besteht aus Sklaven und Freien. Weil man aber in seinen kleinsten Bestandteilen ein jedes zuerst untersuchen muß, die ersten und kleinsten Teile des Hauses jedoch Herr und Sklave ausmachen, Gatte und Gattin, Vater und Kinder, so hat man wohl über diese drei Beziehungen seine Betrachtungen anzustellen [...]. Das bedeutet aber die Wissenschaft vom Herrenwesen und vom Ehewesen [...] und drittens die vom Vaterwesen.[32]

Wo also ist der Unterschied zu Bodins Ausführungen – abgesehen von dem Umstand, dass Aristoteles zuerst über Herren und Sklaven, dann über die Ehe und erst an dritter Stelle über die Vater-Sohn-Beziehung schreibt? Hat Bodin Aristoteles nicht genau genug gelesen und verstanden? Weshalb diese Distanznahme an dieser leicht nachprüfbaren und widerlegbaren Stelle?

Anna Becker gibt hierfür eine einleuchtende Erklärung, indem sie insbesondere auf die bedeutenden konzeptionellen Unterschiede zwischen Aristoteles' *Politik* und Bodins *Sechs Büchern über den Staat* hinweist, die sich im Licht der Aristoteles-Kommentare der gelehrten Renaissance-Humanisten Leonardo Bruni und Donato Acciaiuoli besonders deutlich zeigen. Wie Aristoteles hatten diese letzteren die substantiellen Unterschiede zwischen Haushalt und Staatswesen hervorgehoben, die sie insbesondere in der minderen Perfektion des ersteren gegenüber letzerem sahen, obgleich auch sie auf der fundamentalen Bedeutung von Haushalt und Familie für das Staatswesen beharrten. Auch Bodins Zeitgenosse Louis Le Roy (ca. 1510–1577) etwa bestand auf diesem substantiellen Unterschied zwischen Staat und Haushalt, obgleich er dann doch die väterliche Herrschaft als Grundlegitimation der monarchischen Herrschaft proklamierte.[33]

Für Bodin hingegen sollte es einen solchen substantiellen Unterschied nicht geben. In seiner radikalen Gleichsetzung – bis hinein in die sprachlichen Formulierungen! – von Staatswesen und Haushalt richtete er sich somit sowohl gegen seine eigenen Zeitgenossen, wie auch gegen deren antike Gewährsleute, Aristoteles und Xenophon, denn:

> Ähnlich wie also die gut geführte Familie das wahre Abbild des Staates ist und wie die häusliche Gewalt der souveränen Gewalt ähnelt, ist auch die gerechte Herrschaft im Hause das Vorbild für die Regierung im Staat und nicht anders als der ganze Körper sich der Gesundheit erfreut, wenn

32 Aristoteles, *Politik. Schriften zur Staatstheorie*, übers. und hg. von Franz F. Schwarz, Stuttgart 1989, 1253b.

33 Vgl. dazu Becker, „Jean Bodin", S. 144–147.

> jedes einzelne Körperglied seine Pflicht tut, wird auch ein Staat sich der Gesundheit erfreuen, wenn die Familien ordentlich geführt sind.[34]

Doch sah Bodin durchaus auch einen „Unterschied zwischen einem Staat und der Familie" – und dieser Unterschied bestand eben in der Verfügungsgewalt über den Familien- bzw. Privatbesitz und in der Ausübung der Souveränität als gleichsam ‚öffentlicher Gewalt' gegenüber den familiären Herrschaftsverhältnissen, die sich somit nur hinsichtlich ihrer Reichweite, nicht aber in ihrer Qualität unterschieden.[35]

Letztlich jedoch bestand der größte Unterschied nicht zwischen Haushalts- und Familienhierarchien, sondern zwischen Bodins Staats- und Herrschaftskonzepten und denjenigen von Xenophon und Aristoteles. Hatte letzterer v.a. die griechischen Stadtstaaten und ihre politisch aktiven Bürger im Auge, so hatte Bodin die Restitution bzw. Re-Souveränisierung der französischen Monarchie im Sinn. Bei aller ‚wissenschaftlichen' Durchdringung des Stoffes – und Anna Becker ist zuzustimmen, dass Bodins umfangreiche Abhandlung über die Genese, das Aufblühen und die Gefährdung von Staatswesen weit mehr war als eine Gelegenheitsschrift – war sie eben doch auch ein Werk, das sich der Beantwortung der großen Fragen verschrieben hatte, welche die Situation der französischen Monarchie im späten 16. Jahrhundert in der hochbrisanten Situation eines Bürgerkrieges, der sich auszuweiten drohte, aufwarf.[36] Und diese Fragen erforderten nach Bodins unmissverständlicher Auffassung andere Lösungen als diejenigen, die die berühmtesten Staatsdenker der Antike vorschlugen, nämlich gerade nicht die Dezentrierung von staatlicher Herrschaft durch eine Anlehnung an den attischen Stadtstaat und seine eher schwachen Zentralorgane, sondern vielmehr eine Re-Souveränisierung von Staats- und Hauswesen unter dem Vorzeichen einer natürlichen (Vater-)Herrschaft und damit letztlich auch der Etablierung einer sowohl göttlichen wie gottgefälligen Ordnung.

---

34 Bodin, *Sechs Bücher*, S. 107.

35 „Hieraus folgt eindeutig, daß Gott die Staaten so geordnet hat, daß dem Staat das, was der Allgemeinheit gehört, dem einzelnen das, was ihm gehört, gebührt. Wenn nämlich Familie und Gemeinwesen, Gemeingut und Eigentum, was öffentlich und was privat ist, miteinander vermengt wird, gibt es weder Staat noch Familie." – Das Familienoberhaupt hingegen „hat nämlich Herrschaftsgewalt über das Eigentum der Familie, wenngleich jede Familie oftmals, ja praktisch immer gezwungen ist, [...] aus ihrem privaten Vermögen für die Allgemeinschaft beizusteuern. Darin besteht denn auch der eigentliche Unterschied zwischen Staat und Familie". (Ebd., S. 111).

36 Vgl. dazu etwa Peter Cornelius Mayer-Tasch, *Jean Bodin. Eine Einführung in sein Leben, sein Werk und seine Wirkung*, Düsseldorf/Bonn 2000; Julian H. Franklin, *Jean Bodin and the Rise of Absolutist Theory*, Cambridge 1973, und Arlette Jouanna, „Die Debatte über die absolute Gewalt im Frankreich der Religionskriege", in: *Der Absolutismus – ein Mythos?*, hg. von Ronald G. Asch und Heinz Duchardt, Köln u.a. 1996, S. 57–78.

Bibliographie

Quellen

Aristoteles, *Politik. Schriften zur Staatstheorie*, übers. und hg. von Franz F. Schwarz, Stuttgart 1989.

Bodin, Jean, *Les six livres de la République: avec l'apologie de René Harpin*, 2. Aufl., Paris 1583; Nachdr. Aalen 1977.

Bodin, Jean, *Sechs Bücher über den Staat (1576)*, übers. und mit Anm. vers. von Bernd Wimmer, hg. von Peter Cornelius Mayer-Tasch, Bd. 1, München 1981; Bd. 2, München 1986.

Sekundärliteratur

Becker, Anna, „Jean Bodin on Oeconomics and Politics", in: *History of European Ideas* 40:2 (2014), S. 135–154.

Conti-Odorisio, Ginevra, *Famiglia e stato nelle „Republique" di Jean Bodin*, Turin 1993.

Franklin, Julian H., *Jean Bodin and the Rise of Absolutist Theory*, Cambridge 1973.

Gilissen, John, „Puissance paternelle et majorité émancipatrice dans l'ancien droit de la Belgique et du Nord de la France", in: *Revue historique de droit français et étranger*, 4e série, Bd. 38 (1960), S. 5–57.

Jouanna, Arlette, „Die Debatte über die absolute Gewalt im Frankreich der Religionskriege", in: *Der Absolutismus – ein Mythos?*, hg. von Ronald G. Asch und Heinz Duchardt, Köln u.a. 1996, S. 57–78.

Mayer-Tasch, Peter Cornelius, *Jean Bodin. Eine Einführung in sein Leben, sein Werk und seine Wirkung*, Düsseldorf/Bonn 2000.

Opitz-Belakhal, Claudia, *Das Universum des Jean Bodin. Staatsbildung, Macht und Geschlecht im 16. Jahrhundert*, Frankfurt a.M. 2006.

Poumarède, Jacques, „Puissance paternelle et esprit communautaire dans les coutumes du Sud-Ouest de la France au Moyen Âge", in: *Mélanges Roger Aubenas*, hg. von der Société d'histoire du droit et des institutions des anciens pays de droit écrit/ Université de Montpellier I, Montpellier 1974, S. 651–663.

Rubin, Berthold, „Das Römische Reich im Osten: Byzanz", in: *Propyläen Weltgeschichte*, Bd. 4: *Rom. Die römische Welt*, hg. von Golo Mann und Alfred Heuß, Berlin/Frankfurt a.M./Wien 1991, S. 605–658.

Hofökonomie als Biopolitik

Johann Joachim Bechers „Werckhauß"-Projekt (1664–1683)*

Michael Lorber

Der Alchemiker und Projektemacher Johann Joachim Becher (1635–1682) kann zu jenen ‚unanständigen Gelehrten' des 17. Jahrhunderts gezählt werden, die Martin Mulsow so einfühlsam beschrieben hat.[1] Getrieben von einer „*undisziplinierte[n]* wissenschaftliche[n] Aufmerksamkeit" hat sich auch Becher im Laufe seines Lebens an diversen Höfen des Heiligen Römischen Reichs umgetan.[2] Geprägt war dieses Leben – ganz nach Mulsows Charakterisierung dieses Gelehrtentypus – „von mißglückter Karriere, Ausgestoßensein, ruhelosem Wanderleben, schließlich frühem Tod unter elenden Umständen und Verfolgungswahn".[3] Es gab im Laufe seines Lebens kaum einen Tätigkeitsbereich, in dem sich Becher nicht versucht hätte – meist mit nicht sonderlich viel Erfolg. Dazu zählen etwa der Aufbau einer Seidenraupenzucht, die Entwicklung einer Universalsprache (die übrigens als erste Programmiersprache gelten kann),[4] der Entwurf einer Reformpädagogik (die Zugang zu adamitischem Wissen verheißt),[5] eine Versicherung für Hofbeamte gegen Korruption[6] oder die Gründung einer Handelscompagnie im

---

* Der vorliegende Beitrag präsentiert einige Ergebnisse meiner Dissertationsschrift *Zwischen Erlösung und Produktivität. Zur Performanz alchemischen Wissens und den Projekten Johann Joachim Bechers (1635–1682) in der Frühen Neuzeit*, die 2012 von der Freien Universität Berlin angenommen wurde und derzeit für den Druck vorbereitet wird.

1 Martin Mulsow, *Die unanständige Gelehrtenrepublik. Wissen, Libertinage und Kommunikation in der Frühen Neuzeit*, Stuttgart/Weimar 2007. Im Gegensatz zu den meisten unanständigen Gelehrten trifft es auf Becher jedoch nicht zu, dass er aus reichem Hause stammt.

2 Ebd., S. VII.

3 Ebd., S. 13.

4 Vgl. Johann Joachim Becher, *Zur mechanischen Sprachübersetzung. Ein Programmierungsversuch aus dem Jahre 1661 (Charakter pro notitia linguarum universali)*, eingel. und übers. von Walter Georg Waffenschmidt, Stuttgart 1962.

5 Vgl. Michael Lorber, „*Theatrum Naturae & Artis* – Johann Joachim Bechers Reformpädagogik als alchemisches Unterfangen", in: *Spuren der Avantgarde: Theatrum alchemicum. Frühe Neuzeit und Moderne im Kulturvergleich*, hg. von Helmar Schramm, Michael Lorber und Jan Lazardzig, Berlin/New York 2017, S. 174–227.

6 Vgl. Michael Lorber, „Vom Kauf der Gefahr. Projektemacherei und Versicherung im 17. Jahrhundert", in: *Drohung und Verheißung. Mikroprozesse in Verhältnissen von Macht und Subjekt*, hg. von Elke Koch, Evamaria Heisler und Thomas Scheffer, Freiburg im Breisgau 2007, S. 287–314.

südamerikanischen Französisch-Guyana.[7] Und selbstverständlich hatte Becher auch einen Entwurf für ein *Perpetuum mobile* und die Rezeptur für den sagenhaften *Lapis philosophorum*, den Stein der Weisen,[8] im Repertoire seiner Projekte.[9]

Im Folgenden soll es aber nicht darum gehen, auf welche Weise es Becher gelang, auf der Basis seines recht eigenwilligen Alchemieverständnisses eine Verbindung zwischen all diesen Bereichen herzustellen, um so eine Art *alchemia oeconomica* zu begründen.[10] Stattdessen steht Bechers konkretes Projekt eines „Zucht-" bzw. „Kunst- und Werckhaußes" aus den 1660er und 1670er Jahren im Zentrum, in dem sich praktische und theoretische Aspekte des frühneuzeitlichen Ökonomiediskurses mit Blick auf den sich konstituierenden Kameralismus paradigmatisch überlagern. Für eine Analyse dieses Projektes ist es wichtig, zuvor kurz auf die Rahmenbedingungen einzugehen, unter denen Becher seine Projekte stets am Puls seiner Zeit entwickelt hat.

Es sind vor allem die Nachwirkungen des Dreißigjährigen Krieges, die die politischen, ökonomischen und sozialen Bedingungen im Reich in der zweiten Hälfte des 17. Jahrhunderts maßgeblich bestimmt haben. Schätzungsweise um ein Drittel ist die Bevölkerung in den Kriegsjahren geschrumpft, wobei die meisten Menschen nicht den eigentlichen Kampfhandlungen zum Opfer fielen, sondern durch indirekte Folgen wie Seuchen und Hungersnöte umkamen. In konkreten Zahlen heißt das, dass die Bevölkerungszahl im Reich von ca. 16 Millionen im Jahr 1620 auf ca. 10 Millionen im Jahr 1650 sank.[11]

Vor dem Hintergrund einer stark dezimierten Bevölkerung und einer insbesondere auch im Agrarbereich brachliegenden Wirtschaft müssen Bechers auf grundlegende ökonomische Reformen dringenden Projekte in den 1660er und 1670er Jahren bewertet werden. Für den deutschen Kameralismus der zweiten Hälfte des 17. Jahrhunderts, der von Becher wesentlich mitgeprägt wurde, lassen sich drei Kernziele benennen: (1) die Mehrung der Bevölkerung nach dem Dreißigjährigen Krieg (‚Peuplirung'), (2) die Auffüllung der häufig völlig leeren fürstlichen Schatzkammern, mit der politische Stabilität einhergehen sollte, und schließlich (3) – als angestrebte Konsequenz der ersten beiden Punkte – ‚Wohlfahrt'

7 Vgl. Johann Joachim Becher, *Gründlicher Bericht Von Beschaffenheit und Eigenschafft/ Cultivierung und Bewohnung/ Privilegien und Beneficien Deß in Amerika zwischen dem Rio Orinoque und Rio de las Amazones an der vesten Küst in der Landschafft Guiana gelegenen/ sich dreißig Meil wegs in die Tieffe erstreckenden Strich Landes* [...], Franckfurt 1669.

8 Vgl. Johann Joachim Becher, *Närrische Weißheit Und Weise Narrheit* [...], Franckfurt 1682, S. 19 und ders. [Solinus Saltzthal], *Regiomontani Discurs Von der Großmächtigen Philosophischen Universal-Artzney/ von den Philosophis genant Lapis Philosophorum Trismegistus*, s. l. 1654.

9 Für eine biographische Einordnung der heterogenen Projekte Bechers vgl. Pamela H. Smith, *The Business of Alchemy. Science and Culture in the Holy Roman Empire*, Princeton (NJ) 1997.

10 Vgl. Michael Lorber, „Alchemia oeconomica – Johann Joachim Bechers (1635–1682) Sozialutopismus am Schnittpunkt von Projektemacherei, Staatsräson und Universalwissenschaft", in: *Magia daemoniaca, magia naturalis, zouber. Schreibweisen von Magie und Alchemie in Mittelalter und Früher Neuzeit*, hg. von Peter-André Alt u. a., Wiesbaden 2015, S. 339–375.

11 Vgl. Manfred Vasold, „Die deutschen Bevölkerungsverluste während des Dreißigjährigen Krieges", in: *Zeitschrift für Bayerische Landesgeschichte* 56 (1993), S. 147–160.

und ‚Glückseligkeit' der Bevölkerung.[12] Damit war die Besserung der allgemeinen Lebensumstände gemeint, und zwar in materieller wie auch spiritueller Hinsicht. Es sind diese drei Bereiche, die für Becher das gesellschaftliche Leben in all seinen Ausprägungen gänzlich umfassen und über die seine heterogenen Tätigkeitsfelder miteinander in Verbindung stehen. Schon zu Beginn des *Politischen Discurs*, seiner wichtigsten ökonomischen Programmschrift mit zahlreichen Vorschlägen für politisch-ökonomische Reformen für das Reich, hält Becher dies unmissverständlich fest: „[J]e volckreicher also eine Stadt ist/ je mächtiger ist sie auch; derohalben leichtlich zu erachten/ daß die vornehmste Staats-Regul/ oder *maxima* einer Stadt oder Lands seyn soll/ *Volckreiche Nahrung*[.]"[13]

Das konkrete Projekt eines ‚Werckhaußes', in dem diese politisch-ökonomischen Aspekte seiner Agenda paradigmatisch zusammenfließen, hat Becher über zwei Jahrzehnte hinweg immer wieder beschäftigt. Eine erste Variante wollte er bereits Mitte der 1660er Jahre unter dem Titel „Werck- und Zucht-Hauß" in München realisieren. Zu dieser Zeit war er beim Kurfürsten Ferdinand Maria von Bayern zwar eigentlich als Hofmathematiker und Hofmedicus tätig, hat sich aber selbst mit einigen Tricks in die Position eines Abgesandten für wirtschaftliche Kooperation mit Wien manövriert und sich damit auch in die Hofökonomie vor Ort – man kann durchaus sagen – eingemischt.[14] Wirklich realisiert wurde das Projekt allerdings erst gut zehn Jahre später, nämlich ab 1674 in Wien, und zwar nicht als „Werck- und Zuchthauß", sondern als „Kunst- und Werckhauß".

Es können also zwei Planungsphasen des Projektes unterschieden werden: die Münchener und die Wiener Phase. Im Entwurf und in den Modifikationen dieses Langzeitprojektes, so meine im Folgenden entwickelte Kernthese, scheint eine Biopolitisierung des menschlichen Körpers am Schnittpunkt von Disziplinierung und Produktivmachung im Sinne Michel Foucaults auf. Diese Biopolitisierung des Körpers ist auf aufschlussreiche Weise zu verorten im umfassenderen Entstehungskontext von Kameralismus und moderner Staatsräson.

---

12 Vgl. Art. „Merkantilismus", in: *Gabler Wirtschaftslexikon*, hg. von Reinhold Sellien u.a., 4 Bde., 13. Aufl., Wiesbaden 1992, Bd. 3, S. 2256 und Ulrich Engelhardt, „Zum Begriff der Glückseligkeit in der kameralistischen Staatslehre des 18. Jahrhunderts (J. H. G. V. Justi)", in: *Zeitschrift für Historische Forschung* 8 (1981), S. 37–79.

13 Johann Joachim Becher, *Politische Discurs von den eigentlichen Ursachen/ deß Auff- und Abnehmens der Städt/ Länder und Republicken/* [...] *Zweyte Edition* [...], Franckfurt 1673, S. 2. Die wesentlich kürzere Erstausgabe erschien 1668.

14 Im Kern hat Becher bereits in einem sehr modernen sozialmedizinischen Sinne damit argumentiert, dass die Vermeidung von Krankheiten am besten durch eine ordentliche Wirtschaftspolitik und gute Versorgung der Bevölkerung zu erreichen sei, weswegen er als Hofmedicus natürlich auch für ökonomische Belange verantwortlich sei. Vgl. Pamela H. Smith, „Chemistry and Commerce: Johann Joachim Becher at the Court of the Elector of Munich", in: *Johann Joachim Becher (1635–1682)*, hg. von Gotthardt Frühsorge und Gerhard F. Strasser, Wiesbaden 1993, S. 143–158.

1. „Werck- und Zuchthauß" (München, 1664)

Das Münchener ‚Werck- und Zuchthauß' findet im *Politischen Discurs* in zwei Reformvorschlägen Erwähnung. Im ersten, undatierten und nur wenige Seiten umfassenden Vorschlag mit dem Titel „Von dem Handwercks-*propolio,* wie solches niederzulegen/ nemblich durch ein allgemeines Werck- und Zucht-Hauß" (Anfang 1664 verfasst) kommt Becher darauf in Zusammenhang mit herumziehenden Bettlern, Gesinde und Gesellen sowie Waisen zu sprechen.[15] Diese Leute können, so Becher, für das Land „Beschwerde und Schandt" sein, weswegen ein von der Obrigkeit überwachtes ‚Werck- und Zuchthauß' eine gute Lösung für dieses Problem darstelle.[16] Grundsätzlich unterscheidet Becher hier noch zwischen dem Zweck des ‚Werckhaußes' „zur Straff vor die böse Menschen/ Betrieger/ und Dieb" und dem für die „Gutwillige/ da jeder wandernder Gesell Arbeit findet".[17] Der Straffällige könnte im ‚Werckhauß' seine Schuld abarbeiten, die Armen hingegen müssten nicht mehr betteln, sondern könnten in dieser Einrichtung ausreichend Geld zum Leben verdienen. Die guten Verdienstmöglichkeiten hebt Becher ausdrücklich hervor, da sich sein ‚Werckhauß' genau in diesem Punkt von bereits existierenden ähnlichen Einrichtungen unterscheide, vor denen die Menschen mehr Angst hätten, als darin eine Lösung für ihre Sorgen zu erkennen.[18] Aufschlussreich ist an diesem ersten Entwurf insbesondere, dass Bechers vorgeschlagene Institution eigentlich zwei unterschiedliche gesellschaftliche Missstände beseitigen soll: nämlich Kriminalität und Armut gleichermaßen. Dies soll im Zeichen einer im Sinne fürstlicher Interessen freizusetzenden wirtschaftlichen Produktivkraft geschehen. Neben dem sozioökonomischen Ziel, vorhandene, aber brachliegende Arbeitskraft für den Fürsten nutzbar zu machen und damit zugleich die Armut im Land zu bekämpfen, verfolgt Becher mit dem ‚Werckhauß' auch noch das Ziel, die Zünfte durch Konkurrenz zu schwächen. Denn mit dem ‚Werck- und Zuchthauß' als eine Art Auftragswerkstatt für Verleger sollten rechtliche und infrastrukturelle Voraussetzungen dafür geschaffen werden,[19] traditionell privat organisierte Formen der Produktion unter die Kontrolle einer von fürstlichen Machtinteressen geleiteten Ökonomie zu bringen.

Ein zweites Mal greift Becher das Projekt nur noch unter dem Titel „Werckhauß" in dem auf den 18. Juni 1664 datierten größeren Entwurf „Dr. Bechers unvorgreiffliches Bedencken/ wegen Auffnehmen der Commercien-Sachen/ und deß drauff beruhenden Chur-Fürstlichen Interesse, in München" auf, in dem er den Kurfürsten Ferdinand Maria von notwendigen Wirtschaftsreformen überzeugen will und ihm eine Verbesserung des kommerziellen Handels in Bayern in

15 Becher, *Politische Discurs*, S. 244–248.
16 Ebd., S. 244.
17 Ebd., S. 245.
18 Vgl. ebd.
19 Vgl. Roland Bettger, „Verlagswesen, Handwerk und Heimarbeit", in: *Aufbruch ins Industriezeitalter*, hg. von Claus Grimm, 4 Bde., München 1985, Bd. 2, S. 175–183.

Aussicht stellt.[20] Mit Blick auf die Frage, wie das fürstliche Geld im Land gehalten und die „*consumption*“ [21] – also der kommerzielle Handel – weiter angetrieben werden könne, entwickelt Becher in seinem Vorschlag vier sich gegenseitig ergänzende Lösungsansätze: (1) Reform des Münzwesens, (2) Einrichtung einer Landesbank (um Geld im Land zu halten), (3) Einrichtung eines Kaufhauses (um billig, d.h. ohne Zwischenhändler, Rohstoffe aus dem Ausland zu erwerben) und eben (4) die Einrichtung eines „Werckhaußes“;[22] alle vier Bereiche sollen in letzter Instanz der Verwaltung eines hierfür verantwortlichen „Commercien-Rath[es]“[23] unterstehen.

Mit Blick auf das ‚Werckhauß‘ betont Becher hier nochmals, dass in einer großen Stadt den Handwerksleuten, welche die Zier und den Stolz der Stadt ausmachten, die Bettler gegenüberstünden, die ein Zeichen der Armut und des Müßiggangs und damit den wirtschaftlichen Interessen der Stadt abträglich seien.[24] Neben diesem ökonomischen Aspekt sei es aber auch eine christliche Pflicht, diesen Menschen zu helfen, indem man ihnen Arbeit und Einkommen verschaffe. Die bislang übliche Praxis, sie einfach nur aus dem Land zu vertreiben, sei nämlich keine wirkliche Lösung, weil das Problem damit nicht grundsätzlich behoben werde und ohnehin nur neue Bettler nachkämen. Ziel müsse es vielmehr sein, dass man die Bettler und ihre Kinder „in einen/ ehrlichen/ bürgerlichen Standt bringe“,[25] damit sie „dem Vatterlandt zu Ehren und Nutz/ zu redlicher Arbeit und Nahrung“ gelangten.[26] Um nun sein ökonomisch und christlich motiviertes Vorhaben, aus den Bettlern ehrbare und für den Fürsten nützliche Bürger zu machen, zu realisieren, schlägt Becher einen Dreistufenplan vor, nach dem sein ‚Werckhauß‘ zu organisieren sei: (1) Die Aufgabe eines „Vorsteher- oder Curator-Amt[es]“ solle es sein,[27] sich über die Situation der von Armut Betroffenen im gesamten Reich ausführlich zu erkundigen, den Grund für ihre Notlagensituation zu eruieren und den Betroffenen dann mit „rathen und ermahnen“ zur Seite zu stehen.[28] (2) Da es unter den Bettlern viele kranke Menschen gebe, müsse ein Krankenhaus für diese eingerichtet werden; allerdings, so Becher, nur für die wirklich Kranken („innerliche Leibs-Schwachheit“).[29] Da Blinde, Lahme und Krumme nicht wirklich krank seien, könnten sie – und auch Kinder ab acht Jahren – problemlos arbeiten.[30] Finanziert werden könne das Krankenhaus entweder über Spenden, über das Verbot von Spielen oder – falls ein Spielverbot nicht

---

20 Becher, *Politische Discurs*, S. 260–296.
21 Ebd., S. 262.
22 Ebd., S. 288.
23 Ebd., S. 267.
24 Vgl. ebd., S. 288.
25 Ebd., S. 288f.
26 Ebd., S. 289.
27 Ebd., S. 290.
28 Ebd., S. 291.
29 Ebd.
30 Ebd.

zu realisieren sei – über eine Zwangsabgabe von 50% auf alle Spielgewinne für karitative Zwecke. (3) Die gesunden Bettler könnten schließlich im ‚Werckhauß' handwerklichen Tätigkeiten wie Spinnen, Nähen, Weben oder anderen neuartigen Produktionsverfahren nachgehen. Das ‚Werckhauß' solle dabei in enger Kooperation mit den ortsansässigen Betrieben stehen.

Zum einen fungiert das ‚Werckhauß' also als eine Art Arbeitsvermittlungsstelle, insofern Becher vorschlägt, den Handwerksmeistern zu verbieten, fremde Lehrlinge und Gesellen einzustellen, solange es im ‚Werckhauß' noch einen ortsansässigen Bettler gebe, der eine feste Arbeitsstelle brauche. Zum anderen bekommen die Bettler dort nur Essen und Kleidung als Bezahlung, weswegen die Verleger, die Aufträge an das ‚Werckhauß' vergäben, mit dieser billigen Arbeitskraft gutes Geld verdienen könnten. Aus dem ‚Werckhauß' stammende und fertig ausgebildete Handwerker sollten wiederum eine Zeit lang kostenlos vor Ort neue Lehrlinge und Gesellen ausbilden, um auf diese Weise die erfahrene Unterstützung zurückzuvergüten. In puncto Bezahlung und faktischer Zwangsarbeit der im ‚Werckhauß' untergebrachten Bedürftigen unterscheidet sich die zweite Fassung des Münchener ‚Werckhaußes' also bereits ganz beträchtlich von der ersten Variante, in der von Becher die gute Bezahlung noch als wichtiges Merkmal in Abgrenzung zu vergleichbaren Einrichtungen hervorgehoben wurde.[31]

Abschließend macht Becher noch einen Vorschlag, wie mit Menschen zu verfahren sei, die schon zu alt oder für den Handwerksbetrieb im ‚Werckhauß' aus anderen Gründen nicht mehr geeignet seien: Man solle sie zunächst alle einsammeln, auf die Dörfer auf dem Land verteilen oder gar ganz neue Dörfer mit ihnen gründen, sie zudem verheiraten und dabei unterstützen, in den respektablen Bauernstand zu gelangen. Auf diese Weise könnten sie sich zumindest noch in der Landwirtschaft nützlich machen, aber auch dadurch, dass sie zur gezielten Vermehrung der Bevölkerung beitrügen. Wenn jemand erst einmal Frau und Kinder habe, so Bechers Resümee, werde er schon nicht in den Bettlerstand zurückfallen – nicht zuletzt auch deshalb, weil nach Durchsetzung seines Dreistufenplans im ganzen Land ohnehin keine Bettler mehr geduldet würden.[32]

Sobald das ‚Werckhauß' fertig eingerichtet sei, müsse deshalb umgehend ein „scharpffes Edict durch das gantze Landt ergehen",[33] demzufolge keine neuen Bettler das Land mehr betreten dürften, alle sich noch im Land befindlichen Bettler von Schergen – auch unter Anwendung von Zwangsmaßnahmen – ins ‚Werckhauß' in München gebracht würden und das Geben von Almosen grundsätzlich mit hohen Strafen belegt werde. Damit würde sich, so Becher, das Problem der Bettler und Armen in Bayern lösen lassen, wenn vermutlich auch – aber eben nur vorerst – gegen den Willen der Betroffenen selbst.

31 Vgl. ebd., S. 290–293.
32 Vgl. ebd., S. 293.
33 Ebd.

Im Münchener ‚Werck- und Zuchthauß' sollten sich nach Bechers Plan also das ökonomische Interesse des Souveräns, öffentliche Moral und individuelles Glück gegenseitig ergänzen – falls notwendig eben auch unter Einsetzung von Gewalt. Wessen Interessen hierbei jedoch grundsätzlich der Vorrang einzuräumen ist, daran lässt Becher keinen Zweifel: Gleich zu Beginn seines Vorschlags zur Verbesserung des bayerischen Handels stellt er klar, dass „man das *publicum Interesse,* allzeit dem *privato* vorziehen [soll]/ und daher nicht *attendiren*/ was etwa ein oder der ander in *privato interessirter* darwieder einwendet".[34]

Seinen Vorschlag für ein Münchener ‚Werck- und Zuchthauß' konnte Becher nicht durchsetzen, und so widmete er sich schließlich wieder anderen Aufgaben. Als er 1670 endgültig vom Hof des bayerischen Kurfürsten an den Wiener Kaiserhof berufen wurde und dort die Stellung eines Kommerzienrates ergattern konnte, hatte er aber die Projektidee zur Einrichtung eines ‚Werckhaußes' in seiner Tasche und versuchte dann dort, ab 1674, sein Vorhaben zu realisieren – nunmehr allerdings unter neuen Vorzeichen: Denn zwischenzeitlich hatte sich ein wichtiger Gesinnungswandel bei Becher vollzogen, der sich über ein Gutachten rekonstruieren lässt, das er 1671 für ein in Wien zu errichtendes ‚Zucht-Haus' verfasst hat. In diesem Gutachten lehnt er plötzlich die Kombination von ‚Werck- und Zuchthauß' ganz kategorisch ab.

> [...] dann ein solches Werckhauß ist einer Statt und Land ein herrliches *beneficium,* es macht aus Bettlern nahrhaffte Bürger/ [...] und ist eine rechte *Medicin,* welche die *materiam peccantem* in ein *nutrimentum* verkehrt/ vor allem aber ist zu mercken/ daß man ein Werckhauß und ein Zuchthauß von einander unterscheide/ und nicht aus einer *Medicin* eine *Carnificin* mache/ und die *moral* Krancken/ an stat sie solten *curirt* werden/ *desperat* werden/ [...] damit nicht Leut/ welche durch die Arbeit gern ein stück Brodt suchten/ sich vor der Schand solches zu suchen scheuen/ und lieber Hungers sterben wollen/ als mit Schanden Brodt essen.[35]

Eine wirklich zufriedenstellende Erklärung, warum er im ‚Werckhauß' die Armen nicht mehr – wie ursprünglich angedacht – gemeinsam mit Straffälligen im Zeichen ihrer produktiven Leistungskraft auf den rechten, d.h. bürgerlichen Weg bringen möchte, liefert Becher hier nicht. Einzig der Hinweis darauf, dass es für die Armen eine Qual und Folter sein könnte, mit Verbrechern zusammenzuarbeiten, ist aufschlussreich. Aus welchen Gründen Becher allerdings zu diesem Gesinnungswandel kommt und ob er vielleicht bereits die Gefahr der Produktion eines delinquenten Milieus in einem ‚Werck- und Zuchthauß' befürchtet, kann nur vermutet werden. Es scheint sich hier auf den ersten Blick eine langwährende und auch bei Becher zunächst noch wirksame Ambivalenz aufzulösen, in deren

34 Ebd., S. 263.
35 Ebd., S. 648.

Rahmen die zahlreichen „Bettelleut"[36] – Becher zählt andernorts dazu Witwen, Waisen, Jungfrauen, Kranke und andere in Not Geratene –[37] einerseits Ziel christlicher Fürsorge sind, andererseits aber auch als massive Gefahr für die öffentliche Sicherheit und die sozioökonomischen Interessen des Fürsten erscheinen. Tatsächlich handelt es sich aber weniger um die Auflösung dieser Ambivalenz im Kontext christlicher Fürsorge und fürstlicher Politik als vielmehr um einen tiefgreifenden Paradigmenwechsel im ökonomischen Denken selbst, der im Folgenden noch ausführlich im Zentrum stehen wird.

Auffällig ist zunächst, dass sich Becher in den 1670er Jahren immer stärker auf ganz konkrete wirtschaftliche Projekte konzentriert. Das dürfte vor allem mit seiner Stellung als Kommerzienrat am Wiener Hof zu tun haben. Dabei blendet er seine sozialpolitischen Anliegen der früheren Jahre jedoch nicht aus, sondern betont vielmehr weiterhin – wenn nun auch aus einer nochmals stärker ökonomisch motivierten Perspektive – den sozialen Nutzen seiner Projekte. Dieser soziale Nutzen ist für ihn immer das Ergebnis einer produktiven Wechselwirkung zwischen stabiler souveräner Herrschaft und potenter Wirtschaftspolitik. Die moralische Stärkung des Landes und seiner Bürger bleibt in Bechers Überlegungen somit weiterhin das direkt proportional abhängige Folgeprodukt einer Politik, die wirtschaftliches Wachstum und Kommerzialisierung mit der Stabilisierung der souveränen Macht verbindet. Dieser Gedanke bildet den konstanten Kern von Bechers politischer Ökonomie.

Diese Fokussierung Bechers auf den wirtschaftlichen Erfolg seiner Projekte zeichnet sich auch im weiteren Planungsverlauf des ‚Werck- und Zuchthaußes' ab. Zwischen dem Münchener Entwurf und dem Wiederaufgreifen des Vorhabens liegen ziemlich genau zehn Jahre. Becher ist am Wiener Kaiserhof am Höhepunkt seiner politischen Karriere angekommen, als er Kaiser Leopold I. die Einrichtung eines „Kunst- und Werckhaußes" vorschlägt.

2. „Kunst- und Werckhauß" (Wien, 1674–1683)

Vermutlich Ende 1674 bespricht Becher mit dem Grafen Albrecht von Zinzendorf, Obersthofmeister am Kaiserlichen Hof in Wien, erstmals die Einrichtung eines ‚Kunst- und Werckhaußes' für Kaiser Leopold I. Die ersten Eingaben und Entwürfe sind zwar verloren gegangen, aber über erhaltene Verträge, Berichte und Referate lassen sich Planung, Einrichtung und Zielsetzung des Vorhabens immer noch einigermaßen gut rekonstruieren.[38] Im ältesten noch erhaltenen Vertragsdokument (datiert auf den 21. Mai 1675) wird festgehalten,

36 Ebd., S. 288.

37 Vgl. Johann Joachim Becher, *Chymischer Glücks-Hafen* [...] *Neue und viel verbesserte Edition*, Halle 1726, S. 25f.

38 Bei Hatschek sind einige, aber nicht alle erhaltenen Verträge und Referate abgedruckt. Vgl. Hans J. Hatschek, *Das Manufakturhaus auf dem Tabor. Ein Beitrag zur österreichischen Wirtschaftsgeschichte des 17. Jahrhunderts*, Leipzig 1886, S. 75–89.

> welchergestalt es absonderlich zu Ihrer Kayserlichen Majestät recreation und curiosität auch nutzen dienen und gereichen würde, wenn Ihre k. M. denen Engländern und Frantzosen gleich eine curiose academy, Kunsthaus, correspondentz mit allerhand ingeniosen arbeiten und experientz von vielerhand curiosen mathematischen chimischen Sachen und Manufacturen austellen lieszen[.][39]

Diese Passage legt die Vermutung nahe, dass Becher gegenüber der Hofadministration mit dem Argument geworben hat, sein ‚Kunst- und Werckhauß' würde sich am Vorbild der 15 Jahre zuvor gegründeten *Royal Society* bzw. der neun Jahre zuvor gegründeten *Académie des Sciences* orientieren. Becher appellierte offensichtlich auch an die Eitelkeit des Kaiserhofes, ebenfalls eine solch weithin angesehene naturforschende Institution wie in London und Paris einzurichten.

Tatsächlich hatte er aber schon seit den Münchener Tagen weniger eine wissenschaftlich ausgerichtete Akademie im Sinn als vielmehr eine Einrichtung, in der sich praktische Materialforschung bzw. -entwicklung, Produktion von Gütern und Sozialpolitik gegenseitig ergänzen, und zwar zum unmittelbaren Wohle der Staatsfinanzen. Im eigentlichen Vertrag wird dieser Aspekt dann auch hinlänglich berührt, und zwar von der Sorge getragen, dass man „bei diesen schwähren Zeiten die hochbenöttigten Geltmitteln nit aus der Kays. Cammer-Cassa" verschwenden möchte. Es wird deshalb dargelegt, welche Farben („Zinober, Bleyweis, gruenspan [...]") Becher in seinem ‚Kunst- und Werckhauß' herzustellen gedenkt, damit man künftig auf die teuren Importe aus dem Ausland verzichten und auf diese Weise das ‚Kunst- und Werckhauß' sich langfristig gleichsam selbst finanzieren könne.[40] Sollte Becher dies alles gelingen, werde ihm vertraglich das Monopol auf die Farbherstellung zugesichert.

Als weitere Aufgabenbereiche werden unter ähnlichen Konditionen noch die Herstellung von Majolika und Weinen, die alchemische Metalltransmutation und die Woll- und Seidenverarbeitung angeführt. Anschließend werden die Details der Finanzierung seitens des Hofes, die Direktion des ‚Kunst- und Werckhaußes' durch Becher sowie regelmäßige Inspektionen durch den Grafen von Zinzendorf, Gewinnbeteiligungen und ähnliche organisatorische Dinge vertraglich festgelegt.

Als Ort wird schließlich, nachdem sich eine Beteiligung der Becher so verhassten Hofkammer unter der Leitung von Graf Georg Ludwig von Sinzendorf (nicht zu verwechseln mit dem soeben erwähnten Graf Albrecht von Zinzendorf) ohnehin nicht vermeiden ließ, ein Grundstück im Stadtteil ‚Am Tabor' – also in der heutigen Leopoldstadt, dem zweiten Wiener Gemeindebezirk – bestimmt. Die in Aussicht gestellten Pachteinnahmen sollten den Becher gegenüber äußerst kritisch gesinnten Grafen von Sinzendorf als Eigentümer des Grundstückes für das

39 „Accord (Becher's) mit Ihro hochgfl. Exc. Herrn Gf. Albr. V. Zinzendorf, röm. Kays. Maj. geh. Rat, Ritter des goldenen Vlieszes", in: Hatschek, *Das Manufakturhaus auf dem Tabor*, S. 75–78, hier S. 75.

40 Ebd.

Projekt gewinnen.[41] Bereits ein Jahr später ist das ‚Kunst- und Werckhauß' fast fertiggestellt, und auch ein Großteil der notwendigen Instrumente und Maschinen ist bereits vor Ort.

Am 19. März 1676 reicht Becher bei Leopold I. ein handschriftliches Referat ein, in dem er über die Bauarbeiten Bericht erstattet und dem er ausführliche Pläne beifügt, die über Aussehen und Funktion des ‚Kunst- und Werckhaußes' genauestens Auskunft geben.[42] Auf einer Ansicht des Geländes aus der Vogelperspektive ist ein hufeisenförmiger Bau zu sehen, dessen drei Flügel nach vorne hin geöffnet sind (vgl. Abb. 2).

In der sich rechts oben befindlichen Legende werden die auf der Darstellung mit Buchstaben gekennzeichneten Gebäudeteile näher erläutert. Es folgen zwei Grundrisse, welche die Räumlichkeiten im Erdgeschoss und in der ersten Etage des linken Gebäudeflügels und jene im Erdgeschoss der anderen Gebäudeteile nach ihren Funktionen aufschlüsseln: diverse Wohnzimmer für Angestellte (Hafner, Goldschmied, Apotheker, Hausmeister, Zeugmeister, Maler, Tischler, Uhrenmacher), mehrere Laboratorien, Brennöfen, Küchen, Apotheke, Weberei und Spinnerei, Lager- und Verkaufsräume; in der Direktorenwohnung ist neben Schlaf- und Wohnzimmer sowie einer Schreibstube auch noch eine „Cammer zu den Mathematischen sachen" und ein kleines Laboratorium zu finden.[43] Das alchemische Laboratorium ist in den Privatgemächern des Direktors Becher zu finden. Die Schmelzhütte und die Glashütte sind allerdings auf dem Gelände nur untergebracht und unterstehen zu Bechers Ärger nicht seiner Leitung.[44]

Wie sich Becher die alltägliche Arbeit in einer so großen Einrichtung wie dem ‚Kunst- und Werckhauß' vorgestellt haben dürfte, geht aus seiner späteren Beschreibung eines idealen Laboratoriums im *Chymischen Glücks-Hafen* (1682) hervor. Besonderen Wert legt Becher hierbei auf die Geheimhaltung der einzelnen Herstellungsprozesse, eben die mit Abstand wichtigste Form des frühneuzeitlichen Patentschutzes. Möglichst wenige Arbeiter sollen Überblick über den gesamten Herstellungsprozess haben, um die Produktionsgeheimnisse sicherzustellen. Dies erfordert zum einen eine strikte räumliche Trennung der einzelnen Produktionsschritte und zum anderen größtmögliche Beschränkung der Kommunikation unter den Arbeitern. Für ganz einfache Tätigkeiten, wie das Übermitteln von

41 Vgl. hierzu ausführlich Hatschek, *Das Manufakturhaus auf dem Tabor,* S. 30f.

42 Vgl. Johann Joachim Becher, „Referat, oder gründliche Beschreibung was in dem Kunst- undt Werckhauß, sambt beyliegenden Schmeltz- undt Glaßhütten, gethan, und operirt wirdt, auch wie selbige angeordnet seye", (19. März 1676), Codex 8046, Handschriftenabteilung, Österreichische Nationalbibliothek, Wien. Zu den schwierigen Bedingungen der Finanzierung des Vorhabens vgl. Hatschek, *Das Manufakturhaus auf dem Tabor,* S. 29–35 und Herbert Hassinger, *Johann Joachim Becher (1635–1682). Ein Beitrag zur Geschichte des Merkantilismus,* Wien 1951, S. 198ff.

43 Becher, „Referat", o.P. (dort erste Grundrissskizze).

44 Vgl. Hassinger, *Johann Joachim Becher,* S. 201f. und Hatschek, *Das Manufakturhaus auf dem Tabor,* S. 36f.

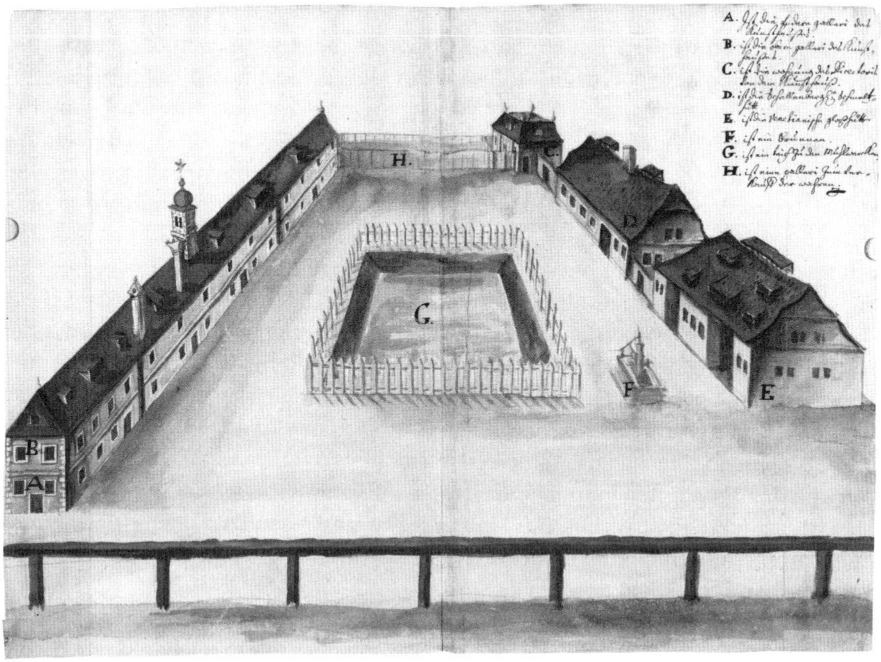

Abb. 2: Vogelperspektive auf das „Kunst- und Werckhauß" Johann Joachim Bechers am Tabor in Wien von 1676 (Österreichische Nationalbibliothek, Handschriftenabteilung, Codex 8046)

Nachrichten zwischen den einzelnen Laboratorien, setzt Becher bewusst auf illiterates Personal.[45]

Das ‚Kunst- und Werckhauß' ist von Becher nicht, wie auf den ersten Blick vermutet werden könnte, als Ort der bloßen Massenproduktion konzipiert worden, sondern viel eher als eine Ansammlung von ‚Musterwerkstätten' zu begreifen, in denen nicht nur neue Herstellungsverfahren entwickelt und erprobt, sondern aus dem Reservoir der Armen auch neue Fachkräfte rekrutiert und ausgebildet werden.[46] Dies geht aus einer nachträglichen Projektbeschreibung des ‚Kunst- und Werckhaußes' hervor, „worinnen als in einem *Seminario* die Manufacturen und Künste erfunden und introducirt/ die Leuth abgericht/ und dann auff das Land/ in die mitleidende gepopulirte Städt *diffundirt* und *stabilirt* worden".[47] Die Einrichtung sollte also für das gesamte Reich eine Vorbildfunktion haben und als eine Art zentrale Forschungs- und Ausbildungsstätte fungieren, von der neue

45 Becher, *Chymischer Glücks-Hafen*, S. 101f.; ausführlich zu dieser Passage vgl. Smith, *The Business of Alchemy*, S. 228–246.
46 Vgl. Hassinger, *Johann Joachim Becher*, S. 198.
47 Becher, *Närrische Weißheit Und Weise Narrheit*, S. 117–123, hier S. 120.

Impulse ausgehen und neue Akzente in Richtung der Kommerzialisierung des Handels gesetzt werden sollten. Hinsichtlich der Belegschaft seines ‚Kunst- und Werckhaußes' macht Becher nur die vage Angabe, dass seine Einrichtung mehrere hundert Mitarbeiter haben solle.[48] Wie schon im Münchener Entwurf setzt Becher auch in der Wiener Variante auf das Verlagssystem, das mit seinen fremdfinanzierten Arbeitsvorgängen den etablierten Zünften Konkurrenz machen sollte.

Der eigentliche Betrieb des ‚Kunst- und Werckhaußes' lief im Laufe des Jahres 1676 trotz der fortgeschrittenen Arbeiten allerdings nur schleppend an. Aus den erhaltenen Hofakten geht hervor, dass Becher – obwohl Graf von Sinzendorf entgegen des ersten Vertrages durchgesetzt hatte, dass Becher persönlich und nicht die Krone das volle unternehmerische Risiko zu tragen habe – immer wieder bei Hofe um neue Gelder ansuchte, die ihm allerdings bald nicht mehr gewährt wurden. Auch die Suche nach privaten Geldgebern gestaltete sich schwierig und war letztlich nicht von Erfolg gekrönt. Becher sah sich aus finanziellen Gründen sogar gezwungen, die als äußerst lukrativ erachtete Woll- und Seidenmanufaktur mit den dazugehörigen Handelsprivilegien zu veräußern, was aber die Situation langfristig auch nicht verbessern konnte.[49] Zur umfassenden Beschäftigung von Bettlern und anderen Notleidenden, wie ursprünglich geplant, scheint es hingegen überhaupt nicht gekommen zu sein.

Das Ende des ‚Kunst- und Werckhaußes' kam trotz aller Schwierigkeiten dennoch unerwartet abrupt und war von einer für Becher folgenreichen Affäre überschattet, die mit dem ‚Kunst- und Werckhauß' nur mittelbar etwas zu tun hatte. Ende 1676 reiste Becher im Auftrag des Kaiserhofes nach Deutschland und Holland, um die Konfiszierung von französischen Luxusgütern voranzutreiben, die – trotz eines verhängten Importverbots zur Stärkung der heimischen Wirtschaft und zur Schwächung des Feindes – geliefert worden waren.[50] Zugleich wollte Becher die Gelegenheit der Reise nutzen, um erfahrene Handwerker für das ‚Kunst- und Werckhauß' anzuwerben, obwohl er dazu gar keinen offiziellen Auftrag hatte. Dementsprechend blieb hierfür die finanzielle Unterstützung aus Wien auch aus, und Becher musste „mit Schand und Schaden/ die geworbene Fabricanten wieder gehen lassen".[51] Zudem wurde Becher mitgeteilt, dass er erst gar nicht mehr nach Wien zurückzukommen brauche, und seine Besoldung wurde eingestellt.

In Bechers eigener Schilderung klingt es so, als ob die – aufgrund der zwar angekündigten, aber dann doch nicht eingetroffenen Gelder aus Wien – missglückte Anwerbung von Handwerkern der sehr ungerechte Grund für das Rückreisever-

48 Vgl. Hassinger, *Johann Joachim Becher*, S. 201.

49 Vgl. Becher, *Närrische Weisheit Und Weise Narrheit*, S. 121f. Unter Bezug auf erhaltene Eingaben und Rechnungen am Wiener Hof vgl. ausführlich Hatschek, *Das Manufakturhaus auf dem Tabor*, S. 41–49.

50 Zur Entstehung und Umsetzung des Importverbots französischer Waren und der Rolle Bechers dabei vgl. ausführlich Hassinger, *Johann Joachim Becher*, S. 205–230.

51 Becher, *Närrische Weisheit Und Weise Narrheit*, S. 122.

bot nach Wien gewesen sei.[52] Tatsächlicher Hintergrund für die Entlassung Bechers aus den kaiserlichen Diensten dürfte aber wohl der Umstand gewesen sein, dass Becher bei der Konfiszierung der Luxusgüter, von der man sich in Wien hohen Gewinn versprach, nicht sonderlich erfolgreich gewesen war und diese Güter schließlich für die Finanzierung seiner eigenen Ausgaben verwendet hatte, ohne hierfür die offizielle Genehmigung gehabt zu haben.[53] Auf jeden Fall kehrte Becher als Folge dieser Auseinandersetzung nie mehr nach Wien zurück.

Nach Bechers Abreise kam die Arbeit in den Manufakturen des ‚Kunst- und Werckhaußes' gänzlich zum Erliegen, und schließlich wurde die Leitung 1677 an Wilhelm von Schröder übertragen. In den folgenden Jahren setzten sich die Streitigkeiten mit der Hofkammer bezüglich der Finanzierung des ‚Kunst- und Werckhaußes' weiter fort, und trotz der spärlichen Quellenlage lässt sich festhalten, dass Schröder nicht mehr unternehmerisches Glück als Becher beschieden war. 1681 brach in Wien die Pest aus, und eigens aus England angeheuerte Arbeiter fielen ihr zum Opfer, wie Schröder in einem erhaltenen Hofbericht klagt. Bei der zweiten Belagerung Wiens durch die Türken brannte das ‚Kunst- und Werckhauß' im Sommer 1683 schließlich vollständig ab.[54] Der Versuch Schröders, das Haus wieder aufzubauen, scheiterte zuerst an den Wiener Behörden und dann an Schröders Umzug nach Ungarn. Das Grundstück wurde 1688 schließlich weiterverkauft.[55] Becher, der den endgültigen Niedergang seines ‚Kunst- und Werckhaußes' nicht mehr erlebt hat, blickt in seiner *Närrischen Weisheit*, erschienen in seinem Todesjahr 1682, nochmals auf sein Projekt zurück und kommt zu dem Schluss, dass das Projekt an Hofintrigen und insbesondere an der Habgier des Hofkammerpräsidenten Graf von Sinzendorf gescheitert sei.[56]

3. Bechers Werckhauß-Projekt im zeitgenössischen Kontext

Das Projekt eines ‚Kunst- und Werckhaußes' hat Becher, wenn man seinen Ursprung im Münchener ‚Werck- und Zuchthauß' berücksichtigt, über 13 Jahre lang beschäftigt. Damit ist es unter den tatsächlich realisierten Projekten Bechers vermutlich dasjenige, das am meisten Aufwand und Kosten verursacht sowie Bechers Karriere gegen Ende seines Lebens schließlich auch am entscheidendsten geprägt hat. Von den Umständen seiner Realisierung in Wien ist in Bechers publizierten Schriften – abgesehen von seiner kurzen Erwähnung in der *Närrischen Weisheit* – allerdings nichts zu finden. Es war die große Leistung insbesondere

52 Vgl. ebd.
53 Vgl. Hassinger, *Johann Joachim Becher*, S. 203 und 225f.
54 Vgl. „Gehorsamber Bericht Wilhelm V. Schröder's wegen Wiedererbauung des Manufacturhauses auf dem Tabor" (1. November 1684), in: Hatschek, *Das Manufakturhaus auf dem Tabor*, S. 81–87.
55 Vgl. Hatschek, *Das Manufakturhaus auf dem Tabor*, S. 57–72 und Hassinger, *Johann Joachim Becher*, S. 203f.
56 Vgl. Becher, *Närrische Weisheit Und Weise Narrheit*, S. 123.

von Hans Hatschek, über die erhalten gebliebenen Hofakten seine Entstehungsgeschichte zu rekonstruieren.

Mit Blick auf das Münchener ‚Werck- und Zuchthauß' ist festzuhalten, dass es solche Kombinationen von Zucht- und Arbeitshäusern bereits seit Mitte des 16. Jahrhunderts in England und ab Beginn des 17. Jahrhunderts in ganz Europa gab, worauf Becher auch selbst verweist.[57] In allen Fällen war es das Ziel, Menschen, die – aus welchen Gründen auch immer – in Armut geraten oder in die Kriminalität abgerutscht waren, zu ihrem eigenen Besten ökonomisch sinnvoll zu organisieren. In ihrer *Geschichte der Armenfürsorge in Deutschland* zeigen Sachße und Tennstedt für das 17. und auch noch das 18. Jahrhundert auf, welche vier sozialpolitischen Entwicklungslinien sich in der Institution des Zucht- und Arbeitshauses sukzessive zu überlagern beginnen, nämlich Armenversorgung, Arbeitserziehung, Reform des Strafvollzugs und eine den Machtinteressen des Fürsten verpflichtete Kameralistik,[58] welche die traditionelle Hausvaterökonomik nach und nach ablöst.[59] Was für ein volkswirtschaftliches Potential diesen Einrichtungen beigemessen wurde, wird mit einem quantitativen Blick auf die frühneuzeitlichen sozialen Verhältnisse klar, in denen „das Heer der arbeitsfähigen Nicht-Arbeitenden und Armen in den Städten 10 bis 20 Prozent, in geistlichen Residenzen und zur Zeit von Wirtschaftskrisen 30 Prozent und mehr der Bevölkerung betrug".[60] Vor diesem Hintergrund fasst Becher die konkreten Absichten und Ziele seiner politischen Ökonomie selbst pointiert zusammen, wenn er schreibt:

> [...] dann es ist eine schlechte Außrede/ daß man saget/ die gemeine Leute hier im Landt seynd thumb und zu nichts tüchtig/ die Ursach ist/ daß man sie nicht anführet/ noch zu etwas gebrauchet/ dannenhero verrostet gleichsamb bey ihnen der Verstandt/ wo sich derhalben sichere Mittel finden/ solchen armen verlassenen Leuten zu helffen/ so halte ich/ daß man solches aus Christlicher Obrigkeitlicher Schuldigkeit unverzüglich thun solle/ dann was kan löblicher gethan werden/ als den Armen auffzuhelffen/ man führet darumb die Schaff auff die Weyde/ daß man ihrer Woll und Fleisch nachmahln auch geniessen kan und muß das letzte nicht allein/ sondern auch das erste in obacht genommen werden/ so viel *in genere* von dem Werckhauß.[61]

Im ‚Werckhauß'-Projekt tritt ein zentraler Aspekt der politischen Ökonomie Bechers deutlicher als in seinen anderen Projekten in den Vordergrund: nämlich

57 Vgl. Becher, *Politische Discurs*, S. 294.

58 Vgl. Christoph Sachße/Florian Tennstedt, *Geschichte der Armenfürsorge in Deutschland*, 3 Bde., Stuttgart/Berlin/Köln 1980, Bd. 1, S. 115f.

59 Vgl. Volker Bauer, *Hofökonomie. Der Diskurs über den Fürstenhof in Zeremonialwissenschaft, Hausväterliteratur und Kameralismus*, Wien 1997.

60 Klaus Dörner, *Bürger und Irre. Zur Sozialgeschichte und Wissenssoziologie der Psychiatrie*, Frankfurt am Main 1969, S. 21.

61 Becher, *Politische Discurs*, S. 294f.

die Notwendigkeit, Disziplin als sozioökonomisches Instrument des frühneuzeitlichen Souveräns institutionell zu verankern; eine Disziplin, die nach Foucault am Übergang von einer Ökonomie der feudalen Abschöpfung hin zur kapitalistischen Wertschöpfung in Erscheinung tritt.[62] Dieser Übergang ist nicht bzw. eben nicht nur ökonomischer, sondern vor allem auch rechtlicher Natur. Denn die Drohung mit dem Tod in der Feudalpolitik mutiert im Rahmen dieses Prozesses zur souveränen Herrschaft über das Leben. Mit anderen Worten: Souveräne Herrschaft setzt ihre Macht nicht mehr wie noch im Feudalismus vornehmlich mittels der Drohung mit dem Tod durch, sondern Techniken der Disziplinierung treten an diese Stelle. Wirtschaftspolitisch spiegelt sich dieser strukturelle Paradigmenwechsel darin wider, dass an die Stelle der bloßen Steuereintreibung (Abschöpfungspolitik) die Produktivmachung brachliegender Arbeitskraft (Wertschöpfungspolitik) im Sinne der Staatsräson tritt. Diese Entwicklung hat Foucault in *Überwachen und Strafen* entlang der Geschichte von Kerker und Gefängnis nachgezeichnet und die Bedeutung der im Wandel des Rechts gelehrig gemachten Körper für die Entwicklung kapitalistischer Ökonomie hervorgehoben.[63]

Frühneuzeitliche Zucht- und Arbeitshäuser sind vor diesem Hintergrund also als institutioneller Ausdruck eines paradigmatischen Wandels in Ökonomie und Recht gleichermaßen zu begreifen, in dem sich neuartige infrastrukturelle Prozesse mit Disziplinierungstechniken überlagern, die Körper gelehrig und produktiv machen sollen. Kurzum: Diese Einrichtungen sind staatliche Disziplinierungsmaschinen im Zeichen kapitalistischer Produktivitätslogik. In diesem Sinne betreiben sie Biopolitik – eine Politik *mit* und *durch* den lebenden Körper.

Die zunächst etwas irritierende Versammlung von Armen und Kriminellen in einer gemeinsamen Institution erscheint aus diesem Blickwinkel nachgerade folgerichtig: Sowohl Kriminelle als auch Arme (aufgrund ihrer Armut ohnehin von Delinquenz bedroht) erscheinen aus der Perspektive dieser Wertschöpfungslogik in gleicher Weise als problematisch: nämlich als *unproduktiv*. Die Disziplin, die jeden individuellen Körper erfassen und gelehrig machen will, ist aber nur die eine Seite dieses Produktivitätsdispositivs. Die andere Seite ist die Verwaltung der Bevölkerung als Masse. Erst im Zusammenspiel von individualisierender Disziplin und totalisierender Bevölkerungsregulierung entwickelt sich nach Foucault die Produktivlogik der Wertschöpfung, und zwar im Sinne einer souveränen Staatsräson am Schnittpunkt von Recht und Ökonomie am Beginn der Moderne.

In Bechers Projekt eines ‚Werck- und Zuchthaußes' wird das Zusammenspiel dieser beiden Machtkonfigurationen – ihre individualisierende und zugleich totalisierende Funktion – ganz deutlich: Einerseits entwickelt Becher Strategien, um das sozialpolitische Problem von Obdachlosigkeit, Armut und Kriminalität

62 Vgl. Michel Foucault, *Der Wille zum Wissen. Sexualität und Wahrheit I*, übers. von Walter Seitter, Frankfurt am Main 1976, S. 162f. und 168.

63 Vgl. Michel Foucault, *Überwachen und Strafen. Die Geburt des Gefängnisses*, übers. von Walter Seitter, Frankfurt am Main 1977, S. 281ff.

durch Reformen dergestalt zu lösen, dass jeder einzelne aus seiner individuellen Notlage befreit wird und einen produktiven Platz in der Gemeinschaft zugewiesen bekommt. Keiner soll den angestoßenen und – falls notwendig – mit legitimiertem Zwang durchgesetzten Wohlfahrtssanktionen entkommen. Andererseits werden die Betroffenen *in toto* als gewissermaßen zur Verfügung stehendes Arbeitskraftvolumen gedacht und auf diese Weise zum integrativen Bestandteil einer politischen Ökonomie volkswirtschaftlicher Wertschöpfung gemacht. Im Zeichen dieser Logik produktiver Wertschöpfung überschreitet Becher schließlich auf höchst problematische Weise ethische Grenzen, wenn – wie in der Münchener Fassung eines ‚Werck- und Zuchthaußes' vorgeschlagen – Arbeitsunfähige in ländlichen Gebieten zumindest noch zur ‚Züchtung' von neuen Arbeitskräften eingesetzt werden sollen.[64]

Bechers ‚Werck- und Zuchthauß' steht also paradigmatisch für den Beginn der modernen kapitalistischen Disziplinargesellschaft und antizipiert deshalb nicht zufällig wesentliche Merkmale des Panoptikumentwurfs (1791) von Jeremy Bentham, von dem ausgehend Foucault sein Disziplinarparadigma im Rahmen von *Überwachen und Strafen* entwickelt.

Zugleich tritt bei Becher *in nuce* aber auch schon die Funktion des Subjektes der Disziplinargesellschaft aus Perspektive der souveränen Regierung in den Fokus – mithin jener Aspekt, den Foucault erst später unter dem Stichwort der Gouvernementalität bzw. Regierungskunst verhandelt hat. Denn das in der Disziplinargesellschaft hervorgebrachte Subjekt ist eben keineswegs nur das passive Ergebnis der strukturellen Gewalt lokaler Machttechniken – als das es in *Überwachen und Strafen* und latent auch noch in *Der Wille zum Wissen* erscheint. Vielmehr zeichnet sich erfolgreiche Regierungskunst durch eine Führung der Subjekte aus, die sich im idealen Fall zur produktiven Selbstführung entwickelt, die – ganz ökonomisch – keiner weiteren Kontrolle mehr bedarf. Deutlich wird

64 Als eine Überschreitung ethischer Grenzen ist Bechers Vorschlag nicht nur aus heutiger Perspektive zu werten. Auch im zeitgenössischen Kontext seiner Schriften erscheint dieser Vorschlag Bechers als besonders grausam: So setzt sich Becher insbesondere im *Moral Discurs* (1669) für die Unterdrückten und vom Leben Benachteiligten ein. Seine dortigen Ausführungen stehen in einem scharfen Kontrast zu seinen zeitgleich verfassten ‚Werckhauß'-Entwürfen, wenn er nahezu zum zivilen Ungehorsam gegenüber der Obrigkeit aufruft: „Aber vergebt es mir ihr Herrn/ ists nicht wahr/ daß wir alle Menschen und Bürger der Welt seyn? Ja. Wo rühret dann die Leibeygenschafft und euer vorgewandte *servitut* her? Sicher von nichts anders/ als von einer Tyranney. Ich bin der Obrigkeit unterthan/ wann sie mich zum Guten anführet/ ihr zu folgen/ aber im übrigen mit Gut und Blut unterhan seyn/ und ihme die Haut über die Ohren ziehen lassen/ das hat unter dem *Praetext* nichts mit dieser Unterthänigkeit zu thun. Ja ich thue sünd/ so ich solches leide/ und mich mit Fleiß einer Tyranney unterwerffe/ wie solches klärlich stehet [...] Es sey fern von mir/ daß ich der Obrigkeit ihr Gebühr disputiere/ wann Sie eine Obrigkeit ist/ aber warlich solche Obrigkeit ist vor keine zuachten/ durch welche alles Elend in die Welt kombt." Johann Joachim Becher, *Moral Discurs Von den eigentlichen Ursachen deß Glücks und Unglücks* [...], Franckfurt 1669, S. 42f. Kelbert will im *Moral Discurs* sogar einen Sozialismus *avant la lettre* erkennen. Vgl. Heinz Kelbert, *Johann Joachim Becher. Ein Beitrag zur Erforschung des berufspädagogischen Erbes*, Berlin 1954, S. 12.

dieser Punkt, wenn Becher argumentiert, dass man zu Beginn beim landesweiten Einsammeln der Bettler sicherlich manchmal Gewalt anwenden müsse, aber diese nach erfolgreicher Resozialisierung schon selbst verstehen würden, dass die verordneten Maßnahmen nur zu ihrem Besten ergriffen worden seien. Einmal in einen bürgerlichen Stand gebracht, würden sie dann aus freien Stücken selbst darauf achten, den beschrittenen Weg weiter zu gehen und nicht mehr in alte Verhaltensmuster zurückfallen: Genau das ist die gouvernementale Kunst des Regierens im Sinne einer Führung hin zur Selbstführung.

Die Besonderheit von Bechers Projekt ist vor diesem Hintergrund somit weniger in der Idee eines ‚Werck- und Zuchthaußes' an sich zu sehen, die er – wie er selbst zugibt – eigentlich lediglich aufgreift. Aufregend an Bechers Projekt sind vor allem die Fäden anderer wirtschaftspolitischer Reformen, von denen es durchwoben ist und die in ihm zusammengeführt werden: Steuerreform, Reform der Zünfte, Reform der Hofökonomie, Reform von Arbeits- und Herstellungstechniken und eben Reform der Sozialpolitik. Vor dem Hintergrund der wirtschaftspolitischen Interessen Bechers erscheint die durchaus innovative Weiterentwicklung des ‚Werck- und Zuchthaußes' hin zu einem ‚Kunst- und Werckhauß' deshalb geradezu als folgerichtig.

Im langfristigen Verlauf des ‚Werckhauß'-Projektes lässt sich damit aber auch ein sukzessives Verblassen von Bechers christlichem Utopismus konstatieren: Im Münchener ‚Werck- und Zuchthauß' sollten noch die Straßen Bayerns von Armut befreit und gleichzeitig die Kassen des Kurfürsten gefüllt werden. In der Zusammenführung von Zucht- und Armenhaus erschien Becher eine Vervollkommnung der Gesellschaft im Zeichen der christlichen Heilsgeschichte individuell und kollektiv möglich, weil über die Ausbildung von Bettlern zu Handwerkern Einzelschicksale gemildert, Kriminalität und Armut gleichermaßen bekämpft und die Menschen zugleich zu lukrativen Einnahmequellen für die Landeskasse gemacht werden sollten. Die später von Becher geforderte Trennung von Armen und Kriminellen in unterschiedlichen Institutionen ist vor diesem Hintergrund weniger als Auflösung der Ambivalenz von christlicher Fürsorge und Sorge um die öffentliche Sicherheit im frühneuzeitlichen Armendiskurs zu begreifen, sondern muss vielmehr als effiziente Ausdifferenzierung von lokalen Machttechniken unter dem neuen Produktivitätsdispositiv und unter realpolitischen Bedingungen gewertet werden.

Zwar verfolgte Becher die Idee der Resozialisierung von Kriminellen später nicht mehr weiter, aber die Vorstellung, die hohe Zahl von Armen dauerhaft in nützliche und gut ausgebildete Handwerker zu verwandeln, war auch für das Wiener Vorhaben – zumindest in der ersten Planungsphase – noch leitend. Im weiteren Verlauf des Wiener ‚Kunst- und Werckhaußes', wie er sich in den Hofakten nachvollziehen lässt, rückten die schwierigen Machtverhältnisse am Wiener Hof, die Fragen der Finanzierung und die Intrigen rund um die Gunst des Kaisers aber sukzessive auch noch diesen hehren Anspruch Bechers in den Hintergrund. In seinen Stellungnahmen musste sich Becher mit den ganz unmittelbaren organisatorischen und finanziellen Problemen auseinandersetzen und scheiterte letztendlich mit seiner ‚Werckhauß'-Idee, die ursprünglich zwischen ökonomischer Realpolitik und Sozialutopie vermitteln sollte.

Im ‚Werckhauß'-Projekt überlagerten sich die naturphilosophischen, ökonomischen und politischen Dimensionen von Bechers alchemisch inspiriertem Utopismus: In den einzelnen Produktionsstätten waren auf experimentellem Wege jene materiellen Güter zu erproben und zu fabrizieren, die den individuellen Menschen und dem kollektiven Staat gleichermaßen Wohlfahrt und politische Stabilität garantieren sollten. Die Verarbeitung, Veredelung und Perfektionierung der Materialien sollte also im politischen Bereich christliche Moral und Sozialität weiter vervollkommnen. Die lang gehüteten *arcana alchemiae* experimenteller Produktion wollte Becher den *arcana imperii* absolutistischer Machtentfaltung einverleiben: Das ist der Kernpunkt von Bechers heilsgeschichtlich konnotierter *alchemia oeconomica*, in der die Ökonomie zur politischen Aufgabe des Staates avanciert.

> ‚Arcana imperii' – die Geheimnisse der Herrschaftsausübung oder die verborgene Seite der Macht, das ist heute eine fast vergessene Formel. In den Wissenschaften ist zwar von Arkandisziplinen und Arkansprachen die Rede, in der Politik werden Arkanpraktiken als Verstoß gegen das Öffentlichkeitsprinzip der Demokratie gerügt, in Staatslehre, Staats- und Verwaltungsrecht steht das Prinzip der Öffentlichkeit gegen die ‚monarchische Arkantradition'. [...] Im Gegensatz hierzu ist im späten 16. und 17. Jahrhundert das ‚arcanum' ein Schlüsselwort der Epoche. [...] Die Parallelen zwischen *mysteria ecclesiae* und ihrem säkularisierten Abkömmling *arcana politica*, zwischen *ministerium* und *mysterium, Christus und Fiskus*, zwischen Priestern und Juristen, die beide als Wissenseliten spezifische *Arcana* verwalten, sind von zentraler Bedeutung für die Entstehung des modernen Staates.[65]

Mit Blick auf das bereits skizzierte ideale Labor Bechers wird deutlich, inwiefern es sich für ihn im Kontext des ‚Werckhauß'-Projektes bei Produktionsgeheimnissen zugleich auch auf neuartige Weise um Staatsgeheimnisse handelte. Denn der Fürst sollte sich im Rahmen von Bechers wirtschaftspolitischen Reformen jenes Wissens bemächtigen, das in der traditionellen Ökonomie noch den Zünften vorbehalten war, um einerseits für allumfassende christliche Wohlfahrt und Glückseligkeit zu sorgen und andererseits die eigene Souveränität abzusichern. Tatsächlich fehlte Bechers vielfältigen sozial- und wirtschaftspolitischen Ideen aber eine innere, kohärente Struktur – eine sie fundierende Theorie. Becher war eher ein vielseitiger ‚Macher' als ein wirklich systematischer Denker politisch-ökonomischer Systeme.[66] Meist hat er auf Herausforderungen ganz unmittelbar

---

65 Michael Stolleis, „Arcana Imperii und Ratio status. Bemerkungen zur politischen Theorie des frühen 17. Jahrhunderts", in: ders., *Staat und Staatsräson in der frühen Neuzeit. Studien zur Geschichte des öffentlichen Rechts*, Frankfurt am Main 1990, S. 37–72, hier S. 37f.

66 Vgl. Wilhelm Brauneder, „Bechers Lehre vom Staat", in: *Johann Joachim Becher (1635–1682)*, hg. von Gotthardt Frühsorge und Gerhard F. Strasser, Wiesbaden 1993, S. 41–67.

reagiert. In seinen zahlreichen Projektentwürfen, Publikationen und Notizen zeichnet sich aber dennoch der Grundgedanke einer auf wirtschaftlicher Produktivität basierenden Staatsräson ab – ein Produktionsdispositiv im Sinne eines Zusammenwirkens von Recht und Ökonomie bzw. von Disziplinarmacht und Gouvernementalität.[67]

Genau dieses ungeheure Potential Bechers ist von den Kameralisten des 18. Jahrhunderts auch erkannt worden. Als Georg Heinrich Zincke den *Politischen Discurs* Bechers 1754 neu auflegt, fügt er den knapp 1300 Seiten der zweiten Auflage von 1673 nochmals weitere 700 Seiten mit eigenen Anmerkungen hinzu, um Bechers Gedanken – wie schon im Buchtitel festgehalten wird – für „jetzige Umstände und Zeiten [...] brauchbarer" zu machen, und treibt auf diese Weise aus dem durchaus sprunghaften und wilden Denken Bechers eine kameralistische Systematik hervor.[68]

Foucault hat den Prozess der Formierung von Bio-Macht bzw. Gouvernementalität zwar im 18. Jahrhundert angesiedelt, weil sich erst dann die verschiedenen Figurationen von individualisierenden Disziplinen und totalisierenden Regulierungen in den Regierungskünsten einer modernen Staatsräson vereinigen. Kernaspekte dieser Entwicklung zeichnen sich aber schon in den Projekten und Schriften Bechers ab, insofern sich Zusammenhänge zwischen ökonomischen Ideen einerseits und einer straff organisierten *Policey-Ordnung* im Sinne einer Mischung aus Staats- und Verwaltungslehre mit volkswirtschaftlichem Schwerpunkt andererseits ausmachen lassen.[69] Im *Politischen Discurs* hegt Becher im Zusammenhang der für die Gesellschaft entscheidenden drei hierarchischen Stände Bauern, Handwerker und Kaufleute in eben diesem Sinne auch keinerlei Zweifel, dass ihr Zusammenwirken der wirtschaftliche Motor des Landes und damit das politisch wertvollste Gut ist.[70] Die Aufgabe des Souveräns und seiner Beamten besteht demnach darin, alle heterogenen Aspekte dieses Guts sinnvoll zu erfassen, zu analysieren, zu verwalten und zu optimieren, um Moral, Sozialität, Wohlfahrt und nicht zuletzt die souveräne Macht sicherzustellen und zu vervollkommnen. Die Verschaltung von Ökonomie, Recht, Disziplin und Regierungskunst gelangt bei Becher aber eben noch nicht zur theoretisch-programmatischen oder auch praktischen Reife. Als eines der ersten institutionalisierten Zeichen dieses Reifungsprozesses kann wohl erst die Gründung der beiden Lehrstühle für Policeywissenschaft im Rahmen der Beamtenausbildung angesehen werden, die im Jahr 1727 von Friedrich Wilhelm I. veranlasst wird.[71]

67 Vgl. Michel Foucault, *Geschichte der Gouvernementalität*, hg. von Michel Sennelart, übers. von Claudia Brede-Konersmann und Jürgen Schröder, 2 Bde., Frankfurt am Main 2004, Bd. 1, S. 153f.

68 Johann Joachim Becher, *Politischer Discurs* [...] für jetzige Um*stände und Zeiten brauchbarer gemacht und verbessert von D. Georg Heinrich Zincken*, Frankfurt/Leipzig 1754.

69 Vgl. hierzu auch Becher, *Politische Discurs*, S. 60–97.

70 Vgl. ebd., S. 11.

71 Vgl. Michael Stolleis, *Geschichte des öffentlichen Rechts in Deutschland*, 3 Bde., München 1988–1999, Bd. 1 (1988), S. 372–383.

Das kapitalistische Produktivitätsdispositiv der modernen Staatsräson hat sich in der zweiten Hälfte des 17. und im Laufe des 18. Jahrhunderts immer weiter in eine Richtung weiterentwickelt, die mit Bechers alchemisch inspiriertem und heilsgeschichtlich motiviertem Sozialutopismus – mit der politischen Ökonomie seiner *alchemia oeconomica* – letztlich nicht zu vereinbaren war. Becher ist als Utopist, Alchemiker und Projektemacher gescheitert. Die Anfänge der modernen Staatsräson im Zeichen des produktiv gemachten Körpers tragen aber dennoch seine Signatur.

Bibliographie

Quellen

Becher, Johann Joachim [Solinus Saltzthal], *Regiomontani Discurs Von der Großmächtigen Philosophischen Universal-Artzney/ von den Philosophis genant Lapis Philosophorum Trismegistus*, s. l. 1654.

Becher, Johann Joachim, *Gründlicher Bericht Von Beschaffenheit und Eigenschafft/ Cultivierung und Bewohnung/ Privilegien und Beneficien Deß in Amerika zwischen dem Rio Orinoque und Rio de las Amazones an der vesten Küst in der Landschafft Guiana gelegenen/ sich dreißig Meil wegs in die Tieffe erstreckenden Strich Landes* […], Franckfurt 1669.

Becher, Johann Joachim, *Moral Discurs Von den eigentlichen Ursachen deß Glücks und Unglücks* […], Franckfurt 1669.

Becher, Johann Joachim, *Politische Discurs von den eigentlichen Ursachen/ deß Auff- und Abnehmens der Städt/ Länder und Republicken/* […] *Zweyte Edition* […], Franckfurt 1673.

Becher, Johann Joachim, „Referat, oder gründliche Beschreibung was in dem Kunst- undt Werckhauß, sambt beyliegenden Schmeltz- undt Glaßhütten, gethan, und operirt wirdt, auch wie selbige angeordnet seye" (19. März 1676), Codex 8046, Handschriftenabteilung, Österreichische Nationalbibliothek, Wien.

Becher, Johann Joachim, *Närrische Weißheit Und Weise Narrheit* […], Franckfurt 1682.

Becher, Johann Joachim, *Chymischer Glücks-Hafen* […] *Neue und viel verbesserte Edition*, Halle 1726.

Becher, Johann Joachim, *Politischer Discurs* […] für jetzige Um*stände und Zeiten brauchbarer gemacht und verbessert von D. Georg Heinrich Zincken*, Frankfurt/Leipzig 1754.

Becher, Johann Joachim, *Zur mechanischen Sprachübersetzung. Ein Programmierungsversuch aus dem Jahre 1661 (Charakter pro notitia linguarum universali)*, eingel. und übers. von Walter Georg Waffenschmidt, Stuttgart 1962.

Sekundärliteratur

Bauer, Volker, *Hofökonomie. Der Diskurs über den Fürstenhof in Zeremonialwissenschaft, Hausväterliteratur und Kameralismus*, Wien 1997.

Bettger, Roland, „Verlagswesen, Handwerk und Heimarbeit", in: *Aufbruch ins Industriezeitalter*, hg. von Claus Grimm, 4 Bde., München 1985, Bd. 2, S. 175–183.

Brauneder, Wilhelm, „Bechers Lehre vom Staat", in: *Johann Joachim Becher (1635–1682)*, hg. von Gotthardt Frühsorge und Gerhard F. Strasser, Wiesbaden 1993, S. 41–67.

Dörner, Klaus, *Bürger und Irre. Zur Sozialgeschichte und Wissenssoziologie der Psychiatrie*, Frankfurt am Main 1969.

Engelhardt, Ulrich, „Zum Begriff der Glückseligkeit in der kameralistischen Staatslehre des 18. Jahrhunderts (J. H. G. V. Justi)", in: *Zeitschrift für Historische Forschung* 8 (1981), S. 37–79.

Foucault, Michel, *Der Wille zum Wissen. Sexualität und Wahrheit I*, übers. von Walter Seitter, Frankfurt am Main 1976.

Foucault, Michel, *Geschichte der Gouvernementalität*, hg. von Michel Sennelart, übers. von Claudia Brede-Konersmann und Jürgen Schröder, 2 Bde., Frankfurt am Main 2004.

Foucault, Michel, *Überwachen und Strafen. Die Geburt des Gefängnisses*, übers. von Walter Seitter, Frankfurt am Main 1977.

Hassinger, Herbert, *Johann Joachim Becher (1635–1682). Ein Beitrag zur Geschichte des Merkantilismus*, Wien 1951.

Hatschek, Hans J., *Das Manufakturhaus auf dem Tabor. Ein Beitrag zur österreichischen Wirtschaftsgeschichte des 17. Jahrhunderts*, Leipzig 1886.

Kelbert, Heinz, *Johann Joachim Becher. Ein Beitrag zur Erforschung des berufspädagogischen Erbes*, Berlin 1954.

Lorber, Michael, „Vom Kauf der Gefahr. Projektemacherei und Versicherung im 17. Jahrhundert", in: *Drohung und Verheißung. Mikroprozesse in Verhältnissen von Macht und Subjekt*, hg. von Elke Koch, Evamaria Heisler und Thomas Scheffer, Freiburg im Breisgau 2007, S. 287–314.

Lorber, Michael, „Alchemia oeconomica – Johann Joachim Bechers (1635–1682) Sozialutopismus am Schnittpunkt von Projektemacherei, Staatsräson und Universalwissenschaft", in: *Magia daemoniaca, magia naturalis, zouber. Schreibweisen von Magie und Alchemie in Mittelalter und Früher Neuzeit*, hg. von Peter-André Alt u. a., Wiesbaden 2015, S. 339–375.

Lorber, Michael, „*Theatrum Naturae & Artis* – Johann Joachim Bechers Reformpädagogik als alchemisches Unterfangen", in: *Spuren der Avantgarde: Theatrum alchemicum. Frühe Neuzeit und Moderne im Kulturvergleich*, hg. von Helmar Schramm, Michael Lorber und Jan Lazardzig, Berlin/New York 2017, S. 174–227.

Mulsow, Martin, *Die unanständige Gelehrtenrepublik. Wissen, Libertinage und Kommunikation in der Frühen Neuzeit*, Stuttgart/Weimar 2007.

Sachße, Christoph/ Tennstedt, Florian, *Geschichte der Armenfürsorge in Deutschland*, 3 Bde., Stuttgart/Berlin/Köln 1980.

Sellien, Reinhold u. a. (Hg.), *Gabler Wirtschaftslexikon*, 4 Bde., 13. Aufl., Wiesbaden 1992, Bd. 3, S. 2256 (Art. „Merkantilismus").

Smith, Pamela H., „Chemistry and Commerce. Johann Joachim Becher at the Court of the Elector of Munich", in: *Johann Joachim Becher (1635–1682)*, hg. von Gotthardt Frühsorge und Gerhard F. Strasser, Wiesbaden 1993, S. 143–158.

Smith, Pamela H., *The Business of Alchemy. Science and Culture in the Holy Roman Empire*, Princeton (NJ) 1997.

Stolleis, Michael, „Arcana Imperii und Ratio status. Bemerkungen zur politischen Theorie des frühen 17. Jahrhunderts", in: ders., *Staat und Staatsräson in der frühen Neuzeit. Studien zur Geschichte des öffentlichen Rechts*, Frankfurt am Main 1990, S. 37–72.

Stolleis, Michael, *Geschichte des öffentlichen Rechts in Deutschland*, 3 Bde., München 1988–1999.

Vasold, Manfred, „Die deutschen Bevölkerungsverluste während des Dreißigjährigen Krieges", in: *Zeitschrift für Bayerische Landesgeschichte* 56 (1993), S. 147–160.

Haus und Markt

Verrückte Welt

Das Ende der Ökonomik im Theater Shakespeares und Middletons

Verena Olejniczak Lobsien

1. Krämerseelen und Verschwender – England zwischen Hauswirtschaft und Erwerbskunst

Timon von Athen ist offenkundig ein schlechter Hausvater. Zum Entsetzen seines gewissenhaften Verwalters hat er nicht nur sein beträchtliches Vermögen im überaus großzügigen Einsatz für Freunde und Mitbürger, durch großartige Gastlichkeit, generöse Geschenke und freigiebige Patronage durchgebracht, er ist mittlerweile bankrott und so hoch verschuldet, dass all das, was er so spektakulär ausgibt, schon längst nicht mehr ihm gehört. Als Timon endlich auf die Mahnungen des treuen Flavius hört und seine Gläubiger, die er doch zu freundlicher Nachsicht verpflichtet wähnte, um Stundung seiner Schulden bittet, wird er enttäuscht und mit fadenscheinigen Ausreden abgespeist. Vom überschwänglichen Philanthropen wandelt er sich daraufhin abrupt und radikal zum bitteren Menschenfeind, verlässt die Stadt und zieht sich als besitzloser Einsiedler in die Wildnis zurück, wo man schließlich, am fernsten Meeresgestade, seinen Grabstein findet. – Wenn das Drama *Timon of Athens*, um 1607 in Kollaboration William Shakespeares mit Thomas Middleton entstanden,[1] eine Lehre enthält, dann ist sie auf den ersten Blick entweder trivial oder unklar. Sollte dies eine Fabel über verfehlte Haushaltsführung sein, dann ist das meiste an ihr überflüssig, nicht zuletzt die ausführliche Darstellung von Timons Misanthropie, seine langen Hassreden über die menschliche Verkommenheit und die Tiraden über das Geld. Wenn daraus aber nichts zu lernen ist, worum geht es dann? Das Interesse der beiden Autoren gilt offenbar der Haltung des Protagonisten: der Einstellung, die ihn einerseits zu solch grandiosen Ausgaben motiviert und die andererseits so spektakulär in abgrundtiefe Abscheu gegenüber einer Menschheit kippt, die restlos mit dem identifiziert wird, wonach sie giert – nach dem Geld. Die ökonomische Mentalität, die *Timon of Athens* in seiner Hauptfigur porträtiert, ist der des guten Hausherrn entgegengesetzt, und sie führt eine spezifisch frühmoderne Konnotierung mit: die des *prodigal*.[2]

1 William Shakespeare/Thomas Middleton, *Timon of Athens*, hg. von Anthony E. Dawson und Gretchen E. Minton, London 2008. Zitiert im folgenden – wie alle anderen Dramen – nach dem Schema (Akt. Szene. Zeile) direkt nach dem jeweiligen Zitat.

2 Für eine eingehende Lektüre von *Timon of Athens* aus dieser Perspektive siehe Verena O. Lobsien, *Shakespeares Exzess. Sympathie und Ökonomie*, Wiesbaden 2015, Kap. 4.1; zur Zusammen-

Dass Shakespeare und Middleton über diesem antiken, auf Lukian zurückgehenden, über eine lateinische Übersetzung des Erasmus tradierten Stoff kooperieren und etwas ganz Neues daraus machen, hat ebenfalls einen Grund in zeitgenössischer Aktualität. Middleton, gefeierter Autor der *city comedy*, ist wie kein anderer versiert in den Mechanismen von Kredit und Debit und versteht das, was die neue Marktwirtschaft in den Köpfen und Herzen anrichtet, auf unvergleichlich komische Weise auf die Londoner Bühne zu bringen. Auch Shakespeare hatte sich mit ökonomischen Problemen bereits befasst, am direktesten in *The Merchant of Venice. Timon of Athens* ist nur ein literarischer Indikator unter vielen für die Veränderungen, die sich in England um die Wende vom 16. zum 17. Jahrhundert vollziehen. Wie andere, vor allem dramatische Texte repräsentieren sie diese Veränderungen nicht nur, sondern bearbeiten sie zugleich – auch, indem sie wahrnehmbar machen, was außerliterarisch nicht zur Debatte steht. Eine der beunruhigenden Fragen, die sie aufwerfen, ist, weshalb das Haushalten nach antikem Vorbild nicht oder nicht mehr gelingt. Sie zeigen, wie die Ökonomik scheitert; sie fragen nach den Gründen und führen vor, was an ihre Stelle tritt. Das Drama als frühmodernes Massenmedium erscheint dafür besonders geeignet. Bühne, Dialog und Rollenspiel können makroökonomische Vorgänge im überschaubaren Format vor Augen führen, indem sie Prozesse des Austauschs, der Substitution, der Verhandlung, Verstellung und Zirkulation demonstrieren und intersubjektive Dynamiken von Gewinn und Verlust mit begrenztem Personal zur Erfahrung bringen und kritisch reflektieren.[3] Das elisabethanisch-jakobäische Theater reflektiert und bearbeitet einen epochalen Mentalitätswandel, macht auf diese Weise den tiefgreifenden Systemwechsel von einer hauswirtschaftlich basierten Ökonomik zu einem marktwirtschaftlich strukturierten Kapitalismus sichtbar und bilanziert seine Kosten.[4]

---

arbeit von Shakespeare und Middleton vgl. Peter F. Grav, *Shakespeare and the Economic Imperative: „What's aught but as 'tis valued?"*, New York 2008, Kap. 5.

3 Siehe dazu Jean-Christophe Agnew, *Worlds Apart. The Market and the Theater in Anglo-American Thought, 1550–1750*, Cambridge 1986.

4 Christiane Damlos-Kinzel hat es in ihrer Studie *Von der Ökonomik zur politischen Ökonomie. Ökonomischer Diskurs und dramatische Praxis in England vom 16. bis zum 18. Jahrhundert*, Würzburg 2003, unternommen, diese Veränderung an Dramen Thomas Kyds, Shakespeares, Jonsons, Ethereges und Lillos nachzuzeichnen. Sie entfaltet die frühneuzeitliche Ökonomik in England nach dem Muster von Xenophons *Oikonomikos* (Hervet, Fitzherbert, Whytford), liest Jonsons *Volpone* als Markierung des „Verfall[s] der christlichen Ökonomik" (Kap. II.2), George Ethereges *Man of Mode* als „Bild der ökonomischen Krise" (Kap. II.3) und George Lillos *London Merchant* als „Antizipation der politischen Ökonomie" (Kap. II.4). Während ihrer Analyse des übergreifenden Prozesses prinzipiell zuzustimmen ist, sind dessen Beginn und krisenhafte Zuspitzung wohl schon früher anzusetzen; vor allem die Dramen Middletons erscheinen symptomatisch, aber auch Shakespeares *Merchant of Venice*, in dem ich keine „Verteidigung der antiken Ökonomik" (Kap. II.1) erkennen kann. Darüber hinaus hat nicht zuletzt der *New Economic Criticism* der letzten Jahrzehnte mit bahnbrechenden Arbeiten von Marc Shell (*The Economy of Literature*, Baltimore/London 1978; ders., *Money, Language, and Thought. Literary and Philosophic Economies from the Medieval to the Modern Era*, Baltimore/London 1982), Lars Engle (*Shakespearean Pragmatism. Market of his Time*, Chicago/

Der ökonomische Wandel vollzieht sich gleichsam auf dem Rücken des erfolgreichen Merkantilismus und im Zeichen ubiquitärer Kommerzialisierung. Englands Aufstieg zur globalen Handelsmacht sorgt mit dafür, dass er früher eintritt und rabiater ausfällt als auf dem Kontinent. Mit langem spätmittelalterlichen Vorlauf und beschleunigt durch wirtschaftlichen Erfolg beginnt dieser Umbruch in England ungefähr im ersten Drittel des 16. Jahrhunderts. Er markiert zugleich eine Etappe im europäischen, von Aristoteles kritisch vorbedachten, langsam und in regionalen Asynchronien voranschreitenden Übergang von *oikonomía* zu *chrematistiké*, von Hauswirtschaft zu Markt- und Geldwirtschaft, Ökonomik zu Ökonomie und „gewinnsüchtige[r] Erwerbskunst".[5] Seine Resultate werden auch von den Zeitgenossen registriert, und selbst wenn der Argumentationszweck ein apologetischer ist wie in John Wheelers *A Treatise of Commerce* (1601), lässt sich bei aller Faszination doch ein beklommener Unterton heraushören: „[...] all the world choppeth and changeth, runneth & raueth after Marts, Markets and Merchandising, so that all thinges come into Commerce, and passe into traffique (in a maner) in all times, and in all places".[6]

Auch in anderer Hinsicht erscheint die ökonomische Moral fragwürdig, gar an der Spitze des Königreichs, aber nicht nur dort. Die hohen Ausgaben der Krone zu Beginn der Regentschaft von James I. erregen Aufsehen und Besorgnis. Dies umso mehr, als sich bereits unter Elizabeth ein kultureller Typus herausge-

London 1993), Peter Grav (*Shakespeare and the Economic Imperative*) David Hawkes (*The Culture of Usury in Renaissance England*, New York 2010; ders., *Shakespeare and Economic Theory*, London 2015) und anderen deutlich gemacht, dass es nicht nur die thematischen Aspekte sind, die die englischen Dramen vom 16. bis zum 18. Jahrhundert zu aufschlussreichen Zeugnissen für diesen Umbruch machen, sondern auch und vor allem ihre textuellen Ökonomien. Einen vorzüglichen Überblick über die Forschungen auf diesem Gebiet gibt Peter Grav in „Taking Stock of Shakespeare and the New Economic Criticism", in: *Shakespeare* 8:1 (2012), S. 111–136; Joseph Vogl hat 2002 in *Kalkül und Leidenschaft. Poetik des ökonomischen Menschen* (Zürich [4]2011, [1]2002) eine „Poetik des ökonomischen Menschen" vornehmlich an deutschsprachigen Texten entworfen und in *Das Gespenst des Kapitals* (Zürich [6]2012, [1]2010) die Anfänge wie die Entfaltung der „Oikodizee" im großen ökonomietheoretischen und -historischen Bogen nachgezeichnet.

5 Aristoteles, *Politik. Buch I: Über die Hausverwaltung und die Herrschaft des Herrn über Sklaven*, übers. und erl. von Eckart Schütrumpf, Berlin 1991, S. 23, 1256b. Vgl. auch Otto Brunner, „Das ‚ganze Haus' und die alteuropäische ‚Ökonomik'", in: ders., *Neue Wege der Verfassungs- und Sozialgeschichte*, Göttingen [2]1968, S. 103–127; Peter Koslowski, „Haus und Geld. Zur aristotelischen Unterscheidung von Politik, Ökonomie und Chrematistik", in: *Philosophisches Jahrbuch* 86 (1979), S. 60–83.

6 John Wheeler, *A Treatise of Commerce. Wherein are shewed the Commodities arising by a well ordered and ruled Trade, such as that of the Societie of Merchants Aduenturers is proued to be*, London 1601, S. 6; nicht zuletzt weiß Wheeler auch: „[...] one selleth words, another maketh taffike [sic] of the skins & bloud of other men, yea there are some found so subtill and cunning merchants, that they perswade and induce men to suffer themselues to bee bought and sold, and we haue seene in our time enow, and too many which haue made merchandise of mens soules." (S. 6f.). Vgl. auch Mark Netzloff, „The Lead Casket: Capital, Mercantilism, and *The Merchant of Venice*", in: *Money and the Age of Shakespeare: Essays in New Economic Criticism*, hg. von Linda Woodbridge, New York 2003, S. 159–176, hier S. 161f.

bildet hatte, dem das königliche Verhalten nun beunruhigend zu entsprechen scheint: das Negativbild des Verschwenders (*prodigal*), orientiert am biblischen Typus des verlorenen, aber reuigen Sohns, der seine Erbschaft durchgebracht hat und nun seine Besserung beteuert.[7] Das Klischee ist vor allem mit dem kostspieligen Lebensstil jüngerer Söhne aus dem verarmenden Adel assoziiert,[8] die über ihre Verhältnisse leben und den Exzess nur durch Schulden finanzieren können. Im Konzept der *prodigality*, der ungezügelten monetären Extravaganz, erscheint zunächst eine Übersteigerung aristokratischer Großzügigkeit und spektakulärer Verausgabung, aber es wird zunehmend generalisiert zu Weisen eines exzessiven Umgangs mit materiellen und anderen Werten, der den Prinzipien einer wohlgeordneten Haushaltsführung diametral entgegengesetzt ist.

Prodigalität beschreibt im Grunde genommen die Kehrseite der Chrematistik – ihre Negativversion, beruhend auf dem gleichen Prinzip der Überschreitung des Maßes. Der *prodigal* ist das Pendant zum *usurer*. Er verhält sich komplementär zu diesem; beide sind aufeinander angewiesen und spiegeln einander wie die Todsünden *avaritia* und *luxuria*. Daher treten sie im Drama auch häufig zusammen auf. Timon bedarf des „usuring senate" (3.6.108, vgl. 98); ohne ihn könnte er sich weder in seiner Rolle des großzügigen Gebers gefallen, noch würde er zum misanthropischen Eremiten. Wo der *usurer* auf wucherischen Erwerb und parasitäre Geldvermehrung aus ist,[9] erscheint die Haltung der verlorenen Söhne gekennzeichnet von potentiell ebenso unbegrenzter Verlustbereitschaft, ‚unnatürlicher' Verschleuderung und fortschreitender Vernichtung von eigenem wie fremdem Vermögen. Schon Hesiod adressiert seine Ratschläge zur landwirtschaftlichen Ökonomik in den *Erga* an den profligaten Bruder; Timon von Athen mag seine Maßlosigkeit und seine Verstöße gegen die ökonomische Vernunft mit hesiodischem Vertrauen auf eine Nachbarschaftlichkeit und Freundschaft begründen, die durch großzügiges Geben zur Wechselseitigkeit motiviert werden,[10] aber sein hyperbolisches Finanzgebaren macht ihn zum genauen Gegenbild des guten Hausvaters.

Shakespeare ist einer der Sensoren, der die janusgesichtige Abkehr von der alteuropäischen Hauswirtschaft mit bestürzender Klarheit anzeigt und immer

7 Vgl. Richard Helgerson, *The Elizabethan Prodigals*, Berkeley/Los Angeles/London 1976.

8 Vgl. Lawrence Stone, *The Crisis of the Aristocracy, 1558–1641*, Oxford 1965.

9 Vgl. die Diskussion der aristotelischen Kritik an der unnatürlichen Geburt (*tokos*) von Geld aus Geld in der chrematistischen Erwerbskunst (*Politik*, 1258b) und ihre Aufnahme in englischen Traktaten der Frühen Neuzeit, insb. Roger Fentons *A Treatise of Vsurie Diuided into Three Bookes* (1611) und Gerard Malynes, *A Treatise of the Canker of Englands Common Wealth* (1601), in: Hawkes, *The Culture of Usury in Renaissance England*, S. 47–54.

10 Zu Hesiod und *Timon of Athens* siehe Lobsien, *Shakespeares Exzess*, S. 184–190, und dies. (mit Iris Därmann u.a.), „From the Oikonomia of Classical Antiquity to Our Modern Economy. Literary-theoretical Transformations of Social Models", in: *eTopoi. Journal for Ancient Studies* 6 (2016) (Special Volume: *Space and Knowledge. Topoi Research Group Articles*, hg. von Gerd Graßhoff und Michael Meyer), S. 306–348, hier S. 321–325, URL: http://journal.topoi.org (18.1.2018).

wieder erörtert. Er ist nicht der einzige; das Ökonomische okkupiert und durchsetzt in unterschiedlicher Intensität auch das Werk seiner Zeitgenossen.[11] Mit einer exemplarischen Skizze von Shakespeares Drama *The Merchant of Venice* (Eintrag im Stationers' Register 1598)[12] setzen die folgenden Lektüren ein, gefolgt von Überlegungen zu Thomas Middletons *A Mad World, My Masters* (entstanden 1604–1607, Eintrag im Stationers' Register 1608).[13] Das Scheitern der Ökonomik und ihre Ersetzung durch ein Wirtschaften und einen Kommerz anderer Art ist auf unterschiedliche Weise Gegenstand beider Dramen. Bei allen Unterschieden in den Interaktionsstilen der Figuren und im Plot erscheinen auch die zugrundeliegenden Strukturen und Mechanismen vergleichbar. Ähnlichkeiten werden dabei vor allem in der Gestaltung der Beziehungen zwischen den Protagonisten sichtbar: Sie erscheinen mehr und mehr marktförmig, verwandeln sich in Tauschvorgänge, sind Sache von Verhandlungen. Ihr Ziel ist die individuelle Bereicherung, mindestens Besitzstandswahrung; sie werden auch in Bereichen des Immateriellen bestimmt von Möglichkeiten des Gewinns und Verlusts und begleitet vom ständigen Risiko der Übervorteilung.

2. Nahe am Herzen – Bindungen und Käuflichkeiten in *The Merchant of Venice*

In Shakespeares Drama *The Merchant of Venice* ist Wucher ein Thema, aber das ganze Stück kreist darum, wie – finanzieller wie sexueller – Prodigalität zu begegnen ist. Die Aufmerksamkeit auf die Figur des Shylock und die Diskussion um die Frage nach einer möglichen antisemitischen Tendenz dieses *problem play* hat die kritische Wahrnehmung lange Zeit von seiner eigentlichen, ökonomischen Brisanz abgelenkt. Gewiss ist Shylock ein Jude und ein Wucherer, aber er ist auch ein sparsamer Hausvater, besorgt um seine Tochter und mit wachsamem Blick auf seinen Diener, der dennoch auf ganzer Linie scheitert. Der Ausgang des Stücks, vom Verlust seines Darlehens und seiner Tochter bis hin zu seiner Zwangskonversion bedeutet seinen Ruin. Gewiss weist Antonio, der Kaufmann von Venedig, Shylocks Finanzpraktiken verächtlich zurück: „[…] I neither lend nor borrow/ By taking nor by giving of excess" (*MV* 1.3.58f.), und scheint dadurch, dass er seinen Freunden „gratis" (*MV* 1.3.41) Kredit gewährt, ohne Gebühren für „usance" bzw. „interest" (*MV* 1.3.42, 48) zu erheben, im Vergleich zu seinem Antagonisten eine moralisch überlegene Position einzunehmen.[14] Aber Shylock wird

11 Siehe hierzu auch Verena O. Lobsien, „Elisabethanisch-jakobäisches Theater", in: *Handbuch Literatur und Ökonomie*, hg. von Joseph Vogl und Burkhart Wolf, Berlin (voraussichtlich 2019).

12 William Shakespeare, *The Merchant of Venice*, hg. von Jay L. Halio, Oxford 1993; zitiert im Folgenden als *MV*.

13 Thomas Middleton, *A Mad World, My Masters*, hg. von Peter Saccio, annotiert von Celia R. Daileader, in: Thomas Middleton, *The Collected Works*, hg. von Gary Taylor und John Lavagnino, Oxford 2007, S. 414–451; zitiert im Folgenden als *Mad World*.

14 Gewiss werden auch Formen der Gerechtigkeit und Rechtssprechung zur Debatte gestellt, die sich zwar auf Prinzipien der Billigkeit (*equity*, „grace") gegenüber einem hartherzigen Bestehen auf dem Buchstaben des Gesetzes (*justice*) berufen, aber in ihrer eigenen Rechts-

am Ende nicht für seine Geschäfte bestraft, sondern für seine Hartherzigkeit. Die Erwerbskunst, die er betreibt, ist ja eine, die nicht nur geduldet und in ihrer Notwendigkeit anerkannt erscheint, sondern die auch andere Figuren, nicht zuletzt Portia, überaus geschickt beherrschen. Zudem ist die Schuldverschreibung (*bond*), um die sich zunächst alles dreht und in der Antonio sich verpflichtet, ein Pfund seines Fleisches zur Sicherheit für das gewährte Darlehen zu geben, gerade nicht auf monetären Zuwachs für den Verleiher ausgerichtet. Unheil geht in diesem Drama nicht so sehr von Shylocks chrematistischer Frugalität aus, als mindestens ebenso von den kaufmännischen Praktiken Antonios und vor allem vom Verhalten seiner Freunde: Deren loser Umgang mit Geld und ihre Lust am Risiko (*hazard*)[15] fügen sich hier zu einem Prodigalitätssyndrom, dem zuletzt Erfolg beschieden ist. Zumindest ist das einzige, was ihm gewissen Einhalt zu gebieten scheint, das geschickte Finanzmanagement, der listige Einsatz von Ressourcen, die Dissimulation und das juristisch fragwürdige Agieren Portias. Allerdings ist sie damit ebenfalls involviert; ja, ihre strategischen Interventionen lassen sich auch als Rechtfertigung venezianischer Verschwendung auffassen. Nicht chrematistische Geldvermehrung steht hier im Zentrum, sondern vielmehr die Monetarisierung aller Lebensbereiche: „[...] practically all aspects of interpersonal relationships seem tainted by the scent of money".[16] Alles wird hier markt- und geldförmig, alles erscheint durchsetzt von Mechanismen des Tausches und der Käuflichkeit, damit von Strukturen der Äquivalenz – nicht zuletzt Freundschaft, Liebe und Eheschließung.

Aus dieser Perspektive lässt sich auch besser verstehen, weshalb die Handlung des Stückes mit ihrer Folge zahlreicher kurzer Szenen fortwährend zwischen Venedig und Belmont wechselt und weshalb sie mit Shylocks Verurteilung nicht zu Ende ist. Portias Anwesen ist keineswegs ein extraterritorialer Bereich, der mit dem Treiben auf dem Rialto nichts zu tun hätte. Im Gegenteil: Es geht genau um den Nexus zwischen beiden; darum, dass beide Orte durch textuell ausgemünzte kommerzielle Strukturen aufs engste miteinander verwoben sind. Bassanios Risiko ist Antonios, und dessen Leben ist die Bürgschaft, die sein Freund schließlich bei Werbung und Kästchenwahl zum Einsatz bringt: „Who chooseth me must give and hazard all he hath" (*MV* 2.7.9). Schon diese Verknüpfungen auf der Ebene der Handlung verweisen auf die durchgehende Ökonomisierung

auslegung selbst Pedanterie und exzessive Literalität walten lassen, zudem Verstellung und Täuschung als Mittel einsetzen und bei der Zumessung der Strafe zuletzt auch Diskriminierung gegenüber Fremden und Andersgläubigen (vgl. Verena O. Lobsien, „‚Richtet nicht, damit ihr nicht gerichtet werdet!' Biblische, säkulare und poetische Gerechtigkeit im England der Frühen Neuzeit", in: *Poetica* 37:3–4 (2005), S. 311–347).

15 Vgl. Ian MacInnes, „‚Ill luck, Ill luck?': Risk and Hazard in *The Merchant of Venice*", in: *Global Traffic: Discourses and Practices of Trade in English Literature and Culture from 1550 to 1700*, hg. von Barbara Sebek und Stephen Deng, New York 2008, S. 39–55.

16 Grav, *Shakespeare and the Economic Imperative*, S. 84.

aller Beziehungen.[17] Affektive und finanzielle Diskurse überlagern einander bis zur Ununterscheidbarkeit. Zu- und Abneigung sind vor allem eines: geldwert, und die Art und Weise, wie von ihnen gehandelt wird, erscheint von Anfang an als Kommerz. Das Drama ist beherrscht von Modi der Repräsentativität und Stellvertreterschaft, damit der merkantilen Verrechenbarkeit nach dem Modell des geldvermittelten Tausches.

Ökonomische Thematik und textuelle Ökonomie verstärken einander dabei von Anfang an wechselseitig. So sehen wir gleich in der Eröffnungsszene zwei der (schon namentlich austauschbaren) ‚Freunde' Antonios, Salarino und Solanio, mit dem Versuch beschäftigt, den schwer melancholischen Antonio zu trösten und aufzuheitern. Die beiden sind, anders als Antonio selbst, Mitglieder der *gentry* und vor allem finanziell an ihm und seiner Befindlichkeit interessiert. Seine Verstimmung scheint ökonomische Gründe zu haben, denn all seine Schiffe sind mit kostbarer Ladung auf hoher See unterwegs und er hat – wie sich später zeigt, als Bassanio von ihm Geld zu leihen sucht – trotz gegenteiliger Beteuerungen (vgl. *MV* 1.1.41–45) weder Kapitalreserven, noch ist er versichert („all my fortunes are at sea", *MV* 1.1.177).[18] Was sie ihm anbieten, um seine Niedergeschlagenheit zugleich zu ergründen und zu zerstreuen, ist ein Tauschgeschäft: opulente Metaphorik gegen remunerative Freundschaft. Beide überbieten einander in der Übersetzung seiner Gefühlslage in Bedeutungszusammenhänge, die allerdings wenig taktvoll immer wieder auf die prekäre geschäftliche Situation rekurrieren, in der sich Antonio befindet. So interpretiert Salarino Antonios Unruhe als maritime Agitation: „Your mind is tossing on the ocean,/ There where your argosies with portly sail,/ [...] Do overpeer the petty traffickers" (*MV* 1.1.8–14). Solanio schaltet sich mitfühlend ein: „[...] had I such venture forth,/ The better part of my affections would/ Be with my hopes abroad" (*MV* 1.1.15–17). Salarino treibt die ostentative Sympathie in einer Reihe von Schiffbruch-Imaginationen auf die Spitze, in denen er alltägliche Verrichtungen wie das kühlende Pusten auf eine heiße Brühe, das Rinnen des Sands im Stundenglas oder den Kirchgang zu Metaphern werden lässt, die alle nur eines bezeichnen, nämlich den Untergang von Antonios „wealthy Andrew" (*MV* 1.1.27). Das Schiff erscheint in seiner Phantasie wahlweise vom Sturm auf eine Sandbank getrieben oder auf spitzem Riff geborsten, seine Ladung an Gewürzen und Seiden auf den Wogen zerstreut, „And, in a word, but even now worth this,/ And now worth nothing" (*MV* 1.1.35–36). Antonio weist die wenig willkommenen Visionen ebenso wie die gleichermaßen zudringliche Unterstellung, er sei verliebt, zurück. Aber auch wenn die beiden rivalisierenden *gentlemen* nun rasch zugunsten der „worthier friends" (*MV* 1.1.61) Bassanio, Lorenzo und Graziano abtreten, bleiben die suggerierten Möglichkeiten im Raum.

17 Das Stück, so hat es schon Lars Engle formuliert, „presents the world of human relations as a market of exchangeable values" (Engle, *Shakespearean Pragmatism*, S. 77).

18 Zur Versicherungsproblematik vgl. auch MacInnes, „Risk and Hazard".

Sowohl Antonios potentielles Scheitern als auch das eifersüchtige Werben der jungen Adligen um seine lukrative Gunst bilden in dem hier aufscheinenden Netzwerk homosozialer Bindungen den Hintergrund, auf dem Bassanio nun Antonio bittet, ihm aus einer Verlegenheit zu helfen, in der ihm ausgesprochen unwohl ist. Die Gründe hierfür haben mit genau dieser Gleichsetzung und Überblendung von affektiven mit finanziellen Verpflichtungen zu tun. Denn auch Bassanio, dem das Geld fehlt, um angemessen um die reiche Erbin Portia zu werben, steht bei Antonio „in money and in love“ (*MV* 1.1.131) bereits tief in der Kreide.[19] Die umständliche Diktion, mit der er sein Ansinnen vorträgt, kaschiert nur dürftig die Verschwendung, mit der er seine Mittel durchgebracht hat:

'Tis not unknown to you, Antonio,
How much I have disabled my estate
By something showing a more swelling port
Than my faint means would grant continuance,
Nor do I now make moan to be abridged
From such a noble rate; but my chief care
Is to come fairly off from the great debts
Wherein my time something too prodigal
Hath left me gaged. To you, Antonio,
I owe the most in money and in love,
And from your love I have a warranty
To unburden all my plots and purposes
How to get clear of all the debts I owe.
(*MV* 1.1.122–134)

Seine eingestandene Prodigalität ist für den jungen Adligen jedoch kein Grund zur Scham. Vielmehr rechtfertigt sie nicht nur den Versuch, Antonios besondere Zuneigung zu ihm weiter auszubeuten, sondern auch das Unternehmen Belmont und den hohen Einsatz, den es erfordert. Bassanio muss Portias Hand gewinnen, um sich finanziell zu sanieren.[20] Um mit Portias Vermögen seine Schulden bei Antonio begleichen zu können, sieht er keine Möglichkeit, als sich zunächst weiter bei ihm zu verschulden und Antonio gleichsam zu seinem Investor zu machen. Dabei lässt er keinen Zweifel daran, dass ihn an Portia in erster Linie ihre Mitgift interessiert, noch daran, dass ihm die Indirektheit und das Wagnis der Transaktion, durch die er Geld mit Geld zu kaufen sucht, durchaus bewusst sind. Portia ist in Bassanios erster Erwähnung vor allem „a lady richly left“ (*MV* 1.1.161). Unter ihren Werten (mehrdeutig: „worth“, *MV* 1.1.167) mögen auch Schönheit und Tugend sein (vgl. *MV* 1.1.162f., 165f.), aber Bassanios Schwärmerei gipfelt in einem vielsagenden homerischen Vergleich: „[…] her sunny locks/ Hang on her temples like a golden fleece,/ Which makes her seat of Belmont Colchis' strand,/ And

19 Vgl. auch Engle, *Shakespearean Pragmatism*, S. 84f.
20 Vgl. ebd., S. 85f., 91.

many Jasons come in quest of her" (*MV* 1.1.170–173; vgl. auch 3.2.239). Bassanio, nicht Shylock, ist der Schurke des Stücks. Der jugendliche Held ist ein Abenteurer und Hazardeur, dem zum Gewinn des Goldenen Vlieses nahezu jedes Mittel recht ist; allemal der Einsatz von Antonios Freundschaft. Er selbst schreibt sich eine prodigale Spielernatur zu und drängt den Freund, ihre Beziehung ebenfalls nach den Regeln dieses riskanten Spiels zu definieren. Der Edelmann hat hier Aussicht auf Gewinn und der Kaufmann trägt das Risiko (vgl. *MV* 1.1.140–152).

Antonio nimmt weder Anstoß an diesem Ansinnen noch an der Art, wie es gerechtfertigt wird, denn er liebt Bassanio trotz, vielleicht sogar wegen dessen Prodigalität. Er willigt in dessen Plan ein, bevor er ihn noch genau kennt, und erscheint in seiner vorbehaltlosen Großzügigkeit (nicht zum letzten Mal) nobler als der junge Aristokrat, mindestens ebenso verschwenderisch wie dieser: „[...] be assured/ My purse, my person, my extremest means,/ Lie all unlocked to your occasions" (*MV* 1.1.137–139). Aber beide sprechen ja auch die gleiche Sprache. Ihr Diskurs, wie der aller anderen Figuren, behandelt Humanes und Monetäres als austauschbar. Die bis ins Phonetische reichende Äquivalenz von „My purse, my person" bringt die Gleichsetzung in knappster Form auf den Punkt.[21] Das Pfund Fleisch, das Shylock von Antonio als Einsatz und Sicherheit verlangt, fungiert dabei als Radikalisierung und als Allegorie der Kommensurabilität zwischen Ungleichem. Nicht nur aus aristotelischer Sicht erscheint sie als widernatürlich.[22] Shakespeares Drama zeigt, wie die Geldlogik alle Bereiche des Lebens affiziert und kontaminiert und dabei die scheinbar gegensätzlichen Positionen von Prodigalität und Frugalität in eins fallen lässt. Es macht zudem deutlich, wie sich ihre Fähigkeit zur Abstraktion noch und gerade am scheinbar Konkretesten – ein Pfund Fleisch nahe dem Herzen – manifestiert. Nicht nur homosoziale Bindungen münzen sich in Schuldverschreibungen aus, selbst Fleisch und Blut lassen sich in Debit und Kredit übersetzen. Der Sitz des Lebens und der Gefühle wird als quantifizierbar ausgestellt[23] – messbar nicht nur nach seinem Gewicht, sondern nach seiner finanziellen Äquivalenz und deren völlig kontingenter Festsetzung. Hier ist dieses Pfund an Vitalkräften exakt die Annullierung einer Schuld von 3000 Dukaten wert.

Die Grenze, die damit überschritten wird, ist eine qualitative; das ‚Immer mehr', das prodigale und frugale Haltungen verbindet, ist umgeschlagen in etwas anderes. Jetzt wird in der Buchstäblichkeit dieser Wette, auf der Shylock vor Gericht bestehen wird, etwas berührt, das in der metaphorischen Valenz des Herzens aufscheint. Die wiederum ist aber offenbar schon längst ebenfalls in die monetäre Logik hineingezogen. Portia überlässt sich dem Hazardeur Bassanio

21 Peter Grav hat in *Shakespeare and the Economic Imperative* die ubiquitäre Konfusion von Ökonomischem mit Persönlichem in diesem Drama detailliert beschrieben (Kap. 3).

22 Siehe auch Eric Spencer, „Taking Excess, Exceeding Account: Aristotle Meets *The Merchant of Venice*", in: *Money and the Age of Shakespeare: Essays in New Economic Criticism*, hg. von Linda Woodbridge, New York 2003, S. 143–158.

23 Vgl. Grav, *Shakespeare and the Economic Imperative*, S. 101.

in einer Diktion, die direkt der Geschäftswelt des Rialto entsprungen zu sein scheint. Sie verschreibt ihm ihre Person als Statthalterin sämtlicher Reichtümer von Belmont – „the full sum of me" (*MV* 3.2.157) – und versteigt sich gar zu dem Wunsch, ihr ‚Brutto' („to term in gross", *MV* 3.2.158) möchte sich so vervielfachen, dass es schließlich jegliche Verrechenbarkeit sprengt: „Exceed account" (*MV* 3.2.157).

Doch so exzessiv Portias verliebte Buchhaltung hier auszufallen scheint, so nüchtern ist das Kalkül, das dahintersteht. Ihre Zusammenfassung benennt ohne Umschweife die rechtliche Situation der verheirateten Frau: „Myself and what is mine to you and yours/ Is now converted" (*MV* 3.2.166f.). Aber damit verzichtet sie keineswegs auf die aktive Bestimmung ihrer finanziellen Angelegenheiten, die ja nunmehr auch Bassanios sind, und auf das Handeln in ihrem eigenen Interesse.[24] Ihr Interesse gilt auch nicht in erster Linie der Verwaltung des Hauses Belmont, sondern der durchaus politischen Regelung ihrer persönlichen Altersversorgung trotz, ja mit den Mitteln der ehelichen Verbindung zu einem Spieler. Der nachfolgende Verkleidungsplan zur Abwendung von Antonios tödlichem Bankrott hat auch das Ziel, eine Minderung von Bassanios Vermögen und damit eine erhebliche Verschlechterung ihrer eigenen Finanzsituation zu verhindern. Denn der Übergang des Patrimoniums der Frau in den Besitz des Mannes ist nur die eine Seite der bei aristokratischen Geldheiraten üblichen Versorgungsregelungen. Während die Mitgift an den Mann geht, wird zugleich eine adäquate Witwenrente im Verhältnis zum Gesamtvermögen verhandelt und festgesetzt (*jointure* oder *portion*). Aus Portias Sicht darf an dieser Stelle keine Minderung eintreten. Der Affekt, der sie mit Bassanio verbindet, zielt zugleich auf ihrer beider Finanzen. Der mit dem Eheversprechen einsetzende Ring-Plot dient vor allem dazu, sicherzustellen, dass das scheinbar an den venezianischen *prodigal* verausgabte Kapitel so zirkuliert, wie sich das der Vater der Gattin gedacht hat.[25] Am Schluss fließen dann auch tatsächlich alle eingesetzten Mittel wieder zurück nach Belmont; das mag man noch als letzte, indirekte Rechtfertigung des alten hauswirtschaftlichen Ideals sehen. Portias Wortwahl lässt jedenfalls an ihrer Entschlossenheit zu kaufmännischem Handeln und effektivem Kapitalmanagement keinen Zweifel: „Since you are dear bought, I will love you dear" (*MV* 3.2.311).

Zusätzliche Emphase – und zusätzliche Komplikationen – erfährt die kommerzielle Bedeutung der Ringhandlung durch eine selbstreflexive Schleife, komisch gespiegelt im zweiten Paar (Nerissa/Graziano). Nachdem der Prozess für den zahlungsunfähigen Antonio und damit für dessen Schuldner Bassanio ohne Verluste ausgegangen ist, bietet Bassanio an, die dreitausend Dukaten, die er nun nicht mehr an Antonio zurückerstatten muss, als Anwaltshonorar an die verkleidete Portia zu zahlen (*MV* 4.1.406–408). Das ist freilich jetzt Belmont-Geld, aus Portias

24 Christiane Damlos-Kinzel ist der Ansicht, auf diese Weise werde die alte Ökonomik wieder ins Recht gesetzt, Portia als kluge Herrscherin über ihren Haushalt dargestellt und damit zum Vorbild für die Königin erhoben (vgl. *Von der Ökonomik zur politischen Ökonomie,* S. 109).

25 Vgl. Engle, *Shakespearean Pragmatism,* S. 92–98.

bisherigem, zukünftig seinem eigenen Besitz. Portia kostet die von ihr selbst inszenierte dramatische Ironie weidlich aus. Sie weist die Zahlung zurück und verlangt stattdessen Bassanios scheinbar minderwertigen Ring. Leider überlässt ihr Verlobter nach kurzem Zaudern dem vermeintlichen Advokaten zur Belohnung für die geleisteten Dienste tatsächlich den Ring, der doch die Unverlierbarkeit und unverbrüchliche Dauer der eingegangenen Beziehung symbolisieren sollte. Wieder ist es ein scheinbar quantifizierendes Kommensurabilitätsargument, das den Ausschlag gibt; diesmal kommt es ausgerechnet von Antonio, der die Verdienstlichkeit des Anwalts mit seiner eigenen Freundschaft für Bassanio zusammen in die Waagschale wirft: „My Lord Bassanio, let him have the ring./ Let his deservings and my love withal/ Be valued 'gainst your wife's commandement" (*MV* 4.1.445–447). Keineswegs ist es hier dem Juden vorbehalten, Unwägbares mit Geld zu verrechnen. Vielmehr schlägt auch der, der eben noch der Geldlogik zum Opfer zu fallen drohte, nun selber vor, den Signifikanten einer Liebe zum Gegenwert für die andere einzusetzen.

Indem das Drama nicht nur die unmittelbar in den Ring-Plot involvierten Eheringe, sondern in einer besonders bitteren Transaktion auch den Ring, den Shylock von seiner Frau Leah erhalten hatte und den seine Tochter nun für einen Affen veräußert hat, konvertibel und käuflich erscheinen lässt; indem es die körperhaften Symbole eines einmaligen und überdauernden Bundes vervielfältigt, austauschbar und warenförmig macht; indem es Geldwerte in eine weitere, papierne Medialität übersetzt (die der Schuldverschreibung, *bond*), zeigt es, wie menschliche Bindungen sich entmaterialisieren und die Zeichen des Finanziellen für das Leben selbst einzutreten beginnen. Als unmittelbar nach der Vermählung mit Portia ein Brief mit der bestürzenden Nachricht eintrifft, Antonios Schiffe seien sämtlichst untergegangen („all his ventures failed", *MV* 3.2.266), formuliert Bassanio die Resultate dieser alles aufzehrenden Usurpation mit ungewohnter Hellsichtigkeit:

> [...] When I told you
> My state was nothing, I should then have told you
> That I was worse than nothing, for indeed
> I have engaged myself to a dear friend,
> Engaged my friend to his mere enemy
> To feed my means. Here is a letter, lady,
> The paper as the body of my friend,
> And every word in it a gaping wound
> Issuing life-blood.
> (*MV* 3.2.256–264)

In seinen Wirkungen ist der Signifikanz- und Werttransfer vom Lebendigen zum Papiernen verheerend. Dass Shylocks *bond* ihn so provozierend vom Papiernen zum Lebendigen zurückspielt, treibt die sich fortschreibende Substituierbarkeit lediglich auf die Spitze und expliziert sie. *The Merchant of Venice* bilanziert die

Kosten einer proliferierenden Geldlogik, für die das ganze Leben aus Tauschwerten besteht und auch das nicht zu Beziffernde kommensurabel erscheint. Shakespeares Drama verfolgt die zugrundeliegende Mentalität bis in deren kapitalistische Verzweigungen und führt so die unheilvolle Akkommodation des Menschlichen an die Prinzipien der Ökonomie vor Augen.

3. Nahe am Geld – komischer Zerfall der Bindungen bei Middleton

The Merchant of Venice konstruiert Ausweglosigkeiten. Was der allgegenwärtigen Kommerzialisierung Einhalt bieten und ein Gegenmodell zur exzessiven Monetarisierung darstellen könnte – eine funktionierende Ökonomik auf Belmont – erweist sich selbst als durchdrungen von den gleichen Prinzipien wie der Rialto als Bühne des weltweiten Handels und die ‚Deals' seiner Protagonisten. Die aristokratische Antwort auf Prodigalität ebenso wie eine Chrematistik, die sich im Bestehen auf einem Pfund Fleisch allegorisch selbst als mörderisch überführt, besteht in smartem Finanzmanagement. Eine wirkliche Alternative zur um sich greifenden Ökonomisierung wird nirgends angedeutet.

Deren Hypertrophie lässt sich allerdings auf der Bühne noch steigern. Die Mechanik, die sie antreibt, ist ja schon als solche erz-komisch. Es kann daher nicht überraschen, dass die Abenteuer des kommerziellen *quid pro quo* vor allem ein Sujet für die frühneuzeitliche Komödie bilden. Dabei ruft die Verwandlung des Menschlichen in Mechanisches (billiges) Gelächter hervor. Aber sollte sich tatsächlich das ganze Leben auf diese Slapstick-Mechanismen reduzieren lassen? John Wheeler, Sekretär der Society of Merchant Adventurers, behauptet nichts weniger in seiner Apologie des Handels: „[...] all that a man worketh with his hand, or discourseth in his spirit, is nothing els but merchandise, and a triall to put in practice the Contracts, which the Legists and men skilfull in the lawes knew not to name otherwise then thus, *Do vt des, Facio vt facias*: the which words in effect comprehend in them all negotiations, or traffiques whatsoeuer, and are none other thing but meere matter of merchandise & Commerce".[26]

Die *city comedy* der ersten Jahrzehnte des 17. Jahrhunderts mit Autoren wie Jonson, Middleton, Marston und anderen scheint Wheeler in seiner Analyse beizupflichten. In Frage steht gleichwohl, wie das verallgemeinerte *Do ut des* ethisch einzuschätzen sei. Die *city comedy* als Genre zeigt sich dabei erstaunlich zurückhaltend. Sie zeichnet grelle Karikaturen des städtischen Wirtschafts- und Geschäftslebens und entwirft eine Welt, in der ein absolut gesetzter Eigennutz regiert, alles Interesse auf Bereicherung gerichtet ist und die Handlung aus einer nicht abreißenden Kette wechselseitiger Übervorteilungen besteht.[27] Sie beobachtet, scheinbar ohne zu werten. Sie konstatiert den Sieg einer von Gier gesteuerten

26 Wheeler, *A Treatise of Commerce* (1601), S. 7.

27 Die Forschung hat das schon lange gesehen und sich immer wieder schwer getan, die eigenartige Wertneutralität, mit der diese Stücke die Turbulenzen auf dem Marktplatz London vorführen, in Satire oder Moralistik aufzulösen; siehe Lionel Charles Knights, *Drama and Society in the Age of Jonson*, London 1951; Brian Gibbons, *Jacobean City Comedy: A Study of Satiric*

Mentalität – bekräftigt, gar feiert sie damit auch, was sie zeigt? Andeutungen einer Alternative zum Vorfindlichen lassen sich womöglich an unvermuteter Stelle aufweisen. Denn selbst hier finden sich noch Reste eines Wissens und einer Ideologie, die schon in Shakespeares *problem play* nur noch in vergoldeter Ferne erschien und in *Timon of Athens* vollends auf verlorenem Posten steht: Ausgerechnet Vorstellungen von feudaler Haushaltsführung und die Ideologie höfischer Großzügigkeit werden in einer Weise ins Spiel gebracht, die mindestens eine nostalgische Erinnerung an sie wachhält.

Das geschieht auf unerwartete Weise selbst in Kontexten, die auf den ersten Blick kein ‚Außerhalb' des Marktes zu kennen scheinen.[28] In Thomas Middletons *A Mad World, My Masters* proliferiert die Abgeltungs- und Überbietungsmechanik und treibt groteske Blüten. Sie wird zur ökonomischen Matrix des Stücks radikalisiert, zum Prinzip seiner Handlung und nicht zuletzt seiner Sprache. Wie in *The Merchant of Venice* wechseln in Middletons Stück die Schauplätze zwischen der City und einem adligen Landsitz. Dennoch ist die Logik, der hier (fast) alles folgt, die des Marktes und der städtischen Finanzwirtschaft, auf die Spitze getrieben in den Versuchen der Charaktere, sich mit unlauteren Mitteln (*trickery*) anzueignen, was ihnen nicht gehört, sich auf Kosten anderer einen Vorteil zu verschaffen oder durch Betrug, Diebstahl, Erschleichung mehr zu erlangen, als ihnen zusteht. Ökonomischer Ehrgeiz gilt vor allem dem Ziel, andere zu düpieren und als *gulls* dastehen zu lassen. Duplizität ist der Motor, Doppelung das strukturelle Prinzip des verwickelten Plots: Dick Follywit, der profligate und hoch verschuldete Enkel des reichen Sir Bounteous Progress, sucht sich vorzeitig in den Besitz seines Erbes zu bringen; der Zuhälter Penitent Brothel versucht die Ehefrau des eifersüchtigen Shortrod Harebrain zu verführen. Die Prostituierte Frank Gullman spielt eine Rolle in beiden Handlungssträngen, da sie für Master Penitent anschafft, aber zugleich die Geliebte von Sir Bounteous ist. Follywit initiiert eine Reihe ingeniöser Raubzüge in unterschiedlicher Verkleidung; *pranks*, die sich auf das Vermögen des Alten richten, aber in Turbulenzen geraten und nur teilweise gelingen; sein Einfallsreichtum gipfelt in der Inszenierung eines Spiels-im-Spiel („The Slip"), das aber ebenfalls – wegen der Fehlfunktion eines (gestohlenen) Requisits – nicht den erhofften Erfolg hat. Penitent Brothel kommt zwar, unterstützt von Gullman, mit Frau Harebrain ans Ziel seiner Wünsche, erlebt dann aber die diabolische Erscheinung seiner Geliebten als Succubus und kehrt sich von seinem bisherigen Lebenswandel ab. Am Ende wird Follywit, den Gullman glauben machen kann, sie sei noch Jungfrau, mit der *mistress* seines Großvaters verheiratet. Der *trickster* hat seine Meisterin gefunden, bekennt achselzuckend: „Tricks

Plays by Jonson, Marston and Middleton, Cambridge, Mass. 1968; vgl. auch Susan Wells, „Jacobean City Comedy and the Ideology of the City", in: *English Literary History* 48:1 (1981), S. 37–60.

28 „*Il n'y a pas dehors l'économie*" – so David Hawkes mit derridaeskem Zungenschlag in ders., „Middleton and Usury", in: *The Oxford Handbook of Thomas Middleton*, hg. von Gary Taylor und Trish Thomas Henley, Oxford 2012, S. 281–295, hier S. 281 (Herv. im Orig.).

are repaid, I see“ (*Mad World* 5.3.305), und Sir Bounteous sorgt vergnügt für eine großzügige Mitgift.

Das Muster des *quid pro quo* als rechnerische Logik, die das pekuniäre Denken des Marktes ebenso wie die moralischen Gleichungen der Vergeltung prägt, scheint diese ‚Verrückte Welt' in ihren Figurenkonstellationen und Plotstrukturen restlos zu bestimmen.[29] Komplementäre Funktionen sind gedoppelt: Zwei *prodigals*, der eine verschwenderisch mit, der andere ohne Geld (Bounteous, Follywit) und zwei *gulls* (Bounteous, Harebrain) werden mit zwei *tricksters* (Follywit, Gullman) und zwei Parasiten (Penitent, Gullmans Mutter) kombiniert. Master Penitent Brothel zeigt schon in seinem Namen die Duplizität an, die in seiner Spontankonversion vom Zuhälter zum reuigen Sünder dramatisch entfaltet wird. Auch „Frank Gullman“ ist ein Oxymoron, das mit der Ambivalenz des *honest trickster* und ihrer schließlichen Redemption spielt („What I have been is past. Be that forgiven“, *Mad World* 5.2.302). Mistress Harebrain wird vom Teufel selbst gedoppelt. Die exuberante Metatheatralität des Stückes stellt sich in der Histrionik fortwährender Verstellungen, Verkleidungen, Rollenspiele der Figuren aus.[30] Aber auch die reflektierte Performanz wird wiederholt pekuniär rückgekoppelt: Follywits „The Slip“ gibt sich schon im mehrdeutigen Titel als ‚falsche Münze' zu erkennen, die in Umlauf gebracht werden soll, um Sir Bounteous zu schädigen.[31]

In erstaunlichem Maße und bis zum Überdruss ist auch die Figurensprache in *A Mad World* bestimmt von *double-entendre*. Alle sprechen dissimulatorisch – in *puns* und Innuendos, absichtlichen und unabsichtlichen. Nur wenige sind so harmlos wie die Erwiderung des als Arzt verkleideten Penitent auf den Einwurf „Nay, pray be patient, sir“: „That's impossible. I cannot be patient and a physician too, sir“ (*Mad World* 3.2.69–71). Alles hat hier eine auf Zuschauergelächter zielende Ambiguität; eine zweite, mit Vorliebe sexuelle, misogyne oder skatologische Bedeutung, gern versetzt mit Finanzjargon. So Harebrain über seine Frau: „I'll keep her to her stint,/ I'll put her to her pension,/ She gets but her allowance, that's a bare one“ (*Mad World* 1.2.65–67); oder Penitent zu einem Freier über die scheinkranke Gullman: „Will she take anything yet?“ – „Yes, yes, yes, she'll take still. Sh'as a kind of facility in taking“ (*Mad World* 3.2.109–112). Alle meinen fortwährend mehr und anderes, als sie sagen; wer immer den Mund auftut, handelt sich mehr ein, als er oder sie eigentlich einkaufen wollte, und meistens Zotiges. Das rhetorische *quid pro quo* bringt, an das Publikum gerichtet, einen semantischen Mehrwert hervor, der auf dem gleichen Obszönitätsniveau liegt wie die derbe Körperkomik.

29 Vgl. die Einführung der Herausgeber in: Middleton, *Collected Works*, S. 416; siehe auch Laurie Maguire/Emma Smith, „‚Time's comic sparks': The Dramaturgy of *A Mad World, My Masters* and *Timon of Athens*“, in: *The Oxford Handbook of Thomas Middleton*, hg. von Gary Taylor und Trish Thomas Henley, Oxford 2012, S. 181–195, hier S. 183.

30 Vgl. ebd., S. 187f.

31 *OED* Slip, *sb.*[4]: „A counterfeit coin“; vgl. Maguire/Smith, „‚Time's comic sparks'“, S. 187.

Die sprachliche Duplizität mag nicht immer intendiert sein; sie findet ihr Pendant gleichwohl im berechnenden Verhalten aller Figuren. Alle hegen stets Hintergedanken, und mit Ausnahme von Sir Bounteous trachten sie nach Übervorteilung anderer und eigener Bereicherung. Das ist eine Art ökonomischer Infamie, die auch Familienbeziehungen längst zersetzt hat.[32] Die Figuren sind atomisiert, ihre Bindungen, ob sexuell oder freundschaftlich, temporär und interessegeleitet. Zur Darstellung der Mentalität, aus der solche sozioökonomische Desintegration erwächst, muss kein Wucherer mehr auftreten; hier sind alle impliziert und betreiben an wechselnden Orten das Geschäft der Selbstbereicherung.

Zweifelsohne ist das auf eine Weise unterhaltsam, mitunter ungemütlich. Das Gelächter, das dieses Stück auslöst, basiert vor allem auf Schadenfreude nach dem Muster der Komödien des Plautus. Sie liefern hier einen Teil der Stoffe, Typen und nicht zuletzt die Vorliebe für städtische Milieus. Mit dem Rückgriff auf Plautus lässt sich wenigstens zum Teil die moralische Distanz erklären, mit der das Treiben der Figuren präsentiert wird. Middleton ergreift so wenig ausdrücklich Partei wie das große Vorbild vieler frühneuzeitlicher Komödienautoren.[33] Dennoch bleiben aufschlussreiche Unterschiede. Einerseits treibt *A Mad World* die Komik der antiken Vorlagen auf die Spitze, indem es deren *quid-pro-quo*-Mechanik als ökonomisch motiviert vorführt, andererseits erscheint der Text doch nicht restlos zynisch. Gewiss ist die komische Fülle, die das Stück ausbreitet, eine der ingeniösen finanziellen Schädigungsstrategien. Es trifft auch zu, dass die Figuren ihr Ansehen und ihre soziale Identität durchweg und ausdrücklich wirtschaftlich, als Guthaben bzw. *credit* begreifen, aus dem sie Gewinn zu schlagen trachten. Auch Sexualität erscheint als selbstverständliche Fortsetzung des verallgemeinerten Wuchers mit anderen Mitteln.[34] Erstaunlich bleibt an *A Mad World, My Masters* aber nicht nur die einfallsreiche Insistenz der kleinen Gauner, sondern nicht zuletzt die Resilienz ihres Hauptziels Sir Bounteous gegenüber den vielfältigen ökonomischen Noxen. Er spricht die meisten Zeilen in diesem Stück. Zwar mag er dank seiner lächerlichen Eitelkeit besonders leicht hinters Licht zu führen sein, aber er bekennt sich entwaffnend unverhohlen zu seiner Gier nach Anerkennung. Er bleibt sich und seinem offen auf Reputation gerichteten Ehrgeiz treu – „Is not my name Sir Bounteous, am I not expressed there?" (*Mad World* 4.4.44). Dass sich andere auf seine Kosten zu bereichern suchen, hält

32 David Hawkes hat sie in starken Worten als Form generalisierter *usury* beschrieben: „Middleton's plays depict an infernal, chaotic world that has been saturated and corrupted by usury. Relations of credit and debt mediate every kind of human interaction in his drama, despoiling innocence, violating love, debasing character, and unbalancing the mind. […] In Middleton's drama, sex, violence, humour, revenge, sin, and redemption are all structured and determined by the implacable, silent, but omnipresent power of usury." (Hawkes, „Middleton and Usury", S. 281).

33 Vgl. Richard F. Hardin, „Middleton, Plautus, and the Ethics of Comedy", in: *The Oxford Handbook of Thomas Middleton*, hg. von Gary Taylor und Trish Thomas Henley, Oxford 2012, S. 296–311, hier S. 296 und 298.

34 Vgl. Hawkes, „Middleton and Usury", S. 294.

er für natürlich, geradezu für schmeichelhaft. Am Ende bringt er es sogar fertig, über den Trick Follywits zu lachen und dessen Gewitztheit zu bewundern: „Ha, ha, it was featly carried! Troth, I commend their wits!" (*Mad World* 5.2.187f.). Es scheint unmöglich, ihn zum Opfer zu machen. Er selbst bleibt in seiner ostentativen Verschwendung großzügig, selbst dem Nichtsnutz von Enkel gegenüber, der ihn mehrfach geprellt, betrogen und bestohlen hat.

Dabei ist auch Bounteous keineswegs eine eindeutige Verkörperung feudaler Werte oder höfischer Ökonomik. Gleich zu Beginn behauptet Follywit, dass sein Großvater seinen Titel keineswegs ererbt habe „[...] my grandsire Sir Bounteous Progress is a knight of thousands, and therefore no knight since one thousand six hundred" (*Mad World* 1.1.63–65).[35] Follywits Anspielung erklärt Sir Bounteous damit einerseits zu einem der in dieser Dekade kreierten *new knights*, zum ehrsüchtigen Emporkömmling, der sich Glanz und Achtung zu erkaufen sucht und nach der Gesellschaft vermeintlicher Honoratioren und Berühmtheiten giert.[36] Andererseits erscheint Sir Bounteous doch als glaubwürdige Verkörperung von Resten eines adligen Ethos. Er praktiziert vorbehaltlos exzessive Großzügigkeit und freigiebige Gastlichkeit, mag er auch einem modischen *self-fashioning* ebenso anhängen wie der sexuellen Promiskuität. Die Selbstdistanz, mit der er einen Witz anzuerkennen vermag, der auf seine Kosten geht, demonstriert eine Schwundstufe von *sprezzatura*. Freilich ist er damit der ökonomischen Logik nicht enthoben. Der ‚Kredit', den er sich mit alledem zu erwerben sucht, ist lediglich – im Unterschied zum Materialismus der übrigen Figuren – ein symbolischer.

Es fällt schwer, Middletons Darstellung eigennützigen Bereicherungsstrebens als die satirische Analyse eines Moralisten zu verstehen. Das gewinnorientierte *quid pro quo*, das die Aktionen in dieser *Mad World* und ihre Marktförmigkeit bestimmt, erscheint zu ubiquitär, amoralisch und auf Publikumsgelächter schielend, als dass sich hier die Perspektive eines Besserwissens, gar Andershandelns einstellen könnte. Eher werden die im Titel augenzwinkernd angesprochenen *Masters* zum amüsierten Einverständnis mit der kommentarlos gespiegelten Sittenlosigkeit eingeladen. Auch die sardonische Verallgemeinerung, die zwischendurch Sir Bounteous in den Mund gelegt wird – „Well, there should be a conscience, if one could hit upon't" (*Mad World* 2.4.48f.) – spricht weniger von Empörung als von Resignation.[37] Allenfalls der geradezu rührenden Anhänglichkeit des aus der Welt gefallenen, alten ‚neuen' Ritters an eine aus der Mode kommende feudale Ideologie ließe sich ein moralistischer Akzent abgewinnen. Der selbst-

35 James I hatte 1603 Adelstitel praktisch käuflich gemacht, indem er alle Landbesitzer mit einem Einkommen von mehr als 40 Pfund p.a. gezwungen hatte, sich entweder zum Ritter schlagen zu lassen oder eine Gebühr zu entrichten.

36 Das macht ihn ja auch so anfällig für Follywits Posse mit dem erfundenen Lord Owemuch; vgl. auch Maguire/Smith, „‚Time's comic sparks'", S. 191.

37 Vor dem Hintergrund der calvinistischen Überzeugungen Middletons muss die ethische Indifferenz seiner Komik umso mehr verwundern, allem plautinischen Überschwang zum Trotz; siehe auch Hardin, „Middleton, Plautus, and the Ethics of Comedy", S. 296 und 310.

gefällige alte *prodigal* erscheint in dieser Hinsicht geringfügig attraktiver als der junge. Von guter hauswirtschaftlicher Ordnung sind wir damit allerdings auch auf seinem Landsitz weit entfernt.

Mercantilism rules ok: So könnte man die wenig optimistische ökonomische Einsicht zusammenfassen, die Shakespeares und Middletons Dramen bereithalten, mit kleineren Einschränkungen. *A Mad World, My Masters* lässt sich immerhin teilweise als Abgesang auf die Großzügigkeit als Zentraltugend einer abgelebten Mentalität lesen, die man nur mit einem gewissen Bedauern ziehen lässt.[38] Resonanzen dieses Verlustbewusstseins konnten wir auch in *The Merchant of Venice* spüren. Überdeutlich werden sie im etwa zeitgleich mit *A Mad World* entstandenen Produkt der Kooperation Middletons und Shakespeares, der „tragischen Satire" *Timon of Athens*.[39] Hier wird aristokratisches Wirtschaften zusammen mit einer durch freundschaftliche Bindungen gesicherten stadtbürgerlichen Wechselseitigkeit eloquent verabschiedet, freilich weniger mit Trauer als mit leidenschaftlichem Zorn. Was in der spektakulären Verkehrung des reichen Athener Philanthropen Timon in einen misanthropischen Eremiten vollends und niederschmetternd deutlich wird, ist die Unmöglichkeit des Gebens – mindestens eines genuin altruistischen, nicht auf Erwiderung der Gabe zählenden Schenkens – unter den Bedingungen einer kreditbasierten Ökonomie.[40] Die antike Ökonomik, deren kleinformatiges nachbarschaftliches Haushalten sich als Gegenmodell moderner Marktförmigkeit angeboten hätte, erweist sich auch dort als deutlich dysfunktional. So bleibt den Timons unter uns wohl nur die ohnmächtige Wut.

Bibliographie

Quellen

Aristoteles, *Politik. Buch I: Über die Hausverwaltung und die Herrschaft des Herrn über Sklaven*, übers. und erl. von Eckart Schütrumpf, Berlin 1991.

Middleton, Thomas, *A Mad World, My Masters*, hg. von Peter Saccio, annotiert von Celia R. Daileader, in: Thomas Middleton, *The Collected Works*, hg. von Gary Taylor und John Lavagnino, Oxford 2007, S. 414–451.

Middleton, Thomas, *The Collected Works*, hg. von Gary Talor und John Lavagnino, Oxford 2007.

Shakespeare, William, *The Merchant of Venice*, hg. von Jay L. Halio, Oxford 1993.

38 Das betonen auch Maguire und Smith: „For all Sir Bounteous's dramatic attractiveness and comically excessive largesse, his plot has a serious and clear-eyed point to make about the inadequacy of bounty as a social or civic organizing principle and Sir Bounteous's ability to function in the world in which he finds himself." (Maguire/Smith „'Time's comic sparks'", S. 191).

39 Ebd., S. 195, vgl. S. 189.

40 Vgl. Ken Jackson, „'One Wish' or the Possibility of the Impossible: Derrida, the Gift, and God in *Timon of Athens*", in: *Shakespeare Quarterly* 52:1 (2001), S. 34–66, und Grav, *Shakespeare and the Economic Imperative*, Kap. 5.

Shakespeare, William/Middleton, Thomas, *Timon of Athens*, hg. von Anthony E. Dawson und Gretchen E. Minton, London 2008.
Wheeler, John, *A Treatise of Commerce. Wherein are shewed the Commodities arising by a well ordered and ruled Trade, such as that of the Societie of Merchants Aduenturers is proued to be*, London 1601. [EEBO]

Sekundärliteratur

Agnew, Jean-Christophe, *Worlds Apart. The Market and the Theater in Anglo-American Thought, 1550–1750*, Cambridge 1986.
Brunner, Otto, „Das ‚ganze Haus' und die alteuropäische ‚Ökonomik'", in: ders., *Neue Wege der Verfassungs- und Sozialgeschichte*, Göttingen [2]1968, S. 103–127.
Damlos-Kinzel, Christiane, *Von der Ökonomik zur politischen Ökonomie. Ökonomischer Diskurs und dramatische Praxis in England vom 16. bis zum 18. Jahrhundert*, Würzburg 2003.
Engle, Lars, *Shakespearean Pragmatism. Market of his Time*, Chicago/London 1993.
Gibbons, Brian, *Jacobean City Comedy: A Study of Satiric Plays by Jonson, Marston and Middleton*, Cambridge, Mass. 1968.
Grav, Peter F., „Taking Stock of Shakespeare and the New Economic Criticism", in: *Shakespeare* 8:1 (2012), S. 111–136.
Grav, Peter F., *Shakespeare and the Economic Imperative: „What's aught but as 'tis valued?"*, New York 2008.
Hardin, Richard F., „Middleton, Plautus, and the Ethics of Comedy", in: *The Oxford Handbook of Thomas Middleton*, hg. von Gary Taylor und Trish Thomas Henley, Oxford 2012, S. 296–311.
Hawkes, David, *Shakespeare and Economic Theory*, London 2015.
Hawkes, David, *The Culture of Usury in Renaissance England*, New York 2010.
Hawkes, David, „Middleton and Usury", in: *The Oxford Handbook of Thomas Middleton*, hg. von Gary Taylor und Trish Thomas Henley, Oxford 2012, S. 281–295.
Helgerson, Richard, *The Elizabethan Prodigals*, Berkeley/Los Angeles/London 1976.
Jackson, Ken, „‚One Wish' or the Possibility of the Impossible: Derrida, the Gift, and God in *Timon of Athens*", in: *Shakespeare Quarterly* 52:1 (2001), S. 34–66.
Knights, Lionel Charles, *Drama and Society in the Age of Jonson*, London 1951.
Koslowski, Peter, „Haus und Geld. Zur aristotelischen Unterscheidung von Politik, Ökonomie und Chrematistik", in: *Philosophisches Jahrbuch* 86 (1979), S. 60–83.
Lobsien, Verena Olejniczak, „‚Richtet nicht, damit ihr nicht gerichtet werdet!' Biblische, säkulare und poetische Gerechtigkeit im England der Frühen Neuzeit", in: *Poetica* 37:3–4 (2005), S. 311–347.
Lobsien, Verena O., *Shakespeares Exzess. Sympathie und Ökonomie*, Wiesbaden 2015.
Lobsien, Verena O. (mit Iris Därmann u. a.) „From the Oikonomia of Classical Antiquity to Our Modern Economy. Literary-theoretical Transformations of Social Models", in: *eTopoi. Journal for Ancient Studies* 6 (2016) (Special Volume: *Space and Knowledge. Topoi Research Group Articles*, hg. von Gerd Graßhoff und Michael Meyer), S. 306–348, URL: http://journal.topoi.org (18.01.2018).
Lobsien, Verena O., „Elisabethanisch-jakobäisches Theater", in: *Handbuch Literatur und Ökonomie*, hg. von Joseph Vogl und Burkhart Wolf, Berlin (ersch. voraussichtlich 2019).

MacInnes, Ian, „‚Ill luck, Ill luck?‘: Risk and Hazard in *The Merchant of Venice*“, in: *Global Traffic: Discourses and Practices of Trade in English Literature and Culture from 1550 to 1700*, hg. von Barbara Sebek und Stephen Deng, New York 2008, S. 39–55.
Maguire, Laurie/Smith, Emma, „‚Time's comic sparks‘: The Dramatury of *A Mad World, My Masters* and *Timon of Athens*“, in: *The Oxford Handbook of Thomas Middleton*, hg. von Gary Taylor und Trish Thomas Henley, Oxford 2012, S. 181–195.
Netzloff, Mark, „The Lead Casket: Capital, Mercantilism, and *The Merchant of Venice*“, in: *Money and the Age of Shakespeare: Essays in New Economic Criticism*, hg. von Linda Woodbridge, New York 2003, S. 159–176.
Shell, Marc, *Money, Language, and Thought. Literary and Philosophic Economies from the Medieval to the Modern Era*, Baltimore/London 1982.
Shell, Marc, *The Economy of Literature*, Baltimore/London 1978.
Spencer, Eric, „Taking Excess, Exceeding Account: Aristotle Meets *The Merchant of Venice*“, in: *Money and the Age of Shakespeare: Essays in New Economic Criticism*, hg. von Linda Woodbridge, New York 2003, S. 143–158.
Stone, Lawrence, *The Crisis of the Aristocracy, 1558–1641*, Oxford 1965.
Vogl, Joseph, *Das Gespenst des Kapitals*, Zürich [6]2012 ([1]2010).
Vogl, Joseph, *Kalkül und Leidenschaft. Poetik des ökonomischen Menschen*, Zürich [4]2011 ([1]2002).
Wells, Susan, „Jacobean City Comedy and the Ideology of the City“, in: *English Literary History* 48:1 (1981), S. 37–60.

Eifersucht und Oeconomia im englischen Theater der Frühen Neuzeit

Anne Enderwitz

1. Einleitung

Eifersucht – sei sie begründet oder unbegründet – steht im Mittelpunkt etlicher frühneuzeitlicher Tragödien und Komödien. Die hier diskutierten Beispiele stammen aus Shakespeares *Othello*, aus Ben Jonsons Komödie *Volpone* und aus Thomas Middletons Tragödien *Women Beware Women* und *The Changeling*.[1] Die ausgeprägte Faszination für Eifersucht, die sich im frühneuzeitlichen Drama artikuliert, wird in diesem Beitrag als Symptom einer verstärkten Auseinandersetzung mit der Instabilität von Werten in einer Zeit zunehmender Kommerzialisierung gelesen. Über die Figur der untreuen Ehefrau erkunden frühneuzeitliche Dramen die Angst vor Wertverlust und das Begehren nach der Anhäufung von Reichtum ebenso wie die Grenzen und Konsequenzen von Veräußerbarkeit. Der Wert der Ehefrau wird dabei analog zum Geldwert inszeniert.[2]

Diese Analogie betrifft den dualen Wert von Geldmünzen ebenso wie die Angst vor Wertverlust durch Zirkulation. Analog zum prekären Wert von Münzen in der Frühen Neuzeit, bei denen der intrinsische Wert des Edelmetalles der Prägung nicht unbedingt entspricht, driften auch bei der untreuen Ehefrau auf der frühneuzeitlichen Bühne Reputation und wahrhafte Tugend auseinander. Der Seitensprung wird als Fall von Enteignung,[3] aber auch von Entwertung konzipiert – letzteres analog zur monetären Zirkulation, die das Risiko der Entwertung von Geldmünzen durch Gebrauchsspuren oder absichtliche Manipulationen erhöht. In der theatralen Inszenierung von Untreue und Eifersucht tritt ein

1 Die erste dokumentierte Aufführung von *Othello* fand 1604 statt, die erste belegte Aufführung von *Volpone* 1606. Die erste dokumentierte Lizenz zur Aufführung von *The Changeling* stammt aus dem Jahr 1622, über eine Aufführung von *Women Beware Women* in dieser Zeit ist nichts bekannt. William C. Carroll datiert die Entstehung der Stücke auf die Jahre 1621–22 („Introduction", in: Thomas Middleton, *Four Plays*, hg. von William C. Carroll, London 2012, hier S. X).

2 Shannon Miller diskutiert das Verhältnis des weiblichen Körpers zu monetärem Wert in Thomas Middletons Komödie *A Chaste Maid in Cheapside* (1613) in „Consuming Mothers/ Consuming Merchants: The Carnivalesque Economy of Jacobean City Comedy", in: *Modern Language Studies* 26:2–3 (1996), S. 73–97.

3 Natasha Korda beschreibt Eifersucht in der Frühen Neuzeit als „a discourse of subjective dispossession" (*Shakespeare's Domestic Economies. Gender and Property in Early Modern England*, Philadelphia 2002, S. 114).

starkes Interesse für die Instabilität von Werten vor dem Hintergrund zunehmender Kommerzialisierung zutage.

Es gibt verschiedene Indikatoren für die wachsende Bedeutung des Handels in London um 1600: etwa die globale Expansion des Handels über Handelsgesellschaften,[4] der Bau der ersten Londoner Börse (1568) und die Steigerung des über London abgewickelten Handelsvolumens.[5] Die Möglichkeit großer Gewinne und großer Verluste durch Handel, Preisschwankungen und Wechselkurse werden in den ersten merkantilistischen Schriften reflektiert. In einer zunehmend kommerziellen Gesellschaft, in der das Geld stets zu knapp, aber trotz reger Kreditgeschäfte als Wertmaßstab letztlich unverzichtbar war, dürfte Münzgeld eine Projektionsfläche für Ängste und Hoffnungen bezüglich der Wertentwicklung im Waren- und Geldkreislauf geboten haben.[6] Die im Modus der Eifersucht imaginierte zirkulierende Ehefrau lässt sich als Korrelat eines gesteigerten Bewusstseins für die Risiken von Handel und monetärer Zirkulation lesen. Eifersucht hintertreibt die Vorstellung vom harmonischen Geld- und Warentausch. Vielmehr konfrontiert sie das Phantasma des ausgleichenden Tausches mit einem Modell, das dem beliebten frühneuzeitlichen Sprichwort „One man's loss is another man's gain" entspricht.

Der erste Teil des vorliegenden Beitrages identifiziert Eifersucht als einen Affekt, der eine Krise des Eigentums signalisiert. Eifersucht befürchtet Enteignung: den Verlust eines wertvollen Objektes oder zumindest die Minderung seines Wertes.[7] In den darauf folgenden beiden Teilen möchte ich jedoch zeigen, dass Eifersucht nicht nur auf Besitzstands*wahrung* gerichtet ist, sondern auch ein überstarkes Begehren nach der Vermehrung von Besitztümern repräsentiert. Frühneuzeitliche Bestimmungen der Eifersucht, wie etwa Edmund Tilneys *A Briefe and Pleasant Discourse of Duties in Mariage* (1568),[8] diagnostizieren dies selbst:

4 Jean Howard verweist auf die damit einhergehenden technologischen Neuerungen in „Afterword: Accommodating Change", in: *Global Traffic: Discourses and Practices of Trade in English Literature and Culture from 1550 to 1700,* hg. von Barbara Sebek und Stephen Deng, New York 2008, S. 265–271, hier S. 265.

5 Vgl. Daniel Vitkus: „The total amount of London-based shipping trebled its size in tonnage between 1582 and 1692" („‚The Common Market of All the World': English Theater, the Global System, and the Ottoman Empire in the Early Modern Period", in: *Global Traffic: Discourses and Practices of Trade in English Literature and Culture from 1550 to 1700,* hg. von Barbara Sebek und Stephen Deng, New York 2008, S. 19–38, hier S. 23).

6 Wie der Historiker Craig Muldrew und andere gezeigt haben, werden zu dieser Zeit die meisten Geschäfte über Kredit abgewickelt. Zur Frage der Geldknappheit siehe insbesondere Craig Muldrew, *The Economy of Obligation: The Culture of Credit and Social Relations in Early Modern England,* New York 1998, hier S. 99ff. Muldrew argumentiert in dem Aufsatz „‚Hard Food for Midas': Cash and Its Social Value in Early Modern England" (in: *Past & Present* 170 [Feb. 2001], S. 78–120, hier S. 83), dass Geld nicht primär als Tauschmedium, sondern als Mittel zur Bemessung von Wert fungierte.

7 Vgl. Korda, *Shakespeare's Domestic Economies,* S. 114: „Jealousy was conceived in the early modern period as an affliction arising from the institution of private property".

8 Edmund Tilney, *A Briefe and Pleasant Discourse of Duties in Mariage, called the Flower of Friendship,* London 1568, in: *Early English Books Online,* URL: *http://gateway.proquest.com.342891790.*

Hinter der Furcht vor Verlust steht eigentlich ein Aneignungsbestreben. Auch frühneuzeitliche Dramen machen diesen Zusammenhang deutlich: Eifersüchtige Männer haben ihre Ehefrauen oftmals gegen den Willen der Eltern geheiratet, haben sie sich also in einem moralisch zweifelhaften Akt angeeignet, der von einem überstarken Besitzstreben zeugt, von einer Leidenschaft, die kein Maß kennt und sich der Autorität der Vernunft entzieht. Jonsons *Volpone* macht die Verwandtschaft der Eifersucht mit der Habgier explizit: Der eifersüchtige Corvino ‚investiert' seine Ehefrau, um an das reiche Erbe Volpones zu gelangen. Während die Ehefrau in frühneuzeitlichen englischen Dramen in diesem Beitrag zunächst allgemein mit einem Wert bzw. wertvollen Objekt identifiziert wird, wird die untreue Ehefrau abschließend präziser als Verkörperung eines monetären Wertes diskutiert.

Mit dem Spannungsfeld von Besitzstreben und Angst vor Wertverlust weist das Phänomen der Eifersucht über oeconomische Diskurse hinaus: Es stellt nicht nur ein spezifisches Problem der Ehe dar, sondern verhandelt auf der frühneuzeitlichen Bühne sowohl die Beschaffenheit von Wert als auch ein Begehren nach der Mehrung von Besitz um seiner selbst willen, das seit Aristoteles einer Oeconomia äußerlich schien, die sich am rechten Gebrauch von Besitz und am Maßhalten orientierte. Ein grenzenloses Begehren nach der Anhäufung von Reichtum verhandelte Aristoteles unter dem Stichwort des auf Gelderwerb zielenden Handels (Chrematistik).[9] Auch um 1600 und im Rahmen eines sozio-ökonomischen Paradigmas, das auf die Verwaltung des Hauses fokussiert ist, wird das Begehren nach einer Mehrung von Reichtum, das sich nicht an standesgemäßen Bedürfnissen orientiert, noch überwiegend über die destruktive Kraft exzessiver Leidenschaft inszeniert,[10] nicht als das rationale, also vernunftgeleitete Unterfangen, als das es im 18. Jahrhundert zum Beispiel bei Daniel Defoe erscheint.[11] Gewinnstreben wird von antiken Ökonomiken über protestantische Predigten bis hin zu frühneuzeitlichen Ökonomiken mit allergrößtem Misstrauen betrachtet und mit vielerlei moralischen Vorbehalten belegt. Als ethisch zweifelhafte, in das Wissensgebilde Haus nur schwer integrierbare sozio-ökonomische Realität findet das Begehren nach Aneignung im Affekt der Eifersucht einen konventionellen, moralisch kodierten Ausdruck. Die vielfachen Inszenierungen von Eifersucht

erf.sbb.spk-berlin.de/openurl?ctx_ver=Z39.88-2003&res_id=xri:eebo&rft_id=xri:eebo:image:19021 (13.2.2018). Tilneys Werk erschien im Laufe des 16. Jahrhunderts in mindestens fünf Auflagen.

9 Vgl. Aristoteles' Unterscheidung zwischen bloßem „Gelderwerb" und „naturgemäßem Reichtum" im Buch I der *Politik*, übers. von Eugen Rolfes, Hamburg 1980, Kap. 9, 1257b.

10 Vgl. Albert O. Hirschmans Klassiker *The Passions and the Interests: Political Arguments for Capitalism before Its Triumph*, Princeton/Oxford 2013. Nach Hirschman avanciert Habsucht erst im Laufe des 17. und 18. Jahrhunderts von einem exzessiven Begehren zu einem legitimen Eigeninteresse, das gar dazu dienen kann, andere, irrationale Leidenschaften zu zügeln.

11 Daniel Defoe beschreibt im frühen 18. Jahrhundert in *A Plan of the English Commerce* die kalkulierte Anhäufung von Reichtum und den damit einhergehenden sozialen Aufstieg der aufstrebenden Mittelklasse. *A Plan of the English Commerce*, London 1728, URL: https://hdl.handle.net/2027/coo.31924013177989 (15.2.2018), S. 12.

markieren die Grenzen des Modells der Oeconomia in Zeiten zunehmender Kommerzialisierung: das Begehren nach der Mehrung von Wohlstand um seiner selbst willen ist omnipräsent, kann jedoch im Rahmen der Oeconomia nur als exzessiv markiert werden.

2. Eifersucht und Besitz

Strukturell gesehen imaginiert Eifersucht eine Subjekt-Objekt-Relation im Modus des Besitzes. Diese Relation wird zum einen dadurch kompliziert, dass es sich bei dem Objekt um ein handlungsfähiges Subjekt, einen Menschen, handelt, der/ die sich selbst (hin)geben kann. Auf der frühneuzeitlichen englischen Bühne ist dies meist die untreue Ehefrau. Zum anderen droht Enteignung von Seiten eines dritten Akteurs. Diese Dreieckskonstellation eröffnet einen affektiven Raum zwischen Besitzanspruch und Angst vor Enteignung. In Middletons Tragödie *Women Beware Women* wird Bianca als Wert imaginiert, als „most unvalued'st purchase" (1.1.12) und „treasure" (1.1.14). Das wahre Glück des Leantio liegt im Besitz dieser schönen Frau, die ihn – den armen Schlucker – gegen den Willen der Eltern geheiratet hat: „As often as I look upon that treasure/ And know it to be mine – there lies the blessing" (*Women Beware* 1.1.14f.). Es ist das Bewusstsein des Eigentums – „know it to be mine" –, das hier hervorsticht. Die Gefahr der Enteignung wird im Dialog zwischen Leantio und seiner Mutter über die Notwendigkeit der sicheren Verwahrung thematisiert. Leantio besteht darauf, seinen kostbaren Besitz den Blicken zu entziehen, um das Begehren anderer gar nicht erst zu wecken. So weist der frischgebackene Ehemann seine Mutter an, die junge Frau im Haus zu halten und ihre Existenz zu verheimlichen: „'tis great policy/ To keep choice treasures in obscurest places:/ Should we show thieves our wealth, 'twould make 'em bolder" (*Women Beware* 1.1.164–166). Im selben Monolog wird das Haus zur Schatztruhe deklariert und die Mutter zur Hüterin: „Old mothers know the world; and such as these,/ When sons lock chests, are good to look to keys" (*Women Beware* 1.1.174f.). Die Mutter versagt jedoch als Bewacherin, die schöne Bianca zeigt sich am Fenster dem Duke, weckt dessen Verlangen und tritt als seine Mätresse in die Sphäre der Zirkulation ein. Auch in Jonsons Komödie *Volpone* markiert das Fenster die Grenze zwischen Haus und Zirkulationssphäre, der Eintritt in diese funktioniert ebenfalls über das Zurschaustellen, das Begierden weckt.[12]

Bereits im 16. Jahrhundert verknüpft Edmund Tilney Eifersucht mit dem Bestreben, die Frau dem Zugriff anderer und damit auch der Zirkulation zu entziehen. Er beschreibt Eifersucht in seiner Schrift über die Ehe, die erstmals 1568 gedruckt und in den folgenden Jahren mehrfach wieder aufgelegt wurde: „The Stoike philosophers saye that ieolousie is a certaine care of mans minde, least another shoulde possesse the thing, which he alone would enioye."[13] Diese Bestim-

---

12 Lena Orlin hat die Bedeutung des Hauses für Desdemonas Rolle in *Othello* analysiert: vgl. „Desdemona's Disposition", in: *Shakespearean Tragedy and Gender*, hg. von Shirley Nelson Garner und Madelon Sprengnether, Bloomington/Indianapolis 1996, S. 171–192.

13 Tilney, *A Briefe and Pleasant Discourse of Duties in Mariage*, C7r.

mung der Ehefrau als zu besitzendes („possess") und zu genießendes („enjoy") ‚Ding' („thing") findet sich in diversen Dramen des frühen 17. Jahrhunderts wieder, wobei die Ehefrau hier oft mit einem besonders wertvollen Besitz identifiziert wird. Dieser zeichnet sich dadurch aus, dass er nicht nur besessen, sondern auch ‚benutzt' wird. Während Tilney von „enjoy" spricht und damit einen potentiell sexuellen Genuss impliziert, wird von männlichen Figuren im Theater oft der Begriff „use" verwendet, der auf das ganze Feld sexueller Aktivität, von Vergnügen bis hin zu Reproduktion, referieren kann. In Shakespeares *Othello* artikuliert der gleichnamige Protagonist seinen Unwillen, die schöne Desdemona zu teilen, in Begriffen von ‚Ding' und ‚Gebrauch':

> Othello: [...] I had rather be a toad,
> And live upon the vapour of a dungeon
> Than keep a corner in the thing I love
> For others' uses. [...] (*Othello* 3.3.274–277)

Als Othello – zu spät – den wahren Wert seiner Ehefrau erkennt, wird sie vom Ding („thing") zur Perle („pearl", *Othello* 5.2.345), also zu einem Ding von besonderem Wert.

Ein wertvolles ‚Ding', nämlich ein Ring, ist die Frau auch in Middletons Tragödie *The Changeling*. Der Arzt Alibius, Leiter einer Anstalt für „fools and madmen" (1.2.44), möchte um jeden Preis vermeiden, dass die täglichen Besucher seine junge Frau zu Gesicht bekommen. Auch hier erscheint der unzulässige Gebrauch der eigenen Frau durch einen anderen Mann als Form der Enteignung:

> Alibius: [...] there's the fear, man;
> I would wear my ring on my own finger;
> Whilst it is borrowed it is none of mine,
> But his that useth it. (*The Changeling* 1.2.26–29)

Der Ring verweist metaphorisch-metonymisch auf die Frau als Objekt. Finger und Ring sind versprachlichte Geste: Der Ring am Finger verweist auf die zu penetrierende Vagina, diese auf den Modus des Gebrauchs der Ehefrau. Sein Diener Lollio nimmt diese sexuelle Konnotation mit einer Antwort auf, die die Ehefrau ebenso verdinglicht: „You must keep it on still, then; if it but lie by, one or other will be thrusting into't" (*The Changeling* 1.2.30).

Das doppelte Possessivpronomen „my" in Alibius' Rede klärt die Besitzverhältnisse emphatisch („my ring", „my finger"). Enteignung wird hier im Modus des Borgens figuriert, die Thematisierung von Eigentum bei einer Leihgabe liest sich wie ein Kommentar auf frühneuzeitliche Kreditverhältnisse.[14] Mag das wertvolle

14 Amanda Bailey erläutert in ihrem Buch *Of Bondage: Debt, Property and Personhood*, Philadelphia 2013 die Besitzverhältnisse im Falle einer durch Schuldschein gesicherten Kreditbeziehung (S. 29f.). In Kreditbeziehungen bleibt der Gläubiger (wie auch der Ehemann bei einem Seitensprung) zwar offiziell Eigentümer, kann über sein Eigentum jedoch nicht frei verfügen, während der Schuldner das Geld ‚gebraucht' – es investiert oder ausgibt.

Ding auch nur geliehen sein, so bewirkt doch der Gebrauch letztlich einen Akt der Enteignung („Whilst it is borrowed it is none of mine,/ But his that useth it"). Lena Cowen Orlin beschreibt Eifersucht im Kontext von *Othello* als „anxiety of possession".[15] Diese „anxiety" wird im weiteren Verlauf als Wertverlust näher bestimmt, aber es soll an dieser Stelle schon einmal darauf hingewiesen werden, dass Zirkulation über die fremdgehende Ehefrau in *Othello, The Changeling* und *Women Beware Women* im Modus des Verlustes imaginiert wird. *Volpone* dagegen inszeniert mit der enttäuschten Hoffnung auf Gewinn das duale Potential von Zirkulation: die Möglichkeit von Gewinn und Verlust.

3. Dialektik der Eifersucht: Aneignung und Enteignung

Dass man das wertvolle ‚Ding' Ehefrau nicht nur verlieren, sondern auch gewinnbringend einsetzen kann, assoziiert die Frau mit dem Medium der Zirkulation schlechthin, mit dem Geld. In *Volpone* wird die schöne Celia ganz offensichtlich als Kapital eingesetzt. In diesem Stück kippt der Imperativ der sicheren Verwahrung von Werten. An seine Stelle tritt die gefühlte Notwendigkeit ihrer Zirkulation, denn diese allein kann eine Vermehrung von Wert bewirken. Zunächst macht der habgierige Corvino seiner schönen Frau Vorwürfe, weil sie sich am Fenster hat blicken lassen. Wie in *Women Beware Women* erweist sich das Fenster als Zwischenraum zwischen Haus und Handel, in dem Wert zur Schau gestellt und Begehren geweckt wird. Corvino droht seiner tugendhaften Frau mit Einkerkerung:

> Corvino: And thy restraint, before, was liberty,
> To what I now decree; and therefore, mark me.
> First, I will have this bawdy light dammed up;
> [...]
> Then [*showing a chastity belt*], here's a lock, which I will hang
> upon thee;
> And now I think on't, I will keep thee backwards:
> Thy lodging shall be backwards, thy walks backwards,
> Thy prospect – all be backwards; and no pleasure
> That thou shalt know, but backwards. Nay, since you force
> My honest nature, know, it is your own
> Being too open, makes me use you thus. (*Volpone* 2.5.48–63)

In diesem Monolog wird der Zweck der Verwahrung der Ehefrau in einem abgeschiedenen Raum mit Hilfe eines Keuschheitsgürtels vereindeutigt. Die Frau als wertvoller Gegenstand, der sicher verwahrt werden muss, ist ein bereits bekannter Topos, auch das hier exemplifizierte metonymische Gleiten zwischen der häuslichen Existenz und der Sicherung der weiblichen Genitalien findet sich in anderen Texten der Zeit. In dem bekannten Pamphlet *Hic Mulier,* das sich vehement gegen das Tragen männlicher Kleidung durch Frauen ausspricht, werden

15 Orlin, „Desdemona's Disposition", S. 185.

die weiblichen Geschlechtsorgane mit „gold, siluer, rich Mynerals, and precious Stones“ verglichen.[16] Wie andere Wertgegenstände sind sie sicher zu verwahren: „in the closest prisons of your strictest government“.[17] Auch Biancas „hidden virtues“ werden mit „jewels kept in cabinets“ verglichen (*Women Beware* 1.1.55f.).

Corvinos Tirade spannt im weiteren Verlauf den Bogen von der rückseitigen Verwahrung der schönen Celia zu ihrem ‚sodomitischen Gebrauch‘. Dreh- und Angelpunkt dieser Verbindung ist das Wortspiel, das über den bereits mehrfach zitierten Begriff „backwards“ funktioniert: „and no pleasure/ That thou shalt know, but backwards“. Die Totalität des Besitzanspruchs äußert sich hier in der Form absoluter Machtausübung.

Die lustvolle Ausübung totaler Kontrolle legt in Freud'scher Logik nahe, dass der Eifersucht nicht nur eine Angst vor Enteignung zugrunde liegt, sondern vielleicht auch ein überstarker Wunsch nach Aneignung. Jedoch bedarf es für diese Vermutung keines Freud. Tatsächlich erklärt der bereits zitierte Tilney die Angst vor Enteignung mit einem ungezügelten Begehren des eifersüchtigen Subjekts selbst:

> Two kinde of persons are commonlye sore sicke in this disease, eyther those that are euill themselues, or they, that in their youth haue gone astraye, supposing that as other mens wifes have done towards them, so will theirs doe towardes others, which is vanitie to thinke, more follye to suspect, and greatest foolishnesse to speake of.[18]

Tilney kommt zu dem Schluss, dass diese Denkweise geradezu närrisch ist („greatest foolishnesse“), doch seine Analyse ist höchst aufschlussreich. Ursächlich für Eifersucht ist demnach ein früheres oder gegenwärtiges Bestreben des eifersüchtigen Subjekts, sich die Frauen anderer Männer anzueignen, entweder im Sinne eines jugendlichen Fehlverhaltens oder eines Charakterfehlers. Auch in einem Pamphlet von 1593 mit dem Titel *Tell-Trothes New-yeares Gift* ist die eigene Freizügigkeit ein Trigger für Verdächtigungen der Ehefrau.[19] Erst das Bestreben, sich die Frauen anderer Männer anzueignen, legt nahe, dass auch die eigene Frau zirkulieren könnte. Dass das eheliche Besitzverhältnis asymmetrisch konzipiert ist (der Mann besitzt, die Frau wird ‚benutzt‘), ist natürlich bereits Effekt eines ungleichen Geschlechterverhältnisses.

---

16 [Anon.], *Hic Mulier: or, The Man-Woman: Being a Medicine to Cure the Coltish Disease [of] the Staggers in the Masculine-Feminines of our Times*, London 1620, in: *Early English Books Online*, URL: http://gateway.proquest.com.342891790.erf.sbb.spk-berlin.de/openurl?ctx_ver=Z39.88-2003&res_id=xri:eebo&rft_id=xri:eebo:image:174713 (13.2.2018), B4v.

17 Ebd., B4r. Vgl. auch Miller, „Consuming Mothers/Consuming Merchants“, S. 77.

18 Tilney, *A Briefe and Pleasant Discourse of Duties in Mariage*, C7r–C8v.

19 [Anon.], *Tell-Trothes New-yeares Gift Beeing Robin Good Fellowes news out of those Countries, where inhabited neither Charity nor honesty. With his own Inuective against Ielosy*, London 1593, in: *Early English Books Online*, URL: http://gateway.proquest.com.342891790.erf.sbb.spk-berlin.de/openurl?ctx_ver=Z39.88-2003&res_id=xri:eebo&rft_id=xri:eebo:image:14802 (13.2.2018), B2v.

Die Verwandtschaft von Eifersucht und dem Wunsch nach Aneignung inszeniert *Volpone* auf eindrucksvolle Weise. Corvino droht seiner schönen Frau Celia mit Einkerkerung und Keuschheitsgürtel, jedoch geht es ihm im Haupthandlungsstrang um die Güter eines Mannes, der im Sterben zu liegen scheint und keine leiblichen Erben hat. Das ist der titelgebende Volpone. Sein Sterben ist allerdings nur vorgetäuscht; die Fiktion des todkranken Mannes wird von seinem gewitzten Diener Mosca aufrechterhalten, der dafür sorgt, dass der Strom Geschenke bringender Besucher am Sterbebett nicht abreißt – ein jeder versucht mit einem noch wertvolleren Geschenk die Gunst des Sterbenden und damit auch seine Erbschaft zu erringen. Als Volpone Celia im Fenster erblickt, muss er sie haben. Mosca suggeriert nun dem eigentlich doch so eifersüchtigen Corvino, dass er (Corvino) Volpone als ultimativen Zuneigungsbeweis seine Frau Celia anbieten müsse – dann würde Volpone ihn gewiss als alleinigen Erben einsetzen. Mosca beruhigt Corvino zwar ein wenig damit, dass der Sterbende den Geschlechtsakt gewiss nicht mehr vollziehen könne, doch bedarf es dieser Versicherung kaum: Corvino zeigt sich allzu gerne bereit, seine Ehefrau zu investieren, um mit der Erbschaft einen dicken Gewinn einzustreichen. Hier wird die Frau als Kapital eingesetzt, und die Eifersucht entpuppt sich als andere Seite eines gesteigerten akkumulativen Begehrens.

Shakespeares Tragödie *Othello* forciert die Verknüpfung von eigenem akkumulativen Bestreben und der Gefahr der unkontrollierten Zirkulation der Frau, indem sie gleich zwei primäre Akte ethisch zweifelhafter Aneignung aufweist, die Othellos Eifersucht vorausgehen und sie nähren: Erstens hat Othello selbst zumindest gerüchteweise Iagos Frau Emilia verführt und ihm so ein Rachemotiv verschafft. Zweitens hat er Desdemona gegen den Willen ihres Vaters geheiratet und wird von ihm als „foul thief" (*Othello* 1.2.62) angeklagt.[20] Mit dem Kleriker William Perkins gesprochen, wäre diese heimlich vollzogene Ehe vor der gerichtlichen Instanz Gottes und des Gewissens als ein Fall von außerehelichem Sex zu beurteilen:

> And where the mariage is complete, in any other manner, so as the Parents vpon sound iudgement and deliberation, shall deny their full and free consent, either in expresse words, or by coniuence and silence, and that vpon iust and lawfull cause; there, though in the ciuill courts of men, it may stand, and the children borne therein bee legitimate before men, yet the truth is, before God it is of no force, but a meere nullitie.[21]

20 Vgl. Orlin, „Desdemona's Disposition", S. 177f., und Korda, *Shakespeare's Domestic Economies*, S. 143f.

21 William Perkins, *Christian Oeconomie*, London 1609, in: *Early English Books Online*, URL: http://gateway.proquest.com.342891790.erf.sbb.spk-berlin.de/openurl?ctx_ver=Z39.88-2003&res_id=xri:eebo&rft_id=xri:eebo:image:2719 (1.3.2018), S. 84. In „The Epistle Dedicatorie" findet sich eine ganz ähnliche Passage, die jedoch die richterliche Instanz des Gewissens betont: „That Marriages consummate without the free and aduised consent of Parents, either *explicite* in tearmes, or *implicite* by conniuence, are in the court of conscience, meere nullities" (ebd., A6v).

Wie bei Tilney formuliert, mag gerade Othellos eigenes unmoralisches Aneignungsbestreben, das sich dem Willen des Vaters widersetzt, seine Befürchtung nähren, dass Desdemona nun auch ihm untreu werden könnte. Ebenso geht der Eifersucht Leantios in Middletons Tragödie *Women Beware Women* seine heimliche Heirat Biancas und damit der ‚Diebstahl' der Tochter aus dem Elternhaus voraus:

> Leantio: Look on her well, she's mine, look on her better –
> Now say, if't be not the best piece of theft
> That ever was committed; and I have my pardon for't:
> 'Tis sealed from Heaven by marriage. (*Women Beware* 1.1.42–45)

Eifersucht lässt sich als Symptom für die Furcht vor Enteignung lesen, doch ebenso gut auch als Folge eines übersteigerten Besitzstrebens, das auch vor unmoralischen Aneignungsstrategien nicht zurückschreckt.

4. Subjekt-Objekt Frau: exzessives Begehren als Motor der Zirkulation

Der vorige Abschnitt bestimmte die Ehefrau im frühneuzeitlichen englischen Theater als wertvolles ‚Ding', das weggeschlossen werden muss, um der Sphäre der Zirkulation dauerhaft entzogen zu bleiben. Eifersucht entpuppte sich in der vorgängigen Analyse als Affekt, der einerseits Furcht vor Enteignung signalisiert und andererseits ein überstarkes Begehren nach Besitz indiziert, das mit der Anhäufung weiblicher Eroberungen verknüpft ist. Eifersucht, so Tilney, verspürt derjenige, der selbst die Frauen anderer Männer besessen hat.

Doch natürlich ist die Frau nicht wirklich ein Ding, sondern ein handlungsfähiges Subjekt – insofern besteht nicht nur die Möglichkeit, dass die schöne Ehefrau entwendet oder vom Ehemann selbst zum Tausch angeboten bzw. investiert wird, sondern auch, dass sie willentlich in die Zirkulation eintritt. In *Othello* macht sich Desdemona in vielerlei Hinsicht verdächtig, nicht zuletzt durch ihre eigenwillige Wahl des fremden und als „moor" bezeichneten Söldners Othello, aber auch durch ihre Weigerung daheim zu bleiben sowie durch ihre vertraulichen Unterredungen mit Cassio.[22] Die eigensinnige und heimliche Liebeswahl unterläuft ebenso wie ihr Bestreben, das Haus zu verlassen, ihren *credit*, ihre moralische Glaubwürdigkeit und soziale Reputation.[23] Ihr Vater warnt Othello: „Look to her, Moor, if thou hast eyes to see:/ She has deceived her father, and may thee" (*Othello* 1.3.293f.). Viel später nimmt Iago eben diese Warnung wieder auf: „She did deceive her father, marrying you..." (*Othello* 3.3.209). Einmal in die Zirkulation eingetre-

22 Der Begriff „Moor", mit dem Othello belegt wird, ist ein mehrdeutiger Signifikant. Vgl. dazu Michael Neill, „‚Mullattos', ‚Blacks', and ‚Indian Moors': Othello and Early Modern Constructions of Human Difference", in: *Shakespeare Quarterly* 49:4 (1998), S. 361–374, insb. S. 364.

23 Muldrew hat „credit" als omnipräsentes sozio-ökonomisches Phänomen im 16. und 17. Jahrhundert in England untersucht. Er betont den moralischen Charakter dieses Kreditwesens, in dem Kreditfähigkeit vor allem von einem guten Ruf abhing und gegenseitiges Vertrauen erforderte („Interpreting the Market: The Ethics of Credit and Community Relations in Early Modern England", in: *Social History* 18:2 [1993], S. 163–183, hier S. 177).

ten, so die Botschaft, droht die Frau weiter zu zirkulieren, von einem Mann zum anderen, wie das Geld, das sich jedem Besitzer gleichermaßen andient.

In dem Dialog über die unschuldige Desdemona fasst der Bösewicht Iago monetäre Zirkulation in betont abfälligen Begriffen: „Who steals my purse steals trash – 'tis something-nothing,/ 'Twas mine, 'tis his, and has been slave to thousands –" (*Othello* 3.3.159–161). Iago bringt mit dem Geld das Medium der Zirkulation schlechthin ins Spiel. Der wechselnde Besitz und die Quantifizierung „thousands" kreieren ein Bild unaufhörlicher Zirkulation, das mit einer vollständigen Entwertung einhergeht – das Geld wird zu bloßem „trash". Mit Desdemona als eigentlichem Gesprächsgegenstand dieses Dialogs wird das Geld Sinnbild für die angeblich zirkulierende Frau. Ihre Entwertung ist eine direkte Folge des Gebrauchs durch beliebig viele Männer. Untreue wird im Modus der Eifersucht als Zirkulation eines Objektes konzeptualisiert, das der Sphäre der Zirkulation eigentlich entzogen sein sollte.

Desdemona ist gegen den Willen des Vaters einem sexuellen Begehren gefolgt und bestätigt damit einen Allgemeinplatz frühneuzeitlicher Diskurse über die Ehe: Die Frau, so eine gängige Auffassung, lässt sich allzu leicht vom Begehren leiten. Dem Verstand mangelt es zwar nicht unbedingt an Rationalität aber an Autorität über Lust und Leidenschaft – daraus ergibt sich die Notwendigkeit der Führung durch den Ehemann.[24] Othello bedauert, dass sich die Ehe als Eigentumsverhältnis gerade nicht in eine totale Kontrolle der Affekte und Begehren übersetzt:

> Othello: [...] O curse of marriage
> That we can call these delicate creatures ours
> And not their appetites! [...] (*Othello* 3.3.272–274)[25]

Im Fokus auf die „appetites" kommt eine gegenderte Assoziation von Begehren zum Tragen, die im doppelten Sinne von Lust und Luxus (*luxuria*) in der präskriptiven Literatur vielfach formuliert wird.[26] Der Motor der Zirkulation ist ein

24 In *The Housholders Philosophie*, London 1588, der englischen Übersetzung von Torquato Tassos *Il padre di famiglia* (1580), wird das Geschlechterverhältnis eindrücklich anhand von Begehren und Vernunft bestimmt. Thomas Kyd übersetzt: „[I]t often cometh to passe that he [der Ehemann, A. E.] shall find her [die Ehefrau, A. E.] so exceeding waiward, crabbed and disobedient, that where he thought he made his choyce of a companion that shold helpe to lighten and exonerat that ponderous & heavie loade which our humanity affordeth, he findes he is nowe matcht and fallen into the handes of a perpetuall enemie, who euermore none otherwise impugneth and resisteth him then our immoderate desires, that in our minds so much oppose themselues to reason: for such is woman in respecte of man, as is desire in respecte of understanding..." (C2r), zit. nach *Early English Books Online*, URL: http://gateway.proquest.com.342891790.erf.sbb.spk-berlin.de/openurl?ctx_ver=Z39.88-2003&res_id=xri:eebo&rft_id=xri:eebo:citation:99853372 (13.2.2018).

25 Orlin schreibt zu dieser Passage: „Here Othello elucidates a key problematic of the patriarchal system as a text; it both asserts possession and finds possession always uncertain" („Desdemona's Disposition", S. 185).

26 Ian W. Archer schreibt dazu: „Consumption was a moral problem because the desire for goods was linked with sexual desire. The Christian tradition had conflated *luxuria* and lust:

überstarkes, exzessives Begehren, das sowohl sexueller Natur als auch konsumorientiert ist: Es zielt ebenso auf fremde Männer wie auf schöne Kleidung und exotische Leckerbissen ab. Beides ist problematisch für den Fortbestand des Hauses: Während sexuelle Unbeständigkeit die Abstammungslinie des Hauses bedroht, erodiert ein überstarkes Begehren nach kostspieligen Luxusgütern aus aller Welt die finanzielle Stabilität des Haushaltes.[27] Die Frau und ihr exzessiver Wunsch nach teurer Kleidung und exotischen Leckerbissen wird zum Dreh- und Angelpunkt kollektiv imaginierten Konsums.

In *Othello* wird ein Begehren nach exotischen Dingen bereits durch Desdemonas Liebeswahl aufgerufen, und dies nicht nur, weil Othello selbst in Venedig ein Exot ist. Gewonnen hat Othello Desdemonas Herz nämlich mit Geschichten von fernen Ländern, fremden Bräuchen und heroischen Kämpfen, die metaphorisch für all jene Konsumgüter einstehen mögen, die um 1600 aus aller Welt nach London strömten und die gerne als unnütz und geradezu gefährlich für Englands Handelsbilanz und Wohlstand angesehen wurden.[28] Othello erzählt, wie er Desdemonas Herz mit Hilfe eines packenden Narrativs gewann: „Her father loved me, oft invited me,/ Still questioned me the story of my life" (*Othello* 1.3.129f.). Diese „story" stellt ein Sammelsurium heroischer und exotischer Elemente dar:

> Othello: Wherein I spake of most disastrous chances,
> Of moving accidents by flood and field,
> Of hair-breadth scapes i' th' imminent deadly breach,
> Of being taken by the insolent foe
> And sold to slavery; of my redemption thence
> And portance in my travailous history;
> Wherein of antres vast and deserts idle,
> Rough quarries, rocks and hills whose heads touch heaven
> It was my hint to speak – such was my process –
> And of the cannibals that each other eat,
> The Anthropophagi, and men whose heads
> Do grow beneath their shoulders. This to hear
> Would Desdemona seriously incline,

luxury was equated with desire, and desire with disobedience. Contemporary moralists regularly drove home the parallels between prostitution and trade" („Material Londoners?", in: *Material London, ca. 1600*, hg. von Lena Cowen Orlin, Philadelphia 2012, S. 174–192, hier S. 186).

27 So schreibt Miller: „The threat posed by a woman's body was frequently linked to the concern about a woman's expenditure. [...] Sermons and handbooks advise women to keep to their homes, and away from the market. William Gouge explicitly limits the woman's power over the disposal of family goods, while Markham's *The English Housewife* trains wives in domestic economy, expecting them to eschew the marketplace" („Consuming Mothers/Consuming Merchants", S. 76f.).

28 Vgl. Korda: „The extravagance of Desdemona's desire and its purported overvaluation of Othello are attributed within the play (although this attribution, as we shall see, does not go uncontested) to her gendered desire for novelty..." (*Shakespeare's Domestic Economies*, S. 115).

> But still the house-affairs would draw her thence,
> Which ever as she could with haste dispatch
> She'd come again, and with a greedy ear
> Devour up my discourse [...]. (*Othello* 1.3.135–151)

Mehr noch als die Geschichten aus aller Welt verrät Desdemonas Rezeptionshaltung ein unmäßiges, konsumptives Begehren und legt eine metaphorische Lektüre nahe – ihr Ohr verschlingt Othellos exotische Geschichten gerade so gierig wie andere Frauenfiguren in Dramen jener Zeit Wein und Leckereien vernaschen.[29] Durch diesen exzessiven Konsum leidet unweigerlich die Hausarbeit: Sie wird nurmehr hastig („with haste dispatch") und vermutlich unzulänglich erledigt. Damit ist ein klarer Zusammenhang zwischen dem exzessiven Konsum exotischer Güter und der Vernachlässigung traditioneller oeconomischer Pflichten hergestellt.

Auch dem dramatischen Seitensprung wird als Motiv gerne ein Begehren nach Luxusgütern zugrunde gelegt. In der bereits zitierten Tragödie Middletons, *Women Beware Women*, spielt ein solches Begehren eine Schlüsselrolle. Leantio warnt seine Mutter davor, seine frisch gebackene Ehefrau Bianca darauf aufmerksam zu machen, was ihr, die vom Elternhaus her Wohlstand gewöhnt ist, in seinem mittellosen Haushalt alles fehlen könnte: Die Mutter möge das weibliche Begehren nach teuren Dingen gar nicht erst wecken (*Women Beware* 1.1.74–79). Diese konventionelle Furcht scheint wohlbegründet, denn der Duke, der die schöne Bianca am Fenster erblickt, verführt sie schließlich mit seinem Reichtum, den er ihr im Tausch gegen ihre Tugend anbietet:

> Bianca: Why should you seek, sir,
> To take away that you can never give?
>
> Duke: But I give better in exchange: wealth, honour.
> She that is fortunate in a duke's favour
> Lights on a tree that bears all women's wishes [...].
> (*Women Beware* 2.2.367–371)

Nicht nur wird die Affäre hier in Begriffen von Tausch gefasst („exchange"), mit materiellem Reichtum und sozialem Status als explizit benannten Tauschobjekten. Jener Reichtum eröffnet überdies die Möglichkeit unbegrenzten Konsums – er vermag die Wünsche *aller* Frauen zu befriedigen. Der zweifache Plural (der Frauen und der Wünsche) signalisiert grenzenlosen Reichtum, aber auch ein übermäßiges sexuelles Begehren des Duke, der sich – da er qua Reichtum alle Frauen haben kann – sicherlich nicht mit *einer* Frau (und sei sie auch Bianca) zufrieden geben wird.

29 Vgl. z.B. Miller, „Consuming Mothers/Consuming Merchants," S. 82.

Vom Duke einmal abgesehen stellt die Unmäßigkeit der weiblichen Lust nach Luxusgütern eine Gefahr für den Besitz des Mannes dar, zum einen, weil sie die Frau zum Ehebruch verleiten kann und zum anderen, weil sie den Besitz des Mannes zu verzehren droht. In der Unmäßigkeit weiblichen Begehrens und der Eifersucht des Mannes trifft ein konsumptives Begehren auf Besitzstreben, Verschwendung auf Habsucht. Die frühneuzeitliche Konzeption von Weiblichkeit identifiziert die Ehefrau als erheblichen Risikofaktor für den Hausstand. Doch profilieren frühneuzeitliche Autoren eben auch den eifersüchtigen Mann als exzessiven Charakter, der sich nicht mit *seiner* Frau begnügen mag, sondern sich die Frauen anderer Männer anzueignen sucht. Sein Besitzstreben – so inszeniert es jedenfalls *Volpone* – ist kein gemäßigtes, rationales, oeconomisches, sondern das grenzenlose und risikofreudige, auf Mehrung bedachte Streben chrematistischer Unternehmung.

4. Zirkulation und Entwertung

Iago rekurriert über die Geldbörse („purse") als Metapher für die untreue Ehefrau auf Geld als Medium der Zirkulation schlechthin. In diesem Bild kommen verschiedene Aspekte zum Tragen: zum einen die häufige Assoziation der Frau mit einem Ding von Wert, zum anderen ihr Potential zur Zirkulation, also die Möglichkeit, dass sie als Objekt in wechselnde Beziehungen eintritt, von der Liebesaffäre bis zur Prostitution. Doch für Iagos impliziten Vergleich von Frau und Geldbörse ist die Form des weiblichen Wertes und die spezifische Wertentwicklung in der Zirkulation entscheidend. Der Wert der Frau auf der frühneuzeitlichen Bühne aber auch in der präskriptiven Literatur ist nämlich, ebenso wie der Wert des Geldes, dual verfasst.

Frühneuzeitliche Münzen bestanden aus Edelmetall, ihr Wert war intrinsisch über den Gehalt an Edelmetall und extrinsisch oder nominell über den Stempel der königlichen Münzerei bestimmt. Darüber hinaus variierten Wechselkurse sowie der Marktpreis für Gold und Silber, so dass dieser duale Wert in sich keineswegs stabil war, sondern über komplexe Tauschprozesse dynamisiert wurde.[30] Fälscherei war an der Tagesordnung, doch selbst echte Münzen drohten durch den Gebrauch als Tauschmittel in einen Abwertungsprozess einzutreten: Sie verloren durch Verschleiß ebenso an Wert wie auch durch absichtliche Manipulationen – etwa durch das gezielte Abfeilen von Gold- oder Silberspänen.[31] Brian Sheerin fasst die verschiedenen Faktoren, die für das Auseinanderdriften von intrinsischem und extrinsischem Wert verantwortlich waren, zusammen:

30 Vgl. David Landreth, *The Face of Mammon*, Oxford 2012, S. 12f.

31 Vgl. Brian Sheerin, *Desires of Credit in Early Modern Theory and Drama: Commerce, Poesy, and the Profitable Imagination*, London/New York 2016, S. 33. Zu Fälscherei und anderen Formen der Manipulation von Münzen und den Strafen, die dafür verhängt wurden, vgl. z.B. Stephen Deng, *Coinage and State Formation in Early Modern English Literature*, New York/Basingstoke 2011, S. 105–111.

> For one thing, even though determining the value of coins by means of their precious metal content might seem straightforward enough, actual coins were inflected by so many variables that even merchants had little idea how exchange rates worked. [...] To make matters even more confusing, the weight of coins, the fineness of their metal content, and their ration of exchange could be (and frequently were) altered by nations in attempts to gain advantage – or at least avoid disadvantage – in trade and spending power. Finally, the rampant practice of clipping or ‚sweating' coins for their metal content further confused the relation of their ‚intrinsic' worth to the worth designated by the denomination of the coin.[32]

Sir Thomas Gresham, dem Gründer der ersten Londoner Handelsbörse im 16. Jahrhundert, wird der Merksatz „good money drives out bad" zugeschrieben: Bei zwei Münzen gleicher Prägung, aber unterschiedlichen Gold- oder Silbergehalts würde sich der Besitzer dafür entscheiden, die wertvollere zu behalten und die weniger wertvolle auszugeben.[33] Wertvollere Münzen würden so der Zirkulation entzogen, zirkulierende Münzen zunehmend an Wert verlieren.[34] Ebenso wie zirkulierendes Geld für die treulose Ehefrau stehen kann, mag die treulose Ehefrau die Angst vor Entwertung verkörpern: Einmal aus der Hand gegeben, drohte man ein ‚Ding' zurückzubekommen, das im Kreislauf der quasi-monetären Zirkulation an Wert verloren hatte.

Die Ehefrau der frühneuzeitlichen englischen Bühne teilt jedoch nicht nur das Risiko der Entwertung durch Zirkulation mit dem Geld – sie steht auch für einen dual bestimmten Wert, der bereits in sich differieren kann, etwa wenn Reputation und tatsächliche Tugendhaftigkeit nicht übereinstimmen. Dieser Wert wird zusätzlich durch Angebot und Nachfrage auf dem Heiratsmarkt noch einmal relativiert. Bianca in *Women Beware Women* mag ihre Tugend an den Duke verloren haben, doch hat dies keinerlei negative Auswirkungen auf seine Heiratsabsichten. Selbst ihre Reputation leidet nur partiell, nämlich nur für die, die moralisch urteilen. Das Stück inszeniert hier die Relativität von Wert.

Das Problem des Wertes war dem englischen Publikum noch zur Zeit von Queen Elizabeth höchst präsent. Der in John Stows enzyklopädischer Beschreibung *The Annales, or Generall Chronicle of England* (1615) veröffentlichte Nachruf

32 Sheerin, *Desires of Credit*, S. 35.

33 Landreth schreibt dazu allerdings: „The principle that ‚bad money drives out good' was just as familiar to Aristotle, however, and was only given that epigrammatic formulation in the nineteenth century: its identification as ‚Gresham's Law' recognizes the effectiveness of the financier's efforts on Elizabeth's behalf, not any innovation in theory or policy" (*The Face of Mammon*, S. 253, Anm. 56).

34 Stephen Deng fasst dies folgendermaßen zusammen: „[A] consumer who receives a good quality coin is likely to hoard it for its precious metal content rather than to spend it. The consumer would instead spend coins of relatively bad quality. Therefore, good money tends to get culled out of circulation because of its relatively high intrinsic value until only bad coins remain" (*Coinage and State Formation*, S. 10).

auf Queen Elizabeth endet mit den Worten: „She was the first that suppressed all manner of base Moneys, and reduced all the English quoyne into golde and siluer."[35] Mitte des 16. Jahrhunderts hatte sich nämlich Henry VII. über eine Entwertung von Silbermünzen bereichert: Er reduzierte den Silbergehalt schrittweise, bis die Münzen keinerlei Silber mehr enthielten; sie waren – von der Prägung einmal abgesehen – wertlos.[36] Konnten Aristoteles und lange nach ihm Nicolas Oresme noch argumentieren, dass die Prägung für den dadurch überflüssig gewordenen Akt des Wiegens von Edelmetall einstand und somit den intrinsischen Wert exakt widerspiegelte, erwies sich der Geldwert nun in jeder Hinsicht als problematisch:[37] In Anbetracht schwankender Gold- und Silberkurse konnte man weder auf den intrinsischen Wert bauen noch darauf, dass der extrinsische dem intrinsischen entsprach.

Nun ist die treulose Ehefrau die ideale Metapher für einen bloß äußerlichen Wert, dem kein intrinsischer Wert entspricht, und verkörpert damit die Problematik eines dual bestimmten und möglicherweise differierenden monetären Wertes. Die zu Unrecht Verdächtigte leidet dagegen unter einer bloß nominellen Abwertung – unter der Zerstörung ihrer Reputation bei intaktem intrinsischen Wert (d.h. intakter Tugend). Frühneuzeitliche Dramen überbieten sich in Versuchen, das Auseinandertreten dieser beiden Wertbegriffe zu inszenieren und sie wieder in Einklang zu bringen: Celias Reputation wird in *Volpone* wiederholt in Zweifel gezogen und dann in einer abschließenden Gerichtsszene wieder hergestellt. Desdemonas Unschuld wird nach ihrem Tod offenbar, hier triumphiert mit der Tugend der intrinsische Wert. In Middletons *The Changeling* soll ein Wässerchen am Vorabend der Ehe klären, ob Beatrice noch Jungfrau ist – sie hat ihre Jungfräulichkeit jedoch längst in den Mörder ihres ehemaligen Verlobten investiert, um einen Dritten heiraten zu können. Ihre Schuld wird schließlich offenbar, auch hier entsprechen sich die beiden Wertbegriffe am Ende, wenn auch in einem im Vergleich zu Desdemonas Fall gegenläufigen Sinne. In allen drei Fällen wird der Ruf schließlich dem intrinsischen Wert angeglichen und dieser somit als eigentlicher Wert etabliert.[38]

---

35 John Stow, *The Annales, or Generall Chronicle of England*, London 1615, S. 815.

36 „[Henry] first cut the silver value of his coins by more than a third, and then continued incrementally to debase the coinage until it was utterly evacuated of silver – i.e. worthless, save for the stamp of their maker's image" (Landreth, *The Face of Mammon*, S. 16).

37 Oresme erklärt die Funktion der Prägung mit Aristoteles in *De Moneta*: „When men first began to trade, or to purchase goods with money, the money had no stamp or image, but a quantity of silver or bronze was exchanged for meat and drink and was measured by weight. And since it was tiresome constantly to resort to the scales and difficult to determine the exact equivalent by weighing, and since the seller could not be certain of its degree of purity, it was wisely ordained ... that they should be stamped with a design, known to everybody, to indicate the quality and true weight of the coin, so that suspicion should be averted and the value readily recognised" (*The ,De Moneta' of Nicholas Oresme, and English Mint Documents*, übers. und mit Anm. vers. von Charles Johnson, New York 1956, S. 9).

38 Jedoch verwendet *Women Beware Women* meiner Ansicht nach weitaus mehr Arbeit darauf, die Frage des Wertes zu verkomplizieren als auf die Wiederherstellung deckungsgleicher

5. Schluss

Theatrale Inszenierungen von Eifersucht nehmen einen oeconomischen Problemkomplex in den Fokus, der die Kontrolle exzessiver Leidenschaft und die Führung der Ehefrau betrifft. Überdies verweist Eifersucht auf die Schwierigkeit, den wahren Wert der Ehefrau angesichts seiner irreduziblen Dualität – Reputation versus Tugend – zu bestimmen: Sie kann sich sowohl als „fellow helper" erweisen[39] als auch als „perpetuall enemie", wie es in *The Housholders Philosophie* (1588), der Übersetzung von Torquato Tassos *Il padre di famiglia* (1580), heißt.[40] Als umsichtige Verwalterin von Gütern und als Garantin der Abstammungslinie des Hauses mag sie ein sicherer Hafen in stürmischen Zeiten sein, aber ebenso gut auch jener Felsen, an dem Ehemann und Haus Schiffbruch erleiden, „a rocke or shelfe to sea-men in a storme where they hoped to haue found harbour and shelter against it".[41] Angesichts der großen Bedeutung der Ehefrau für die Geschicke des Hauses beklagt der Kleriker Thomas Gataker die Blindheit der Männer in Eheangelegenheiten und diagnostiziert eine eklatante Diskrepanz zu dem großen kommerziellen Geschick, mit dem im Handel der Warenwert geschätzt wird: „Many haue good skill in chusing of wares, in valuing of lands, in beating a bargaine, in making a purchase, that are yet but blinde buzzards in the choice of a wife."[42] Diese Engführung bringt die Frau als Verkörperung von Wert auf den Punkt und positioniert die Ehe als Handel, als „bargaine".

Der Vergleich mit kommerziellen Waren siedelt die heiratsfähige Frau in der Sphäre der Zirkulation an, wenn diese Zirkulation im Fall der Ehe auch ein einmaliger Akt bleiben soll: Die Figur der treuen Ehefrau imaginiert das zirkulierende Ding als unveräußerlichen Besitz, dem ein Wertverfall erspart bleibt. Im Modus der Eifersucht wird Zirkulation mit Begehren und Angst belegt. So artikuliert die Synthese aus Besitzstreben, Furcht vor Enteignung und instabilem Wert, die die Eifersucht kennzeichnet, die Risiken einer allgegenwärtigen und allmächtigen Zirkulation, das akkumulative Begehren, das diese treibt, und – über das Bild der käuflichen und exzessiv veranlagten Frau – die Verlockungen des Konsums im Zeitalter eines wachsenden Imports von Luxusgütern.

Werte: Das Stück stellt gerade die Relativität von Werten und Wertbestimmungen aus. Die Angleichung von Tugend und Reputation erscheint hier nur in einer christlich-moralischen Perspektive nötig, die durch den Lord Cardinal vertreten wird.

39 Dudley Fenner, „The Order of Householde", in: *The artes of logike and rethorike*, [Middelburg] 1584, in: *Early English Books Online*, URL: http://gateway.proquest.com.342891790.erf.sbb.spk-berlin.de/openurl?ctx_ver=Z39.88-2003&res_id=xri:eebo&rft_id=xri:eebo:citation:99837735 (13.02.2018), B3v.

40 Tasso, *The Housholders Philosophie*, C2r.

41 Diese Metapher stammt aus Thomas Gatakers Predigt *A Good Wife Gods Gift*, London 1623, in: *Early English Books Online*, URL: http://gateway.proquest.com.342891790.erf.sbb.spk-berlin.de/openurl?ctx_ver=Z39.88-2003&res_id=xri:eebo&rft_id=xri:eebo:image:3063 (13.2.2018), S. 6.

42 Ebd., S. 10.

Karen Newman bezeichnet die Frau als „focus of cultural ambivalence toward social mobility, urbanization, and colonialism",[43] doch sie steht zugleich im Mittelpunkt ambivalenter Bewertungen von Kommerz. Als Verkörperung eines dual verfassten Wertes repräsentiert die Ehefrau die Schnittstelle zweier diskursiver und praktischer Formationen – von Oeconomia und Chrematistik, von der Verwaltung des Hauses und globalem, profitorientiertem Handel. Die Frau hat in Bezug auf diese Diskursfelder unterschiedliche Funktionen: Sie ist expliziter und legitimer Gegenstand oeconomischen Denkens und Planens, fungiert aber zugleich als Phantasma eines der Zirkulation entzogenen oder ihr preisgegebenen Wertes. Dabei artikuliert sich über die Eifersucht ein Unbehagen an monetärer Wertbestimmung: Mit der Möglichkeit des unentdeckten Seitensprungs sowie der Verleumdung droht eine Dissoziation von innerem und äußerem Wert. Wert wird hier allererst als problematische Synthese zweier Bestimmungen erkennbar und erlebbar, die im und durch den außerehelichen Verkehr prekär wird. Fest steht jedoch, dass der intrinsische Wert ebenso inszeniert werden muss wie der extrinsische – Desdemonas Tugend nützt wenig, solange sie sich nicht in „credit", in moralische und soziale Reputation umsetzt.

Das ausgeprägte Interesse für Eifersucht auf der englischen Bühne ist ebenso Ausdruck der Ungewissheit von Wert wie Ausdruck eines hypertrophen Besitzstrebens. Eifersucht ist symptomatisch für die Konfrontation zweier Wertsysteme, die um 1600 wenigstens diskursiv Haushaltsführung und Handel konfigurieren und deren Rezeption prägen: eine Ethik der Mäßigung und des Gebrauchs wird mit dem Desiderat profitträchtigen Tausches konfrontiert. Die Stabilität des Hauses zeigt sich bedroht durch die paradoxe Zusammenstellung zweier Aspekte von Zirkulation: dem Wertverlust, den diese mit sich bringen kann, und dem Profit, den sie verspricht. Als Objekt einmaliger Aneignung mit lebenslangen Konsequenzen ist die Ehefrau besonders geeignet für die Inszenierung fehlerhafter Wertbestimmung – für die Orientierung an Äußerlichkeiten (Schönheit und Reputation) und die Vernachlässigung intrinsischen Wertes. Insofern bietet sich die oeconomische Kraftader der Ehe als tropisches Spielfeld für kommerzielle Ängste und Hoffnungen an.

Bibliographie

Quellen

[Anon.], *Hic Mulier: or, The Man-Woman: Being a Medicine to Cure the Coltish Disease [of] the Staggers in the Masculine-Feminines of our Times*, London 1620, in: *Early English Books Online*, URL: http://gateway.proquest.com.342891790.erf.sbb.spk-berlin.de/openurl?ctx_ver=Z39.88-2003&res_id=xri:eebo&rft_id=xri:eebo:image:174713 (13.2.2018).

[Anon.], *Tell-Trothes New-yeares Gift Beeing Robin Good Fellowes news out of those Countries, where inhabited neither Charity nor honesty. With his own Inuective against Ielo-*

43 Karen Newman, *Fashioning Femininity and English Renaissance Drama*, Chicago 1991, S. 138.

sy, London 1593, in: *Early English Books Online*, URL: http://gateway.proquest.com.342891790.erf.sbb.spk-berlin.de/openurl?ctx_ver=Z39.88-2003&res_id=xri:eebo&rft_id=xri:eebo:image:14802 (13.2.2018).

Aristoteles, *Politik*, übers. von Eugen Rolfes, Hamburg 1980.

Defoe, Daniel, *A Plan of the English Commerce*, London 1728, URL: https://hdl.handle.net/2027/coo.31924013177989 (15.2.2018).

Fenner, Dudley, „The Order of Householde", in: *The artes of logike and rethorike*, [Middelburg] 1584, B3v, in: *Early English Books Online*, URL: http://gateway.proquest.com.342891790.erf.sbb.spk-berlin.de/openurl?ctx_ver=Z39.88-2003&res_id=xri:eebo&rft_id=xri:eebo:citation:99837735 (13.2.2018).

Gataker, Thomas, *A Good Wife Gods Gift*, London 1623, in: *Early English Books Online*, URL: http://gateway.proquest.com.342891790.erf.sbb.spk-berlin.de/openurl?ctx_ver=Z39.88-2003&res_id=xri:eebo&rft_id=xri:eebo:image:3063 (13.2.2018).

Jonson, Ben, *Volpone*, in: ders., *Four Plays*, hg. von Robert N. Watson, London 2014.

Middleton, Thomas, *A Chaste Maid in Cheapside*, in: ders., *Four Plays*, hg. von William C. Carroll, London 2012.

Middleton, Thomas, *The Changeling*, in: ders., *Four Plays*, hg. von William C. Carroll, London 2012.

Middleton, Thomas, *Women Beware Women*, in: ders., *Four Plays*, hg. von William C. Carroll, London 2012.

Oresme, Nicole, *The ‚De Moneta' of Nicholas Oresme, and English Mint Documents*, übers. und mit Anm. vers. von Charles Johnson, New York 1956.

Perkins, William, *Christian Oeconomie*, London 1609, in: *Early English Books Online*, URL: http://gateway.proquest.com.342891790.erf.sbb.spk-berlin.de/openurl?ctx_ver=Z39.88-2003&res_id=xri:eebo&rft_id=xri:eebo:image:2719 (1.3.2018).

Shakespeare, William, *Othello*, hg. von E. A. J. Honigmann, London 2016.

Stow, John, *The Annales, or Generall Chronicle of England*, London 1615.

Tasso, Torquato, *The Housholders Philosophie*, London 1588, übers. von Thomas Kyd, in: *Early English Books Online*, URL: http://gateway.proquest.com.342891790.erf.sbb.spk-berlin.de/openurl?ctx_ver=Z39.88-2003&res_id=xri:eebo&rft_id=xri:eebo:citation:99853372 (13.2.2018).

Tilney, Edmund, *A Briefe and Pleasant Discourse of Duties in Mariage, called the Flower of Friendship*, London 1568, in: *Early English Books Online*, URL: http://gateway.proquest.com.342891790.erf.sbb.spk-berlin.de/openurl?ctx_ver=Z39.88-2003&res_id=xri:eebo&rft_id=xri:eebo:image:19021 (13.2.2018).

Sekundärliteratur

Archer, Ian W., „Material Londoners?", in: *Material London, ca. 1600*, hg. von Lena Cowen Orlin, Philadelphia 2012, S. 174–192.

Bailey, Amanda, *Of Bondage: Debt, Property and Personhood*, Philadelphia 2013.

Deng, Stephen, *Coinage and State Formation in Early Modern English Literature*, New York/Basingstoke 2011.

Hirschman, Albert O., *The Passions and the Interests: Political Arguments for Capitalism before Its Triumph*, Princeton/Oxford 2013.

Howard, Jean, „Afterword: Accommodating Change", in: *Global Traffic: Discourses and Practices of Trade in English Literature and Culture from 1550 to 1700*, hg. von Barbara Sebek und Stephen Deng, New York 2008, S. 265–271.

Korda, Natasha, *Shakespeare's Domestic Economies. Gender and Property in Early Modern England*, Philadelphia 2002.

Landreth, David, *The Face of Mammon*, Oxford 2012.

Miller, Shannon, „Consuming Mothers/Consuming Merchants: The Carnivalesque Economy of Jacobean City Comedy", in: *Modern Language Studies* 26:2–3 (1996), S. 73–97.

Muldrew, Craig, „‚Hard Food for Midas': Cash and Its Social Value in Early Modern England", in: *Past & Present* 170 (Feb. 2001), S. 78–120.

Muldrew, Craig „Interpreting the M arket: The Ethics of Credit and Community Relations in Early Modern England", in: *Social History* 18:2 (1993), S. 163–183.

Muldrew, Craig, *The Economy of Obligation: The Culture of Credit and Social Relations in Early Modern England*, New York 1998.

Neill, Michael, „‚Mullattos', ‚Blacks', and ‚Indian Moors': Othello and Early Modern Constructions of Human Difference", in: *Shakespeare Quarterly* 49:4 (1998), S. 361–374.

Newman, Karen, *Fashioning Femininity and English Renaissance Drama*, Chicago 1991.

Orlin, Lena, „Desdemona's Disposition", in: *Shakespearean Tragedy and Gender*, hg. von Shirley Nelson Garner und Madelon Sprengnether, Bloomington/Indianapolis 1996, S. 171–192.

Sheerin, Brian, *Desires of Credit in Early Modern Theory and Drama: Commerce, Poesy, and the Profitable Imagination*, London/New York 2016.

Vitkus, Daniel, „‚The Common Market of All the World': English Theater, the Global System, and the Ottoman Empire in the Early Modern Period", in: *Global Traffic: Discourses and Practices of Trade in English Literature and Culture from 1550 to 1700*, hg. von Barbara Sebek und Stephen Deng, New York 2008, S. 19–38.

Ökonomisches Wissen auf der Bühne

Die Komödie und der Übergang von der alteuropäischen zur modernen Ökonomik

Daniel Fulda

In der Literatur des 17. und 18. Jahrhunderts ist es vornehmlich eine bestimmte Gattung, in der Fragen der Ökonomie erörtert werden: die Komödie. Der Beitrag expliziert zunächst die unterschiedlichen Dimensionen ökonomischen Wissens, die in der ‚späten Frühen Neuzeit' geläufig waren (I.), und beschreibt dann die Komödie als Inszenierung von Ökonomie in einer Komplexität, die die Mehrdeutigkeit des damaligen Ökonomiebegriffs repräsentiert (II.). Besondere Aufmerksamkeit gilt der Interdependenz der verschiedenen, heute meist nicht mehr geläufigen Ökonomiebegriffe: Hauswirtschaft und -ordnung, Verteilungsgerechtigkeit, Heilsökonomie, das wirtschaftliche Ganze, poetische Ökonomie. Im Übergang zur Moderne scheint sich diese Interdependenz im allgemeinen Diskurs über das ‚Haus', die ‚Wirtschaft' sowie die göttliche Providenz aufzulösen; die Komödie indes hält an ihr fest – und stützt sich dabei auf ihre gattungstypische Handlungsstruktur mit unkontrollierbaren Turbulenzen, die in ein gutes Ende münden.

1. Die Vielfalt der Ökonomiebegriffe in der späten Frühen Neuzeit

Der Begriff Ökonomie stellt ein Musterbeispiel für weltbildlich aufschlussreiche Polysemie dar. ‚Ökonomie' wird im 18. Jahrhundert in einer ganzen Reihe recht unterschiedlicher Bereiche verwandt mit teilweise analoger, teilweise aber auch spezifischer Bedeutung. Noch gesteigert stellt sich die Bedeutungsvielfalt deshalb dar, weil das 18. Jahrhundert die Überlappungszone zwischen traditionell-alteuropäischen und modernen Bedeutungen bildet – das gilt für den Ökonomiebegriff ebenso wie für andere Grundbegriffe des Sozialen wie ‚Freiheit' oder ‚Volk'. Den damals sich vollziehenden Bedeutungswandel bemerkten schon die Autoren, die sich im zweiten Jahrhundertviertel mit dem Ökonomiebegriff auseinandersetzten.[1] Bereits im Bewusstsein der reflektierenden Zeitgenossen handelt es sich um einen Begriff, der in enger Verbindung mit den charakteristischen

1 Johann Peter von Ludewig, *Die, von Sr. Königlichen Majestät [...] auf Dero Universität Halle am 14. Iulii 1727. Neu angerichtete Profession, in Oeconomie, Policey, und Cammer-Sachen wird, nebst Vorstellung einiger Stücke verbesserter Kön. Preußl. Policey bekannt gemachet von dem zeitigem [!] Prorectore*, Halle 1727, S. 145 (§ 49f.). Wiederabgedruckt in: *Geschichte der Ökonomie*, hg. von Johannes Burkhardt und Birger P. Priddat, Frankfurt am Main 2000, S. 143–180, hier S. 167–169. Zum Wandel ökonomischer Vorstellungen im 17. und frühen 18. Jahrhundert vgl. Sandra

Tendenzen der Aufklärung steht, konkret: mit dem Streben nach vernünftiger Erkenntnis der Funktionssysteme dieser Welt, und zwar um steuernd in sie einzugreifen und den größtmöglichen Nutzen aus ihnen ziehen zu können. Als „öconomische Wissenschafft" bezeichnet der „Wirthschaffts"-Artikel in Zedlers *Universal-Lexicon* „die Anweisung in Lehr-Sätzen und Regeln[] dieser nun immer schwehrer, aber auch nöthiger und nützlicher werdenden Geschäffte, und derselben gemeinen und künstlichen Ausübung", um „die publique Wirthschafft eines gantzen Landes zu befördern und zu dirigiren, oder aber eine Privat-Wirthschafft, theils der Fürsten, theils anderer Leute, zu regieren, zu verbessern, und zu führen."[2] Ob die traditionellen Bedeutungen durch die neue einfach abgelöst wurden oder ob sie weiterwirkten, ist eine der zu klärenden Fragen. Schauen wir uns die Bedeutungsbereiche des Ökonomiebegriffs im Einzelnen an.

1.1 Ökonomie als gute Ordnung und Verwaltung des Hauswesens

Traditionell bezeichnet Ökonomie die gute Ordnung und „Verwaltung des Hauswesens".[3] Noch 1740, in Zedlers *Universal-Lexicon*, ist das die „eigentlich[e]" Bedeutung. Gemeint ist der einzelne Haushalt (gr. *oĩkos* = das Haus) mit seiner Nahrungsproduktion und seinem Sozialgefüge, das durch Hierarchien sowohl in der Familie als auch zwischen der Herrschaft und dem Gesinde gekennzeichnet ist: Der Hauswirt, *oikonómos*, steht über seiner Frau, und beide stehen über ihren Kindern und dem Gesinde.[4] Die Größenamplitude ist dabei sehr weit: Als ‚Haus' gelten kleine Landwirtschaften oder Handwerksbetriebe ebenso wie der größte Fürstenhof.[5]

Ökonomie in diesem durch Aristoteles kodifizierten Sinn meint sowohl weniger wie auch mehr als der moderne Begriff. Weniger, weil es um die Produktion einzelner Haushalte geht, vor allem von Nahrung, in zweiter Linie auch von Handwerksgütern, nicht aber um Geschäfte zum Geldgewinn. Der ganze Bereich

Richter/Guillaume Garner (Hg.), *‚Eigennutz' und ‚gute Ordnung'. Ökonomisierungen der Welt im 17. Jahrhundert*, Wiesbaden 2016.

2 „Art. Oeconomia", in: [Heinrich Zedler,] *Grosses vollständiges Universal-Lexicon Aller Wissenschafften und Künste*, 64 Bde. u. 4 Suppl.-Bde., Halle/Saale 1732–1754, Bd. 57 (1748), Sp. 1130–1183. Wiederabgedruckt in: *Geschichte der Ökonomie*, S. 181–215, hier S. 184. Zeittypisch ist hier die Feststellung, dass jene Wissenschaft neu sei (s. auch Johann Georg Walch, „Art. Oeconomie", in: ders., *Philosophisches Lexicon* [...], Leipzig 1726, Sp. 1921–1924, hier Sp. 1923).

3 „Art. Oeconomia", in: [Zedler,] *Universal-Lexicon*, Bd. 25 (1740), Sp. 527. Das folgende Zitat ebd.

4 Vgl. Johannes Burkhardt, „Art. Wirtschaft", in: *Geschichtliche Grundbegriffe. Historisches Lexikon zur politisch-sozialen Sprache in Deutschland*, hg. von Otto Brunner u. a., 8 Bde. (in 9), Stuttgart 1972–1997, Bd. 7, S. 511–594 (die S. 513–550 stammen von Peter Spahn und Otto Gerhard Oexle), hier S. 555. Die Vielfalt der Haus-Begriffe bereits in der Antike betont Astrid Habenstein, „Das Haus in den Wissensordnungen der griechisch-römischen Antike", in: *Das Haus in der Geschichte Europas. Ein Handbuch*, hg. von Joachim Eibach und Inken Schmidt-Voges in Verbindung mit Simone Derix u. a. Red. Roman Bonderer, Berlin/Boston 2015, S. 649–666.

5 Vgl. Johann Wilhelm Wündsch, *Memoriale oeconomicum politico-practicum, das ist Kurtze doch nützliche und außführliche Unterrichtung eines haushaltischen Beambten und Hoffbedienten, wie er sich in seinem Ambte [...] in allen Puncten und Clausuln verhalten, das Ambt wol dirigiren und anordnen soll [...]*, Leipzig 1669, 2. Seite der nicht pag. Vorrede.

des Handels und der Geldgeschäfte – aristotelisch gesprochen: der Chrematistik, im frühneuzeitlichen Deutsch: der Commercien – gehört prinzipiell nicht dazu. Angesichts der faktischen Ausbreitung und politischen Aufwertung von Handel und Geldwesen wurde diese Abgrenzung allerdings zunehmend porös, ausgehend von Handelszentren wie Florenz oder Venedig. Auch wo man versuchte, die Praktiken der Geldwirtschaft in das Haus-Paradigma zu integrieren, blieb das Haus mit seinen intern durch das Fürsorgeprinzip gekennzeichneten persönlichen Beziehungen aber normativ vorherrschend, so dass Gewinnabsichten nur verhalten und mit einigem argumentativen Aufwand anerkannt wurden.[6]

Normativ nämlich war der alteuropäische Ökonomiebegriff anspruchsvoller als der moderne. Weil die Nahrungsproduktion für den eigenen Bedarf (und allenfalls ergänzend für den Tausch gegen Produkte, die im eigenen Haus nicht hergestellt werden können) im Zentrum stand, war kein Gewinnstreben vorgesehen. Ziel war lediglich die ausreichende Versorgung mit dem Nötigen, womöglich auch mit angenehmen Dingen, nicht aber mit überflüssigem Luxus, der in „den verderbten Affecten des Ehrgeitzes und der Wollust seinen Ursprung" habe. So der *Oeconomie*-Artikel aus Johann Georg Walchs *Philosophischem Lexicon* von 1726;[7] die traditionelle moralische Komponente des Ökonomiebegriffs war damals also noch präsent. In einer weniger philosophisch-grundsätzlich als wirtschaftspraktisch ausgerichteten Schrift wie Johann Wilhelm Wündschs *Memoriale oeconomicum politico-practicum* von 1669 findet sich zwar auch ein Bekenntnis zur „Chrematistic[]", jedoch in durchaus gemäßigter Form: „Der Leser gehabe sich wol/ und gebrauche sich dieses Buchs glückseelig/ daß er dadurch reich und wol begütert oder ja in erhaltenem Wolseyn behalten werde und bleibe".[8]

Der traditionelle Ökonomiebegriff bezeichnete demnach nicht nur einen Funktionsbereich, sondern auch dessen gute „Ordnung".[9] Die Gewährleistung dieser Ordnung war die Aufgabe des Hauswirts, -herrn oder -vaters.[10] Im deutschen Sprachraum ist es daher besonders die sog. Hausväterliteratur, die das ökonomische Wissen pflegt. Wie die Etymologie des aus *oĩkos* und *némein* (‚teilen, verteilen') gebildeten *oikonómos* unterstreicht, ging es dabei vor allem um die gerech-

6 Tommaso Garzoni, *Piazza universale, das ist: Allgemeiner Schauwplatz, oder Marckt, und Zusammenkunfft aller Professionen, Künsten, Geschäfften, Händeln und Handtwercken, so in der gantzen Welt geübet werden [...]*, Frankfurt am Main 1626, S. 178, beispielsweise fügt nach mehreren eng bedruckten Seiten über die persönlichen Beziehungen im Haus einen Absatz über die „Oeconomia acquisitiva" an, „das ist/ wie man sich recht in die Nahrung schicken solle/ damit man auch ein Ehrliches außkommen habe". Zu Leon Battista Albertis *Della famiglia* (1434–41), einem basalen Text der frühneuzeitlichen Hauswirtschaftsliteratur, vgl. Christina Schaefer, „Vom ‚anderen' Wert ökonomischen Wissens in der italienischen Renaissance: Leon Battista Alberti und die *Libri della famiglia*", in: *Humanistische Ökonomien des Wissens*, hg. von Judith Frömmer und André Otto, Frankfurt am Main 2017, S. 285–303.

7 Walch, „Art. Oeconomie", Sp. 1922.

8 Wündsch, *Memoriale oeconomicum politico-practicum*, 6. Seite der nicht pag. Vorrede.

9 Ebd. Zeittypisch heißt es außerdem, ein bestimmter „Wohlstand" (die Beachtung des *decorum*) gehöre zur Ökonomie.

10 Vgl. Burkhardt, „Art. Wirtschaft", S. 554.

te Verteilung der vorhandenen Güter (lat. *distributio* oder *dispositio*). Produktion und Erwerb galten als nötig, um etwas verteilen zu können, bildeten aber keinen Selbstzweck. Bei Andreas Glorez (ca. 1620–1700, s. unten Abb. 3), einem der wichtigsten Vertreter der Hausväterliteratur, heißt es sogar: „Erstlich und vor allen Dingen muß sein Hauß-Vatter Gottsfürchtig seyn/ andächtig und fleissig zu GOtt dem himmlischen Haus-Vatter betten/ auch das Gesind fleissig zur Gottsfurcht halten/ und ihnen mit guten Exempeln vorgehen: *Dann die Forcht GOttes ist der Weißheit Anfang*".[11] Der für den alteuropäischen Ökonomiebegriff grundlegende, wenn auch nicht allein maßgebliche Aristotelismus sah die religiös und moralisch eingehegte Befriedigung ständisch differenzierter Bedürfnisse vor, nicht aber ein davon losgelöstes Gewinnstreben.

1.2. *Oeconomia divina*

Von hier aus wird verständlich, dass der Begriff auch genuin religiöse Bedeutungen hatte, die sich auf die „Austheilung derer durch Christum erworbenen Heyls-Güter",[12] auf die Offenbarung und ihre Stufen, auf den Zusammenhang von Sündenfall, Geburt und Tod Christi und die Erlösung des Menschen sowie allgemein auf die harmonische und gerechte Ordnung der Welt beziehen.[13] Beginnend schon bei Paulus und den Kirchenvätern, aber auch im 18. Jahrhundert noch lebendig, wird die Welt dann als ‚Haus' gedacht, über das Gott ‚ökonomisch' herrscht, indem er „sein Volk durch seine Worte und Werke führet"[14] und jedem das gemäß seinem Verdienst Beste zuteilt. Was Gott mit überlegener Weisheit austeilt, sind neben den Gütern des zeitlichen und vor allem des ewigen Lebens auch unterschiedlich tiefe Einblicke in seinen – insgesamt verborgenen – Plan (Eph 3,8–10). Da die Menschen nicht wissen, wie das Ganze verfasst ist, können sie sich die Regeln ihres Handelns nicht selbst geben, so der im Ökonomiemodell ganz konsequente Gedanke, denn im *oĩkos* der von Gott regierten Welt befinden sich die Menschen in der Position von Kindern gegenüber ihrem Vater.

Eine für den Geist der Aufklärung charakteristische Wendung erhielt diese Vorstellung einer Heilsökonomie durch Lessing. In seiner Spätschrift *Die Erziehung des Menschengeschlechts* von 1780 deutete er die „Ökonomie" der schrittwei-

---

11 Andreas Glorez, *Vollständige Hauß- und Land-Bibliothec. Worinnen Der Grund unverfälschter Wissenschafft zu finden ist/ deren sich bey jetziger Zeit ein Hof- Handels- Hauß- Burgers- und Land-Mann zu seinem reichlichen Nutzen bedienen kan* [...], 4 Bde., Regensburg 1701, Bd. 1, S. 1.

12 „Art. Oeconomia", in: [Zedler,] *Universal-Lexicon*, Bd. 25 (1740), Sp. 527.

13 Vgl. Ulrich Dierse, „Art. Ökonomie II", in: *Historisches Wörterbuch der Philosophie*, [...] in Verb. mit Günther Bien [u. a.] hg. von Joachim Ritter [u. a.], 13 Bde., Darmstadt 1971–2007, Bd. 6, Sp. 1153–1162, hier Sp. 1153–1158.

14 Johann Albrecht Bengel, *Welt-Alter darin Die Schriftmässige Zeiten-Linie bewiesen und die Siebenzig Wochen samt andern wichtigen Texten und heilsamen Lehren erörtert werden. Zum Preise des grossen Gottes und seines wahrhaftigen Wortes an das Licht gestellet*, Esslingen 1746, S. 1: „Dabey aber wird in der heiligen Schrift gezeiget die grosse Haushaltung Gottes, wie er sein Volk durch seine Worte und Werke führet, und wie er seine Verheissungen gegeben und erfüllet hat und erfüllen wird, in Christo Jesu."

sen Offenbarung – zunächst im Alten, dann im Neuen Bund und zukünftig „gewiß", so Lessing, in einem *„neuen ewigen Evangelium"* – als pädagogischen Plan Gottes, der zur Emanzipation, d.h. zum Selbstdenken und zur Selbstbestimmung des Menschen führen müsse.[15] Traditionell war diese Emanzipation von väterlicher Leitung nicht vorgesehen, doch legt die Familienanalogie, die der *oeconomia divina* innewohnt, sie durchaus nahe. Aus dem traditionellen Modell bewahrte Lessing die väterliche Fürsorge sowie das Weltvertrauen und die Daseinssicherheit, die sie gibt. Die Vorstellung, dass in der „Ökonomie des Heils auch nur eine einzige Seele verloren geht", lehnte er als traurig und herzlos ab.[16]

Tragend waren dieser Ökonomiebegriff und der damit verbundene Gedanke einer gestuften, an die jeweilige Auffassungskraft der Menschen angepassten Offenbarung schon für die Föderaltheologie gewesen, die sich von Calvin und Johannes Coccejus aus verbreitete; der calvinistische Mystiker Pierre Poiret hat den Gedanken der *Economie divine* (frz. 1687, lat. 1705, dt. in Auswahl 1711, vollst. 1737–42) in sechs Bänden entwickelt. In Deutschland haben sich insbesondere pietistische Autoren diese Denkweise angeeignet.[17] Pietisten mag der Gedanke einer ‚ökonomisch' gestuften Offenbarung des Heils besonders nahegelegen haben, weil sie gut zu ihrer ‚Hoffnung bessrer Zeiten' bzw. des Gottesreiches passte. Ins spätere 18. Jahrhundert gelangte die Vorstellung einer göttlichen „Haushaltung" vor allem in geschichtsphilosophischer Umformung, wie sich nicht nur bei Lessing, sondern auch bei Herder und Schiller beobachten lässt.[18]

---

15 Gotthold Ephraim Lessing, „Die Erziehung des Menschengeschlechts", in: ders., *Werke*, in Zusammenarbeit mit Karl Eibl hg. von Herbert G. Göpfert, 8 Bde., Darmstadt 1996, Bd. 8, S. 489–510, hier S. 508 (§ 88 u. 86).

16 Gotthold Ephraim Lessing, „Gegensätze des Herausgebers II" [zu den Reimarus-Fragmenten], in: ders., *Werke*, in Zusammenarbeit mit Karl Eibl hg. von Herbert G. Göpfert, 8 Bde., Darmstadt 1996, Bd. 7, S. 457–491, hier S. 467.

17 Vgl. Dierse, „Ökonomie II", Sp. 1157f. Welche Konsequenzen sich aus dem Ökonomieverständnis des Pietismus für dessen Relationen zur deutschen Komödie des 18. Jahrhunderts ergaben, führt mein Beitrag „Heilsökonomien. Pietismus und Komödie in Konflikt und Konvergenz" in einem von Wolfgang Breul und Alexander Schunka vorbereiteten Band über Pietismus und Ökonomie aus. Auf diesen Text gehen größere Teile des hier vorgelegten zurück.

18 Vgl. Johann Gottfried Herder, „Ideen zur Philosophie der Geschichte der Menschheit [1784]", in: ders., *Sämtliche Werke*, hg. von Bernhard Suphan, 33 Bde., Berlin 1877–1913, Bd. 13, S. 374, der angesichts der – aus menschlicher Perspektive – Unabsehbarkeit und Unkalkulierbarkeit der Folgen menschlicher Handlungen von der „Haushaltung Gottes mit unserm Geschlecht" spricht und sie „die wahre Philosophie der Geschichte" nennt. Vgl. Friedrich Schiller, „Die Sendung Moses [1790]", in: ders., *Werke. Nationalausgabe* [künftig: NA], begr. von Julius Petersen, fortgef. von Lieselotte Blumenthal und Benno von Wiese, hg. von Norbert Oellers, Weimar 1943ff., Bd. 17, S. 377–397, hier S. 381: „Hier muß uns die große Hand der Vorsicht, die den verworrensten Knoten durch die einfachsten Mittel lößt, zur Bewunderung hinreißen – aber nicht derjenigen Vorsicht, welche sich auf dem gewaltsamen Wege der Wunder in die Oeconomie der Natur einmengt, sondern derjenigen, welche der Natur selbst eine solche Oeconomie vorgeschrieben hat, außerordentliche Dinge auf dem ruhigsten Wege zu bewirken."

1.3. Ökonomie als das Ganze aller wirtschaftlichen Tätigkeiten

Die bis heute wichtigste semantische Innovation ging indessen vom profanen Ökonomiebegriff aus. Denn in der ersten Hälfte des 18. Jahrhunderts vollzog sich die Ausweitung seiner Bedeutung vom einzelnen ,Haus' auf das Ganze aller wirtschaftlichen Tätigkeiten. Vermittelnd wirkte dabei das Haus oder besser der Hof des Herrschers, der zunächst als eigener Wirtschaftsbetrieb, sodann aber auch als Spitze der gesamten Ökonomie eines Landes in den Blick genommen wurde, weil es die Aufgabe des Fürsten als ,Landesvaters' sei, „nicht allein sein eigen Vermögen zu verwalten; sondern auch der Unterthanen Wohl, Geld und Gut zu vermehren".[19] Eine semantische Ausweitung war dies auch deshalb, weil es nicht mehr bloß um „Nahrungs-Kunst" (also um das Besorgen und gerechte Verteilen des Bedarfs), sondern ebenso um „Erwerbekunst" ging.[20] Für den Verfasser des *Philosophischen Lexicons* – einen Theologieprofessor wohlgemerkt – war es „das erste Stück der Oeconomie", dass man „etwas zu erwerben suchen" soll, „und weil das Geld den höchsten Werth ausmachet, darum man alles haben kann, so gehet dieses dahin, daß man Geld zu verdienen suchen soll."[21] Damit ist all das in die Ökonomie integriert, was die aristotelische Tradition ausgeschlossenen hatte: das Gewinnstreben, die Geldwirtschaft, der Handel, zusammengefasst: der Bereich der Chrematistik. All dies wurde bisher unter den Begriff der *Commercien* gefasst und galt traditionell als ein ganz anderes Feld.[22] Nun wurde es jedoch in die *Wirtschaft* integriert, so dass sich deren Verständnis fundamental wandelte.[23]

Das Gesellschaftsmodell des neuen Ökonomiebegriffs ging vom Erwerbsstreben des atomisierten Einzelnen aus, nicht unbedingt ohne moralische Rücksichten, aber schon im ersten Drittel des 18. Jahrhunderts mit der Möglichkeit, die Qualität eines ,Wirtes' allein daran zu messen, ob er sein „Einkommen, durch Handel und Wandel, vermehret und mehr einnimmt, als er ausgiebt".[24] An ,ordnungsgemäße' Verhältnisse zwischen Mann und Frau, Eltern und Kindern, Herrschaft und Gesinde ist hier nicht mehr gedacht. Insofern haben wir es nicht nur mit einer Ausweitung des Begriffs zu tun (vom einzelnen Haus auf die Wirtschaft

---

19 So die Feststellung in Walch, „Art. Oeconomie", Sp. 1922. Dasselbe bei Ludewig: *Neu angerichtete Profession*, S. 168f.

20 Ludewig, *Neu angerichtete Profession*, S. 168.

21 Walch, „Art. Oeconomie", Sp. 1923.

22 An dieser Stelle bietet sich ein vergleichender Seitenblick auf das etwas andere Begriffsgefüge im Englischen und Französischen an. Dort stand *commerce* traditionell im Zentrum des Wirtschaftsdiskurses (vgl. Burkhardt, „Art. Wirtschaft", S. 568). Der ursprünglich an das Haus gebundene Ökonomiebegriff erlebte im 18. Jahrhundert einen ähnlichen Wandel wie in deutscher Sprache (als *political oeconomy/économie politique*).

23 Vgl. Burkhardt, „Art. Wirtschaft", S. 562–573. Zum Wandel des Wirtschaftsbegriffs vgl. auch Daniel Fulda, „Divergente Dynamiken? Wirtschaft, Wirthschafften und komödisches Spiel vom späten 17. zum mittleren 18. Jahrhundert", in: *Gastlichkeit und Ökonomie. Wirtschaften im deutschen und englischen Drama des 18. Jahrhunderts*, hg. von Sigrid Nieberle und Claudia Nitschke, Berlin/Boston 2014, S. 111–136. In die letzten Abschnitte des vorliegenden Aufsatzes sind einige Passagen daraus eingegangen.

24 Ludewig, *Neu angerichtete Profession*, S. 168.

eines ganzen Landes), sondern zugleich mit einer semantischen Verengung, ja Verschiebung auf Gewinnstreben.

Wenn das bisher Vorgestellte als drei verschiedene Bedeutungen angesprochen wurde, so stellt eigentlich schon dies eine Verkürzung dar. Zu den nach *Anwendungsbereichen* unterschiedenen Bedeutungen kommt eine *reflexive Doppelung* hinzu: Ökonomie bezeichnet sowohl eine Sache (Haushaltung bzw. Wirtschaft insgesamt) als auch das Wissen davon und ebenso dessen kluge Anwendung (Haushaltungskunst oder -wissenschaft und *Oeconomica prudentia* im Zedler).[25] Hinzu kommen Verwendungen des Begriffs in noch nicht genannten Sachbereichen. So konnte man mit Bezug auf „die Vertheilung der Säfte in dem thierischen Cörper" von der *Oeconomia animalis* sprechen.[26] Von den weiteren Begriffsverwendungen ist für meine Überlegungen nur die *poetologische* wichtig.

1.4. *Poetische Ökonomie*

Lessing spricht im *81. Brief, die neueste Literatur betreffend* von der „gewöhnlichen Ökonomie der französischen Trauerspiele",[27] Schiller erläutert Goethe die „Oekonomie" des *Wallenstein* und kommentiert die „Oekonomie" der *Iphigenie* und des *Wilhelm Meister*.[28] Dieser Begriffsgebrauch meint einen schlüssigen Handlungsaufbau, die Beschränkung des Stoffes zugunsten der klar herauszuarbeitenden Gattungsform sowie einen ‚wirtschaftlichen', d.h. in der Wirkung auf den Zuschauer effektiven Mitteleinsatz,[29] einschließlich der klugen Dosierung der Informationsvergabe an den Zuschauer oder, anders gesagt, der nur allmählichen Enthüllung des Ganzen – ähnlich wie die Ökonomie der göttlichen Offenbarung als einem pädagogischen Kalkül unterliegend gedacht wurde.[30] Allgemeiner formuliert, reklamiert die Rede von der Ökonomie eines Dramas eine gute Ordnung des Ganzen, und zwar zunächst auf die künstlerische Machart bezogen. Dass die vom Dichter geschaffene Form darüber hinaus auch als Modell für die Ordnung der Welt verstanden werden darf und soll, hat Lessing im 79. Stück der *Hamburgischen Dramaturgie* festgehalten, zwar ohne an dieser Stelle den Ökonomiebegriff zu bemühen, aber in Korrespondenz zu seiner oben zitierten Vorstellung einer sich geschichtlich entfaltenden Heilsökonomie: Der Dichter solle aus seinem Stoff

---

25 Ebd., S. 528. Zedlers *Univeral-Lexicon* versucht, die Sache und das Wissen davon auseinanderzuhalten durch die Verwendung einerseits des lateinischen, andererseits des eingedeutschten Begriffs (vgl. Sp. 527f.). Diese Unterscheidung bildete aber keine feste Konvention.

26 Vgl. ebd., S. 527.

27 Lessing, „Briefe, die neueste Literatur betreffend", in: ders., *Werke*, in Zusammenarbeit mit Karl Eibl hg. von Herbert G. Göpfert, 8 Bde., Darmstadt 1996, Bd. 5, S. 30–329, hier S. 264.

28 Schiller, „Briefe an Goethe" vom 13.11.1796 (NA, Bd. 29, S. 5), 28.11.1796 (NA, Bd. 29, S. 15), 24.08.1798 (NA, Bd. 29, S. 265), 07. oder 08.10.1798 (NA, Bd. 29, S. 288); 22.01.1802 (NA, Bd. 31, S. 92); 08.07.1796 (NA, Bd. 28, S. 252). Der Begriff kommt bei Schiller noch öfter vor.

29 Diesen Aspekt spricht Schiller in seinem Brief an Dalberg vom 06.10.1781 mit Bezug auf die Theaterwirksamkeit der *Räuber* an (NA, Bd. 33, T. 1, S. 21).

30 Vgl. Schillers Kommentar zu *Wilhelm Meisters Lehrjahren* (NA, Bd. 28, S. 252).

Abb. 3: Andreas Glorez, *Vollständige Hauß- und Land-Bibliothec*. 1701, Titelkupfer (Bayerische Staatsbibliothek München, Sign. 880119 2 Oecon. 54-1, Frontispiz)

> ein Ganzes machen, das völlig sich rundet, wo eines aus dem andern sich völlig erkläret, wo keine Schwierigkeit aufstößt, derenwegen wir die Befriedigung nicht in seinem Plane finden [...]; das Ganze dieses sterblichen Schöpfers sollte ein Schattenriß von dem Ganzen des ewigen Schöpfers sein; sollte uns an den Gedanken gewöhnen, wie sich in ihm [also im Drama] alles zum Besten auflöse, werde es auch in jenem [in der Welt] geschehen.[31]

Der poetologische Ökonomiebegriff ist demnach in durchaus komplexer Weise auf den wirtschaftlichen und vor allem auf den theologischen Ökonomiebegriff bezogen. Überhaupt gilt, dass die verschiedenen Ökonomiebegriffe aufeinander aufbauen bzw. verweisen. Nicht zustimmen kann ich daher der im *Wirtschafts*-Artikel der *Geschichtlichen Grundbegriffe* geäußerten These, „die theologische Sonderbedeutung" habe in der Frühen Neuzeit „den Zusammenhang mit der säkularen ökonomischen Begriffsgeschichte [verloren]".[32] Beides zeigt sich vielmehr doppelt verbunden: Der theologische Ökonomiebegriff fußt auf dem ursprünglichen Hausmodell, während das an der Tätigkeit des Hauswirts orientierte Wirtschaftsdenken gerahmt bleibt durch die „oeconomia salutis".[33]

Der Verweis auf die „Haußhalterschafft" Gottes als des obersten ‚Hausherrn' ist noch für den Halleschen Rektor Ludewig in seiner Eröffnungs- und Begründungsrede für die 1729 in Halle etablierte erste Ökonomieprofessur völlig selbstverständlich,[34] ‚Ökonomie' nun im modernen Sinne als Ganzes der Produktion, Distribution und Konsumtion in einem Land verstanden. Gerade die genuin moderne Ausdehnung des Ökonomiebegriffs auf die Gesamtheit „aller Nahrungs und Erwerbekunst" schlägt hier die Brücke zwischen immanenter Mikroebene (dem einzelnen Haus) und transzendenter Makroebene (der göttlichen Weltordnung). Mit dem Ökonomiebegriff ist im 18. Jahrhundert ein ebenso umfassendes wie differenziertes Weltbild verbunden.

2. Die Komödie als ökonomische Gattung

2.1. Spiele um Geld, Tugend und die Ordnung des Hauses

Nun zur eigentlichen These meines Beitrags. Sie lautet, dass die Diskussion ökonomischer Fragen *im Zusammenhang der eben aufgezeigten Bedeutungsvarianten* im 17. und 18. Jahrhundert einen typischen literarischen Ort hat, nämlich die Komödie. Oder andersherum formuliert: Die deutsche Komödie des Barock und – mehr noch – der Aufklärung (und manchmal darüber hinaus) ist wesentlich als ein Durchspielen, Erproben und Demonstrieren ‚ökonomischer' Fragen und Ord-

---

31 Gotthold Ephraim Lessing, „Hamburgische Dramaturgie", in: ders., *Werke*, in Zusammenarbeit mit Karl Eibl hg. von Herbert G. Göpfert, 8 Bde., Darmstadt 1996, Bd. 4, S. 229-720, hier S. 598.

32 Burkhardt, „Art. Wirtschaft", S. 554.

33 Ludewig, *Neu angerichtete Profession*, S. 169.

34 Ebd. Das folgende Zitat ebd., S. 168.

nungen zu verstehen.[35] Insbesondere für die Zusammenhänge, die man zwischen Mikro- und Makroebene, zwischen dem ökonomischen Verhalten des Einzelnen und dem Weltgetriebe insgesamt herstellte, sind die Komödien des 17. und 18. Jahrhunderts aufschlussreich.

Für die Darstellung ökonomischer Probleme und Modelle ist die Gattung Komödie sowohl stofflich als auch strukturell prädestiniert. *Stofflich,* weil sie es als niedere Gattung mit alltäglichen und d.h. zum guten Teil auf die basalen Lebensverhältnisse des Hauses bezogenen Interessen und Konflikten zu tun hat. Anders als die Tragödie bringt sie weder Heldentaten noch Grausamkeiten, weder unversöhnlichen Hass noch Liebe bis in den Tod auf die Bühne. Ihre Figuren entstammen den niederen und mittleren Ständen, in der Frühen Neuzeit maximal dem Landadel. Demgemäß haben sie keine politischen Ambitionen, sondern wünschen sich einen Gatten, ein angenehmes Leben – und sehr häufig spielen Geldfragen mit hinein oder sogar eine zentrale Rolle: weil einem Bräutigam die Mitgift wichtiger ist als die Braut, weil ein Kaufmann bankrott zu gehen droht, weil jemand sein Vermögen verschwendet oder ein anderer ein Erbe erschleichen möchte, weil ein Schatz gefunden wird, ein Lotterielos gewinnt oder ein Schuldschein zunächst angefochten, schlussendlich aber doch bezahlt wird (wie in Lessings *Minna von Barnhelm*). Exemplarisch geprüft werden Ethiken des Umgangs mit solchen materiellen Werten einerseits und immateriellen Werten wie Ehrlichkeit, Hilfsbereitschaft oder Maßhalten andererseits. *Handlungsstrukturell* ist das Geldmotiv außerdem wichtig, weil Geld so volatil ist, dadurch rasche Glückswechsel bewirkt und auf diese Weise die Turbulenzen unterstützt, aus denen die Komödie ihre Bühnenwirksamkeit gewinnt.[36] „Hier [ist] das Geld in beständigem Umlaufe", stellt die gewitzte Bediente in der Komödie *Der Verschwender,* einer Destouches-Übersetzung Luise Adelgunde Victorie Gottscheds (1713–1762) von 1741, treffend fest, situativ bezogen auf den Haushalt des Lasterhaften, zu dem sie gehört, aber auch als autoreflexive Aussage über die ganze Gattung.[37] Am Schluss indes gelangen das Geld oder ein Geldeswert regelmäßig an das junge Paar, mit dessen Hochzeit die meisten Komödien schließen. Ökonomische Absicherung gehört zu erfüllten Liebeswünschen – und in der Konsequenz: zur Ehe – so gut wie selbstverständlich dazu.

35 Ausführlich dazu Daniel Fulda, *Schau-Spiele des Geldes. Die Komödie und die Entstehung der Marktgesellschaft von Shakespeare bis Lessing,* Tübingen 2005 sowie, knapper, ders. „Ökonomische Komödien", in: *Handbuch Literatur & Ökonomie,* hg. von Joseph Vogl und Burkhardt Wolf, Berlin/Boston [erscheint 2019]; gattungsübergreifend zur impliziten ökonomischen Theorie in der Literatur und Philosophie des langen 18. Jahrhunderts vgl. Joseph Vogl, *Kalkül und Leidenschaft. Poetik des ökonomischen Menschen,* München 2002.

36 Vgl. Walter Pape, „Symbol des Sozialen. Zur Funktion des Geldes in der Komödie des 18. und 19. Jahrhunderts", in: *Internationales Archiv für Sozialgeschichte der deutschen Literatur* 13 (1988), S. 45–69, hier S. 51.

37 [Luise Adelgunde Victorie Gottsched,] „Der Verschwender, oder die ehrliche Betrügerinn. Ein Lustspiel in fünf Aufzügen", in: *Die deutsche Schaubühne,* 6 Bde., Faksimiledruck nach der Ausg. von 1741–1745, mit einem Nachwort von Horst Steinmetz, hg. von Johann Christoph Gottsched Stuttgart 1972, Bd. 3, S. 63–194, hier S. 95 (II,1).

Solche allgemeine Affinität zum Geld zeichnet das Lustspiel seit dem 4. Jahrhundert v. Chr., seit der sog. Neuen Attischen Komödie, aus. Diese etablierte zudem das über Plautus und Terenz an die neuzeitliche Komödie vermittelte Schema, dass sich die Konflikte des Lustspiels primär im ‚Haus' entspinnen, zentral zwischen den Generationen – denn die jungen Liebenden müssen den Widerstand vor allem des Vaters überwinden –, flankierend zwischen Herrschaft und Dienern, seltener zwischen Ehegatten. Seitdem geht es in der Komödie um nichts so ostinat wie um die Ordnung des Hauses.[38] Sie wird zunächst in Frage gestellt: von den jungen Liebenden produktiv, nämlich mit reproduktiver Perspektive, von geizigen, liebestollen oder hypochondrischen Alten hingegen destruktiv; destruktiv überdies auch durch eher junge Negativfiguren wie den Verschwender oder altersneutrale wie den Ehrsüchtigen oder den Scheinheiligen. Oder die Ordnung des Hauses zeigt sich gestört, weil eben der Vater, der sie zu sichern hätte, abwesend ist, sei er verreist, verschollen oder verstorben – ein wichtiges Motiv z. B. in der *Pietisterey im Fischbein-Rocke*, einer anderen, freieren Übertragung der Gottschedin aus dem Französischen von 1736.[39] Im Handlungsverlauf jedoch wird die Ordnung des Hauses gegen die Bedrohung durch lasterhafte Figuren verteidigt, während die Liebenden, die sie zunächst übertreten, am Ende in sie eintreten, um sie wieder mit Leben zu füllen, indem sie einen neuen Hausstand gründen. Die normwidrigen Turbulenzen, die den Reiz der Komödie ausmachen, vollziehen sich in einer festen, weil final erneuerten Ordnung, die im mehrfachen Sinne als ökonomische Ordnung zu charakterisieren ist: auf das Haus des Hausvaters bezogen, normativ anti-chrematistisch, mit gutem und gerechtem Ende.

2.2. Das Haus in der Geizkomödie als Modell privaten und öffentlichen Wirtschaftens

Das in der frühneuzeitlichen Komödie beliebteste Motiv, um ökonomische Fragen im doppelten Sinne der rechten Ordnung des Hauses und des rechten Wirtschaftens als materieller Existenzermöglichung zu diskutieren, ist der Geiz. In der Ethik gilt er als eines der drei Hauptlaster (neben Wollust und Ehrgeiz) und sogar als das unnatürlichste. „Der Geitzige verstört sein eigen Haus", heißt es im Alten Testament (Spr 15,27). Bereits antik ist auch das Modellstück von einem Geizigen, der einen Schatz nur zu horten, aber nicht sinnvoll – d. h. zum Wohle seiner Familie – einzusetzen weiß: Plautus' *Aulularia* (ca. 190 v. Chr.).[40] Die für das jesuitische Schultheater verfertigte *Ollaria* (1657 erstmals gedruckt) von Jacob Masen (1606–1681) verweist bereits durch ihren Titel auf diesen vielfach genutz-

38 Vgl. Manfred Fuhrmann, „Lizenzen und Tabus des Lachens – Zur sozialen Grammatik der hellenistisch-römischen Komödie", in: *Das Komische*, hg. von Wolfgang Preisendanz und Rainer Warning, München 1976, S. 65–101.

39 Vgl. Luise Adelgunde Victorie Gottsched, *Die Pietisterey im Fischbein-Rocke. Komödie*, hg. von Wolfgang Martens, Stuttgart 1979, S. 62f. (II,7).

40 Vgl. Eckard Lefèvre, *Plautus' Aulularia*, Tübingen 2001, auch zur frühneuzeitlichen Rezeptionsgeschichte des Stücks.

ten Prätext.[41] Sowohl mit Figurenkonstellation und Handlungsgang als auch mit ihrer ökonomischen Ethik geht sie jedoch eigene Wege. Sie spielt zwar im Haus, erörtert Prinzipien aber weniger der Hauswirtschaft als des Handels und weist stellvertretend auch auf das staatliche Wirtschaften.

Geizig (im Sinne von äußert sparsam *und* habsüchtig) ist der junge Desiderius, während sein Vater Abundius freigebig und überhaupt ein Muster an christlicher Tugend ist. Das ist ungewöhnlich für die Komödie, die dem Alter normalerweise gerade nicht den Respekt entgegenbringt, der ihm aus alteuropäischer Perspektive gebührt. Auch weil Liebesromanzen generell keinen Platz auf der Jesuitenbühne haben, entfällt das Motiv des jungen Paares, das den Widerstand eines geizigen Vaters überwinden muss, um heiraten zu können. Dass nicht der Alte der Geizige ist, verleiht dem karikierten Laster das Merkmal des Neuen, des Abfalls von der besseren Lebensweise der Väter. So argumentierten viele Autoren des 16. und 17. Jahrhunderts – insbesondere geistliche –, als die epochale Ausweitung der Geldwirtschaft Welt und Gott auseinanderzutreiben schien. Als ein Ausweis von Konservatismus wäre die – in der Gattung Komödie ungewöhnliche – Parteinahme für den Vater jedoch missverstanden; die positive Vaterfigur verweist vielmehr auf einen gütigen Gott, der alle und alles zum Besten führen möchte, ohne zu zwingen.

Desiderius – den spärlichen Andeutungen über Stand und Beruf nach zu schließen: ein junger Kaufmann aus vornehmem Hause – preist die Macht, die das Geld seinem Besitzer verleihe, und erhebt es sogar zum Lebenselixier.[42] Masens Stück kennzeichnet Desiderius' errafften Besitz jedoch als tot, denn er liegt vergraben, ja begraben, wie die ausgeprägte Grab- und Leichenmetaphorik[43] bzw., als der Schatz entdeckt und gehoben wird, Auferstehungsmetaphorik[44] unterstreichen. Im geistlichen Sinne dem Tode nahe ist vor allem aber der Geizige. Thesauriertes Geld ist totes Geld, und vergrabenes Geld bringt seinen Besitzer ins (geistliche) Grab. Gestört ist die Ordnung in diesem Haus nicht allein im moralischen Sinne, sondern darüber hinaus sowohl in wirtschaftlicher als auch in religiöser Hinsicht.

Wie kann es gelingen, Desiderius von seinem Geiz abzubringen?[45] Mit den vom Vater vorgebrachten Argumenten allein lässt sich der Geizige nicht überzeugen, und seine Gegenargumente – dass weder Staat noch Handel ohne Geld bestehen können – sind tatsächlich nicht vom Tisch zu wischen. Gleich die erste, von den allegorischen Figuren Avaritia (Geiz) und Dolus (Täuschung, Betrug) sowie Plutus (dem Gott des Reichtums) bestrittene Szene macht deutlich, dass Reichtum nicht an sich gut oder böse, sondern ein untilgbarer Faktor des Weltle-

---

41 Vgl. Jacob Masen, *Palæstra Eloquentiæ Ligatæ Dramatica. Pars III. & ultima, qvae complectitur Poesin Comicam, Tragicam, Comico-Tragicam. [...] Nova Editio. Priori longè correctior*, Köln 1683, S. 130–167.

42 Vgl. ebd., S. 134, 137.

43 Vgl. ebd., S. 135, 138, 139.

44 Vgl. ebd., S. 154.

45 Akt I, Szene 3.

bens ist. Die Botschaft des Stückes richtet sich an aktiv Beteiligte an der Geldwirtschaft; es geht um den richtigen Umgang mit Geld, nicht um radikalen Verzicht oder Totalenteignung – das zeigt die Szene II,4, in der Abundius seine anderen Söhne, die Desiderius' Geiz in Armut und Hunger gestürzt hat, davon abhält, den vermeintlich gefundenen Schatz dem Übeltäter ganz zu entziehen. Den rechten Weg weist Desiderius selbst, wenn er mit der Wohltätigkeit des Geldes argumentiert und dessen Besitz verteidigt, weil er die notwendige Basis für *liberalitas* (Freigebigkeit) und *beneficentia* (Wohltätigkeit) sei.[46] Noch befinden sich sein Wissen und sein Tun aber in einem Widerspruch, denn vergrabenes Geld kann nicht wohltätig wirken.

Als *pater familias* könnte Abundius ein Machtwort sprechen. Dies würde die weitere Handlung jedoch überflüssig machen und scheint auch nicht günstig für die angestrebte Wirkung auf das Publikum, denn eine heilsame *Erfahrung* wollten die Väter der Gesellschaft Jesu ihren Zuschauern genauso vermitteln wie Abundius seinem Sohn. Wenn Worte allein aber nicht zu bekehren vermögen: was dann? Eine List wäre dramaturgisch erwünscht und typisch für die Komödie; sie mag Masen jedoch ethische Skrupel bereitet haben, präsentiert sich Dolus in der ersten Szene doch als Verbündeter der Avaritia. Also müssen Desiderius und sein Diener mit dem Intrigenspiel beginnen – und sich darin verheddern und selbst zu Fall bringen. Diese Dramaturgie Schritt für Schritt zu verfolgen, ist hier nicht hinreichend Raum; notiert seien nur die wichtigsten Lernstationen. Die erste irritierende Erfahrung für Desiderius ist das Misstrauen, das er sogar gegen seinen treuen Diener Strobilus hegt (der den Namen des Dieners *und* Schatzräubers in der *Aulularia* trägt).[47] Das Misstrauen des Geizigen ist ebenso groß wie sein Geiz; er misstraut seinem engsten Vertrauten, der seine eigenen Pläne ausführt. Deutlicher könnte die Unterminierung aller Kooperationsfähigkeit durch den Geiz nicht vorgeführt werden. Das mangelnde Vertrauen in die Mitmenschen repräsentiert wiederum die Unfähigkeit des Geizigen zum Vertrauen in und Glauben an Gott.

Auch körperlich höchst schmerzhaft ist die zweite Erfahrung, die Desiderius machen muss. Um seinen Diener zu kontrollieren, verkleidet er sich und wird dadurch das Opfer von Prügeln, die ihm Strobilus verabreicht, weil er ihn nicht erkennt.[48] Diese gar nicht für ihn gedachte, durchaus jedoch verdiente Strafe bewirkt einen ersten Schritt zur Besserung: Desiderius erkennt nicht nur die Treue seines Dieners, sondern auch deren Wert[49] – einen Wert, der sich nicht den Schätzen subsumieren lässt, die beide hüten. Die nächste Lektion, die der Geizige lernen muss, lautet: Verstecktes Gut ist niemals völlig sicher. In der *Ollaria* führt ein Hund den Bruder Otto zum Versteck.[50] Erst danach setzt eine Gegenintrige ein, die sich nicht aufs Argumentieren beschränkt, und dieser Strategiewechsel

46 Vgl. ebd., S. 137.
47 Vgl. II, 5.
48 Vgl. III, 1.
49 Vgl. ebd., S. 148.
50 Vgl. IV, 2.

wird explizit markiert: „Verbis non potui, exemplo corrigam“, schließt der Vater die Schatzentdeckungsszene ab (Mit Worten habe ich es nicht gekonnt, ich werde [ihn] durch ein Beispiel bessern). Abundius zeigt sich dabei als fürsorglicher Vater, der sich über keinen Tugendhaften so sehr wie über die Rückkehr des verlorenen Sohnes freut; auf dieses Gleichnis aus dem Lukasevangelium (15,11–32) wird wiederholt angespielt. Von einer Gespenstererscheinung, die Desiderius' Brüder inszenieren, aufs äußerste erschüttert, erkennt zuerst Strobilus seinen und seines Herrn Fehler.[51] Desiderius, der in heftigste Wut gerät und fast den Tod eines Bruders verschuldet, weil er nach dem vermeintlichen Gespenst sticht,[52] erfährt ebenfalls einen gewissen Konversionsschub.

Zum guten Schluss bedarf es nur noch eines weiteren Gesprächs zwischen Vater und Sohn, der sich endlich davon überzeugen lässt, dass thesauriertes Gold nicht mehr einbringt als gar keines und überdies mit dem Nachteil belastet ist, dass es beständige Sorge erregt.[53] Das durchschlagende Argument ist dabei kein religiöses: Einsicht zeigt Desiderius erst, als Abundius ihm darlegt, dass der gehobene Schatz zum Nutzen des ganzen Hauses und damit auch zu seinem Vorteil verwandt werden wird, anstatt in naher oder ferner Zukunft von Fremden geraubt zu werden.[54] Prämisse ist hier natürlich die grundsätzliche Unhaltbarkeit irdischer Güter – „lubrica res pecunia est“[55] (Geld ist eine flüchtige Sache) –, und auch das Argument, dass Diebe nachgraben und das Gehortete stehlen werden, kennt bereits die Bibel (Mt 6,19). Beides leuchtet Desiderius aber nur ein, weil er die Unsicherheit auch des raffiniertesten Verstecks gerade schmerzhaft erfahren hat, während ihn das bloße Wissen darum nie beeindruckt hatte. Der typisch komödische Handlungsverlauf mit ‚Fall in die selbst gegrabene Grube' sowie recht drastischer Körperkomik macht das religiöse Gebot erst überzeugend.

Welche soziale Reichweite ist dieser Komödien-Lehre zugedacht? In der aristotelisch geprägten frühneuzeitlichen Staatsliteratur werden der Staat häufig mit einem Hauswesen und der Regent mit einem „Christlich verständigen Haußvatter“ verglichen.[56] Ebenso vertritt Abundius' Haus das Gemeinwesen überhaupt. Desiderius setzt dieses Vertretungsverhältnis voraus, wenn er als Rechtfertigung seiner Geldliebe dem Vater entgegenhält: „Anima Reipublicae/ Et sanguis, & ner-

51 Vgl. IV, 4.
52 Vgl. V, 3.
53 Vgl. V, 5.
54 Vgl. ebd., S. 166.
55 Ebd., S. 136.
56 Christian Warner Friedtlieb, *Prudentia politica christiana, Das ist Beschreibung einer Christlichen / Nützlichen und guten Policey / wie dieselbe beschaffen sein solle / auch mit Gottes hülffe in gutem Zustande erhalten werden könne. Durch Vergleichung deren mit dem Menschlichen Cörper und dessen vornembsten Gliedmassen und Eigenschafften*, Goslar 1614, S. 423f.; vgl. Garzoni, *Piazza universale*, S. 175. Eigentlich aristotelisch ist diese Parallelisierung allerdings nicht, denn Aristoteles unterscheidet zwischen der häuslichen „Monarchie“ eines Herren über Minderberechtigte und der „politischen Herrschaft“ im Staat, die „über Freie und Gleiche ausgeübt werde“ (vgl. Aristoteles, *Politik. Buch 1: Über die Hausverwaltung und die Herrschaft des Herrn über Sklaven*, übers. und erläutert von Eckart Schütrumpf, Darmstadt 1991, S. 20 [1255b, 19]).

vi pecunia est" (Das Geld ist Seele, Blut und Nerven des Staatswesens).[57] Masen geht es zunächst um das Seelenheil des Geizigen sowie um die lebenspraktischen Folgen von Geiz und Thesaurierung für dessen Mitmenschen; das sind im Handlungshorizont des Dramas Familienangehörige, Diener und die Armen im Umkreis, die zu versorgen die Aufgabe eines Reichen sei. Doch gilt die Pflicht, Geld und Besitz nützlich werden zu lassen, auch für den staatlichen Bereich. In Veit Ludwig von Seckendorffs *Teutschem Fürsten-Staat*, dem repräsentativen Handbuch des lutherischen Staatsverständnisses der ‚späten Frühen Neuzeit', findet sich seit der Neuausgabe von 1720 eine ganz ähnliche Geiz-Kritik: „so viel geld ein regent aus dem contribuirten vermögen seiner unterthanen sammlet, und in den Kasten verschliessen lasset, so viel geht dem lande ab, und wird gleichsam extra commercium gesetzet, da doch der flor und auffnahme eines landes in der menge des baaren geldes bestehet."[58]

2.3. Die Komödie der Aufklärung im Widerstand gegen den Bedeutungswandel des Ökonomiebegriffs

Im 18. Jahrhundert veränderte sich die Bedeutung von ‚Ökonomie' durch den Einschluss des ‚volkswirtschaftlichen' Ganzen bzw. der obrigkeitlichen Wirtschaftspolitik. Eine Komödie des mittleren 17. Jahrhunderts konnte allerdings, wie wir gerade sahen, auch schon vor dieser epochalen Begriffserweiterung und -verschiebung analogisch auf die profane Makroebene verweisen, die gleichsam über der rechten Ordnung einzelner Häuser angesiedelt ist, zwischen persönlichem Seelenheil und göttlichem Gebot. Im 18. Jahrhundert verhielt sich die Komödie, gemessen an jener Modernisierung des Wirtschaftsbegriffs, vorwiegend konservativ. Doch lassen sich auch gleichgerichtete Tendenzen beobachten, wo die produktive Eigendynamik moralisch ungeregelter Interessenverfolgung und das systemische Funktionieren einer Gesellschaft ohne übergeordnete Steuerung, aber mit providenzanaloger Wendung zum Guten dargestellt wurden. So die Thesen, die in den beiden letzten Kapiteln dieses Beitrags untermauert werden sollen.

Zunächst zum ökonomischen Konservatismus der Komödie: Dem alteuropäischen Ökonomieverständnis entsprechend, geht es im Lustspiel der Aufklärung um Sozialbeziehungen, um Moral, um Gottvertrauen und ums materielle Auskommen zugleich. Und ihm weiterhin entsprechend, geht es häufig zwar um Geldeswert, aber deutlich seltener um Geldgeschäfte. Der Bereich der Chrematistik ist entweder negativ besetzt – etwa durch die Figur des Wucherers, der manchmal noch zusätzlich als jüdisch pejorisiert wird – oder wird ausgeblendet. Weil der Ökonomiebegriff in der ersten Hälfte des 18. Jahrhunderts jedoch einerseits seine moralischen Komponenten mehr und mehr abstreifte und andererseits sich erweiterte und nun auch Geldgeschäfte umfasste, nahm die fortwährende

57 Masen, *Palæstra Eloquentiæ Ligatæ Dramatica. Pars III*, S. 137.

58 Veit Ludwig von Seckendorff, *Teutscher Fürsten-Staat. [...] Mit Fleiß verbesserte und mit Anmerkungen versehen durch Andres Simson von Biechling*, Jena 1737, Nachdruck Aalen 1972, S. 159.

Ansiedlung der Komödie im motivischen und normativen Horizont des ‚Hauses' ein konservatives Ansehen an. Gottsched und seine Gefolgsleute verstärkten sogar die Ausrichtung der Gattung auf Moralvermittlung. Die Komödie hielt an etwas fest, was in ihrem gesellschaftlichen Kontext aufgegeben wurde. Die *Compendieuse Haußhaltungs-Bibliotheck* Julius Bernhard von Rohrs (1688–1742) beispielsweise, die von 1716 bis 1755 drei Mal aufgelegt wurde, weist mit ihrem Frontispiz (s. unten Abb. 4) die Gottesfurcht zwar noch als ebenso unabdingbar wie die göttliche Gnade und Fürsorge aus, doch erklärt Rohr die „Pflicht und Schuldigkeit eines Haus-Vaters gegen seine Frau, Kinder und Gesinde, u.s.w." zu „fremde[n] Materien".[59] Vermutlich handelt es sich bei diesen vorderhand gegenläufigen Tendenzen um eine komplementäre Entwicklung: *Die Komödie übernahm die von der modernen Ökonomiediskussion abgelegte Aufgabe, materielle und immaterielle Werte, Geldinteresse und Ethik abzugleichen und zu harmonisieren.* Man geht nicht zu weit, wenn man zuspitzt: Die neuzeitliche Komödie erlebte ihre Blütezeit, als – und auch weil – die alteuropäische Ökonomik abstarb.

Darüber hinaus zeichnet sich die Komödie auch und gerade des 18. Jahrhunderts durch den Einschuss von Aspekten aus, die der an zweiter Stelle erläuterte *theologische* Ökonomiebegriff bezeichnet, und dies gilt auch für ‚weltliche' Komödien, die ihren sozial-kulturellen Ort nicht im jesuitischen Schultheater haben und aus der Feder geistlicher Autoren stammen. Zunehmend werden nicht nur Turbulenzen in den weniger edlen Schichten der Menschenwelt dargestellt, sondern zugleich Schauplätze der Providenz modelliert. Der gute Ausgang eines Dramas verweist nun auf die gute Ordnung der von Gott geschaffenen Welt und unterstreicht christliche Heilsgewissheit. Damit niemand diese Bedeutungsmöglichkeit übersieht, wird sie dem Zuschauer bzw. Leser gerne explizit vorgegeben, sei es in der Dramenhandlung durch eine Figur, sei es im Text eines Nachredners.[60] In Gellerts Lustspiel *Das Loos in der Lotterie* von 1747 nennt Anton, der vorbildlich tugendhafte junge Mann, den Lotteriegewinn seiner Braut ein „Geschenk der Vorsicht".[61] So avancierte die Komödie von der Belustigung zum Weltmodell (was ihrem Vergnügungswert nicht unbedingt zuträglich war).

---

59 Julius Bernhard von Rohr, *Compendieuse Haußhaltungs-Bibliotheck. Darinnen nicht allein Die neuesten und besten Autores, Die so wohl Von der Haußhaltung überhaupt, Als vom Ackerbau, Viehzucht, Jägerey, Gärtnerey, Kochen, Bierbrauen, Weinbergen, Wäldern, Bergwercken u.s.w. geschrieben, recensiret und beurtheilet, Sondern auch überall Des Autoris eigene Meditationes, Nebst andern curieusen Observationen aus den Antiquitæten, der Physic und Mathematic eingemischet werden*, Leipzig 1716, S. 83.

60 In Christian Weises *Curieusem Körbelmacher* (aufgeführt 1702, gedruckt 1705) heißt es im Epilog: „Wer sich als ein Christe nichts afficiren läst/ als worinn die Gottseligkeit einige Merckmahle zu erkennen giebt/ der sieht hier ein Exempel/ wie GOttes wunderbare providenz allerhand Unglücke verhengen/ gleichwohl aber einen gewünschten Ausgang treffen kann." (Christian Weise, „Curieuser Körbelmacher", in: ders., *Sämtliche Werke*, hg. von Hans-Gert Roloff, Berlin/New York 1971ff., Bd. 15, S. 95–312, hier S. 311 [V,20])

61 Christian Fürchtegott Gellert, „Das Loos in der Lotterie. Lustspiel in drei Aufzügen", in: ders., *Gesammelte Schriften. Kritische, kommentierte Ausgabe*, hg. von Bernd Witte, 6 Bde., Berlin/New York 1988–2000, Bd. 3, S. 113–194, hier S. 194 (V,12).

2.4. Komödische Tendenzen zur modernen Marktökonomie

Doch treten ab der Mitte des 18. Jahrhunderts auch Konstellationen auf, die sich als Spiegelungen einer modernen *marktwirtschaftlichen* Mentalität deuten lassen, also auf den verallgemeinerten Ökonomiebegriff weisen, der oben an dritter Stelle erläutert wurde. Ist die frühneuzeitliche Komödie zunächst von immer strengeren Moralforderungen geprägt,[62] so gewinnen nun die spielerischen Momente wieder größeren Raum. Aktivität und Risiko werden belohnt; Lust und Lebensfreude dürfen nicht nur die Lustigmacher zeigen, d.h. die moralisch devianten und sozial inferioren komischen Figuren. Die hochkomplexe Handlungsstruktur einiger Komödien kann zudem als Übergang zu einem Verständnis gesellschaftlicher Interaktion verstanden werden, das keine Steuerung von einer überlegenen Position aus mehr erwartet – d.h. eine Steuerung, wie sie der Hausvater leisten sollte –, sondern die Eigendynamik von Interessenkonkurrenzen anerkennt, und zwar als produktiven Antrieb, nicht als destruktiv weil amoralisch.[63]

Etwas plastischer sei das anhand der *Candidaten* von Johann Christian Krüger (1723–1750) gemacht. Stofflich geht es um die Besetzung eines gutdotierten Amtes, um das drei Kandidaten konkurrieren: Chrysander, ein bloß am Titel interessierter Nichtskönner, Valer, der das Amt nicht wirklich haben, sondern es im Erfolgsfall ausschlagen will, um den Grafen, der das Amt vergibt, zu düpieren, sowie Herrmann, der einzige qualifizierte Kandidat. Die Handlung ist außergewöhnlich verwickelt, denn es kommen darüber hinaus erotische Interessen ins Spiel: Der Graf möchte sich die Braut des Kandidaten Herrmann als Mätresse gefügig machen, während seine vernachlässigte Gattin davon lebt, „jungen Leuten die Aemter für Schmeicheleyen und Liebkosungen zu verkaufen".[64] Eben darauf spekuliert Valer, und auch Herrmann sollte, nach Ansicht seiner Braut, diesen Umstand ausnutzen – die junge Frau ist wie in vielen Komödien zielstrebiger, gewitzter und durchsetzungsfähiger als der ihr zugeordnete Mann. Mit Handels- und Besitzmetaphern belegt sind die erstrebten Interessenabgleiche nicht nur an der zitierten Stelle,[65] so dass sich das 1748 publizierte Stück mit guten Gründen als eine Studie über Gewinnchancen im Sinne des kurz zuvor ausgeweiteten Wirtschaftsbegriffs lesen lässt.

---

62 Vgl. Frank Schlossbauer, *Literatur als Gegenwelt. Zur Geschichtlichkeit literarischer Komik am Beispiel Fischarts und Lessings*, New York u.a. 1998; zu Drama und Theater des 18. Jahrhunderts im Allgemeinen vgl. Hilde Haider-Pregler, *Des sittlichen Bürgers Abendschule. Bildungsanspruch und Bildungsauftrag des Berufstheaters im 18. Jahrhundert*, Wien/München 1980 sowie Christopher J. Wild, *Theater der Keuschheit – Keuschheit des Theaters. Zu einer Geschichte der (Anti)Theatralität von Gryphius bis Kleist*, Freiburg/Br. 2003.

63 Zur Selbstorganisation als einer diskursübergreifenden Tendenz in Welt-, Gesellschafts- und Menschenbildern des 18. Jahrhunderts vgl. Jonathan Sheehan/ Dror Wahrman, *Invisible Hands. Self-Organization and the Eighteenth Century*, Chicago 2015.

64 Johann Christian Krüger, „Die Candidaten, oder: Die Mittel zu einem Amte zu gelangen", in: ders., *Werke. Kritische Gesamtausgabe*, hg. von David G. John, Tübingen 1986, S. 271–377, hier S. 318 (III,1) ähnlich S. 274 (I,1).

65 Vgl. ebd., S. 285 (I,5), S. 365 (V,4).

Natürlich erhält am Ende der tugendhafte Herrmann das Amt – das erfordert die Gattungskonvention des guten Ausgangs. Doch wird auch er zum Ziel satirischer Kritik, denn seine ehrenwerten Grundsätze machen ihn ungeschickt, seine Interessen zu verfolgen, kurzum: Er kann sich nicht ‚verkaufen'. Dass dies eine in der Gesellschaft unabdingbare Fähigkeit ist, daran lässt Krügers Stück keinen Zweifel. Wichtig ist nun, dass das ältere Ideal tugendhaften Abwartens nicht einfach durch sein Gegenteil ersetzt wird, indem gezeigt würde, dass interessengeleitete Aktivität zum erstrebten Ziel führt. Strategisches Geschick ist unabdingbar, befähigt aber nicht zur vollständigen Beherrschung einer Situation. In den *Candidaten* gibt es keine unbedingt überlegene Figur, die alles zum guten Ende leiten könnte, wie dies beispielsweise im bereits genannten *Verschwender* der Gottschedin der Fall ist: Vermöge ihrer überlegenen Einsicht und ihres taktisch-pädagogischen Geschicks übernimmt dort eine Frau von Ehrlichsdorf die Gottesrolle und rettet schlussendlich den von ihr geliebten Verschwender vor dem Bankrott. In Krügers Stück ist selbst die strategisch geschickteste Figur – der in der Ämterkonkurrenz siegreiche Valer – nicht in der Lage, alle relevanten Faktoren zu überblicken: Erst nach seinem Erfolg bemerkt er, dass er mit diesem Erfolg – der für ihn nur einen Spaß bedeutet – eine Verwandte schädigt, denn in der Braut des von ihm ausgestochenen Herrmann findet er seine seit Jahren vermisste Cousine wieder: eine typische Komödienanagnorisis! Also verzichtet er zugunsten von Herrmann.[66] So unvoraussehbar kommt das gute Ende zustande.

Der gute Ausgang verdankt sich demnach der Eigendynamik des komischen Spiels. Entfesselte Dynamik ist geradezu das Programm von Krügers Komödie; bezeichnenderweise heißt der mit einer falschen Identität auftretende Valer eigentlich Wirbelbach. Dramen- und theaterästhetisch betrachtet, schlägt hier der Einfluss der Commedia-dell'arte-Tradition durch. Krüger, der selbst Schauspieler war, war dieser Tradition stärker verpflichtet als die meisten anderen Autoren der deutschen Aufklärung.[67] Die Handlungslogik seines Stücks ist aber die der Marktkonkurrenz, und sein Ausgang entspricht der liberalen Hoffnung, dass Wettbewerb die bestmöglichen Ergebnisse hervortreibe. Um es mit einem berühmten Metaphernpaar schon der ersten Hälfte des 18. Jahrhunderts zu formulieren: es sind „private vices" – in den *Candidaten* zuvörderst der Mutwille des Herrn von Wirbelbach –, die das „public benefit",[68] die angemessene Besetzung eines öffentlichen Amtes, bewirken. In den *Candidaten* konvergieren das Gattungsschema der Komödie und die moderne ökonomische Mentalität in der Erwartung, dass moralisch ungehemmte Betriebsamkeit zum bestmöglichen Ergebnis führe.

66 Vgl. ebd., S. 375f. (V,8).

67 Vgl. Walter Hinck, *Das deutsche Lustspiel des 17. und 18. Jahrhunderts und die italienische Komödie. Commedia dell'arte und Théâtre italien*, Stuttgart 1965, S. 234.

68 Vgl. Bernard Mandeville, *The Fable of the Bees: Or, Private Vices, Publick Benefits. With a Commentary, Critical, Historical, and Explanatory by F. B. Kaye*, 2 Bde., Oxford 1924.

2.5. Oeconomia divina als Rahmen moderner Ökonomie

Was gleichwohl ebenso zu betonen ist: Die strukturelle Affinität einiger wichtiger Komödien der Aufklärung zur modernen Ökonomie bedeutete nicht automatisch, dass die Strukturanalogien zur Heilsökonomie zurücktraten. Wie eben zitiert, bekräftigte Lessing das Prinzip, der Dichter habe durch die sinnvolle Lösung der von ihm geschaffenen Konflikte das Providenzvertrauen seiner Leser zu stärken. Prüfen wir kurz, wie bzw. ob sein berühmtestes Lustspiel dieses Prinzip bewährt.

Minna von Barnhelm von 1767 ist ein ökonomisches Stück im modernsten Sinne des Begriffs, denn es geht nicht bloß um Soll und Haben von Privatleuten – vor allem, aber nicht nur des entlassenen Majors von Tellheim, der seine Verlobte nicht heiraten kann, weil ein hoher Wechsel, der ihm ausgestellt wurde, für ungültig und betrügerisch erklärt worden ist.[69] Vielmehr geht es zugleich um die Staatsfinanzen und die wirtschaftliche Situation ganzer Länder, nämlich Sachsens und Preußens im und nach dem Siebenjährigen Krieg. Generationenkonflikte spielen keinerlei Rolle; die beiden Liebenden haben mit sich selbst und untereinander zu kämpfen, nicht aber gegen einen Hausvater, der seine Autorität missbrauchen oder sonstwie seiner Rolle nicht gerecht werden würde. Die Figurenkonstellation wiederholt im Kern die der *Candidaten*: Erneut haben wir es mit einem aus Tugend versteiften Mann zu tun (Tellheim), den seine taktisch beweglichere Braut (Minna) anzutreiben sucht, und wie bei Krüger bringt keiner von beiden aus eigener Kraft eine Lösung zustande. Vielmehr wird auch bei Lessing das Happy end durch eine randständige Figur ermöglicht, genauer: durch eine „unsichtbare Hand", nämlich durch das, so wörtlich, „Handschreiben" des unsichtbar bleibenden Königs. Erst dieses Schreiben entlastet Tellheim von allen Untreue-Vorwürfen, so dass er seine Braut heiraten kann.[70]

Es sind demnach nicht Minnas gute Absichten, die das gute Ende herbeiführen. Sogar der geldgierige Glücksritter, ja Betrüger Riccaut leistet dazu einen größeren Beitrag, indem er dem Feldjäger, der mit dem königlichen Handschreiben durch Berlin irrt, den Weg zu Tellheim weist.[71] Anders als Valer-Wirbelbach, die Intrigantenfigur bei Krüger, gerät Minna zudem selbst in den Strudel des von ihr mit einigem Mutwillen inszenierten Spiels oder „Streichs" (wie sie selbst sagt),[72] so dass sie sich am Ende davon überrollt sieht.[73] Dass ein Akteur den Lauf der Dinge übersehen könne und daher zu lenken imstande sei, weist Lessings Komödie vollends als eine unterkomplexe Illusion aus. Selbst der König, der Tellheim rehabilitiert, tritt nicht als eine derart überlegene Figur auf, fällt seine Entschei-

69 Vgl. Tellheims Darlegung seiner Situation vor Minna in Gotthold Ephraim Lessing, „Minna von Barnhelm oder das Soldatenglück. Ein Lustspiel in fünf Aufzügen", in: ders., *Werke*, Bd. 1, S. 605–704, hier S. 677 (IV,6).

70 Vgl. ebd., V,9; das Zitat S. 680 (IV,6).

71 Vgl. ebd., V,6.

72 Ebd., S. 663 (III,12), S. 701 (V,12).

73 Vgl. ebd., S. 700 (V,11): „Ich habe den Scherz zuweit getrieben"; S. 676 (IV,6).

Abb. 4: Julius Bernhard von Rohr, *Compendieuse Haußhaltungs-Bibliotheck*, 1716, Frontispiz (Bayerische Staatsbibliothek München, Sign. 925315 Oecon. 1510, Frontispiz)

dung doch völlig unabhängig von der gezeigten Handlung, nämlich schon am Tag zuvor. Zunächst einmal verkörpert dieser König nicht mehr, aber auch nicht weniger als das systemische Funktionieren der Gesellschaft. Indem sein Eingriff nicht nur das Beste bewirkt, sondern darüber hinaus *ante festum* erfolgt (der König ermöglicht die Versöhnung Tellheims und Minnas, bevor sich die beiden überhaupt gestritten haben), erinnert er zugleich aber an die göttliche Providenz. Tellheim kommentiert den königlichen Urteilsspruch dementsprechend in Vokabeln, die hochgradig religiös besetzt sind: „O, mein Fräulein, welche Gerechtigkeit! – Welche Gnade! – Das ist mehr, als ich erwartet! – Mehr, als ich verdiene!“[74]

Wieder lässt sich hier die Brücke schlagen zur ökonomischen Theorie der Zeit: Im erlösenden Handschreiben des unsichtbar bleibenden Königs materialisiert sich auf komödienadäquate Weise die „unsichtbare Hand“, mit der Adam Smith wenige Jahre zuvor (1759) die Koordination der unendlich vielen individuellen Gewinninteressen in der Gesellschaft zum allgemeinen Besten ‚erklärt‘ hatte.[75] Zugleich weist Lessings Komödie aber auch auf den religiösen Hintergrund der schon biblischen Metapher von der unsichtbaren Hand, die alles zum Besten lenkt (Dtn 4,34 u.ö.). Das Frontispiz der *Compendieusen Haußhaltungs-Bibliotheck* (s. Abb. 4) hatte die fürsorgliche Hand des Höchsten noch sichtbar ins Bild gesetzt. In *Minna von Barnhelm* hat sie sich in die ‚providentielle‘ Struktur der Komödienhandlung verlagert und lugt nur noch im Handschreiben des ‚Staats-Hausvaters‘ hervor.

Bibliographie

Quellen

Aristoteles, *Politik. Buch 1:* Über die Hausverwaltung und die Herrschaft des Herrn über Sklaven, übers. und erläutert von Eckart Schütrumpf, Darmstadt 1991.

Bengel, Johann Albrecht, *Welt-Alter darin Die Schriftmässige Zeiten-Linie bewiesen und die Siebenzig Wochen samt andern wichtigen Texten und heilsamen Lehren erörtert werden. Zum Preise des grossen Gottes und seines wahrhaftigen Wortes an das Licht gestellet,* Esslingen 1746.

Burkhardt, Johannes/Priddat, Birger P. (Hg.), *Geschichte der Ökonomie,* Frankfurt am Main 2000.

Friedtlieb, Christian Warner, *Prudentia politica christiana, Das ist Beschreibung einer Christlichen / Nützlichen und guten Policey / wie dieselbe beschaffen sein solle / auch mit Gottes hülffe*

74 Ebd., S. 693, V,9.

75 Adam Smith, *Theorie der ethischen Gefühle oder Versuch einer Analyse der Prinzipien, mittels welcher die Menschen naturgemäß zunächst das Verhalten und den Charakter ihrer Nächsten und sodann auch ihr eigenes Verhalten und ihren eigenen Charakter beurteilen,* nach der Aufl. letzter Hand übers. und mit Einleitung, Anmerkungen und Registern hg. von Walther Eckstein, Teilbd. 1–2, Leipzig 1926, S. 316; ders., *Eine Untersuchung über Wesen und Ursachen des Volkswohlstandes,* [Nachdr. der dreibändigen Ausg. Jena 1923], 2 Bde., Gießen 1973, Bd. 2, S. 235. Zum Kontext vgl. Thomas Rommel, *Das Selbstinteresse von Mandeville bis Smith. Ökonomisches Denken in ausgewählten Schriften des 18. Jahrhunderts,* Heidelberg 2006.

in gutem Zustande erhalten werden könne. Durch Vergleichung deren mit dem Menschlichen Cörper und dessen vornembsten Gliedmassen und Eigenschafften, Goslar 1614.

Garzoni, Tommaso, *Piazza universale, das ist: Allgemeiner Schauwplatz, oder Marckt, und Zusammenkunfft aller Professionen, Künsten, Geschäfften, Händeln und Handtwercken, so in der gantzen Welt geübet werden [...]*, Frankfurt am Main 1626.

Gellert, Christian Fürchtegott, „Das Loos in der Lotterie. Lustspiel in drei Aufzügen", in: ders., *Gesammelte Schriften. Kritische, kommentierte Ausgabe*, hg. von Bernd Witte, 6 Bde., Berlin/New York 1988–2000, Bd. 3, S. 113–194.

Glorez, Andreas, *Vollständige Hauß- und Land-Bibliothec. Worinnen Der Grund unverfälschter Wissenschafft zu finden ist/ deren sich bey jetziger Zeit ein Hof- Handels- Hauß- Burgers- und Land-Mann zu seinem reichlichen Nutzen bedienen kan* [...], 4 Bde., Regensburg 1701.

Gottsched, Luise Adelgunde Victorie, „Der Verschwender, oder die ehrliche Betrügerinn. Ein Lustspiel in fünf Aufzügen", in: *Die deutsche Schaubühne*, 6 Bde., Faksimiledr. nach der Ausgabe von 1741–1745, mit einem Nachwort von Horst Steinmetz, hg. von Johann Christoph Gottsched, Stuttgart 1972, Bd. 3, S. 63–194.

Gottsched, Luise Adelgunde Victorie, *Die Pietisterey im Fischbein-Rocke. Komödie*, hg. von Wolfgang Martens, Stuttgart 1979.

Herder, Johann Gottfried, „Ideen zur Philosophie der Geschichte der Menschheit [1784]", in: ders., *Sämtliche Werke*, hg. von Bernhard Suphan, 33 Bde., Berlin 1877–1913, Bd. 13 und 14.

Krüger, Johann Christian, „Die Candidaten, oder: Die Mittel zu einem Amte zu gelangen", in: ders., *Werke. Kritische Gesamtausgabe*, hg. von David G. John. Tübingen 1986, S. 271–377.

Lessing, Gotthold Ephraim, „Minna von Barnhelm oder das Soldatenglück. Ein Lustspiel in fünf Aufzügen", in: ders., *Werke*, in Zusammenarbeit mit Karl Eibl hg. von Herbert G. Göpfert, 8 Bde., Darmstadt 1996, Bd. 1, S. 605–704.

Lessing, Gotthold Ephraim, „Hamburgische Dramaturgie", in: ders., *Werke*, in Zusammenarbeit mit Karl Eibl hg. von Herbert G. Göpfert, 8 Bde., Darmstadt 1996, Bd. 4, S. 229-720, hier S. 598.

Lessing, Gotthold Ephraim, „Briefe, die neueste Literatur betreffend", in: ders., *Werke*, in Zusammenarbeit mit Karl Eibl hg. von Herbert G. Göpfert, 8 Bde., Darmstadt, Bd. 5, S. 30–329.

Lessing, Gotthold Ephraim, „Gegensätze des Herausgebers II" [zu den Reimarus-Fragmenten], in: ders., *Werke*, in Zusammenarbeit mit Karl Eibl hg. von Herbert G. Göpfert, 8 Bde., Darmstadt, Bd. 7, S. 457–491.

Lessing, Gotthold Ephraim, „Die Erziehung des Menschengeschlechts", in: ders., *Werke*, in Zusammenarbeit mit Karl Eibl hg. von Herbert G. Göpfert, 8 Bde., Darmstadt, Bd. 8, S. 489–510.

Ludewig, Johann Peter von, *Die, von Sr. Königlichen Majestät [...] auf Dero Universität Halle am 14. Iulii 1727. Neu angerichtete Profession, in Oeconomie, Policey, und Cammer-Sachen wird, nebst Vorstellung einiger Stücke verbesserter Kön. Preußl. Policey bekannt gemachet von dem zeitigem [!] Prorectore*, Halle 1727.

Mandeville, Bernard, *The Fable of the Bees: Or, Private Vices, Publick Benefits. With a Commentary, Critical, Historical, and Explanatory by F. B. Kaye*, 2 Bde., Oxford 1924.

Masen, Jacob, *Palæstra Eloquentiæ Ligatæ Dramatica. Pars III. & ultima, qvae complectitur Poesin Comicam, Tragicam, Comico-Tragicam. [...] Nova Editio. Priori longè correctior. Köln 1683.*

Rohr, Julius Bernhard von, *Compendieuse Haußhaltungs-Bibliotheck. Darinnen nicht allein Die neuesten und besten Autores, Die so wohl Von der Haußhaltung überhaupt, Als vom Ackerbau, Viehzucht, Jägerey, Gärtnerey, Kochen, Bierbrauen, Weinbergen, Wäldern, Bergwercken u.s.w. geschrieben, recensiret und beurtheilet, Sondern auch überall Des Autoris eigene Meditationes, Nebst andern curieusen Observationen aus den Antiquitæten, der Physic und Mathematic eingemischet werden*, Leipzig 1716.

Schiller, Friedrich, *Werke. Nationalausgabe*, begr. von Julius Petersen, fortgef. von Liselotte Blumenthal und Benno von Wiese, hg. von Norbert Oellers, Weimar 1943ff.

Seckendorff, Veit Ludwig von, *Teutscher Fürsten-Staat. [...] Mit Fleiß verbesserte und mit Anmerkungen versehen durch Andres Simson von Biechling. Jena: Meyer 1737*, Nachdruck Aalen 1972.

Smith, Adam, *Theorie der ethischen Gefühle oder Versuch einer Analyse der Prinzipien, mittels welcher die Menschen naturgemäß zunächst das Verhalten und den Charakter ihrer Nächsten und sodann auch ihr eigenes Verhalten und ihren eigenen Charakter beurteilen*, nach der Aufl. letzter Hand übers. und m. Einl., Anm. und Registern hg. von Walther Eckstein, Teilbd. 1–2, Leipzig 1926.

Smith, Adam, *Eine Untersuchung über Wesen und Ursachen des Volkswohlstandes*, [Nachdr. d. dreibänd. Ausg. Jena 1923] 2 Bde., Gießen 1973.

Walch, Johann Georg, „Art. Oeconomie", in: ders., *Philosophisches Lexicon* [...], Leipzig 1726, Sp. 1921–1924.

Weise, Christian, „Curieuser Körbelmacher", in: ders., Sämtliche Werke, hg. von Hans-Gert Roloff, Berlin/New York 1971ff., Bd. 15, S. 95–312.

Wündsch, Johann Wilhelm, *Memoriale oeconomicum politico-practicum, das ist Kurtze doch nützliche und außführliche Unterrichtung eines haushaltischen Beambten und Hoffbedienten, wie er sich in seinem Ambte [...] in allen Puncten und Clausuln verhalten, das Ambt wol dirigiren und anordnen soll [...]*, Leipzig 1669.

[Zedler, Heinrich,] *Grosses vollständiges Universal-Lexicon Aller Wissenschafften und Künste*, 64 Bde. u. 4 Suppl.-Bde., Halle/Saale 1732–1754.

Sekundärliteratur

Burkhardt, Johannes, „Art. Wirtschaft", in: *Geschichtliche Grundbegriffe. Historisches Lexikon zur politisch-sozialen Sprache in Deutschland*, hg. von Otto Brunner u. a., Bd. 1–8 (in 9), Stuttgart 1972–1997, Bd. 7, S. 511–594.

Dierse, Ulrich, „Art. Ökonomie II", in: *Historisches Wörterbuch der Philosophie*, [...] in Verbindung mit Günther Bien u. a. hg. von Joachim Ritter u. a., 13 Bde., Darmstadt 1971–2007, Bd. 6, Sp. 1153–1162.

Fuhrmann, Manfred, „Lizenzen und Tabus des Lachens – Zur sozialen Grammatik der hellenistisch-römischen Komödie", in: *Das Komische*, hg. von Wolfgang Preisendanz und Rainer Warning, München 1976, S. 65–101.

Fulda, Daniel, „Divergente Dynamiken? Wirtschaft, Wirthschafften und komödisches Spiel vom späten 17. zum mittleren 18. Jahrhundert", in: *Gastlichkeit und Ökonomie. Wirtschaften im deutschen und englischen Drama des 18. Jahrhunderts*, hg. von Sigrid Nieberle und Claudia Nitschke, Berlin/Boston 2014, S. 111–136.

Fulda, Daniel, „Ökonomische Komödien", in: *Handbuch Literatur & Ökonomie,* hg. von Joseph Vogl und Burkhardt Wolf, Berlin/Boston [erscheint 2019].

Fulda, Daniel, *Schau-Spiele des Geldes. Die Komödie und die Entstehung der Marktgesellschaft von Shakespeare bis Lessing,* Tübingen 2005.

Habenstein, Astrid, „Das Haus in den Wissensordnungen der griechisch-römischen Antike", in: *Das Haus in der Geschichte Europas. Ein Handbuch,* hg. von Joachim Eibach und Inken Schmidt-Voges in Verbindung mit Simone Derix u. a. Red. Roman Bonderer, Berlin/Boston 2015, S. 649–666.

Haider-Pregler, Hilde, *Des sittlichen Bürgers Abendschule. Bildungsanspruch und Bildungsauftrag des Berufstheaters im 18. Jahrhundert,* Wien/München 1980.

Hinck, Walter, *Das deutsche Lustspiel des 17. und 18. Jahrhunderts und die italienische Komödie. Commedia dell'arte und Théâtre italien,* Stuttgart 1965.

Lefèvre, Eckard, *Plautus' Aulularia,* Tübingen 2001

Pape, Walter, „Symbol des Sozialen. Zur Funktion des Geldes in der Komödie des 18. und 19. Jahrhunderts", in: *Internationales Archiv für Sozialgeschichte der deutschen Literatur* 13 (1988), S. 45–69.

Richter, Sandra/Garner, Guillaume (Hg.), *‚Eigennutz' und ‚gute Ordnung'. Ökonomisierungen der Welt im 17. Jahrhundert,* Wiesbaden 2016.

Rommel, Thomas, *Das Selbstinteresse von Mandeville bis Smith. Ökonomisches Denken in ausgewählten Schriften des 18. Jahrhunderts,* Heidelberg 2006.

Schaefer, Christina, „Vom ‚anderen' Wert ökonomischen Wissens in der italienischen Renaissance: Leon Battista Alberti und die *Libri della famiglia*", in: *Humanistische Ökonomien des Wissens,* hg. von Judith Frömmer und André Otto, Frankfurt am Main 2017, S. 285–303.

Schlossbauer, Frank, *Literatur als Gegenwelt. Zur Geschichtlichkeit literarischer Komik am Beispiel Fischarts und Lessings,* New York u. a. 1998.

Sheehan, Jonathan/Wahrman, Dror, *Invisible Hands. Self-Organization and the Eighteenth Century,* Chicago 2015.

Vogl, Joseph, *Kalkül und Leidenschaft. Poetik des ökonomischen Menschen,* München 2002.

Wild, Christopher J., *Theater der Keuschheit – Keuschheit des Theaters. Zu einer Geschichte der (Anti)Theatralität von Gryphius bis Kleist,* Freiburg/Br. 2003.

Subversive Schreibweisen

Apodiktische Setzung und narrative Perspektivierung

Die *Lehre vom Haushaben* in Wittenwilers *Ring*

Tobias Bulang

Die *Epistola de cura et modo rei familiaris*, die auch unter den Titeln *Epistola ad Raimundum* bzw. *Epistola de gubernatione rei familiaris* existiert, ist eine besonders häufig überlieferte Hauslehre des Mittelalters, wohl auch deshalb, weil sie oft – fälschlich – Bernhard von Clairvaux zugeschrieben wurde.[1] Vielfach wurde der Text in verschiedenen Volkssprachen bearbeitet und ist auch im Druck weit verbreitet. Die Zeit der deutschen Übersetzungen und Bearbeitungen dieses Textes (zum Teil unter dem Titel *Haus haben*) ist das 15. und 16. Jahrhundert. Fast alle der bekannten 37 deutschen handschriftlichen und gedruckten Textzeugen fallen in diesen Zeitraum.[2] Der Text kommt als Einzelüberlieferung vor, erscheint auch in der Textnachbarschaft recht unterschiedlicher Überlieferungsverbünde[3] und wird in Auszügen vereinzelt in andere Werke inseriert. So wurde der Text als Teil eines Buches über *Hauszucht und Regiment* 1569 gedruckt und wirkte auch weiter auf die sogenannte Hausväterliteratur.[4] Ein Sonderfall der Überlieferung ist das Inserat einer versifizierten Bearbeitung in Heinrich Wittenwilers komischem Roman *Der Ring*, die unter die frühesten deutschen Bearbeitungen des Textes überhaupt zu zählen ist. Ich werde im Folgenden die *Lehre vom Haushaben* kurz vorstellen (1), danach das Verhältnis von Narration und Inseraten wissensvermittelnder Texte in Wittenwilers *Ring* diskutieren (2) und zuletzt den konzeptionel-

---

1 (Pseudo-)Bernhard von Clairvaux, *Epistola ad Raimundum de cura et modo rei familiaris*, in: Patrologia Latina 182 1854, S. 647–651, Ep. 456. Der lateinische Text auch bei Clive D. M. Cossar, *The German Translations of the Pseudo-Bernhardine Epistola de cura rei familiaris*, Göppingen 1975, S. 97–102; dort (S. 1f.) auch das Verzeichnis der lateinischen Handschriften und Drucke.

2 Das Verzeichnis der Überlieferung deutscher Übersetzungen bei Cossar, *German Translations*, S. 7–65 wurde ergänzt durch Volker Honemann, Rezension zu Cossar, *German Translations*, in: *Anzeiger für deutsches Altertum* 88 (1977), S. 112–119; vgl. die Aufstellung bei Volker Zimmermann, Art. „Lehre vom Haushaben", in: *Die deutsche Literatur des Mittelalters. Verfasserlexikon*, begründet von Wolfgang Stammler, fortgeführt von Karl Langosch, zweite, völlig neu bearbeitete Auflage, unter Mitarbeit zahlreicher Fachgelehrter, hg. von Kurt Ruh, Bd. 5, Berlin 1985, Sp. 662–667; Mike Malm, Art. „Lehre vom Haushaben", in: *Deutsches Literatur Lexikon. Das Mittelalter*, hg. von Wolfgang Achnitz, Bd. 7: *Das wissensvermittelnde Schrifttum im 15. Jahrhundert*, Berlin/Boston 2015, Sp. 84–88; siehe auch: www.handschriftencensus.de/werke/2331 (15.2.2018).

3 Siehe dazu im Einzelnen Cossar, *German Translations*, S. 7–65 und in diesem Beitrag unten S. 264.

4 *Hauszucht und Regiment*, Dillingen: Sebaldus Mayer, 1569.

len Konsequenzen der narrativen Inszenierung der Haushaltslehre im *Ring* genauer nachgehen (3).

1. Pseudo-Bernhards *Epistola de cura et modo rei familiaris*

Die Epistel Bernhards an den Ritter Raimund vermittelt das für die Führung des ganzen Hauses relevante Wissen in der Du-Anrede. Der Anlass für diese Unterweisung wird in einigen Textzeugen inszeniert: Raimund sei der Bruder Bernhards (die verwandtschaftlichen Beziehungen fallen ansonsten unterschiedlich aus), jener sei ein guter Ritter gewesen und habe der Ritterschaft so gedient, dass er in Armut gekommen sei.[5] In solch rahmender Zuschreibung bezweckt die Epistel mit einer auf alle Lebensbereiche sich erstreckenden Lehre vom Maßhalten ein Korrektiv für ritterliche Praktiken radikaler Verausgabung zu sein. Behandelt wird in den verschiedenen Fassungen mit wechselnder Ausführlichkeit eine Reihe von für die ökonomisch vernünftige Lebensfristung relevanten Punkten: Die Säumigkeit wird getadelt, die Notwendigkeit, Amtsleute und Diener angemessen zu kontrollieren und das Vieh zu versorgen, wird betont. Vor zu häufigen Festen und Einladungen wird gewarnt, die Versorgung und Kontrolle Bediensteter als allegorischer Gerichtstag zwischen Fraß und Beutel ausgeführt. Aufgestellt werden sodann Regeln für den Verkauf von Korn, für den Umgang mit Feinden und den Umgang mit der Ehefrau (und der durch sie drohenden Untreue, Verschwendungssucht etc.). Diskutiert werden Fragen nach angemessenen Gewändern (man soll nicht nach der Mode gehen) und dem Umgang mit Freunden. Aufgestellt werden Regeln für das Ratgeben und den Umgang mit Spielleuten. Wie die Loyalität der Knechte zu erlangen sei, wird dargetan, ebenso was beim Hausbau, den man nach Möglichkeit ganz meiden sollte, zu berücksichtigen sei. Weiterhin entfaltet der Text Beachtenswertes beim Kauf und Verkauf von Grundstücken, Wichtiges über Wein und Trunkenheit; empfohlen wird weiterhin, welcher Hund zu wählen sei (ein großer Hütehund), wie mit Söhnen umzugehen sei und wie man im Alter um sein Heil sorgen solle. Abschließend werden Erbangelegenheiten und die Verfügungen für die überlebende Ehefrau besprochen.

Es handelt sich also um eine Reihe guter Ratschläge, die auf die Stabilität der Hauswirtschaft, das Abwenden von Schaden, Kontrolle von Devianz sowie Kontingenzbewältigung im Alltag zielen und dabei gewisse Zugeständnisse an ethische Erfordernisse, Alterungsprozesse und den sicheren Tod machen. Dieses Regelwerk ist prinzipiell am Nützlichen ausgerichtet, dabei aber an einer christlichen Ethik des Maßhaltens und an einer Ausrichtung des Lebens auf die Tugend der Barmherzigkeit orientiert.[6]

---

5 Siehe den Beginn der Textfassung D bei Cossar, *German Translations*, S. 131.

6 Zur Konzeption des Textes vgl. auch Zimmermann, „Haushaben"; Malm, „Haushaben" und die Untersuchung des Textes im Rahmen einer Wittenwiler-Studie: Armin Brüllhart, *„Vexatio dat intellectum." Zur Funktion paradoxer Textstrukturen in Heinrich Wittenwilers Ring*, Berlin/Boston 2014, S. 72–77.

2. Narrativer Rahmen und Wissensinserat in Wittenwilers *Ring*

Heinrich Wittenwilers Roman *Der Ring* ist in nur einer Handschrift, der nach dem früheren Aufenthaltsort benannten Meininger Handschrift, die heute in der Bayerischen Staatsbibliothek aufbewahrt ist, überliefert.[7] Der Roman schildert die Werbung des Bauerntölpels Bertschi Triefnas um die hässliche Mätzli Rüerenzumpf, die an diese Werbung sich anschließenden Hochzeitsfeierlichkeiten und den aus der Hochzeit hervorgehenden Krieg zwischen den Dörfern Lappenhausen und Nissingen. Erzählt wird all dies in maximal turbulenter Weise; Szenen voller grotesker Komik und obszöner Drastik werden lustvoll exponiert. Beim Bauernturnier etwa – der den Roman eröffnenden ersten Werbungsepisode Bertschis – handelt es sich um ein wüstes Kolbenstechen. In Harnischen aus Baumrinde und mit Stroh ausgestopft verprügeln sich die wie Vogelscheuchen ausstaffierten Bauern auf unflätige Weise. Alle weiteren Annäherungsversuche Bertschis (ein Ständchen, ein Rendezvous im Kuhstall und ein Versuch, in Mätzlis Haus einzudringen) enden in wüsten, gewaltsamen Tumulten, infolge derer Mätzlis Vater seine Tochter einsperrt, um sie vom liebesrasenden Freier fernzuhalten. Einen Liebesbrief, den Bertschi Mätzli zukommen lassen kann, lässt sich die Leseunkundige vom Dorfarzt vorlesen, der die Gelegenheit nutzt, um sie zu schwängern. Nicht Bertschis Werbung führt zur Hochzeit, sondern die umsichtigen Maßnahmen des Arztes, der die Verheiratung vorantreibt, um seine Vaterschaft zu verschleiern. Vergleichbare Niedertracht waltet auch bei den Hochzeitsfeierlichkeiten, welche in eine ekelhafte Fress- und eine wüste Tanzorgie ausarten, die schließlich in eine Riesenprügelei münden. Daraus ergibt sich ein Krieg zwischen den beiden Dörfern Lappenhausen und Nissingen, der unter Aufbietung aller Kräfte und eines riesigen heldenepischen Personals im dritten Teil geführt wird. Am Ende sind alle tot und Bertschi zieht sich als Einsiedler in den Schwarzwald zurück.

All dies ließe sich im Sinne einer Ständesatire schlüssig in das literarische Feld seiner Zeit einordnen, wenn nicht der Text programmatisch beanspruchte, seine Leser in allen Dingen des Lebens (wie man Frauen hofieren soll, wie man einen Haushalt führt und für das Seelenheil sorgt, wie man sich im Kriege zu halten hat etc.) ausgiebig zu belehren. In die übermütige Handlung werden zahlreiche

7 München, Bayerische Staatsbibliothek cgm 9300; Faksimile: *Heinrich Wittenwiler, Ring, in Abbildungen der Meininger Handschrift Göppingen*, hg. von Rolf Bräuer, George F. Jones und Ulrich Müller, Göppingen 1990; URL: http://daten.digitale-sammlungen.de/~db/0010/bsb00103107/images (1.9.2017). Ich verwende die Ausgabe: Heinrich Wittenwiler, *Der Ring*, Frühneuhochdeutsch, Neuhochdeutsch, nach dem Text von Edmund Wießner ins Neuhochdeutsche übers. und hg. von Horst Brunner, Stuttgart 2003. Zu den dort im Literaturverzeichnis ausgewiesenen älteren Ausgaben ist nun hinzuzufügen: Heinrich Wittenwiler, *Der Ring. Text – Übersetzung – Kommentar, nach der Münchner Handschrift*, hg., übers. und erl. von Werner Röcke unter Mitarbeit von Annika Goldenbaum, mit einem Abdruck des Textes nach Edmund Wießner, Berlin 2012. Für die Arbeit am Text bietet neben den neueren Kommentaren zu den angeführten Ausgaben auch der ältere Kommentar Edmund Wießners nach wie vor hohes Anregungspotential: Edmund Wießner, *Kommentar zu Heinrich Wittenwiler Ring*, Leipzig 1936.

wissensvermittelnde Texte inseriert: Eine Turnierlehre,[8] obstetrisches Wissen aus der *secreta-mulierum*-Tradition, ein medizinisches Rezept,[9] Tischzuchtregeln, die bereits erwähnte Haushaltslehre, eine Gesundheitslehre,[10] eine Tugendlehre[11] und der Katechismus kommen zum Einsatz. Giovanni da Legnanos Traktat zum Kriege wird ebenso zitiert wie die Kriegslehren des Vegetius.[12] Im *Ring* werden Briefe abgefasst, welche Musterbriefen lateinischer Briefsteller folgen.[13] In der Allegorie des Mittelteils wird auf Lehrdichtungen zurückgegriffen.[14] Mit Nabelreibers Minnelehre wird auf die Tradition der *artes amandi* rekurriert.[15] In die Handlung eingefügt werden Gebete, Sentenzen, Sprichwörter und katechetische Texte zu Beichte, frommen Praktiken etc.; auch ein Kriegshoroskop wird dargeboten. Der Text erweist sich so als kompaktes *compositum mixtum* (und dabei sind hier die mannigfachen intertextuellen Referenzen auf die verschiedenen literarischen Gattungen der volkssprachigen Dichtung noch nicht mitangeführt).

Die Interpretationen dieses Textes in der Germanistik sind kontrovers.[16] Bei keinem anderen Text fallen die Gesamtdeutungen so gegensätzlich aus. Das

---

8 Vgl. Claudia Händl, „Hofieren mit Stechen und Turnieren. Zur Funktion Neidharts beim Bauernturnier in Heinrich Wittenwilers *Ring*", in: *Zeitschrift für deutsche Philologie* 110 (1991), S. 98–112.

9 Vgl. Karl Zaenker, „Zur Arzt-Szene in Heinrich Wittenwilers *Ring*", in: *Seminar* 15 (1979), S. 1–14, hier S. 4ff.

10 Melitta Weiss-Amer, „Straubs Gesundheitslehre. Wittenwilers *Ring* im Kontext mittelalterlicher Fachliteratur", in: *Medieval German Literature. Proceedings from the 23rd International Congress on Medieval Studies, Kalamazoo (Michigan). May 5–8, 1988*, hg. von Albrecht Classen, Göppingen 1989, S. 171–180.

11 Hier wird die Tugendlehre des Wilhelm von Conches benutzt; vgl. *Das ‚Moralium dogma philosophorum' des Guillaume de Conches. Lateinisch, altfranzösisch und mittelniederfränkisch*, hg. von John Holmberg, Uppsala/Leipzig 1992; vgl. Elisabeth Schmid, „Leben und Lehre in Heinrich Wittenwilers *Ring*", in: *Jahrbuch der Oswald von Wolkenstein Gesellschaft* 4 (1986/87), S. 273–292; Brüllhart, *Vexatio*, S. 41–69.

12 Vgl. dazu Elmar Mittler, *Das Recht in Heinrich Wittenwilers ‚Ring'*, Freiburg/Br. 1967, S. 102ff.; Jörg Bismark, *Adlige Lebensformen in Wittenwilers ‚Ring'. Untersuchung über die Person des Dichters und die ständische Orientierung seiner Lehren und seiner Satire*, Augsburg 1976, S. 101–119; Pamela Kalning, *Kriegslehren in deutschsprachigen Texten um 1400. Seffner, Rothe, Wittenwiler. Mit einem Abdruck der Wiener Handschrift von Seffners ‚Ler von dem streitten'*, Münster 2006, S. 140–197.

13 Vgl. zu den Briefen besonders Winfried Schlaffke, *Heinrich Wittenwilers ‚Ring'. Komposition und Gehalt*, Berlin 1969, S. 41ff.; Mittler, *Recht*, S. 33; Thomas Cramer, „Nabelreibers Brief", in: *Gespräche – Boten – Briefe. Körpergedächtnis und Schriftgedächtnis im Mittelalter*, hg. von Horst Wenzel, Berlin 1997, S. 212–225; Kristina Jürgens-Lochthove, *Heinrich Wittenwilers ‚Ring' im Kontext hochhöfischer Epik*, Göppingen 1980, S. 216–234.

14 Dazu besonders Eckart Conrad Lutz, *Spiritualis Fornicatio. Heinrich Wittenwiler, seine Welt und sein ‚Ring'*, Sigmaringen 1990.

15 Ingeborg Glier, *Artes amandi. Untersuchungen zur Geschichte, Überlieferung und Typologie der deutschen Minnereden*, München 1971, S. 235–237.

16 Den Überblick über die recht umfangreiche *Ring*-Forschung erleichtern folgende Forschungsberichte: Ortrun Riha, *Die Forschung zu Heinrich Wittenwilers ‚Ring' 1851–1988*, Würzburg 1990; dies., „Die Forschung zu Heinrich Wittenwilers *Ring*", in: *Vom Mittelalter zur Neuzeit. Festschrift für Horst Brunner*, hg. von Dorothea Klein u. a., Wiesbaden 2000, S. 423–430; Frank

Spektrum ist umrissen durch Eckart Conrad Lutz' Interpretation des Textes als subtile Allegorie, welche die Gottesliebe gegenüber der geistlichen Hurerei ins Recht setzt.[17] Auf der anderen Seite des Spektrums steht die grundsätzlich nihilistische Lektüre von Hans-Jürgen Bachorski, der im grotesken Geschehen und den zugeordneten wissensliterarischen Texten eine Anordnung sieht, welche Sinn nur setzt, um ihn zu unterlaufen und zu zerstören, und ein Chaos hinterlässt.[18] So wird der Text einmal als in hohem Maße exemplarisch interpretiert, als Text, der einem genuin moraltheologischen Demonstrationszweck folgt; ein anderes Mal im Sinne eines von allem Exemplarischen gelösten Exponierens des Chaos. Solche gegensätzlichen Auslegungen ergeben sich nicht zuletzt aufgrund der generischen Janusköpfigkeit des *Ring*-Epos.[19] Ausgangspunkt des Textes ist der in zwei Fassungen vorliegende Bauernhochzeitsschwank (417 bzw. 680 Verse),[20] der einen Teil der Handlung mit dem *Ring* teilt, an einigen Punkten signifikant abweicht und um eine Vor- und eine Nachgeschichte sowie die vielen Inserate ergänzt wird. Im Bauernhochzeitsschwank kommt es während des Hochzeitsfestes zu einer wüsten Fressorgie, an die sich eine kollektive Tanzekstase der Bauern anschließt, die in eine brutale Schlägerei mündet, die zuletzt von Schlichtern befriedet wird. Diese Erzählung wird im *Ring* durch Hinzufügung weiterer Episoden und Wissensinserate, insbesondere aber durch den Ausbruch des großen Krieges umgeschrieben. Der *Ring* schließt also an die spätmittelalterliche Versnovellistik an. Die im *Ring* gegenüber dem Bauernhochzeitsschwank hinzugefügten Figuren greifen auf das reiche Inventar spätmittelalterlicher Versnovellistik zurück: Figuren wie jene des klugen Schreibers oder des gerissenen Arztes und Motive wie der Dialog mit dem weiblichen Geschlechtsteil sind hier gattungsgeschichtlich vorgeprägt.[21] Klaus Grubmüller hat die Gattungsgeschichte der Versnovellistik beschrieben als die Geschichte eines Erzählens, welches sich zunehmend von einer narrativen Verpflichtung auf die Wiedereinsetzung einer gestörten Ord-

Fürbeth, „Die Forschung zu Heinrich Wittenwilers *Ring* seit 1988", in: *Archiv für das Studium der neueren Sprachen und Literaturen* 245 (2008), S. 350–390.

17 Vgl. Lutz, *Spiritualis Fornicatio.*

18 Hans-Jürgen Bachorski, *Irrsinn und Kolportage. Studien zum Ring, zum Lalebuch und zur Geschichtklitterung*, Trier 2006, S. 208ff.; vgl. zuletzt die differenzierte Darstellung der Forschungspositionen bei Gert Hübner, „Erzählung und praktischer Sinn. Heinrich Wittenwilers *Ring* als Gegenstand einer praxeologischen Narratologie", in: *Poetica* 42 (2010), S. 215–242, hier S. 116–221.

19 Ich skizziere zum Thema einige Überlegungen, die ich andernorts bereits differenzierter auszuführen versuchte: Tobias Bulang, *Enzyklopädische Dichtungen. Fallstudien zu Wissen und Literatur in Spätmittelalter und früher Neuzeit*, Berlin 2011; ders., „Gattungshybridität und enzyklopädische Textsortenrabulistik um 1400 – Heinrich Wittenwilers *Ring*", erscheint in: *Enzyklopädisches Erzählen und vormoderne Romanpoetik*, hg. von Mathias Herwegh, Klaus Kipf und Dirk Werle, Wiesbaden 2019.

20 Abgedruckt in Brunners Ausgabe des *Ring* (vgl. oben Anm. 7), S. 587–645; vgl. Hans-Joachim Ziegeler, *Erzählen im Spätmittelalter. Mären im Kontext von Minnerede, Bispeln und Romanen*, München/Zürich 1985, S. 405–438.

21 Vgl. z. B. Jürgen Schulz-Grobert, „Autor in fabula. Selbstreferentielle Figurenprofile im *Ring* Heinrich Wittenwilers", in: *Heinrich Wittenwiler in Konstanz und ‚Der Ring'. Tagung 1993 in Konstanz*, hg. von Horst Brunner, Frankfurt a. M. 1994/95, S. 13–26.

nung löst und das Groteske, das Böse, die Willkür und die Kontingenz als Selbstzweck exponiert.[22] Gerade die obszönen Mären des Spätmittelalters, auf welche Wittenwiler besonders zurückgreift, sind gekennzeichnet durch die Abkehr vom exemplarischen Erzählen und die Exponierung grotesker Körperlichkeit. Die Schwankserie entfaltet sich zudem als Reihe in sich geschlossener Episoden. Verfolgt man diese Fluchtlinie interpretatorisch, so lässt sich die Lösung von einem strikt exemplarischen Erzählen in der Schwanktradition auf einen Umgang des Textes mit den Wissensinseraten im *Ring* übertragen. In diesem Sinne wird eine Deutung wie jene Bachorskis, der festhielt, im *Ring* werde nur Sinn gesetzt, um zerstört zu werden, plausibel. Freilich geht der Roman in den Regularien spätmittelalterlichen Schwankerzählens allein nicht auf. Mit dem Untergang Lappenhausens auf den das Erzählen im *Ring* teleologisch zuläuft, reiht es sich ein in jene mittelalterlichen Großepen, die als Untergangsgeschichten gestaltet sind (*Nibelungenlied, Prosalancelot, Jüngerer Titurel,* Troja-Erzählungen). Solche Erzählungen exponieren keine chaotische, sondern eine durchaus regulierte Welt, wobei freilich die Spielregeln dieser Welt in den Untergang führen.[23] Die mittelhochdeutschen Untergangsepen verbinden mit der Entfaltung einer im Tod der Helden ihr Telos findenden Dynamik eine Wertediskussion, deren Zentren Konzeptionen von Herrschaft und Liebe bilden: Die Folgelasten der Brautwerbung Siegfrieds und der Ehe mit Kriemhilt oder die fatalen Konsequenzen der unbedingten und maßlosen Liebe Lancelots zur Ehefrau von König Artus entbinden Teleologien des Untergangs, Eskalationen von Gewalt. Mit Wittenwilers *Ring* liegt eine eigene Umschrift dieser Merkmale von Untergangsgeschichten vor. Liebe und Ehe sind in diesem Text vorrangig Gegenstand eines präsentierten Wissens. Die Normen von Minne und Ehe, das Regelwerk angemessenen Haushaltens und gerechter Kriegsführung und die Gebote zivilisierten Verhaltens werden im *Ring* mit einem Geschehen konfrontiert, das als permanenter Verstoß gegen diese Regeln voranschreitet. Dabei wird vorgeführt, wie die Bauern aufgrund des Scheiterns der Wissensvermittlung im Zustand der Dummheit verharren. Damit werden die Bedingungen des sozialen Friedens zerstört, es kommt zur Eskalation der Gewalt. Der Untergang gründet so in der Verfehlung eines Wissens aufgrund der Irrationalität und Zügellosigkeit der *gpauren*. Er wird somit als Geschichte problematischer Wissensvermittlungen erzählt.[24] Durch diese Anordnung wird die Heterogenität der hinzugenommenen Wissensbestände ein Stück weit abgebaut und episch bis zum daraus ableitbaren Untergang integriert. Interpretationen des *Rings,* welche das Verhältnis von Dichtung und Didaxe in diesem Sinne aufeinander beziehen, unterschätzen jedoch die gegenläufige Bewegung eines Exponierens von Kontingenz, welche der *Ring* mit der spätmittelalterlichen Versnovellistik teilt.

---

22 Vgl. Klaus Grubmüller, *Die Ordnung, der Witz und das Chaos. Eine Geschichte der europäischen Novellistik im Mittelalter: Fabliau – Märe – Novelle,* Tübingen 2006.

23 Vgl. Jan-Dirk Müller, *Spielregeln für den Untergang. Die Welt des Nibelungenliedes,* Tübingen 1998.

24 Vgl. Hübner, *Erzählung,* S. 220.

Der gattungsgeschichtliche Befund solcher Janusköpfigkeit ist die Voraussetzung dafür, dass man den *Ring* aus unterschiedlichen Perspektiven sehen kann: einmal aus jener einer Teleologie des Untergangs verknüpft mit konsistenter Wertediskussion, einmal aus jener einer Schwankserie, die in grotesk zugespitzten Einzelepisoden Chaos und Kontingenz produziert. Dies hat jeweils Konsequenzen für die Bewertung der Wissensinserate. Diese erscheinen je nach Blickwinkel als didaktisch zentrierte narrative Wissenspräsentation oder als Mittel zum Zweck, eine chaotische und unberechenbare Welt auszustellen.

Angesichts dessen, dass diese Bewertungen aufgrund der Unabgegoltenheit gegenläufiger Erzähltraditionen im Text selbst nicht entscheidbar sind, möchte ich eine vermittelnde Lesart vorschlagen, die prinzipiell mit beiden Optionen rechnet. Ich setze dazu an einem eigentümlichen literarischen Spiel mit Wissen im *Ring* an, welches in der Forschung mehrfach beobachtet wurde: Wissensvermittelnden Textsorten wird in zugespitzten Erzählungen ein widersinniger Sitz im Leben verpasst.[25] Wenn eine vorgetragene Turnierlehre eine turbulente Prügelorgie auslöst oder ein Rezept zur Wiederherstellung der verlorenen Jungfräulichkeit ausgerechnet von dem Arzt verabreicht wird, der die Patientin schwängerte und durch die Betreibung ihrer Verheiratung die Tat vertuschen will, dann entfaltet sich ein Spiel, welches auf die Komik des Wissens selbst zielt. Man könnte aufgrund der vielen von aberwitzigen narrativen Kontexten umstellten wissensliterarischen Inserate von einer Textsortenrabulistik sprechen. Im *Ring* werden durch solch eine Anordnung mitunter in der Wissensliteratur gezähmte Kontingenzen freigesetzt. Aber das mindert die Tragfähigkeit der inserierten Regelwerke als Negativpartitur für das erzählte Handeln der Bauern keineswegs. Denn dass das präsentierte Wissen wissenssatirisch relativiert wird, hindert ja nicht daran, zu demonstrieren, dass beim Nichtbefolgen der Regeln Schäden und Vernichtung drohen. Im Folgenden möchte ich an der Lehre vom Haushaben, deren Nichtbefolgung in den turbulenten Szenen des *Rings* allenthalben manifest ist, zeigen, wie durch die narrative Rahmung Kontingenzen des Wissens selbst freigesetzt werden.

3. Zu den Folgen der Inszenierung der Haushaltslehre im Roman

Wie nun ist die Pseudo-Bernhardsche Lehre in den Roman eingepasst und welche konzeptionellen Folgen ergeben sich aus der narrativen Amalgamierung wissensvermittelnder Textsorten? Zunächst ist die Versifizierung des Textes zu betrachten. Versifizierungen der *Lehre vom Haushaben* finden sich in der Überlieferung vereinzelt, sie datieren aber wesentlich später als der *Ring* und stehen mit diesem auch in keiner Verbindung.[26] Es handelt sich im *Ring* um den frühesten Beleg einer deutschsprachigen Bearbeitung in Versen, der keine eigene Texttra-

25 Vgl. das Nachwort von Werner Röcke zu Wittenwiler, *Ring*, S. 487–488.

26 Überliefert sind eine niederländische und eine oberdeutsche versifizierte Fassung (J). Versifizierte Merksprüche und Sentenzen enthalten auch zwei weitere Prosafassungen des Textes (D und E); vgl. Cossar, *German Translations*, S. 131–163, 195–204; vgl. Zimmermann, „Haushaben", S. 663.

dition auslöst, was mit der literaturgeschichtlich folgenlosen frühen Rezeptionsgeschichte des Romans zusammenhängt.[27] Dass der Text Bernhard zugeschrieben wird, wird im Zusammenhang der Unterweisung über den Umgang mit den Söhnen knapp erwähnt: „Deim sun emphilh daz stäbli nicht,/ Sam der lieb sant Bernhart spricht!“, „Empfehle Deinem Sohn nicht den Wanderstab – So spricht der liebe Sankt Bernhard.“ (Ring, V. 5099f., Übers. T.B.) Die als Epistel konzipierte Vorlage wird hier im Sinne einer konzeptionellen Mündlichkeit perspektiviert, was der Gesprächssituation, in welcher die Regeln des Haushabens im Text entfaltet werden, entspricht.

Insgesamt stellt die Versifikation im *Ring* eine sehr freie Bearbeitung dar, nicht alle Posten werden mit der Ausführlichkeit, die in der Epistel ausgemacht werden kann, behandelt; die Reihenfolge der traktierten Themen variiert. Mit 183 Versen (V. 5017–5200) handelt es sich um ein nicht unbedeutendes Wissensinserat im *Ring*, welches freilich gemessen an der *Lehre vom Haushaben* verknappt erscheint. Mit der Verknappung geht auch eine Tendenz zur Sentenz bzw. zum Merkspruch einher, welche auch in der Überlieferung der *Lehre vom Haushaben* an zwei Prosafassungen zu beobachten ist, in welchen Reimsprüche vorkommen. Diese Fassungen datieren ebenfalls später als der *Ring* und weisen mit diesem keine Beziehung auf. Aufgrund der durchgängigen Versifikation der Haushaltslehre im *Ring* wird eine sentenzenhafte Zuspitzung in den Reimpaarsprüchen zweifellos befördert. Dies äußert sich dann in fasslichen Formeln wie folgender: „Hast du knecht in deiner huot,/ Vertrag ier keinem übermuot“, „Wenn Du Knechte beaufsichtigst, dulde bei ihnen keine Aufsässigkeit!“ (V. 5107f., Übers. T.B.) Auf solche Einschlägigkeit wird die etwas subtilere Argumentation bei Pseudo-Bernhard oft heruntergebrochen.[28] Dieser Tendenz zur Sentenz kommt der Text zudem interpolierend nach, wenn er etwa empfiehlt, man solle ein zweites Haus aus Silber in der Tasche tragen, wenn es an die notwendigen Einkäufe geht (vgl. V. 5021–5031). Damit wird ein eingängiges Bild für die angemessene Haussorge verwendet, dass den bekannten Fassungen der *Lehre vom Haushaben* abgeht und das Wittenwiler selbst interpoliert haben könnte. Beim Rat, auf den Bau von Häusern aufgrund des erwartbaren finanziellen Schadens zu verzichten, bieten der lateinische Text und seine deutschen Bearbeitungen eine Sentenz an: „Turris completa et archa evacuata faciunt valde sed tarde hominum sapientem“.[29] In den deutschen Übersetzungen der *Lehre vom Haushaben* lautet der Spruch beispielsweise wie folgt: „Ein voller turn und ein volle arche, wenn die gelert werden, die machen ainen menschen gar weys, aber doch czu spät.“[30] Bei Wittenwiler findet sich keine Übersetzung davon, sondern eine alternative Formulierung, die sprachlich drastischer

---

27 Vgl. zur Rezeption Lutz, *Spiritualis Fornicatio*, S. 415–442.

28 Die tabellarische Gegenüberstellung der *Ring*-Passagen mit der lateinischen und einer deutschen Fassung der Epistel bei Armin Brüllhart zeigt dies deutlich; vgl. Brüllhart, *Vexatio*, S. 209–215.

29 Cossar, *German Translations*, S. 100.

30 Ebd., S. 105f.

ausfällt: „Won gmachetz haus, geschribens buoch,/ Beschlaffens weib, versnitten tuoch,/ Dar zuo hefen alter plunder/ So wolfeil sind, es ist ein wunder", „Denn ein gebautes Haus, ein vollgeschriebenes Buch, eine beschlafene Frau, ein verschnittenes Tuch, dazu Häfen mit altem Plunder, die sind so wohlfeil, dass es ein Wunder ist" (V. 5047–5050, Übers. H. Brunner, S. 295). Deutlich wird hier, dass Wittenwiler die Rede stilistisch modifiziert. Man vergleiche dazu die Empfehlung eines schlichten, wohl kleidenden Gewandes und die Forderung des Verzichts auf Modekleidung im *Ring*:

> Erber gwand und nicht ze reich,
> Wiss, daz ist gar lobeleich,
> Ist es sauber, nicht beschissen,
> Wol vernait noch so zerissen
> Und daz gewönleich sei der zeit;
> Neuwer sitt die narren reit. (V. 5053–5058)
>
> Ehrbare, nicht zu kostbare Kleidung ist lebenswert, wenn sie sauber, nicht vollgeschissen, gut geflickt, nicht zerfetzt, und für die Jahreszeit passend ist. Neue Mode reitet bloß Narren. (Übers. H. Brunner, S. 295/297)

Die Beispiele zeigen im Vergleich mit der Vorlage, dass stilistisch in ein niederes Register transponiert wird, wie insbesondere im letzten Zitat anhand der Verwendung von Fäkalsprache deutlich wird. Die gemessene Rede Pseudo-Bernhards wird mit einschlägiger Drastik überschrieben, misogyne Tendenzen werden verschärft: „Wiss, und trait dein weib die pruoch,/ Sei wiert dein hagel und dein fluoch", „Wisse, hat deine Frau die Hosen an, so wird sie dir zu Hagel und Fluch!" (V. 5077f., Übers. T.B.)

Edmund Wießner und in jüngster Zeit Armin Brüllhart haben gezeigt, dass im *Ring* auch konzeptionelle Modifizierungen gegenüber der Vorlage beobachtbar sind. So fällt bei den Regeln für das Verkaufen von Korn eine signifikante Änderung auf. Betonte die Epistel, man solle das Korn zunächst seinem Nachbarn verkaufen, dann aber auch seinen Feinden, da man diesen mit dem Schwert nicht beikommen könne, so heißt es im *Ring*: „Gib auch deinen veinten hin/ Ze dem teursten: daz ist gwin!/ Und pist gerochen an daz pluot,/ Daz ist ein rach vor allen guot", „Verkaufe an dein Feinde so teuer wie möglich. Das ist Dein Profit! Du bist gerächt, ohne das Blut geflossen ist – das ist die allerbeste Rache." (V. 5145–5148, Übers. H. Brunner, S. 301). Zielte die Empfehlung der Epistel, dem Feinden Korn zu verkaufen, auf die Wahrung des sozialen Friedens, wird sie bei Wittenwiler zum Vollzug der Rache durch Gewinn. Durchgängig – so zeigt Brüllhart in seiner Aufstellung deutlich – dominiert im *Ring* das Gewinnstreben die ethischen Erwägungen. Aus dem Gebot, auf das Verhältnis von Einnahmen und Ausgaben zu achten, wird im *Ring* die Forderung, der Gewinn müsse täglich höher sein als die Ausgaben. Das „eigennützige Rentabilitätsdenken" durchziehe, so Brüllhart, die ganze Haushaltslehre und deformiere somit die Epistel. Die den Wittenwiler'schen Lehren in der

Forschung mitunter konzedierte Orientierung am Nutzen („gute Ratschläge statt Rat zum Guten“),[31] erweist sich so als deutliche Bearbeitungstendenz des Autors.

An den stilistischen und konzeptionellen Modifizierungen zeigt sich, dass die *Lehre vom Haushaben* an das Personal der Sprecher – es sind Bauerntölpel – angeglichen wird, was Wittenwilers freier Bearbeitung im Vergleich mit anderen Fassungen eine einzigartige Signatur verleiht. Durch formale Assimilation (Reimpaarvers), Verstärkung des Sentenzhaften, durch die stilistische Transponierung ins niedere Register und die Betonung des Eigennutzes wird Bernhards *Lehre vom Haushaben* mit der im *Ring* inszenierten Figurenrede kompatibel und mithin episch integriert.[32]

Somit erscheint sie nicht als heterogener Textblock, sondern fügt sich in die narrativ entworfene Gesamtsituation einer umfassenden Unterweisung des Bräutigams vor der Eheschließung ein. Die Eltern der Braut unterweisen den Bräutigam in allen für die Ehe relevanten Sachverhalten, damit der Einfältige überhaupt erst zur Ehe befähigt wird. In diesem Zusammenhang ist die Haushaltlehre nur ein inserierter Text von mehreren. Auch die anderen Lehren lassen sich zum Teil auf bedeutende Intertexte beziehen: Die Lehre beginnt mit einem Schülerspiegel (V. 3846–3925), der auf Hugos von St. Viktor *Didascalicon* zurückgeführt werden kann. Es folgt ein Laiendoktrinal, weiterhin eine Gesundheitslehre mit Tischzucht, die Ähnlichkeiten mit *Regimina sanitatis Salernitatum* und der *Secretum secretorum*-Tradition aufweist. Die sich anschließende umfassende Tugendlehre (V. 4410–4962) konnte als Übersetzung und Versifikation des *Moralium dogma Philosophorum* von Wilhelm von Conches identifiziert werden. Daran schließt sich die Haushaltlehre an. Damit entspricht die wissensliterarische Anordnung im Roman in etwa dem Befund, der sich bei der Betrachtung der Textumgebung der *Lehre vom Haushaben* in den Sammelhandschriften einstellt: monastische Traktate, katechetische Literatur, Frömmigkeitsschrifttum, *ars moriendi*-Literatur, juristische Texte, Freidank, *Disticha Cathonis, Lucidarius,* Hugos von Trimberg *Renner,* Vater-Unser-Auslegungen, *Regimina sanitatis.* Die Überlieferungslage zeigt hohe Flexibilität: die Lehre vom Haushaben kann sich mit Texten unterschiedlichster Provenienz verbinden, so etwa auch mit hagiographischen und historiographischen Texten (*Vitaspatrum, Gesta Romanorum*). Die Einbettung im *Ring* erscheint vor diesem Hintergrund nicht ungewöhnlich, bemerkenswert ist allerdings, dass es sich oft um erstmals greifbare deutsche Übersetzungen und Versifikationen aus lateinischen Prosatexten handelt. Hier ist ein gewisses gelehrtes Niveau der Anordnung auffällig, welches einen besonderen Kontrast zum bunten Bauerntreiben bildet. Die entscheidende Differenz zu solchen Sammelhandschriften nun ergibt sich als Konsequenz der Einpassung der Texte in einen narrativen Nexus. Dies wird deutlich, wenn man die narrative Umgebung der erwähnten

31 Vgl. Schmid, „Leben und Lehre“, S. 277.

32 Vgl. dazu die nach wie vor anregenden Ausführungen bei Herman Meyer, „Zum Problem der epischen Integration“, in: *Trivium* 8 (1950), S. 299–318.

Unterrichtssituation genauer betrachtet: Bertschi hatte seine Heiratsabsicht allen Verwandten mitgeteilt, die sich daraufhin zusammenfanden. Zunächst führten die Verwandten eine umfassende Debatte darüber, ob man überhaupt heiraten solle oder nicht. Die Ehedebatte endet mit dem Beschluss, dass man den Brautvater aufsuchen und Bertschis Werbung vorbringen solle. Am Folgetag berät sich die Familie der Braut in dieser Sache. Bertschis Eignung für die Ehe steht dabei in Frage, sein Unwissen freilich ist absolut. Man wird sich einig:

> Und wil er unser muomen han,
> So haiss man'n chömen so zehand
> Und setzt in nider zuo der want
> Und sagt im alles sunder wol,
> Was er tuon und meiden schol!
> Und ist, daz er gelernen mag
> Und auch getuon nach ewer sag,
> So schol man im sei geben so. (V. 3748–3755)

> Und will er unsere Muhme haben, so heiße man ihn sogleich kommen und setze ihn an die Wand und sage ihm alles einzelne genau, was er tun und was er lassen soll! Und ist er imstande, nach eurem Geheiß zu lernen und zu handeln, so soll man sie ihm geben. (Übers. H. Brunner, S. 219)

Damit ist jener Rahmen abgesteckt, innerhalb dessen die großen Lehrblöcke des zweiten Teils vermittelt werden. Bereits im Prolog hatte Wittenwiler diese Wissensbereiche als besonders bedeutende herausgestellt. Er entwirft die Dreiteilung des Werkes: Der erste Teil befasse sich mit dem Hofieren, also der Werbung um eine Dame, und vermittle das nötige Wissen dazu. Der dritte Teil zeige, wie man sich im Krieg angemessen verhalten solle. Zum zweiten Teil heißt es im Prolog: „Daz ander kan uns sagen wol,/ Wie ein man sich halten schol/ An sel und leib und gen der welt:/ Daz hab dir für daz best gezelt", „Das zweite kann uns genau Auskunft geben, wie der Mann Leib und Seele pflegen und wie er sich der Welt gegenüber verhalten soll. Dies halte für das Wichtigste!" (V. 21–24, Übers. H. Brunner, S. 9). Selbstsorge, Heilssorge und innerweltliches Benehmen werden als wichtigster Bestandteil des Werkes dem Leser ausdrücklich empfohlen. Die Forschung ist mittlerweile davon abgegangen, im *Ring* lediglich ein Lehrbuch zu sehen. Die narrative Inszenierung des Wissens befördert vielmehr eine Beobachtung zweiter Ordnung: Nicht was zu tun sei, wird vermittelt, sondern gezeigt wird, wie mit Lehren umgegangen wird, wie diese vermittelt und in defizitärer Weise umgesetzt und befolgt werden.[33] Und von diesem Beobachtungspunkt aus,

---

33 Vgl. dazu vor dem Hintergrund didaktischer Literatur Christoph Huber, „*der werlde ring* und *was man tuon und lassen schol*. Gattungskontinuität und Innovation in moraldidaktischen Summen. Thomasin von Zerklaere, Hugo von Trimberg, Heinrich Wittenwiler und andere", in: *Mittelalter und frühe Neuzeit. Übergänge, Umbrüche und Neuansätze*, hg. von Walter Haug, Tübingen 1999, S. 187–212.

entfaltet der *Ring* einen nicht unmaßgeblichen Teil seiner Komik. So auch hier: Was im Rahmen der Prologrhetorik dem Rezipienten des Romans als Lebenshilfe angedient wird, wird einer der Romanfiguren – gewissermaßen vor den Augen der Rezipienten – auf einen Schlag zu implementieren gesucht. Das hier aufgebotene, vorgeblich für die Ehe qualifizierende Wissen ist enorm und angesichts der begrenzten Aufnahmekapazitäten des Freiers völlig unangemessen. Nichts weniger als eine ganze ethische Enzyklopädie wird dem Bräutigam zu vermitteln versucht. Die literarische Inszenierung der Wissensvermittlung gestaltet sich wie folgt: Bertschi wird an die Wand gesetzt und alle reden auf ihn ein. Zentriert wird so ein Kompendium als das für die Daseinsfristung und Heilssorge irgendeines Einzelnen in seinem beschränkten Weltausschnitt unabkömmliche Pensum. Man kann diesen Anwendungsfall als Illustration der Unbelehrbarkeit Bertschis verstehen, er stellt aber gleichermaßen die aberwitzige Inszenierung einer Vermittlungspraxis didaktischen Schrifttums dar und reiht sich somit ein in die Komik einer Textrabulistik, die der *Ring* durchgängig durch aberwitzige Kontextualisierungen wissensvermittelnder Texte betreibt. Wird das gesamte Wissen über Heils- und Weltsorge solcherart zwischen die Libido und die Möglichkeit ihrer legitimen Ausübung in der Ehe gesetzt – was einer erpresserischen Anordnung des Freud'schen Theorems der Kulturation als Triebverzicht gleichkommt – ist zumindest im Falle Bertschis keine Gewähr für eine belastbare Wissensvermittlung zwischen den Generationen gegeben: Am Ende der literarischen Inszenierung dieses Wissens aber muss Bertschi schwören, sich an alle diese Ratschläge auch zu halten – er tut dies ohne die Lehren verstanden zu haben und lässt somit die didaktische Situation leerlaufen:

> Triefnass andacht die was gross
> Gen seines lieben Mätzleins schoss
> Und tett recht sam fuchs Rainhart,
> Der umb die faissen hennen warb,
> Und verhiess pei seinem aid,
> Ze allen dingen sein berait,
> Die ein fromer, weiser knecht
> Laisten scholt und tuon von recht. (V. 5207–5214)

> Triefnasens Gedanken waren hingebungsvoll auf seines lieben Mätzleins Schoß gerichtet. Er tat genau wie Fuchs Reinhart, der um die feiste Henne warb, und schwor mit seinem Eid, alles zu erfüllen, was ein rechtschaffener, kluger Jüngling von rechts wegen tun und leisten soll. (Übers. H. Brunner, S. 305)

Kulturation setzt Impulshemmung und Reflexion voraus und dies ist bei Bertschi nicht zu erwarten. Dabei fragt sich jedoch, ob sich die Komik einer solchen Inszenierung nicht auch zersetzend auf die Autorität der Lehren auswirkt. Die Lehren stehen in einer Spannung zu den sprechenden Namen der Lehrenden, die oft für das Gegenteil der Lehrinhalte stehen: Lastersack bietet das Laiendoktrinal dar, Übelsmach die Tugendlehre, Seichinkruog die Haushaltslehre – all dies könnte noch Mittel der Figurenkritik sein und somit gingen die im intertextuellen Abgleich mit den wissensvermittelnden Vorlagen des *Rings* auszumachenden Deformierungen der Lehren auf das Konto bäurischer Niedertracht. Der narrative Nexus bringt aber nicht nur mit sich, dass die Lehrfiguren Namen haben. Die Präsentation der Unterweisungen als Rede von Figuren, die im Text interagieren und somit nicht nur propositionale Gehalte von Lehren präsentieren, sondern diese auch instrumentell einsetzen und kommentieren, lässt – anders als in den auf den Präsentationsmodus beschränkten Sammelhandschriften – perspektivisch vermittelte Wertungen von Wissensbeständen relevant werden. Besonders deutlich wird das *surplus* der narrativen Inszenierung in den Lehrblöcken, wenn man noch einmal die vorgängige Ehedebatte über die Frage, ob man heiraten solle oder nicht, betrachtet. Bemerkenswerterweise ist die Auseinandersetzung mit dieser alten Streitfrage in ihrer Reinszenierung im Roman mit einem Gender-Index versehen. Während der Auseinandersetzung verschiedener Rednerinnen und Redner über diesen Kasus sind es die Frauen, die Argumente einbringen, welche für die Ehe sprechen, während die Männer die Argumente dagegen vorbringen.[34] In diesem Schlagabtausch kommen einerseits die gelehrten Positionen der Ehedebatten zum Tragen, andererseits aber ist in den polemischen Invektiven der Kombattanten eine Dynamik des Geschlechterkrieges erkennbar, wie sie in spätmittelalterlichen Eheschwänken gebräuchlich ist.[35] Diese pragmatische Rahmung und die instrumentelle und agonale Zurichtung der Argumente stellt die narrative Aktivierung eines Potenzials dar, welches in der Versammlung der Argumente im Rahmen eines Traktates nicht manifest wird. Relativiert wird damit auch der Wahrheitsanspruch der Argumente, da diese keine Aussagen über die Welt sind, sondern pragmatische Kampfzüge innerhalb des allgemeinen *gender-trouble*. Im Verlauf der umfassenden Lehrunterweisungen Bertschis ist diese Indexierung der Argumente durch das Geschlecht der Sprechenden weniger manifest. An seine Stelle treten die berufsständischen Interessen der Vortragenden, die in den Dialogpartien thematisiert und hinterfragt werden. Hinzu kommt die im Text ebenfalls vollzogene Diskussion darüber, für welche ständischen Rezipienten die jeweilige Lehre geeignet sei und inwieweit Bertschi ihrer überhaupt bedarf. Damit aber ereignet sich wissensgeschichtlich betrachtet im *Ring* mehr als die Explikation der durch die Figuren verfehlten Normen. Die Wissensinserate werden von den Figuren kommentiert, verglichen und konfrontiert. Sie zeigen

34 Einen differenzierten Abgleich der Ehedebatte im *Ring* mit verschiedenen Ehe- und Haushaltslehren entfaltet Michael Dallapiazza, der das Novum von Wittenwilers Ehedebatte in einer an städtischen Interessen ausgerichteten Integration von Ehe- und Haushaltsdiskursen sieht; vgl. Michael Dallapiazza, „Sprechen über die Frau. Haushaltsdiskurse bei Wittenwiler und anderen", in: *Haushalt und Familie in Mittelalter und früher Neuzeit*, hg. von Trude Ehlert, Sigmaringen 1991, S. 167–180.

35 Vgl. Bulang, *Enzyklopädische Dichtungen*, S. 230–233.

beispielsweise, dass all das, was der Laie über die Seele und Gott zu wissen hat, noch nicht hinreicht, um auch das Leibliche und die Gesundheit gut zu meistern, wie Frau Leugafruo im Anschluss an das Laiendoktrinal betont:

> [...] Ich han mir oft gehört:
> Der den leib mit vasten stört,
> Pei dem weleibt die sele nicht;
> Dar umb so tuo, sam man da spricht:
> Halt dich eben an dem leib,
> Wilt, daz dir die sel beleib,
> Und voll ze stunden, glaub es mir,
> Hast du den muot, ze weiben dir! (V. 4190–4197)

> Ich habe oft gehört: Wer den Leib mit Fasten ruiniert, bei dem bleibt die Seele nicht. Drum tu, wie man da sagt: Halte dich gut am Leib, wenn du willst, daß die Seele bei dir bleibt, und besonders dann, glaub mir, wenn du im Sinn hast zu heiraten! (Übers. H. Brunner, S. 247/249)

Hier wird nicht nur vom Laiendoktrinal auf die Diätetik übergeleitet, hier wird die Lehre frommer Weltabkehr und leiblicher Askese zugunsten des Seelenheils regelrecht umgekehrt. Heil und Heilung, Heilssorge und Selbstsorge geraten hier in ein kontradiktorisches Verhältnis, und damit ist mehr als nur der Relevanzanspruch beider Lehren problematisiert. Konfrontiert werden Normen einer Heiligung des Lebens durch Askese mit Forderungen einer angemessenen Selbstsorge. Im Anschluss an die Gesundheitslehre heißt es dann, bisher sei nur von Dingen die Rede gewesen, die auch für einen Mönch angemessen seien:

> Richteinschand die merket eben,
> Daz Straub im wolt ein ende geben,
> Und sprach: ‚Noch han ich nichtz vernommen,
> Dann daz ein münche möcht gefromen.
> Der chnecht wil unser muomen haben
> Und sich mit diser welt betragen;
> [...]‘. (V. 4402–4407)

> Richteinschand merkte, daß Straub auf das Ende zusteuerte, sie sprach: ‚Noch habe ich nichts vernommen, was nicht auch einem Mönch von Nutzen wäre. Der Bursche will unsere Muhme freien und sich in dieser Welt einrichten. [...].‘ (Übers. H. Brunner, S. 259/261)

Darin liegt keine Distanzierung der Lehre, wohl aber eine Problematisierung ihres Adressatenbezugs: Soeben hatte Straub noch darauf hingewiesen, dass *wollust* und *gewonhait* mitunter die *nataur* verkehrten und aus einem Bauern einen Edelmann machen können *et vice versa*. Wenn daraufhin gesagt wird, solche Lehre eigne allenfalls für Mönche, so scheint mir mit der Ironisierung der Äußerungen Straubs auf ein grundsätzliches Problem der Applizierbarkeit angespielt. In der Tat fällt ja das, was für Heils- und Selbstsorge geboten ist, ständisch zum Teil unterschiedlich aus. Die Autorität einer Lehre wird durch Hinweise auf ihre nur partikulare Geltung deutlich eingeschränkt, womit eine soziale Indexikalisierung stattfindet, welche in den wissensvermittelnden Texten nicht explizit wird.

Die auf diesen Einwand hin vorgetragene Tugendlehre präsentiert in allegorisierender Form eine ausgreifende Systematik aller Tugenden (sie geht auf das *Dogma Moralium Philosophiae* des Wilhelm von Conches zurück, arbeitet aber auch mit Inseraten aus den *Proverbia Salomonis* sowie Distichen aus dem *Catho* und dem *Facetus*).[36] Im *Ring* wird dies aber bestritten: Zunächst wirft Frau Richteinschand in einem Zwischenruf während der Ausbreitung der Tugendlehre ein, der Vortragende kenne sich offenbar recht gut bei Hofe aus und solle doch auch gleich eine Hoflehre präsentieren, was vom Sprecher lakonisch abgelehnt wird. Frau Siertzdasland stellt nach der umfassenden Tugendsystematik fest:

> ‚Mich duncht, der rede sei ein end',
> Sprach sei; noch ist eins beliben
> Da hintnan nit gar wol verswigen
> Und daz einer muoss halt künnen,
> Dem wir unser muomen günnen:
> Daz ist (hört mich all geleich!):
> Haus ze haben witzechleich.
> Waz hilf daz weibe, daz ier man
> Ausrenthalb joch gar vil kan
> Und ein narr ist in dem haus? (V. 4964–4973)

> ‚Mir scheint, die Rede ist aus', sprach sie, ‚es ist aber eine Sache übriggeblieben, die im Anschluß daran nicht verschwiegen werden soll und die der beherrschen muß, dem wir unsere Muhme vergönnen: Das ist – hört mich alle miteinander –, wie man vernünftig haushaltet. Was hilft's der Frau, wenn ihr Mann außerhalb auch viel versteht, aber im Haus ein Narr ist?' (Übers. H. Brunner, S. 291)

Die Tugendlehre wird somit als das außerhalb des Hauses zu Veranschlagende, für die Ehe aber und insbesondere für die Ehefrau völlig bedeutungslose Wissen charakterisiert. Dass Tugend etwas sei, was nur außerhalb des Hauses zur Anwendung komme, stellt ein grobes Missverständnis jeder Ethik dar, was freilich bei den Bauerntölpeln nicht anders zu erwarten ist. Die Lehre des der Schule von Chartres zugehörigen Philosophen Wilhelm von Conches mag nun in der Tat nicht für Bauern geeignet sein und als Hoflehre im engeren Sinne wird sie von den Bauern ebenfalls gründlich missverstanden. Durch solche Bemerkungen wird auch die Inkompatibilität klerikaler Systematisierungen mit den Erfor-

36 Vgl. Schmid, „Leben und Lehre"; Brüllhart, *Vexatio*, S. 41–69.

dernissen bestimmter Lebensformen markiert. Darin kann eine Nivellierung des universalen Anspruchs ausgemacht werden, die durch die teilweise zu ihr im Widerspruch stehenden Regeln der folgenden Haushaltslehre noch verschärft wird. Einem Alltagstest werden solche Wissensbereiche weiterhin unterzogen, wenn sie mit Wissensmonopolen und konkreten Interessen im Zuge ihrer didaktischen Inszenierung konfrontiert werden: Straub verweigert ja zunächst die Gesundheitslehre mit der Begründung, er lebe von den Krankheiten der Menschen und nicht davon, dass sie gesund blieben. Erst als ihm Bertschi Geld gibt, ist er bereit, seine Diätetik auch zu vermitteln. Es ist gerade der didaktische und alltagspraktische Anwendungsfall, der in den systematischen Darstellungen und in den Kompilationen Abgedrängtes anschaulich werden lässt. So wird durch die narrative Inszenierung des Wissens nicht nur ein weiteres Mal der Protagonist des Geschehens diskreditiert, sondern auch die Frage herausgefordert, wie man leben soll, auch und gerade, wenn es jede Menge Lehren gibt, die hier Orientierung zu schaffen beanspruchen. In den Inszenierungen der Lehren des zweiten Teils manifestiert sich eine gesellschaftliche Differenzierung und Pluralisierung, die in Ansätzen problematisiert wird, aber mit Blick auf Bertschi auch weggelacht werden kann. Die sprechenden Namen der Lehrer und die libidinöse Abdrift des Schülers lassen die didaktische Situation selbst als scheiternde Konsoziation von Wüstlingen erscheinen, wodurch die im Wissen aufscheinenden Kontingenzen auf das Konto der niederträchtigen Akteure gebucht werden können. Die Forschung hat hier viel zu sehr nach letzter Eindeutigkeit gesucht, indem einerseits die Lehre zuungunsten der Figuren in Schutz genommen wurde oder andererseits eine radikale ideologiekritische Destruktion des Wissens behauptet wurde. Dies kann nicht eindeutig entschieden werden. Diese Sache bleibt in der Schwebe, wofür letztlich umsichtig nach wissensgeschichtlichen Begründungen zu suchen wäre. Im Zentrum des zweiten Teils des *Rings* steht nicht die einzelne Lehre, sondern eine Wissenskompilation, die *in toto* auf eine Einzelperson appliziert wird. Mit dem Virulentwerden des Adressatenbezugs geraten universaler Anspruch und pragmatische Partikularinteressen über Kreuz: Wenn Bertschi zuletzt listig heilige Eide schwört, um an sein privates Ziel zu gelangen, so erscheinen dabei universaler Anspruch und privates Ziel einmal mehr in drastischer Konfrontation. Dies freilich ist als Quintessenz einer Problematik anzusehen, die durch die didaktische Inszenierung einer moralischen Wissenskompilation hervorgetreten war.

Vor diesem Hintergrund nun werden diverse Widersprüche, die zwischen den verschiedenen Regeln ausgemacht werden können, verstärkt, denn in dieser Konstellation weisen sie auf die Unmöglichkeit einer konsequent guten Lebensführung des Einzelnen: Die Forderungen der Weltabkehr (Laiendoktrinal) stehen in Spannung zu jenen der Selbstsorge (Diätetik), die Dimensionierung der Tugendlehre auf die Qualitäten des Hofmanns[37] konfligiert in Teilen mit Regeln für vernünftiges Haushalten, und die am individuellen Nutzen orientierten „gu-

37 Vgl. Bismark, *Adelige Lebensformen*, S. 147–152.

ten Ratschläge" kommen nicht immer mit dem im Laiendoktrinal formulierten „Rat zum Guten" überein.[38] Aus einer Perspektive moderner Sozialisation ist dergleichen nicht überraschend. In einer Sammelhandschrift, welche vergleichbare Lehren nebeneinander präsentiert, fallen solche Widersprüche auch nicht besonders ins Gewicht. Die Zentrierung all dieser Regelwerke auf eine Person, die sich zudem durch die Beherzigung *aller* dieser Regeln als Ehemann zu integrieren hat, treibt allerdings die Kontingenzen einer ethischen Enzyklopädie hervor. Mit der inszenierten Didaxe einer solchen Wissenskompilation, die sich als Zumutung diversifizierender Normengefüge an den Einzelnen entfaltet, tritt der Unterschied zwischen Wissenssystematik und ihrer erzählerischen Umsetzung hervor, worin man eine Problematisierung des Wissens ausmachen kann. Die narrative Inszenierung des Wissens belässt dieses nicht in seiner schlichten Geltung, sondern macht es mit seiner Verdoppelung und Perspektivierung beobachtbar. Für die Interpretation des *Rings* hat dies Konsequenzen: Als Lehrbuch ist der Text offensichtlich genutzt worden, was freilich allein über die – wenn auch nur zeitweise – Ausblendung des relativierenden Kontextes möglich ist. Auch eine Rezeption als Schwankroman ist – unter Ausblendung anderer Aspekte – sehr wohl möglich, ebenso wie die Wertschätzung als Untergangsgeschichte, die aus moralischen Verfehlungen der Akteure resultiert. Die Anordnung des Wissens im Text bietet freilich weitere Rezeptionsperspektiven an: So kann in der Dialektik von Wissenspräsentation und dem bäurischen Handeln, das diese hintertreibt, eine Ständesatire gesehen werden, welche – mit Odo Marquard – das Geltende im Nichtigen aufspürt.[39] Weiterhin ist es möglich, das Wissen selbst als komisch zu erleben, da es in aberwitzigen Kontexten präsentiert wird, und auf diese Weise – wiederum mit Odo Marquard – das Nichtige im Geltenden zeigt.[40] Durch die narrative Inszenierung des Wissens zeigen sich Perspektivierungen, Relativierungen und Pluralisierungen von Geltendem als Phänomene historischer Entwicklungen. Solche Vervielfältigung der Wirklichkeit betreibt Dichtung, auf die sich bei ihrer Weltbeobachtung einstellende Komplexitätssteigerung ist in ihren avanciertesten Ausprägungen immer wieder Verlass.

Bibliographie

Quellen

(Pseudo-)Bernhard von Clairvaux, *Epistola ad Raimundum de cura et modo rei familiaris,* in: Patrologia Latina 182, 647–651, Ep. 456.

Das ‚Moralium dogma philosophorum' des Guillaume de Conches. Lateinisch, altfranzösisch und mittelniederfränkisch, hg. von John Holmberg, Uppsala/Leipzig 1992.

---

38 Vgl. besonders Schmid, „Leben und Lehre", S. 277. Zur Orientierung am Nutzen vgl. Bachorski, *Irrsinn und Kolportage,* S. 208ff.

39 Vgl. Odo Marquard, „Exile der Heiterkeit", in: *Das Komische,* hg. von Odo Marquard und Wolfgang Preisendanz, München 1976, S. 133–151, hier S. 141.

40 Ebd.

Hauszucht und Regiment, Dillingen: Sebaldus Mayer 1569.

Heinrich Wittenwiler. Der Ring. Eine Abbildungen der Meininger Handschrift, hg. von Rolf Bräuer, George F. Jones und Ulrich Müller, Göppingen 1990.

Heinrich Wittenwiler, *Der Ring*, Frühneuhochdeutsch, Neuhochdeutsch, nach dem Text von Edmund Wießner ins Neuhochdeutsche übers. und hg. von Horst Brunner, Stuttgart 2003.

Heinrich Wittenwiler, *Der Ring. Text – Übersetzung – Kommentar, nach der* Münchner *Handschrift*, hg., übers. u. erl. von Werner Röcke unter Mitarbeit von Annika Goldenbaum, mit einem Abdruck des Textes nach Edmund Wießner, Berlin 2012.

Heinrich Wittenwiler, *Der Ring*, München, Bayerische Staatsbibliothek cgm 9300; Faksimile: URL: http://daten.digitale-sammlungen.de/~db/0010/bsb00103107/images (1.9.2017).

Sekundärliteratur

Bachorski, Hans-Jürgen, *Irrsinn und Kolportage. Studien zum Ring, zum Lalebuch und zur Geschichtklitterung*, Trier 2006.

Bismark, Jörg, *Adlige Lebensformen in Wittenwilers ‚Ring'. Untersuchung über die Person des Dichters und die ständische Orientierung seiner Lehren und seiner Satire*, Augsburg 1976.

Brüllhart, Armin, *„Vexatio dat intellectum." Zur Funktion paradoxer Textstrukturen in Heinrich Wittenwilers Ring*, Berlin/Boston 2014.

Bulang, Tobias, *Enzyklopädische Dichtungen. Fallstudien zu Wissen und Literatur in Spätmittelalter und früher Neuzeit*, Berlin 2011.

Bulang, Tobias, „Gattungshybridität und enzyklopädische Textsortenrabulistik um 1400 – Heinrich Wittenwilers Ring", erscheint in: *Enzyklopädisches Erzählen und vormoderne Romanpoetik*, hg. von Mathias Herweg, Klaus Kipf und Dirk Werle, Wiesbaden 2019.

Cossar, Clive D. M., *The German Translations of the Pseudo-Bernhardine Epistola de cura rei familiaris*, Göppingen 1975.

Cramer, Thomas, „Nabelreibers Brief", in: *Gespräche – Boten – Briefe. Körpergedächtnis und Schriftgedächtnis im Mittelalter*, hg. von Horst Wenzel, Berlin 1997, S. 212–225.

Dallapiazza, Michael, „Sprechen über die Frau. Haushaltsdiskurse bei Wittenwiler und anderen", in: *Haushalt und Familie in Mittelalter und früher Neuzeit*, hg. von Trude Ehlert, Sigmaringen 1991, S. 167–180.

Fürbeth, Frank, „Die Forschung zu Heinrich Wittenwilers *Ring* seit 1988", in: *Archiv für das Studium der neueren Sprachen und Literaturen* 245 (2008), S. 350–390.

Glier, Ingeborg, *Artes amandi. Untersuchungen zur Geschichte, Überlieferung und Typologie der deutschen Minnereden*, München 1971.

Grubmüller, Klaus, *Die Ordnung, der Witz und das Chaos. Eine Geschichte der europäischen Novellistik im Mittelalter: Fabliau – Märe – Novelle*, Tübingen 2006.

Händl, Claudia, „Hofieren mit Stechen und Turnieren. Zur Funktion Neidharts beim Bauernturnier in Heinrich Wittenwilers *Ring*", in: *Zeitschrift* für *deutsche Philologie* 110 (1991), S. 98–112.

Honemann, Volker, Rezension zu Clive D. M. Cossar, *The German Translations of the Pseudo-Bernhardine Epistola de cura rei familiaris*, Göppingen 1975, in: *Anzeiger für deutsches Altertum* 88 (1977), S. 112–119.

Huber, Christoph, *„der werlde ring* und *was man tuon und lassen schol*. Gattungskontinuität und Innovation in moraldidaktischen Summen. Thomasin von Zerklaere,

Hugo von Trimberg, Heinrich Wittenwiler und andere", in: *Mittelalter und frühe Neuzeit. Übergänge, Umbrüche und Neuansätze*, hg. von Walter Haug, Tübingen 1999, S. 187–212.

Hübner, Gert, „Erzählung und praktischer Sinn. Heinrich Wittenwilers *Ring* als Gegenstand einer praxeologischen Narratologie", in: *Poetica* 42 (2010), S. 215–242.

Jürgens-Lochthove, Kristina, *Heinrich Wittenwilers ‚Ring' im Kontext hochhöfischer Epik*, Göppingen 1980, S. 216–234.

Kalning, Pamela, *Kriegslehren in deutschsprachigen Texten um 1400. Seffner, Rothe, Wittenwiler. Mit einem Abdruck der Wiener Handschrift von Seffners ‚Ler von dem streitten'*, Münster 2006.

Lutz, Eckart Conrad, *Spiritualis Fornicatio. Heinrich Wittenwiler, seine Welt und sein ‚Ring'*, Sigmaringen 1990.

Malm, Mike, Art. „Lehre vom Haushaben", in: *Deutsches Literatur Lexikon. Das Mittelalter*, hg. von Wolfgang Achnitz, Bd. 7: Das wissensvermittelnde Schrifttum im 15. Jahrhundert, Berlin/Boston 2015, S. 84–88.

Marquard, Odo, „Exile der Heiterkeit", in: *Das Komische*, hg. Odo Marquard und Wolfgang Preisendanz, München 1976, S. 133–151.

Meyer, Herman, „Zum Problem der epischen Integration," in: *Trivium* 8 (1950), S. 299–318.

Mittler, Elmar, *Das Recht in Heinrich Wittenwilers ‚Ring'*, Freiburg/Br. 1967.

Müller, Jan-Dirk, *Spielregeln für den Untergang. Die Welt des Nibelungenliedes*, Tübingen 1998.

Riha, Ortrun, *Die Forschung zu Heinrich Wittenwilers ‚Ring' 1851–1988*, Würzburg 1990.

Riha, Ortrun , „Die Forschung zu Heinrich Wittenwilers *Ring*", in: *Vom Mittelalter zur Neuzeit. Festschrift für Horst Brunner*, hg. von Dorothea Klein u. a., Wiesbaden 2000, S. 423–430.

Schlaffke, Winfried, *Heinrich Wittenwilers ‚Ring'. Komposition und Gehalt*, Berlin 1969.

Schmid, Elisabeth, „Leben und Lehre in Heinrich Wittenwilers *Ring*", in: *Jahrbuch der Oswald von Wolkenstein Gesellschaft* 4 (1986/87), S. 273–292. Schulz-Grobert, Jürgen, „Autor in fabula. Selbstreferentielle Figurenprofile im *Ring* Heinrich Wittenwilers," in: *Heinrich Wittenwiler in Konstanz und ‚Der Ring'*. Tagung 1993 in Konstanz, hg. von Horst Brunner, Frankfurt a. M. 1994/95, S. 13–26.

Weiss-Amer, Melitta, „Straubs Gesundheitslehre. Wittenwilers *Ring* im Kontext mittelalterlicher Fachliteratur", in: *Medieval German Literature. Proceedings from the 23rd International Congress on Medieval Studies, Kalamazoo (Michigan). May 5–8, 1988*, hg. von Albrecht Classen, Göppingen 1989, S. 171–180.

Wießner, Edmund, *Kommentar zu Heinrich Wittenwiler Ring*, Leipzig 1936.

Zaenker, Karl, „Zur Arzt-Szene in Heinrich Wittenwilers *Ring*", in: *Seminar* 15 (1979), S. 1–14.

Ziegeler, Hans-Joachim, *Erzählen im Spätmittelalter. Mären im Kontext von Minnerede, Bispeln und Romanen*, München, Zürich 1985, S. 405–438.

Zimmermann, Volker, Art. „Lehre vom Haushaben", in: *Die deutsche Literatur des Mittelalters. Verfasserlexikon*, begründet von Wolfgang Stammler, fortgeführt von Karl Langosch, zweite, völlig neu bearbeitete Auflage, unter Mitarbeit zahlreicher Fachgelehrter, hg. von Kurt Ruh, Bd. 5, Berlin 1985, Sp. 662–667.

Bacon in Braubach oder Das gelehrte Nicht-Wissen vom Reichwerden

Johann Balthasar Schupps satirische Dissertation *De Arte Ditescendi* (1648)

Simon Zeisberg

1.

Satire und Ökonomie sind in der Frühen Neuzeit auf diskurssystematischer Ebene eng miteinander verknüpft. Dies liegt daran, dass satirisches Schreiben sich traditionell an den Gegenständen der praktischen Philosophie ausrichtet, also mit der moralischen Bewertung menschlichen Handelns befasst ist. Mit Verweis auf die aristotelische Trias von Politik, Ökonomie und Ethik heißt es in der 1682 erschienenen Poetik Georg Daniel Morhofs, die satirische „Schreibart erstrecket sich durch alle Dinge, *politica, moralia, oeconomica, scholastica*."[1] Dass mit der moralisch-praktischen Ausrichtung satirischen Schreibens ein besonderes Interesse an Phänomenen der Inkongruenz von menschlichem Handeln und religiösen, moralischen oder epistemischen Normen einhergehen kann, liegt auf der Hand. Je mehr der Fokus der Texte sich von der Iteration traditioneller Lasterkataloge löst, um – man denke etwa an die frühneuzeitliche Tradition menippeischer Satire[2] – die Dysfunktionalität bestimmter epistemologischer und moralischer Basiskonzepte zu demonstrieren, desto kontroverser schreibt sich Satire in die Felder des Wissens ihrer Zeit ein. Morhof gibt einen deutlichen Hinweis auf diese Funktion von Satire, wenn er auf die *scholastica* – das Feld schulgelehrten Wissens – als Gegenstand satirischen Schreibens verweist. In der in ihren Erschei-

---

1 Georg Daniel Morhof, *Unterricht Von Der Teutschen Sprache und Poesie / deren Uhrsprung / Fortgang und Lehrsätzen.* [...], Kiel 1682, S. 751. Gemäß der Definition Morhofs wird Satire im Folgenden nicht als Bezeichnung einer bestimmten Gattung verstanden, sondern als ‚Schreibart' bzw. ‚Schreibweise', die in verschiedenen generischen Protokollen, etwa auch in einer Dissertation realisiert werden kann. Zur Satire als Schreibweise in neuerer Zeit vgl. Klaus W. Hempfer, *Gattungstheorie. Information und Synthese,* München 1973, S. 163.

2 Zur menippeischen Satire in der Frühen Neuzeit vgl. die umfassende Studie von Ingrid de Smet, *The Menippean Satyre and the Republic of Letters 1581–1655,* Genf 1996; außerdem Martin Mulsow, *Die unanständige Gelehrtenrepublik. Wissen, Libertinage und Kommunikation in der Frühen Neuzeit,* Stuttgart 2007, S. 90–92. Stefan Trappen hat gezeigt, dass auch das satirische Werk Schupps dieser Tradition zuzuordnen ist. Vgl. ders., *Grimmelshausen und die menippeische Satire. Eine Studie zu den historischen Voraussetzungen der Prosasatire im Barock,* Tübingen 1994, dort zur frühneuzeitlichen Menippea allgemein, S. 87–167, zu Schupp, S. 168–189.

nungen vielfältigen Gelehrtenkritik der Frühen Neuzeit kann epistemologische Differenz verhandelt werden, ohne dass die Texte den verschmähten Wissensbeständen und -konzepten eine konstruktive Agenda gegenüberstellen müssen.[3] Der satirische Diskurs, anders gesagt, muss die Felder, die er durchquert – laut Morhof z.B. eben das der Ökonomie –, nicht neu ordnen. Gerade aus dieser diskursiven Alterität resultiert die besondere Fähigkeit (bestimmter) satirischer Texte, Ordnungen des Wissens zu durchkreuzen und die Aufmerksamkeit des Publikums auf deren Schnitt-, Bruch- und Nahtstellen – die im Diskursgefüge mehr oder weniger verborgenen Ansatz- und Umschlagpunkte für Dynamiken des Wissenswandels – zu lenken.

Um einen heute fast vergessenen Text des 17. Jahrhunderts, der eben dies tut, soll es im Folgenden gehen. Johann Balthasar Schupps *De Arte Ditescendi* (lat. 1648, dt. erstmals 1656 als „Von der Kunst Reich zuwerden") liefert ein Beispiel für das subversive Potenzial satirischen Schreibens in einem Umfeld ökonomischer und politischer, aber auch epistemologischer Reformorientierung, wie es im deutschsprachigen Raum am Beginn der Restaurationsepoche nach 1648 vorzufinden ist. Dabei verfolgt er ein genuin liminales Erzählprogramm, in dessen Verlauf nicht nur die Grenzen des überlieferten ökonomischen Wissens satirisch beobachtet und überschritten werden, sondern in dem auch das Modell einer sachlich geordneten Argumentation gesprengt wird zugunsten eines Verfahrens der radikalen Hybridisierung, Ironisierung und Komisierung von Diskursformen und -positionen. Um die kulturelle Einbettung dieses Verfahrens genauer zu beleuchten, sei der Blick zunächst auf die Bedingungen gerichtet, unter denen Schupps Schrift am Ende des Dreißigjährigen Kriegs entsteht. Anschließend soll eine eingehendere Analyse der in ihr wirksamen satirischen Subversionsstrategien erfolgen, bevor schließlich eine Antwort auf die Frage gegeben werden kann, welche spezifischen Einsichten der Text in die zerklüftete Diskurslandschaft des ökonomischen Wissens seiner Zeit bereithält.

3 Zur Gelehrtensatire in der Frühen Neuzeit vgl. Paul Michel, „Nihil scire fecit felicissima vita. Wissens- und Enzyklopädiekritik in der Vormoderne", in: *Wissenssicherung, Wissensordnung und Wissensverarbeitung. Das europäische Modell der Enzyklopädien*, hg. von Theo Stammen und Wolfgang E. J. Weber, Berlin 2011, S. 247–289; Marian Füssel, „Die Experten die Verkehrten? Gelehrtensatire als Expertenkritik in der Frühen Neuzeit", in: *Wissen, maßgeschneidert. Experten und Expertenkulturen im Europa der Vormoderne*, hg. von Björn Reich, Frank Rexroth und Matthias Roick, München 2013, S. 269–288. Einen umfassenden Beitrag, der trotz Konzentration auf das 18. und 19. Jahrhundert auch die frühneuzeitliche Tradition im Blick hat, hat Alexander Košenina vorgelegt. Vgl. ders., *Der gelehrte Narr. Gelehrtensatire seit der Aufklärung*, Göttingen 2003.

2.

Obwohl in der Germanistik weitgehend ignoriert, stellt das satirische Werk Johann Balthasar Schupps (1610–1661) eine der interessantesten literarischen Drehscheiben des Wissens im deutschsprachigen Raum des 17. Jahrhunderts dar.[4] Dies liegt nicht nur daran, dass die Schreibweise Schupps als solche offenbar geeignet war, Kontroversen auszulösen – dies besonders in seiner Zeit als Pastor in Hamburg, die von Streitigkeiten mit der ortsansässigen Orthodoxie geprägt war.[5] Auch und vor allem stehen Schupps Schriften im Kontext einer pragmatischen Reorientierung der Wissenschaften in Deutschland, die zahlreiche Dynamiken des Austauschs, Umbaus, aber auch der Desintegration und polemischen Destruktion überlieferten Wissens nach sich zog. Die wesentlichen Linien dieser Bewegungen sind bekannt. Als Schwiegersohn Christoph Helwigs (1581–1617) und postumer Herausgeber von dessen tabellarischer Weltgeschichte, dem *Theatrum historicum et chronologicum* (erstmals 1638), war Schupp familiär mit einem Gelehrten verbunden, der, im engen Austausch mit Reformern wie Wolfgang Ratke (1571–1635) und Joachim Jungius (1587–1657) stehend, um Abgrenzung vom scho-

4 Diese Feststellung ist nicht neu. In ihren einflussreichen Arbeiten beklagten bereits Kühlmann und Mulsow die Forschungslage zu Schupp, hoben gleichzeitig aber dessen herausragende Rolle in den intellektuellen Debatten seiner Zeit hervor. Vgl. Wilhelm Kühlmann, *Gelehrtenrepublik und Fürstenstaat. Entwicklung und Kritik des deutschen Späthumanismus in der Literatur des Barockzeitalters,* Tübingen 1982, S. 151, Anm. 28; Martin Mulsow, *Moderne aus dem Untergrund. Radikale Frühaufklärung in Deutschland 1680–1720,* Hamburg 2002, S. 375, Anm. 62. Warum die äußerst produktive Schupp-Philologie des 19. und frühen 20. Jahrhunderts zu Beginn des Ersten Weltkriegs einbrach und sich auch durch die Impulse aus den genannten Arbeiten nicht erholt hat, ist insbesondere mit Blick auf das wissensgeschichtliche Interesse der jüngeren literaturwissenschaftlichen Frühneuzeitforschung kaum zu erklären.

5 Zu Schupps Tätigkeit in Hamburg vgl. Carl Vogt, „Einleitung", in: Johann Balthasar Schupp, *Streitschriften,* Erster Teil, hg. von Carl Vogt, Halle 1910, S. III–XXVIII; Maike Schauer, *Johann Balthasar Schupp. Prediger in Hamburg, 1649–1661,* Hamburg 1973; Guillaume van Gemert, „Johann Balthasar Schupp und der gemeine Mann. Das Leben der unteren Schichten aus der Sicht des Seelsorgers und Volkserziehers", in: *Literatur und Volk im 17. Jahrhundert. Probleme populärer Kultur in Deutschland,* hg. von Wolfgang Brückner, Peter Blickle und Dieter Breuer, Teil 1, Wiesbaden 1985, S. 259–271. Zu Schupps Verknüpfung von Satire und Homiletik vgl. Christoph Deupmann, *‚Furor satyricus'. Verhandlungen über literarische Aggression im 17. und 18. Jahrhundert,* Tübingen 2002, S. 301–307. Zur Verortung Schupps im Feld von lutherischer Orthodoxie und Reformorthodoxie vgl. Joachim Whaley, „Obedient Servants? Lutheran Attitudes to Authority and Society in the First Half of the Seventeenth Century: The Case of Johann Balthasar Schupp", in: *The Historical Journal* 35:1 (1992), S. 27–42; Mulsow, *Moderne aus dem Untergrund,* S. 375–384. Um einen Eindruck zu geben, um welche Dinge es bei dem Streit ging, sei hier der an Schupp gerichtete Auflagenkatalog des Hamburger geistlichen Ministeriums zitiert: „1. Er [Schupp, S.Z.] möge *scripta theologica* nicht mehr *sub nomine ficto* herausgeben, denn das straffen wir an anderen undt stehet den *Theologis* nicht an. 2. Er solle auch keine *scripta apocrypha* drucken laßen, als er gethan mit dehn 151 Psalmen undt dehr *epistola ad Laodicenses.* 3. Er solle seine *scripta* nicht *substrahere censuræ Ministerii,* sondern nach alter Gewonheitt dehr *Senior* sie überbeßern. 4. Er solle auch die *fabulas, facetias pennalium, satyras, risus, jocos,* lächerliche Historien unter die *dicta scripturæ* undt *res sacras* nicht einmengen, das stehe einem *Theologo* undt Prediger nicht an [...]." Hier zit. nach Vogt, „Einleitung", S. V.

lastischen Akademismus bemüht war.[6] Weitere Kontakte Schupps, etwa seine Freundschaften mit Johann Valentin Andreae (1586–1654) und dem Leidener Gelehrten Marcus Zuerius van Boxhorn (1612–1653) sowie sein offenkundig großes Interesse an Bacon kommen hinzu, so dass es nicht verwundert, wenn bereits seine frühen Texte, veröffentlicht in seiner Zeit als Rhetorikprofessor in Marburg, vom Reformgeist geprägt sind.[7] In *De oratore inepto* (1638) und *De opinione* (1639), um nur die zwei bekanntesten der Marburger Reden und Dissertationen zu nennen, plädiert Schupp – auf Latein – für eine praxisnahe, muttersprachliche Rhetorik sowie die „Rehabilitierung außerakademischer Wissensbestände", soweit diese der ökonomischen und politischen Praxis zuträglich sind.[8] Schon hier kommt es dabei zum Einsatz jener „burleske[n] Technik der Selbstrelativierung und Übertreibung", auf die das Provokationspotenzial der gelehrten Schreibweise Schupps zurückzuführen ist und für die es in keiner Werkphase an Beispielen mangelt.[9] Noch in den ab 1649 entstehenden Hamburger Schriften, programmatisch etwa im *Bücherdieb* (1658) oder im erasmianisch anmutenden *Teutschen Lucianus* (1659), scheut Schupp vor satirischen Grenzüberschreitungen nicht zurück, wenn es die mutmaßliche akademische bzw. religiöse Voreingenommenheit der Gegner und Adressaten aus seiner Sicht erfordert.[10] Was sich an Thesen, Themen und Motiven im Werk wiederholen mag, bleibt in dieser Hinsicht auf der Ebene der Diskursivierung spannend: Schupps unter verschiedenen Pseudonymen veröffentlichte satirische Schriften performieren den „Mangel eines eigenen Systems", indem sie Wissen und Form, Autorität und Verfahren gezielt in Spannung zueinander setzen.[11]

6 Einen detaillierten Überblick über Schupps Lebenslauf bietet Johann Lühmann, *Johann Balthasar Schupp. Beiträge zu seiner Würdigung*, Marburg 1907, S. 4–29.

7 Zur Beziehung von Schupp und Andreae vgl. Walther Wolfgang Zschau, *Quellen und Vorbilder in den ‚Lehrreichen Schriften' Johann Balthasar Schupps*, Halle 1906, S. 4–32. Bei Boxhorn hatte Schupp während seiner Zeit in den Niederlanden studiert. Dazu und zu weiteren Leidener Kontakten Schupps vgl. Carl Vogt, „Johann Balthasar Schupp. Neue Beiträge zu seiner Würdigung (Fortsetzung)", in: *Euphorion. Zeitschrift für Literaturgeschichte* 7 (1910), S. 1–48, bes. S. 1–10. Eine nähere Untersuchung der Beziehung Schupps zu Boxhorn könnte interessant sein, dürfte der Leidener mit Texten wie den *Poetae Satyrici Minores, De Corrupto Reipublicae Statu* (1633) und einer von Schupp in *De oratore inepto* erwähnten, unter anderem auf Bacon rekurrierenden Rede von der *Satyra sapientia veterum* zur Konstituierung der Schupp'schen Menippeen-Poetik doch einiges beigetragen haben. Vgl. Mulsow, *Die unanständige Gelehrtenrepublik*, S. 90, dort auch Anm. 12.

8 Kühlmann, *Gelehrtenrepublik*, S. 182.

9 Mulsow, *Moderne aus dem Untergrund*, S. 377. Einen Überblick über die Charakteristika der Satiren Schupps aus allen Werkphasen liefert Hildegart E. Wichert, *Johann Balthasar Schupp and the Baroque Satire in Germany*, New York 1952, S. 20–47. Wicherts These, dass sich Schupps Stil im Laufe der Jahre zu einem authentischen Personalstil entwickelt habe, wäre in einer neueren Studie freilich zu überprüfen.

10 Kühlmann, *Gelehrtenrepublik*, S. 394f., hat darauf hingewiesen, dass Lukian im Allgemeinen und die erasmische Lukian-Rezeption im Besonderen für Schupps satirische Schreibweise von entscheidender Bedeutung gewesen sind.

11 Gunter E. Grimm, *Letternkultur. Wissenschaftskritik und antigelehrtes Dichten in Deutschland von der Renaissance bis zum Sturm und Drang*, Tübingen 1998, S. 105. Grimm, der die zitierte Stelle

Die hier zu besprechende Schrift *De Arte Ditescendi,* 1648 anonym auf Latein erschienen, fällt in die Zeit der Tätigkeit Schupps als Hofprediger des Landgrafen Johann von Hessen-Braubach. Am Ende des Dreißigjährigen Krieges hatte sich die Situation in Marburg soweit verschlechtert, dass Schupp sich 1645, nach der Promotion zum Doktor der Theologie, entschied, nach Braubach zu wechseln, wo er als Hofprediger und Begleiter des Landgrafen nicht nur mit geistlichen, sondern auch mit diplomatischen Aufgaben betraut war. Eng in die politische Agenda seines Herrn eingeweiht, reiste er als Repräsentant Hessen-Braubachs im Mai 1648 zu den Friedensverhandlungen nach Münster, um dort nach Vertragsunterzeichnung schließlich die offizielle Friedenspredigt zu halten.[12] Inwieweit die persönlichen und politischen Ereignisse des Epochenjahres für Schupp bei der Abfassung der Schrift absehbar gewesen sind, lässt sich nur schwer sagen.[13] Sicher ist aber, dass der auch in den frühen Schriften schon vorhandene Aspekt der politischen Reformorientierung in *De Arte Ditescendi* nochmals weiter in den Vordergrund rückt. Dies führt nicht nur dazu, dass dieser Text in besonderer Weise die für Schupps Werk insgesamt postulierte Funktion erfüllt, ein „,Umschlagplatz' der modernen realwissenschaftlichen Reflexionen" zu sein.[14] Auch setzt Schupp den satirischen Diskurs nun direkt bei den Realien, nämlich bei Chrematistik und Geld, an, was angesichts der abstrakten Themensetzungen der Marburger Schriften durchaus als Hinweis auf die anti-akademische Tendenz des Textes gewertet werden darf.[15] Dies heißt freilich aber nicht, dass sich *De Arte Ditescendi* von der Esoterik gelehrter Kommunikation völlig entfernen würde. Vielmehr lässt sich die Schrift verstehen als ein satirisches Signal *in Richtung* der Gelehrtenrepublik. Hierfür spricht zum einen die Verwendung der lateinischen Sprache. Zum anderen sind in der Rahmung des Textes entsprechende Markierungen präsent. Auf dem Titelblatt findet sich neben der Gattungsbezeichnung ,Dissertatio' („De Arte Ditescendi Dissertatio [...]") bereits die Adresse an die Gelehrten in Deutschland („[...] ad Philosophos in Germaniâ"), die in der kursiv gesetzten Vorrede wieder

---

als eine Art Vorwurf formuliert, nähert sich dem Werk Schupps mit der impliziten Annahme, es müsse Ziel eines jeden gelehrten Autors sein, Wissen zu systematisieren und epistemisch zu stabilisieren. Damit ist er bei Schupp offensichtlich an den Falschen geraten, was zur Folge hat, dass seine Untersuchung zur Analyse der satirischen Paradoxien in Schupps Texten letzthin wenig beizutragen hat.

12 Vgl. dazu Lühmann, *Johann Balthasar Schupp,* S. 12–15 und 28f.

13 Ebenso wenig lässt sich eruieren, welche Rolle die Schrift im Zusammenhang der während Schupps Abwesenheit am Braubacher Hof entstehenden Verleumdungen gespielt hat. Schupp, so rekonstruiert Lühmann die Position der Verleumder, habe nur deshalb auf Neuerungen gedrungen, um sich selbst zu bereichern. Vgl. ebd., S. 13.

14 Grimm, *Letternkultur,* S. 105.

15 Ob man deshalb behaupten kann, Schupp zeige sich in *De Arte Ditescendi* „[f]reed of the restrictions set upon his teaching by the prince at Marburg", sei allerdings dahingestellt. Wichert, *Johann Balthasar Schupp,* S. 27. Schon Schupps frühe Schriften erzeugen nicht den Eindruck einer durch stärkere Zensur gezügelten Denk- und Schreibweise.

aufgenommen wird („Salvete, Philosophi in Germania […]").[16] *Wer* sich da an die deutschen Philosophen wendet, bleibt auf den ersten Blick jedoch unklar – der Autorname fehlt und, anders als in späteren Schriften, verwendet Schupp in *De Arte Ditescendi* auch kein Pseudonym. Auf einen mutmaßlich satirischen Gehalt weisen die spärlichen Informationen zum Druck auf dem Titelblatt. Hier sorgt eine, gelinde gesagt, unkonventionelle Schreibung des Jahresdatums 1648 („M. DC. XLIIX." statt ‚M. DC. XLVIII.') für einen derealisierenden Effekt, während Schupp als Ursprungsort der Schrift angibt, diese gehe „ex Avellino" an den Leser.[17] Dem eingeweihten Publikum dürfte dieser Hinweis zur Identifizierung des Autors freilich schon genügt haben. Beim Avellinum handelt es sich nämlich um Schupps an der Lahn bei Marburg gelegenes Gartenhaus, in dem bis in die 1640er Jahre hinein gesellige Treffen mit Kollegen und Schülern stattgefunden hatten. Durch die regelmäßige Erwähnung desselben in den komisch-ernsten Dissertationen der Marburger Zeit und eine unter dem Titel *Consecratio Avellini* herausgegebene Sammlung von Widmungs- und Preisgedichten auf eben diesen Ort hatte das Avellinum 1648 bereits den Status eines *locus poeticus* erlangt, den die gelehrte Leserschaft mit Schupp assoziiert haben dürfte.[18] Außer für die Codierung seiner Autorschaft nutzt Schupp die Referenz auf das Avellinum aber auch dafür, den Diskurs auf einer zweiten Ebene an die ‚realwissenschaftlich' informierte Ingroup der Marburger Tage zu addressieren. Dies geschieht in der Vorrede, in der der Autor-Erzähler neben den Philosophen Deutschlands auch ‚seine' Avellinenser anspricht („[…] & vos mei Avellinensis, ubi ubi terrarum dispersis estis, salvete […]") und dabei eine Parallele zwischen deren Schicksal und seinem eigenen herstellt.[19] So wie die Avellinenser nunmehr in alle Welt zerstreut seien, sei auch er vom Krieg zur Emigration gezwungen worden, habe sich inzwischen jedoch an einen rheinischen Kurort mit Sauerbrunnen retten können („[…] me excepiße urbeculam ad Rheni littora, parvam quidem, sed scaturigine elegantissimarum acidularum nobilem"). Mit einer als Inskription angelegten Anrede an den gelehrten Wanderer als Figuration des Lesers („erudite Viator") und der Aufforderung an diesen, vom Sauerbrunnen auf die Gesundheit des um die Exilanten bemühten Landgrafen Johann von Hessen-Braubach zu trin-

16 [Johann Balthasar Schupp,] *De Arte Ditescendi Dissertatio* […]. Anno M. DC. XLIIX, Titelblatt und S. 3. Auf diese beiden Stellen beziehen sich die folgenden Ausführungen.

17 Für den Hinweis auf das verfremdete Jahresdatum bin ich Rüdiger Schnell zu Dank verpflichtet.

18 Zum Avellinum vgl. die detaillierten, aber zerstreuten Einlassungen bei Lühmann, *Johann Balthasar Schupp*, S. 6 und 33, außerdem die Angaben in der Bibliographie S. 48, 59f., 66 und 80.

19 Dies gilt wohlgemerkt nur für die lateinische Schrift von 1648. In den 1656 und 1660 erscheinenden Übersetzungen sind die für das breitere Publikum unverständlichen Hinweise auf das Avellinum ebenso getilgt wie das darauf folgende Lob der Stadt Marburg, das den biographischen Bezug der Schrift in ihrer ursprünglichen Gestalt nochmals unterstrichen hatte: „Marpurgi, inquam, illius urbis, quæ hactenus nobilißima sive mater, sive nutrix fuit tot magnorum ingeniorum […]. O nobilis urbs, cogitabam, quò decidisti?" [Schupp,] *De Arte Ditescendi*, S. 3.

ken („[...] è proximis acidulis bibe in sanitatem Magnanimi Herois, Domini Joannis Cattorum Landgravii, qui exsuli hanc ostendit sedem"), schließt der vorgelagerte paratextuelle Apparat, dessen Reichtum an offenen und verborgenen Referenzen – Hinweisen auf die Autorschaft Schupps, die institutionellen und politischen Bedingungen seines Schreibens, die Adressaten, die Gattung – einen Vorgeschmack auf das auf Hybridität und Transgression setzende satirisch-menippeische Verfahren des Haupttextes gibt.

3.

Gemäß der in der Vorrede skizzierten Situation steht der Beginn der Erzählung im Zeichen des aus dem zeitgenössischen Schäferroman bekannten Kontrasts von Kriegsklage und amöner Natur, wobei die von Trauer geprägte Kontemplation des auktorialen Ichs durch das Eintreffen immer neuer Kriegsflüchtlinge gestört wird – der Auftakt zum diskursiven Austausch, der die polyphone Struktur der Erzählung fundiert. Mit einiger Lust an der Irritation eingespielter Erwartungen strebt der Diskurs dabei auf einen Bruch in der Argumentationsstrategie des Erzählers zu. Zunächst verlegt dieser sich nämlich auf die Rolle des pastoralen Trösters und Mahners, der den desolaten Neuankömmlingen auf ihre Klagen („Aber wo wollen wir mit leeren Händen hingehen? wohin werden wir ins Elend kommen? Die brüderliche Christliche Lieb ist aller orten verkaltet") mit allerlei erbaulichen Reden beizukommen sucht.[20] Das Scheitern dieser Strategie versieht die Wissensbestände und rhetorischen Formen, die dabei zum Einsatz kommen, mit einem ironischen Index. Im ersten Anlauf versucht sich der Erzähler als ein an die Vorsehung Gottes gemahnender Friedensredner, der seine Worte im Geiste an die gesamte deutsche Nation richtet („Was thut jhr / O meine Landsleut? wo fallt jhr hin?") – wird jedoch vom Auftritt des Gottes Mercurius unterbrochen, der als „*Patron* der Wolredenheit" seinen rhetorischen Einsatz für den Frieden in Deutschland für beendet erklärt.[21] Dass die Beibehaltung des pastoralen Habitus

20 Es sei im Folgenden aus dem Haupttext nach der deutschen Übersetzung der postumen, vom Sohn Anton Meno Schupp herausgegebenen Sammelausgabe der Schriften Schupps zitiert. Johann Balthasar Schupp, „Von der Kunst reich zu werden", in: ders., *Schrifften*, [Hanau 1663,] S. 690–774, hier S. 691. Diese Übersetzung entspricht bis auf Kleinigkeiten in der Schreibung der Übersetzung von 1656, die vom Augsburger Ulrich Gebhardt angefertigt und zwei Kaufleuten aus seinem Bekanntenkreis gewidmet worden war. Vgl. [Johann Balthasar Schupp,] *Von der Kunst Reich zuwerden. Bey disen zwar wolfailen / aber doch Geldtmanglenden Zeiten / nutzlich zulesen / vnd zugebrauchen* [...]. Durch Vlrichen Gebhardt, Augsburg 1656. Schon die Gebhardt-Ausgabe hatte den paratextuellen Apparat um die Anspielungen auf das Avellinum sowie die auf Landgraf Johann verweisende Inskription gekürzt, den Haupttext aber in einiger Treue zum lateinischen Text wiedergegeben. Daher erscheint es gerechtfertigt, im Folgenden um der besseren Lesbarkeit willen aus dieser in die Sammelausgabe eingewanderten Übersetzung zu zitieren. Auf deutungsrelevante Abweichungen vom lateinischen Text wird im Einzelnen hinzuweisen sein.

21 Schupp, „Von der Kunst reich zu werden", S. 693. Auf das Vorbild der erasmischen Friedensklage wird im Text selbst verwiesen, wenn Mercurius seinen Abzug mit den Worten begründet: „Der Ursach halben gehe ich auff Anmahnung *Erasmi Roterodami*, wider nach

für den Erzähler ohnehin nur um den Preis der Verstellung zu haben ist, zeigt sich im zweiten Anlauf. Um mit seiner Rede die „Traurigkeit" der Zuhörer nicht noch zu mehren, stellt er sich „fröhlicher" und setzt unter erklecklichem rednerischen Aufwand am Armutsdiskurs an, wobei die Elemente aus dem topischen ‚Lob der Armut' – die Rede von der Freiheit der Bettler, von ihrer Bevorzugung durch Gott und von ihrem verborgenen Reichtum – ihre Wirkung beim Publikum völlig verfehlen.[22] Kaum dass er geendet hat, trifft den Erzähler der Vorwurf, an der Erfahrungswirklichkeit vorbei geredet zu haben („Ach wie unbillich redet der jenige von der Armuth / welche er vielleicht noch nicht hat erfahren […]."').[23] Entsprechend aussichtslos erscheint das Unterfangen der Entfaltung einer theologischen Metaphysik der Schuld und Schulden, das im Zentrum des dritten Anlaufs steht. Anstatt der impliziten Erwartung des Publikums gerecht zu werden und sich Praxis und Erfahrung zu öffnen, erhöht der Erzähler den Abstraktionsgrad seiner Rede bis zu dem Punkt, an dem die philosophische Spekulation in Nonsens umzuschlagen droht.[24] Die damit erreichte Spannung zwischen dem gelehrten Wissen des Erzählers und den realen Nöten der Kriegsflüchtlinge ist nicht weiter zu steigern und führt in der Folge zum Abbruch der Rede. Mit dem Doppelsatz „Aber es kundten weder die Hirten / noch Schulmaister fassen was ich *Philosophierte*. Sie hetten mich lieber angehört / wann ich von Reichsthaler vnd Ducaten geredet hette […]" ist der entscheidende Wendepunkt der Schrift markiert.[25] Von nun an gilt das Interesse des Erzählers der Frage nach der Kunst des Reichwerdens, die er sogleich auch an seine Standesgenossen, die „*Philosophi*", richtet: „[…] ich ruffe euer *Judicium* an und frag / was ich jenen Hirten und Schul-

Hauß. Dann wie offt ich wolte reden / und mit der Hand Auffmerckung begehrte / so offt klingeten die Martis und Kriegsgurgeln mit zusammen geschlagnen Waffen […] erschröcklich." Ebd.

22 Ebd., S. 694–699, das Zitat S. 694. Die Rede gipfelt in einer Kontrastierung von Armen und Reichen, wobei erstere als die wahren Inhaber von Glückseligkeit und (spirituellem) Wohlstand ausgewiesen werden: „Der Reiche ziert mit seinen Gütern die Kirch; Der Arme aber ist ein Heiligthumb Gottes. Der Reiche ernehrt die Arme / Der Arme ist ein Kostgänger Gottes." Ebd., S. 699. Diese Argumente waren den Lesern des 17. Jahrhunderts aus dem christlichen Erbauungsschrifttum des Mittelalters bis hin zu den Traktaten des Aegidius Albertinus („Trost der Armen und Warnung der Reichen", 1602) wohl bekannt, dürften angesichts der Politisierung bzw. Ökonomisierung des Armutsdiskurses seit dem 16. Jahrhundert ihre Überzeugungskraft allerdings weitgehend eingebüßt haben. Genau diesen Geltungsverlust führt Schupps Schrift ironisch vor.

23 Ebd., S. 699.

24 „Es wird das jenige *chaos* oder grosse Finstere nit groß seyn / in welchem alles und nichts ist / und deßwegen nichts weil es alles. Wir müssen derohalben das Leihen und Schulden setzen / damit wir bezeugen die Welt so warhafftig die Welt / ein Welt / wegen / und mit der Zier." Ebd., S. 702. Als Intertext fungiert offenbar Schupps Marburger Dissertation *De Usu Et Praestantia Nihili* (1640), in der die Paradoxien rund um die Frage nach dem Nichts ausführlich entfaltet werden. Die ursprünglich von Epikur aufgeworfene These einer Entstehung des Nichts aus dem Nichtseienden führte im 17. Jahrhundert zu einer anhaltenden akademischen Debatte, an deren Rändern sich zahlreiche Texte zwischen Scherz und Ernst ansiedelten. Vgl. dazu Mulsow, *Die unanständige Gelehrtenrepublik*, S. 95–100.

25 Schupp, „Von der Kunst reich zu werden", S. 703.

meistern muß antworten / wann sie mich aber fragen werden auf was für ein Weiß Reichsthaler / Rosenobel und Ducaten zubekommen seyn?"[26] Die Spuren seiner erratischen Argumentation verwischt der Erzähler dabei freilich ebenso wenig wie die Anzeichen seiner eigenen Affiziertheit durch das Geld. Zwar habe er gerade noch gesagt, „was für ein schöne Sache sey / ein Bettler zu seyn", doch müsse man sich angesichts der Verhöhnung seines verarmten Standes die Frage stellen: „warumb trachten wir nicht auch nach Reichthumb?"[27]

Die damit hergestellte – moralisch offenbar fragwürdige – Verknüpfung von Gelehrsamkeit und Geld bildet die Grundlage für den Diskurs der Gelehrtenkritik, der Schupps Schrift ihren aus der satirischen (Auto-)Subversion heraus wirksam werdenden wissenschaftssteuernden Charakter verleiht. Zu unterscheiden sind dabei zwei Ebenen, die sich bis zum absurden Schlusspunkt der Dissertation – dem Eingeständnis des Erzählers (als fiktivem Verfasser der Dissertation), dass er „diß alles nicht weiß" – wiederholt überlagern.[28] Da sind zum einen die an die Tradition der satirischen Visionen, vor allem Boccalini, Quevedo und Moscherosch anknüpfenden Traumerzählungen, deren wichtigste, der Traum des Erzählers von der Landung Francis Bacons am Gestade des Rheins, einen Anschluss der Schrift an die utopische Literatur herstellt. Und da ist zum anderen die konkrete Polemik gegen den Autor eines kameralistischen Kompendiums, das als Exempel für die Dysfunktionalität gelehrten Buchwissens herhalten muss. Da im Rahmen dieser Polemik der satirische Furor Schupps besonders vehement zutage tritt, seien die entsprechenden Abschnitte zuerst etwas genauer betrachtet.

4.

In ihrer konkreten Form richtet sich Schupps Polemik gegen die Schrift eines Frankfurter *„Jurisconsultus"*, der, so der Erzähler, „Teutschland ein Buch von den Künsten die Cassen zu mehren und zu amplificiren / communiciret" habe.[29] Wie sich am überzogenen Fremdwortgebrauch im Zitat bereits ablesen lässt, basiert der satirische Angriff auf der zeittypischen Kritik an der pedantischen Verstiegenheit der Gelehrten. An wen die polemische Adresse dabei genau gerichtet ist, ist trotz Anonymisierung nicht schwer zu ermitteln. Es handelt sich um den Frankfurter Ratssyndikus Maximilian Faust von Aschaffenburg, dessen *Consilia pro Ærario*, eine tausendseitige Kompilation zur Kunst „die Oberkeitliche Rentcammern vnd Nahrungs*Cassen* der Underthanen vom anfang hero / biß zum Ende der Welt / In allen Königreichen" zu füllen, erstmals 1641 erschienen waren.[30] Die Erwähnungen des Folianten erfolgen an drei strategisch bedeutsamen

26 Ebd.
27 Ebd., S. 709.
28 Ebd., S. 774.
29 Ebd., S. 704.
30 Maximilian Faust von Aschaffenburg, *Consilia pro Ærario Civili, Ecclesiastico Et Militaro, publico atque privato.* [...], Frankfurt am Main 1641, Zitat aus dem weiteren Titel. In Conrad Dahls Geschichte der Stadt Aschaffenburg aus dem frühen 19. Jahrhundert heißt es über Maximili-

Stellen im Text. Die erste und ausführlichste Thematisierung findet sich im bereits besprochenen Übergang zum chrematistischen Teil der Dissertation. Hier betont Schupp die (Nicht-)Entsprechung zwischen der gelehrten Praxis des Sammelns von Buchwissen (*verba*) und der Akkumulation von Geld (*res*), indem er ironisch auf den mutmaßlichen Reichtum des Frankfurters abhebt. Der Passus beginnt mit der Bemerkung des Erzählers, er habe nach der begeisterten Lektüre des Buches „allen meinen guten Freunden" befohlen, „ihnen [= sich, S. Z.] die grösten Bäutel [zu] kauffen", denn „wann ich auß einem Buch hätte können schöpffen / was der Titul vor sich truge", wären „alle meine Freunde [...] schon reich."[31] Die Absurdität dieses Kurzschlusses wird in der folgenden Traumerzählung weiter exponiert, wenn der Erzähler hier einem verarmten Pedell den Rat erteilt, den Jurisconsultus an seinem Wohnort selbst aufzusuchen:

> [...] gehet nach Franckfurt / grüsset an statt aller Göttinnen der Künsten den gar gutem *ICtum.* [Iurisconsultum, S.Z.] der von der Cassen Zunehmung geschrieben / begehret / daß er seiner Kunst ein Meisterstuck sehen lasse / vnnd eure Säck so ihr darleget / mit Gold oder Silber anfülle. Wann jhr 20000. Ducaten erhalten köntet / wil ich den hohen Schulen in Teutschland rathen / daß sie etliche Lehrer der Haußmannschafft halten / welche nicht allein jenes *ICti* Rathschläg examiniren / sondern suchten die Kunst der Haußhaltung. [...]. Ich gienge selbst zu dem gar guten Mann/ küssete ihm in Person die Hand / unterliesse ihn nicht zu ermahnen / daß er seinem Verheissen gnug thäte / daß er diese Materi die Cassen zu mehren continuirte.[32]

Der Vorschlag einer Reform der Hochschulen und, qua Einrichtung von Ökonomie-Lehrstühlen, des gesamten Reichs durch das Buch bzw. das Geld des Faust von Aschaffenburg bildet einen der wissenschaftssatirischen Höhepunkte der Schrift. Die Forderung nach einer Verwissenschaftlichung der Ökonomie und, umgekehrt, der ökonomischen Nutzung wissenschaftlicher Erkenntnisse gehört als solche zu den Kernpunkten des Schupp'schen Realienprogramms.[33] Der

an Faust von Aschaffenburg, er sei „im J. 1593 gebohren, und in der Folge *Juris utriusque Doctor* und *Sindicus* zu Franckfurt" geworden. Und weiter: „Er war ein gelehrter Mann, und gab im J. 1641 *Consilia pro aerario* zu Frankfurt in Folio heraus, an welchen er 20 Jahre gesammelt hatte." Das Urteils Dahls über diese Schrift steht demjenigen Schupps diametral entgegen: „Es ist dieses ein sehr nützliches und vortrefliches Werk." J. Conrad Dahl, *Geschichte und Beschreibung der Stadt Afschaffenburg [sic!], des vormaligen Klosters Schmerlenbach und des Spessarts mit Beilagen*, Darmstadt 1818, S. 250.

31 Schupp, „Von der Kunst reich zu werden", S. 704. Es folgt die Ergänzung, auch er, der Erzähler, werde einen „grossen Sack" nach Frankfurt schicken, „begehrend / daß er 20000. Ducaten gemeiner Schulen Notthurfft und Elend vorleihen thäte". Damit ist das Thema der Schulreform angesprochen, das im anschließenden Traum vom verarmten Pedell in den Mittelpunkt des Diskurses rücken wird.

32 Ebd., S. 705.

33 So hat Kühlmann, *Gelehrtenrepublik*, S. 181, ganz zu Recht betont, Schupps reformerische Agenda zeuge von „einem Patriotismus, der den ‚gemeinen Nutzen' genuin ökonomisch, in der

Erzähler erhebt sie auch an anderer Stelle, etwa wenn er beklagt, es werde „zu dieser gar witzigen Zeit schier keiner ausser dem *Colero*, gefunden [...] / der die *Oecono*mische [sic!] Künsten / mit gelehrter Feder abmahle".[34] Die Forderung zielt dabei freilich auf die Unterbindung der Iteration gelehrten Buchwissens zugunsten eines auf Erfahrung basierenden praktischen Engagements. Die Vorstellung, dass die akademischen „Lehrer der Haußmannschafft", statt sich den Realien zuzuwenden, „jenes *ICti* Rathschläg examiniren", erscheint vor diesem Hintergrund ebenso ironisch wie der vermeintliche Wunsch des Erzählers, Faust von Aschaffenburg möge sein ohnehin bereits ausuferndes Werk „continuir[en]". Wie die abstrakte Disputationskunst der Scholasten, die im näheren Umkreis der Stelle explizit als nutzlos diffamiert wird,[35] fällt auch die fortgesetzte Exzerpierarbeit des Frankfurter Syndikus unter das Verdikt der praktischen Nutzlosigkeit, dessen Gültigkeit der Erzähler in der Folge unter anderem an seiner eigenen Erfahrung als Gelehrter im Krieg exemplarisch belegt. Hier heißt es, er habe seine von den durchziehenden Heeren verzehrten Ochsen durch „alle Ciceronianische *phrases*", die er „im *Dictionario*, oder im *Calepino*, oder im gantzen Wald der Wörter / gelesen" habe, nicht ersetzen können – eine komisch-ernste Variante der satirischen Geld-Wörter-Analogie, die die Sinnlosigkeit des Faust'schen Kompilationsunternehmens nochmals unterstreicht.[36]

Die zweite und dritte Erwähnung der *Consilia* fallen in die von der zentralen Traumvision des Erzählers geprägten zweiten Hälfte der Schrift. Mitten im Traum von der Landung Bacons am Rhein tritt der biblische Lazarus auf und mahnt die Umstehenden, bei ihrem Unternehmen „in die Jnsel Atlantidem [zu] eilen / damit sie alldort reich werden" die christliche Nächstenliebe nicht zu vergessen. Die wahre Kunst, reich zu werden, lerne man nicht „auß demselbigen Frankfurter Buch / sondern von dem Lehrmeister" Christus, an dessen Worte „Gebt / und es wird euch gegeben werden" (Luk 6,38) die Figur an dieser Stelle

Prosperität des bürgerlichen Gewerbes, in der Vervollkommnung und reibungslosen Tradierung gerade der – akademisch heimatlosen – ‚mechanischen' Künste und Fertigkeiten zu fördern suchte, zu einem Patriotismus, der sich der drohenden wirtschaftlichen Rückständigkeit Deutschlands sehr wohl bewußt war." Ähnlich bereits die Feststellungen zu Schupps Reformagenda bei Klaus Schaller, „Johann Balthasar Schupp: Muttersprache und realistische Bildung", in: *Stadt – Schule – Universität – Buchwesen und die deutsche Literatur im 17. Jahrhundert. Vorlagen und Diskussionen eines Barock-Symposions der Deutschen Forschungsgemeinschaft 1974 in Wolfenbüttel*, hg. von Albrecht Schöne, München 1976, S. 198–209.

34 Ebd., S. 710. Der Erzähler rekurriert hier auf Johann Coler, dessen ab den 1590er Jahren entstehende mehrbändige Ökonomik einen der Grundlagentexte des Genres im deutschsprachigen 17. Jahrhundert darstellte. Dazu Philip Hahn, *Das Haus im Buch. Konzeption, Publikationsgeschichte und Leserschaft der ‚Oeconomia' Johann Colers*, Epfendorf 2013.

35 Vgl. etwa die polemische Feststellung des Erzählers, es sei zwar „auch ein Kunst / vernünfftig können mit dem *Dialectico* reden / ob die *particula benè* zu viel sey / *in definition* der *Logic* ob das Wort *differendi Metaphorisch* sey? aber wann du auß der Schul kommest / hat die Sach kein / oder wenig Nutzen." Schupp, „Von der Kunst reich zu werden", S. 708.

36 Ebd.

erinnert.[37] Eine desillusive Note erhält die Rede des Lazarus dabei zum einen dadurch, dass sie in einer Art Metalepse die utopischen Potenziale der Traumerzählung, einschließlich der in ihr verhandelten religiösen Konzepte, als uneinlösbar markiert: „Alles das / was wir handlen / ist gleich einem Traum [...]. Dann gut gewündschte Sachen / ohne Hoffnung deß Außgangs / was seyn sie anderst / als ein Traum."[38] Zum anderen wird der zu Beginn von Lazarus stark gemachte christliche Almosendiskurs („Gebt auß gutwilligem Hertzen Heller und Pfennig / [...] und ihr werdet zum Gewinn die völlesten Schuren / und reichsten Geld=Truhen haben") im Verlauf seiner Rede mehr und mehr durch einen politischen Armutsdiskurs ersetzt, der nicht mehr die milde Gabe, sondern die Arbeitskraft der Armen und den Export der von ihnen verarbeiteten Waren ins Zentrum der Überlegungen stellt.[39] Die Folge ist, dass der spirituell begründete Antichrematismus, der die Kritik der Figur am profanen Geldwissen der Frankfurter Schrift eigentlich fundieren sollte, seine Geltung unter der Hand wieder einbüßt: Selbst die bekannteste unter den biblischen Figurationen der Armut kann die Trennung von Gott und Mammon am Ende offenbar nicht aufrechterhalten – was das Scheitern des Erzählers an dieser Aufgabe im Nachhinein umso weniger erstaunlich erscheinen lässt.

In den letzten Sätzen der Schrift kommt der Erzähler noch einmal auf Fausts *Consilia* zurück. Im Zusammenhang mit seinem resignativen Bekenntnis, dass er sehr gern „lehren" würde, „wie zu diesem traurigsten Stand der Zeiten und Sachen / gute Leut mögen reich werden", nun aber gestehen müsse, dass er „diß alles nicht weiß", wird die Warnung vor dem Frankfurter Buch erneuert.[40] Das eingestandene Nichtwissen des Erzählers bildet dabei den sokratischen Widerpart zum falschen Erkenntnisversprechen der Faust'schen Schrift, die mit ihrem hyperbolischen Titel die Tatsache zu verschleiern suche, „daß diese Sach [die Kunst, reich zu werden, S.Z.] gantz und gar nicht auß den Büchern geschöpf-

---

37 Ebd., S. 748.

38 Ebd. Die Metalepse besteht darin, dass der geträumte Lazarus sich der Tatsache, dass er eine Traumfigur ist, anscheinend bewusst ist und somit in paradoxer Weise über die Bedingungen seiner eigenen Existenz sprechen kann.

39 Vgl. ebd., S. 751. Dass eine biblische Figur zum Medium des politischen Wissens der Zeit wird, ist an sich nicht ungewöhnlich. Zahlreiche politische Texte des 17. Jahrhunderts aus lutherisch-protestantischer Feder bemühen sich darum, das politische Wissen der Bibel mit neueren politischen Wissensbeständen zu verknüpfen, so etwa die *Biblische Policey* (1653) des zweiten Schwiegervaters Schupps, Philipp von Reinkingk, oder auch Schupps eigene Schrift *Salomo / oder Regentenspiegel* (1658). Geht es zumindest bei Reinkingk dabei aber vor allem darum, mögliche Spannungen zwischen den Wissensbeständen abzubauen, so darf man für Schupps *De Arte Ditescendi* wohl das Gegenteil konstatieren: In der Rolle des merkantilistischen Politikers wirkt Lazarus hier seltsam deplatziert. Dieser Eindruck verstärkt sich noch, wenn die nicht enden wollende Rede der Figur schließlich nicht mehr wörtlich zitiert, sondern nur mehr grob paraphrasiert und letzthin ganz ausgeblendet wird, weil mit dem Römer Fabius Cunctator der nächste Diskursbeiträger die Aufmerksamkeit auf sich zieht.

40 Schupp, „Von der Kunst reich zu werden", S. 774.

ft werde".[41] Mit der polemischen Einordnung der *Consilia* als Katalogfüller für die Frankfurter Messe („Bücher / welche in die Franckfurter Messe geschickt werden / damit sie den *Catalogum* einfüllen"), dem Hinweis auf eine mögliche Fortsetzung des Diskurses „anderer Orten" und einem kurzen Abschiedsgruß an die Adresse der Avellinenser endet die Schrift.

5.

Die wohl gewagteste Invention in *De Arte Ditescendi*, nämlich keinen Geringeren als Francis Bacon in Braubach am Rhein nach Kandidaten für die Kolonisation der Insel Atlantis[42] suchen zu lassen, verändert die Spielregeln des Diskurses grundlegend. Dies beginnt bei der Rolle des Erzählers. Anstatt wie zuvor den Diskurs zu dominieren, fungiert er im Bacon-Traum über weite Strecken nur mehr als unbeteiligter Beobachter, der die Einlassungen Bacons sowie die Bewerbungs- und Beratungsreden der Figuren – des Dichtergelehrten John Barclay,[43] eines Hauptmanns, eines venezianischen Kaufmanns, eines Juden, des geistlichen Redners Jeremias Drexel, eines Schulmeisters, eines Pastors, eines Bauern, eines Hofmeisters, eines adligen Ratsherrn, der Kassandra, des Lazarus, des Fabius Cunctator und des treuen Eckhart – ohne weitere Kommentare wiedergibt.[44] Dass hierin eine strukturelle Abweichung von der *Nova Atlantis* (1627) als utopischer Staatserzählung vorliegt, wurde in der Forschung bereits bemerkt.[45] In Schupps Traumerzählung gibt es keinen funktionierenden Staat zu besichtigen. Vielmehr steht der Aufbau der Kolonie vor der Küste Perus hier erst noch aus, weshalb der Hinweis des fiktiven Bacon, die von ihm durch Zufall entdeckte „Jnsel *Atlantidis*" sei „also beschaffen / daß wann *Thomas Morus* solte neu *Utopia* beschreiben / ihme diese als ein Bild und Exemplar vorsetzte", sich eigentlich nur auf einen möglichen zukünftigen Zustand beziehen kann.[46] Sichtbar werden an dieser Stelle die Nahtstellen des Kontaminationsverfahrens, das Schupp bei der Invention des Traums anwendet. Durch eine Zusammenziehung der *Nova Atlantis* mit dem Essay *Of Plantations*, den Bacon 1625 erstmals veröffentlicht hatte, entsteht eine Art doppelte Optik, die Bacon als Planer und Emissär des uto-

41 Ebd., S. 774.

42 In Bacons *Nova Atlantis* heißt die Insel bekanntlich Bensalem. Schupp übernimmt dies nicht, sondern entscheidet sich, den Namen der Insel mit dem Titel der Schrift zu identifizieren.

43 Die Präsenz Barclays an dieser Stelle erklärt sich nicht nur aus dem politischen Gehalt von dessen *Argenis*, sondern weist auch auf die aus diesem Roman entlehnten Beschreibungen, die Schupp zur Schilderung von Bacons Schiffs sowie der Überfahrt nach Neu-Atlantis verwendet. Dazu Zschau, *Quellen und Vorbilder*, S. 89, Anm. 2, und S. 93–96.

44 Dass es sich bei der Traumerzählung gleichwohl um einen homodiegetischen Diskurs handelt, wird an dessen Ende ersichtlich. Hier wird der Erzähler von einem Bekannten angesprochen, der zuvor eindeutig als der erzählten Welt des Traums zugehörig gekennzeichnet wurde. Auf die entsprechende Passage wird weiter unten noch einzugehen sein.

45 Vgl. Helmut Minkowski, „Die geistesgeschichtliche und die literarische Nachfolge der Neu-Atlantis des Francis Bacon", in: *Neophilologus* 22 (1937), S. 120–139 und 185–200, hier S. 198.

46 Schupp, „Von der Kunst reich zu werden", S. 716.

pischen Idealstaats zugleich perspektiviert.[47] In dieser Rolle hebt die Figur den restaurativen Diskurs der Schrift auf eine neue Ebene. Mit dem Versprechen, die gebeutelten Flüchtlinge aus dem Elend in eine Zukunft zu führen, in der sie ihr gutes Auskommen haben, ist Bacon die einzige der im Text präsenten Figuren, die den Zerstörungen des Kriegs etwas entgegensetzen zu können scheint. Seine Warnung an die Kandidaten, nicht zu vergessen, dass „eine *Colonia* [...] nicht ungleich der Pflantzung der Wäld [ist] / in welcher vor 20. Jahren nichts von dem Einkommen oder Nutzen zu gedencken ist", entspricht dabei dem Wissen, das der Bacon'sche Kolonien-Essay bereithält, weist im politischen Umfeld von *De Arte Ditescendi* zugleich jedoch auf den ausgedehnten Zeithorizont restaurativer Initiativen, die in einem Deutschland nach dem Krieg Fuß fassen könnten.[48]

De Arte Ditescendi ist – sieht man von den Schriften des Nürnberger Dichtergelehrten Georg Philipp Harsdörffer (1607–1658) ab – das wohl bemerkenswerteste Beispiel einer literarischen Bacon-Rezeption im deutschsprachigen Raum vor 1650.[49] Dabei ist der Umgang des Textes mit Bacon bzw. der Bacon-Figur allerdings keineswegs frei von Ironie. Schon in der Schilderung der Handlungsumstände gibt es Irritationssignale, etwa wenn sich die menippeische Lust an der Verzerrung von Größenverhältnissen ausgerechnet auf das Vehikel des vom Ende der Welt ans Gestade des Rheins gereisten Philosophen kapriziert: Dieser erreicht Braubach mit einem „Schifflein", das, wie der Erzähler nicht zu erwähnen ver-

47 Der Essay ist in der erweiterten Ausgabe von Bacons Essays mit dem Titel *Essayes or Counsels, Civill and Morall* enthalten, war für Schupp aber auch in lateinischen Ausgaben, etwa der Leidener Ausgabe von 1644 („Fr. Baconi De Verulamio Semones Fideles. Ethici. Politici. Œconomici. Sive Interiora Rerum [...]") greifbar. Detaillierte Nachweise über Schupps Bacon-Rezeption (nicht nur) in *De Arte Ditescendi* finden sich in Zschau, *Quellen und Vorbilder,* S. 66–90. Zur Reichtums- und Kolonialthematik vgl. ebd., S. 89f. Zschau weist nach, dass Schupp für *De Arte Ditescendi* außer den genannten Schriften zahlreiche weitere Bacon'sche Essays sowie die Schriften *De dignitate et augmentis scientiarum, De sapientia veterum,* das *Novum Organum* und die *Historia Regni Henrici VII.* benutzt hat.

48 Schupp, „Von der Kunst reich zu werden", S. 715. Die Stelle bei Bacon lautet: „Planting of countries is like planting of woods; for you must make account to leese almost twenty years of profit, and expect your recompense in the end." Francis Bacon, „Of Plantations", in: ders., *The Works of Francis Bacon,* hg. von James Spedding, Robert Leslie Ellis und Douglas Denon Heath, Bd. 6: Literary and Professional Works I, London 1858, S. 457–459, hier S. 457.

49 Dass nicht einmal der Bacon-Bezug der Schrift zu deren weiterer Erforschung beitragen konnte, erscheint seltsam, blickt man zum Vergleich auf die Bemühungen der Forschung um den ‚Baconismus' Harsdörffers. Hier seien nur die Untersuchungen Berns', Heineckes und Wels' genannt, in denen sich zahlreiche weitere Forschungshinweise finden: Jörg-Jochen Berns, „Gott und die Götter. Harsdörffers Mythenkritik und der Pan-Theismus der Pegnitzschäfer unter dem Einfluß Francis Bacons", in: *Georg Philipp Harsdörffer. Ein deutscher Dichter und europäischer Gelehrter,* hg. von Italo Michele Battafarano, Bern u.a. 1991, S. 23–81; Berthold Heinecke, „The Poet and the Philosopher: Francis Bacon and Georg Philipp Harsdörffer", in: *Philosophies of Technology. Francis Bacon and his Contemporaries,* hg. von Claus Zittel u.a., Leiden/Boston 2008, S. 375–410; Volkhard Wels, „Francis Bacon über die Fiktionalität der Dichtung, antike Mythologie und die Macht der Phantasie. Mit einem Exkurs zu Georg Philipp Harsdörffers Bacon-Rezeption und deren theologischer Relevanz", in: *Scientia Poetica* 14 (2010), S. 1–28, hier S. 23–28.

gisst, außer den Ruderknechten keinen weiteren Passagieren Platz bietet.[50] Bleibt die Frage, wie Bacon die Aspiranten überhaupt nach Atlantis transportieren will, damit offen, so unterstreicht dies den desillusiven Gesamtcharakter der Traumerzählung. In einem für Ambiguität Raum lassenden Verfahren baut Schupps Schrift die Autorität Bacons auf, um sie mittels subtiler Ironiegesten doch wieder zu relativieren. So wird der englische Gelehrte einerseits zwar mit den Insignien der Weisen von Bensalem – dem blauen Rock, dem Turban, den Locken, dem blauen Stab – ausgestattet[51] und bekommt Gelegenheit, in einem längeren Diskurs gegen Ende des Traums „von etlichen Geheimnussen der Natur / von Unvollkommenheit der natürlichen *philosophia*, und von anderm / welche die Brüder und Gesellen in dem Hauß Salomonis / in der Jnsul Atlantide sollten anheben suchen", zu reden.[52] Andererseits zeigt sich die Figur nicht nur zwischendurch unaufmerksam – etwa wenn sie über die Erwähnung des versoffenen Baudius so lachen muss, dass sie die Rede des für seine Nützlichkeit plädierenden Hofmeisters verpasst[53] –, sondern stößt auch gleich bei erster Gelegenheit auf Widerspruch. Dem Thema der Schrift entsprechend geht es dabei um die Bedeutung des Geldes. Dieses, so merkt der fiktive Bacon an, sei nur dafür da, dem Menschen ein tugendhaftes Leben zu ermöglichen, wer Verstand habe, sei daher zufrieden, wenn er seinen Leib mit dem Nötigen erhalten möge.[54] Diese Ansicht teilt der erste Dialogpartner Bacons, der als sein politischer Berater auftretende Barclay, nicht. Nach den ironischen Einleitungsworten, es fehle nur noch wenig, „daß ich mir nicht lasse *persuadiren*, daß ich mich deiner Gesellschafft unterfahe", weist er darauf hin, dass sich die Wertschätzung für die wahrhaft tüchtigen Männer nun

50 Schupp, „Von der Kunst reich zu werden", S. 713.

51 Vgl. ebd. Die zum Vorbild dienende Schilderung der weisen Männer von Bensalem findet sich in Francis Bacon, „New Atlantis", in: ders., *The Works of Francis Bacon*, hg. von James Spedding, Robert Leslie Ellis und Douglas Denon Heath, Bd. 3: Philosophical Works III, London 1859, S. 119–166, hier S. 131.

52 Schupp, „Von der Kunst reich zu werden", S. 766. Eine wesentliche Referenzstelle für den Diskurs der Figur stellt dabei offensichtlich die kritische Auseinandersetzung Bacons mit der antiken Wissenschaft im *Novum Organum* (I,IV,71) dar. Dazu bereits Zschau, *Quellen und Vorbilder*, S. 68f. Demnach seien die Wissenschaften in ihren griechisch antiken Kinderschuhen steckengeblieben, und die Gelehrten würden weiterhin lieber über „*generalia*" disputieren, als sich dem „Werck", d.h. dem praktischen Produkt der Erkenntnis, zu widmen. Wie im *Novum Organum* verbindet sich diese Kritik auch in der Rede der Bacon-Figur bei Schupp mit einem Lob der Erfindungen, die den realen Fortschritt menschlichen Wissens in der Moderne dokumentieren: Kompass, Schießpulver und Buchdruck. Vgl. Schupp, „Von der Kunst reich zu werden", S. 768. Die entsprechende Passage bei Bacon findet sich in englischer Übersetzung in Francis Bacon, „The New Organon", in: ders., *The Works of Francis Bacon*, hg. James Spedding, Robert Leslie Ellis und Douglas Denon Heath, Bd. 4: Translations of the Philosophical Works, London 1858, S. 37–248, hier S. 114.

53 Vgl. Schupp, „Von der Kunst reich zu werden", S. 739.

54 Vgl. Schupp, „Von der Kunst reich zu werden", S. 715f. Die Äußerungen der Figur stammen in weitgehend buchstäblicher Übersetzung aus Bacons Essay *Of Riches*. Vgl. Francis Bacon, „Of Riches", in: ders., *The Works of Francis Bacon*, hg. von James Spedding, Robert Leslie Ellis und Douglas Denon Heath, Bd. 6: Literary and Professional Works I, London 1858, S. 460–462, hier bes. S. 460.

einmal auch im Geld ausdrücke: „Dergleichen Leut [...] erkauffe alsbald / auch umb was sie selbst wollen [...]. Eben die Fürtrefflichkeit der Besoldungen wird ein Ruhm der Künstler seyn [...].“[55]

Der sich damit paradigmatisch abzeichnende Konflikt zwischen Ablehnung und Anerkennung chrematistischer Einstellungen prägt den Diskurs im Traum durchgehend. Dabei ist die Tendenz zur satirischen Irritation des gemäßigten Antichrematismus Bacons letzthin bei allen beruflich mit Geld operierenden Figuren zu erkennen. So übernimmt Schupp etwa bei der Gestaltung der Rede des venezianischen Kaufmanns Aussagen aus Bacons Essay *Of Riches*, löst diese jedoch aus ihrem moralischen Bezugsrahmen, so dass sie im Traumdiskurs frei flottieren können. Der Kaufmann, von dem der Erzähler sagt, er sei „ein Mann so würdig [...] den aller Geschlecht Wunsch zu einem Bürger begehre“, preist unter anderem den auf zukünftige Knappheiten spekulierenden Wareneinkauf als eine Strategie an, die Bacon bei der Errichtung von Atlantis „recht und wol“ beachten solle: „die einige Kauff und Einkauffungen zum wider verkauffen / wo sie nicht verbotten seyn / machen ein leichten Weg zu den Reichthumben [...].“[56] Der Satz findet sich zwar nahezu buchstäblich auch in Bacons *Of Riches*.[57] Hier erscheint er aber eingehegt durch kritische Aussagen wie etwa diejenige, dass „the gains of bargains are of a more doubtful nature“, worunter Bacon ausdrücklich auch das Spekulieren mit der Bedürftigkeit anderer versteht („when men shall wait upon others' necessity“).[58] Auf dieser Basis kann der Bacon-Leser den Hinweis auf ein mögliches Verbot der Monopol-Bildung („where they are not restrained“) an ein etabliertes Konzept der Geld-Kritik rückbinden – anders als der Leser von *De Arte Ditescendi*, der mit der Empfehlung des Kaufmanns, derlei Verbote zu umgehen, um reich zu werden, durch das beredte Schweigen Bacons und des Erzählers gleichsam alleingelassen wird.

Noch drastischer fällt die Diskrepanz von Prätext und satirischem Konterdiskurs im Fall des sich ebenfalls um einen Platz auf dem Schiff bewerbenden Juden Rabbi Ben Israel aus. Dessen Komplementärfigur aus Bacons *Nova Atlantis*, der in Bensalem lebende Jude Joabin, ist zwar immerhin Kaufmann, weist darüber hinaus jedoch keines der Merkmale auf, die das Stereotyp vom jüdischen Wucherer in der Literatur der Frühen Neuzeit ausmachen. Ganz im Gegenteil begeg-

55 Ebd., S. 716. Das „nicht“, das der deutsche Übersetzer in den ersten zitierten Satz einbaut, verstärkt die ironische Tendenz des lateinischen Satzes, der allerdings ohne die Verneinung operiert und daher deutlich verständlicher ist: „Parùm abest, sapientissime Bacone, quin mihi persuaderi patiar, ut tuo me sodalito adjungam.“ [Schupp,] *De Arte Ditescendi*, S. 26.

56 Schupp, „Von der Kunst reich zu werden“, S. 719f.

57 In der englischen Übersetzung lautet er: „Monopolies, and coemption of wares for re-sale, where they are not restrained, are great means to enrich [...].“ Bacon, „Of Riches“, S. 462. Dass der Kaufmann bei Schupp den im 17. Jahrhundert durchaus negativ aufgeladenen Monopol-Begriff nicht benutzt, deutet auf seine rhetorische Strategie hin: Er verharmlost eine Praxis, die weithin geltendem Wissen zufolge keineswegs unproblematisch ist.

58 Ebd., S. 461. Ein weiterer Satz dieser Art findet sich (ebd.) etwas weiter oben: „The ways to enrich are many, and most of them foul.“

net dem Leser in Joabin das utopische Gegenbild eines Juden, der die christliche Heilsgeschichte mitsamt unbefleckter Empfängnis anerkennt, sich von verbotenen Geschäften fernhält und vom Erzähler als weiser Mann über die Heirats- und Ehebräuche in Bensalem ausgefragt wird.[59] Dieser Versuch Bacons, einen Staat zu entwerfen, in dem die (weitestgehend assimilierten) Juden ihren Platz neben den Christen finden können, wird in Schupps Schrift ironisch zurückgewiesen. Wie ihr mit Alteritätsmarkern versehener Name schon vermuten lässt, ist die Figur des Rabbi Ben Israel nicht geeignet, antijüdische Vorurteile zu zerstreuen. Indem sie in ihrer Rede auf eine Rechtfertigung des Wuchers zielt, bestätigt sie diese vielmehr.[60] Alle christlichen Vorwürfe an die Wucherer werden dabei von der Figur selbst nochmals genannt – der Bruch des Sabbats, die Widernatürlichkeit der Selbstvermehrung des Geldes usw. –, um dann jedoch in einer Wende der Rede ins Politisch-Anthropologische dementiert zu werden. Da die Kommerzien vom Geldverleih abhingen, zu dem die Menschen aufgrund ihrer Hartherzigkeit aber nicht bereit seien, ohne im Gegenzug etwas dafür zu bekommen, führe kein Weg an der Zulassung des Wuchers vorbei:

> Dann weil den Menschen vonnöthen ist / daß sie einander Geld leyhen und auffnehmen / und weil sie eines so harten Hertzens seyn / daß sie es umbsonst nicht darleyhen wollen / ist vonnöthen daß die Wucher zugelassen werden. Wie werden die jüngere Kauffleut die Kauffmannschafft üben / wie werden die Handwercksleut und eure Bauern bißweilen ihre Sachen fortbringen / wann sie nicht auff Gewin Geld auffnehmen? Glaubt mir / wann nicht der Wucherer Darleyhung dieser Nothdürfftigkeiten bißweilen wird zu Hülff kommen / werden sie bald in die eusserste Armut gerathen [...].[61]

Von Bacons *Nova Atlantis* aus gesehen, ist die satirische Pointe des Auftritts Rabbi Ben Israels eine dreifache. Auf einer ersten Ebene rangiert die pure Zumutung, die die Rede des jüdischen Wucherers als subversive Kontrafaktur der Rede des weisen Juden von Bensalem markiert. Zweitens impliziert der Auftritt eine totale Verkehrung des christlichen Armutsdiskurses, den der Erzähler zu Beginn der Schrift geführt hatte: Armut, so Rabbi Ben Israel, sei nicht das Ergebnis von Wucher, sondern die notwendige Folge eines Wucher-Verbots, das die Kommerzien behindere. Und drittens irritiert die von Schupp auf diese Weise vorgenommene Bestätigung antijüdischer Vorurteile gerade dadurch, dass sie von den anderen Figuren nicht etwa zum Anlass genommen wird, den jüdischen Wucherer aus dem ‚idealen' Staat auszuschließen. Nach einer „lange[n] *disputation*" darüber, „ob es dem gemeinen Nutzen befürderlich seye / daß der *Rabbi Ben Israel* solte zugelassen werden", entscheiden sie sich vielmehr dafür, ihn nach Atlantis mit-

59 Vgl. Bacon, „New Atlantis", S. 151–154.

60 Ohne direkten Verweis auf die Juden hatte Bacon den Wucher in *Of Riches* als sicheres, aber besonders verwerfliches Mittel, reich zu werden, gegeißelt. Eine Vorlage für die Verteidigung des Wuchers konnte Schupp hier also nicht finden. Vgl. Bacon, „Of Riches", S. 461f.

61 Schupp, „Von der Kunst reich zu werden", S. 721.

zunehmen.[62] Dass dies, wie der Erzähler formuliert, „mit vorgeschriebenen *conditionen* und Gesetz“ geschehen soll, mildert die Provokationskraft des Diskurses etwas ab, ändert aber nichts an der Tatsache, dass die Argumente des Wucherers von den Figuren letzthin doch affirmiert werden.[63] An eine Änderung der moralisch-affektiven Disposition des Menschen ist für sie offenbar nicht zu denken, so dass das Einkalkulieren von Unbarmherzigkeit und Eigennutz aus politischer Klugheit offenbar überzeugend erscheint.

Der chrematistische Subtext des Traums bleibt schließlich auch dort präsent, wo vermeintliche Gegenkonzepte zu den ‚widernatürlichen‘ Erwerbsweisen der Kaufleute und Wucherer zur Sprache kommen. Dies ist der Fall insbesondere in der Rede des Bauern Endymion, der Bacon von der reichmachenden Kraft der Land-, Vieh- und Forstwirtschaft überzeugen will. Als Kritiker der alten Griechen, die, wie er sagt, alles Praktisch-Handwerkliche aus philosophischem Hochmut verachtet hätten, führt er dabei zwar einen Diskurs, der an das Geschichtsbild Bacons in hohem Grade anschlussfähig ist (bzw. dieses in der Chronologie des Traums sogar vorwegnimmt),[64] sein Lob der bäuerlichen Praktiken steht den Bewerbungsreden der anderen Figuren in puncto chrematistischer Orientierung jedoch wenig nach. So reproduziert er in seiner Rede vor allem diejenigen Aussagen aus Bacons *Of Riches*, in denen die Möglichkeit gewaltigen Reichtums aus der Land- und Viehwirtschaft betont wird – zumal das Exempel vom klug wirtschaftenden Edelmann, das unter der in ähnlicher Form bereits bei Bacon vorhandenen Sentenz präsentiert wird: „Wenn reiche Leute sich auff den Ackerbau und Bauren Gewinn ergeben / pflegen sie unzahlbare Reichthumb zusammen zu häuffen.“[65] Dass gerade dieses Beispiel die von Bacon formulierte Kernregel aber *nicht* illustriert, der zufolge der Gewinn aus der Land- und Viehwirtschaft nur

62 Ebd.

63 Und dies umso weniger, als der Text nahelegt, dass der jüdische Wucherer selbst bei der Formulierung der Wuchergesetze in Atlantis federführend sein wird: Am Ende seiner Rede verspricht er Bacon, ihm für den Fall, dass er mitreisen darf, seine Vorschläge für die „Erneuerung und Regul deß Wuchers“ mitzuteilen. Ebd.

64 Das Hauptargument des Bauern lautet im lateinischen Text: „Artium mechanicarum contemptus, ex superbia Græcorum Philosophorum & Oratorum orta est. Et nunc quoque eædem contumeliosè habentur à multis, tanquam sordidæ, cùm tamen prima fuerint generis humani post agriculturam exercitamenta.“ [Schupp,] *De Arte Ditescendi*, S. 44. Die deutsche Übersetzung: „Die Verachtung der Handwerck / ist auß Hoffart der Griechen Philosophen und Oratoren erwachsen. Und jetzo auch werden sie von vielen schmählich gehalten / als wären sie unsauber / da sie doch die ersten Ubungen deß menschlichen Geschlechts gewesen seyn.“ Schupp, „Von der Kunst reich zu werden“, S. 737. Der Satz stellt wiederum ein Zitat dar, das in diesem Fall allerdings nicht aus dem Werk Bacons stammt, sondern aus dem achten Buch der *Politica* des jesuitischen Staatstheoretikers Adam Contzen. Vgl. ders., *Politicorum Libri Decem* […], Köln 1621, S. 586.

65 Schupp, „Von der Kunst reich zu werden“, S. 735. Vgl. die Stelle bei Bacon, „Of Riches“, S. 461, in der zwar nicht von ‚Anhäufung‘ die Rede ist, allerdings von einer übermäßigen Steigerung des Reichtums: „And yet where men of great wealth do stoop to husbandry, it multiplieth riches exceedingly.“

sehr langsam entstehe,[66] lässt die subversive Tendenz der Schupp'schen Zitaten-Selektion nochmals deutlich werden. Gestört durch chrematistische Signalbegriffe wie den des ‚Zusammenhäufens' verliert der bei Bacon zentral gesetzte Topos von der Natürlichkeit des Ackerbaus in *De Arte Ditescendi* einen Gutteil seiner Dignität. Weder Bescheidenheit noch Maß noch Fleiß sind die Zielwerte der Rede Endymions. Vielmehr scheut sich die Figur nicht, das erwünschte Investment in Landwirtschaft ausgerechnet durch einen Vergleich mit dem Wucher schmackhaft zu machen. „Von einem eintzigen Schäflein / wann es ein guten Schäffer bekommen hat / kanst du so viel Gewinn jährlich erwarten / als wann du 20. Gülden dem Wuchern außgelegt hättest."[67] Der rein quantitative Vergleich erhebt das Geld zum Maßstab, an dem die eigentliche Nützlichkeit der Erwerbspraktiken ablesbar werden soll. Die sorgfältig eingezogene moralische Axiologie des Bacon-Essays wird damit wirkungsvoll ausgehebelt.

Nach der langen Reihe der Figurenreden endet der Traum schließlich damit, dass Bacon von einem verwaisten Jungen angesprochen wird, der ihm seine Klagen über die Advokaten und seine gierigen Verwandten vorträgt. Diese hätten das „stattliche [ ] *Patrimonium*" seiner Vorfahren durch unablässiges Streiten vor Gericht unter sich aufgeteilt, weshalb er, der Knabe, sich nun an den Rat seines Vaters halte, sich im Fall der Not an Bacon zu wenden.[68] In dem Moment, in dem Bacon sich des Waisen annehmen will, verändert sich plötzlich jedoch die Szenerie. In einem überirdischen Licht erscheint ein Chor schöner Knaben – Putti –, der, begleitet durch die „lieblichste *Music*", die Vergänglichkeit des Geldes besingt:

66 Die Langsamkeit des natürlich entstehenden Reichtums wird in Bacons Essay gleich zweimal normativ expliziert. Erst wird in einer allgemeinen Sentenz festgelegt, „that riches gotten by good means and just labor pace slowly [...]." Etwas weiter unten wird dann der Gewinn aus der Landwirtschaft als natürlichste, aber langsame Form des Erwerbs bezeichnet: „The improvement of the ground is the most natural obtaining of riches; for it is our great mother's blessing, the earth's; but it is slow." Bacon, „Of Riches", S. 461. In Endymions Rede ist die Ergänzung hinsichtlich der Langsamkeit der Gewinne einfach gestrichen, und die Sätze sind umgestellt, so dass die ursprüngliche Argumentationslinie kaum mehr erkennbar ist: „Der Ackerbau / sprich ich / ist ein gar natürlicher Weg zu den Reichthumben. Wann reiche Leute sich auff den Ackerbau und Bauren Gewinn ergeben / pflegen sie unzahlbare Reichthumb zusammen häuffen. Dann es ist ein Segen der grossen Mutter der Erden. Jch kenne ein Freyherrn / welchem die grösten Einkommen von dem Baurenwesen herkommen [...]." Schupp, „Von der Kunst reich zu werden", S. 735.

67 Ebd., S. 736.

68 Schupp, „Von der Kunst reich zu werden", S. 769. Die zeittypische Advokaten-Satire der Passage ergänzt das chrematistische Wissensspektrum des Traums um das Thema der Selbstbereicherung mit juristischen Mitteln. Entsprechend eindringlich bittet der Knabe, der als ein aus Erfahrung klug gewordener *puer senex* dargestellt ist, um den Verzicht auf Advokaten und langwierige Gerichtsprozesse in Atlantis: „Aber nach deiner fürtrefflichen Weißheit / wirst du ohne Zweifel in Jnsul Atlantide, diesen Schwätzern ein Biß einlegen / welche meine arme Jugend so vieler *jniurien prostituirt* haben." Ebd., S. 771. Wenn die Rede des Knaben am Ende in die fremdwortgesättigte Diktion der gelehrten ‚Schwätzer' übergeht, kann dies entweder als eine von diesem selbst vorgenommene ironische Mimesis der Sprache der Advokaten verstanden werden oder aber als subversiver Hinweis des Textes auf die unterschwellige Affiziertheit der Figur von den Affekten und Diskursen, die sie kritisiert.

Wer sich nun auff Geld wil gründen /
Hat auff schwaches Eyß gebaut.
Geld und Gut pflegt zu verschwinden
Wie der Schnee thut / wann es thaut.
Wie ein Dunst der auß den Klüfften /
Vber sich gen Himmel fährt.
Vnd von Winden in den Lüfften /
Wird verstoben und verzehrt.
Tugendreicher Sinn besteht /
Krieget Preiß und schwebt empor.
Weißheit in dem Hertzen gehet /
Hundert Tonnen Goldes vor.[69]

Auch diese konventionelle Argumentation gegen das Geld kann die ironische Autosubversion des Traumdiskurses nicht stoppen. So fällt etwa auf, dass die moralische Eindeutigkeit der Aussage im Lied nur um den Preis der Verkürzung meteorologischen Basiswissens zu haben ist: Die vom Chor entfaltete Analogie von Geld und Wasser geht ‚wissenschaftlich' nicht auf, weiß der Leser spätestens doch aus Endymions Diskurs über die Vorzüge der Landwirtschaft, dass Wasser (Geld), das als Dunst aufsteigt (investiert wird), vom Wind nicht etwa „verzehrt" wird, sondern als Regen wieder auf die Erde fällt, um dort neues Wachstum (Gewinn) zu bewirken.[70] Verstärkt wird diese implizite Bezweiflungsgeste durch die Einbettung der Geldkritik in ein durch und durch grotesk anmutendes Geschehen. Der plötzliche Auftritt des Chors „auß der nächsten Hecken" mitsamt opernartigen Licht- und Klangeffekten überwältigt den Erzähler derart, dass er vergisst, auf die gesungenen Worte zu achten; erst nach einiger Zeit, die er mit der Betrachtung des Schauspiels verbracht hat, ‚hebt' er „die Ohren hinzu", um den Inhalt des Liedes zu verstehen.[71] Legt die Kombination von Theatralität und konventioneller Geldkritik dabei eine engere Beziehung der Passage zu Bacons *idola*-Lehre nahe – je nachdem ließe sich die ‚alte Leier' von der Vergänglichkeit des Geldes als irreführendes Schauspiel der Tradition (*idolum theatri*) und/oder als subjektives Vorurteil des buchgelehrten Erzählers (*idolum specus*) deuten –, so bleibt die finale Verklärung der Traumwirklichkeit schließlich nur Fragment.[72]

69 Ebd., S. 772.

70 In der Rede Endymions richtet sich die Beobachtung des Wasserkreislaufs gegen die – aus Sicht des Bauern – schädliche, weil ‚widernatürliche' Thesaurierung des Geldes: „Glaube mir / das jenige Geld / welches zu nothdürfftiger Unterhaltung deß Ackerbaus uns wird dargeschossen werden / wird nur wie ein Dunst seyn / welcher auß der Erden in die Höhe gezogen wird / in die Wolcken zusammen gehet / und wieder auff die Erden durch Regen kommet: Wie lang wirst du den Hauffen deines Gelds in deiner Truhen auffbehalten?" Ebd., S. 735.

71 Ebd., S. 772.

72 Zu den vier Typen von *idola*, „which are now in possession of the human understanding, and have taken deep root therein", vgl. Bacon, „Novum Organum", S. 53–55. Welche Bedeutung

Nachdem einer der Knaben dem Erzähler im Namen seiner Freunde Mut zur Überwindung der Melancholie zugesprochen hat („Die Fata werden einen andern Weg finden"), wird der Schlafende durch einen Hahnenschrei jäh aus seinem Traum erweckt. Das „mit gar starcker Stimm" gegebene Signal führt die Unausweichlichkeit der Rückkehr in die Realität vor Augen, wird vom Erzähler gerade deshalb jedoch als Störung empfunden.[73] Ohne die Frage seiner Magd zu beantworten, warum er „auff den tapffern Hanen / der [ihn] so offt auß dem Schlaff erweckt / und zu den Büchern beruffen hat / so zornig were", befiehlt er die Exekution des Tieres, das als ‚komisches' Opfer der Satire den unaufhebbaren Widerspruch von Utopie und Wirklichkeit, Bücherwissen und Praxis am eigenen Leib büßen muss.[74]

6.

Damit nun abschließend zur Frage nach dem spezifischen Verhältnis der Schupp'schen Schrift zum ökonomischen Wissen ihrer Zeit. Wie die Analyse gezeigt hat, arbeitet sich das satirische Verfahren in *De Arte Ditescendi* an zwei Bruchstellen des diskursiven Feldes ab. Zum einen geht es um die Frage nach der Grenze zwischen dem Utilitarismus, den Bacons Wissenschaftsansatz vorgibt und der als Leitprinzip der Ökonomie im Text eine herausragende Rolle spielt, und dem moralisch fragwürdigen Bereich des Chrematismus (im Sinne der eigennützigen Fixierung menschlichen Handelns auf das Reichwerden). Zum anderen wirft der Text die Frage nach der Möglichkeit der Vermittlung eines praktischen Wissens vom Gelderwerb auf: Das absurde Eingeständnis des Erzählers am Ende der Schrift, vom verhandelten Gegenstand eigentlich nichts zu wissen, zeugt von einer unbewältigten epistemologischen und diskursiven Herausforderung, die als solche natürlich nicht erst bei Schupp auftaucht, sondern als Problem des gelehrten Bezugs auf ökonomische und sonstige Praktiken seit Aristoteles' Einführung des *phronesis*-Begriffs in der ökonomischen Literatur Alteuropas rekurrent ist.[75] Auf beide Aspekte sei im Folgenden kurz eingegangen.

Die Spannung zwischen ökonomischer Nutzenorientierung und Chrematismus durchzieht den gesamten Diskurs des Erzählers. Nachdem dieser sich von der Vorstellung verabschiedet hat, das am Kurort versammelte Volk durch pas-

die *idola*-Lehre für Schupps Auffassung von den Möglichkeiten und Grenzen menschlicher Erkenntnis hat, wäre eigens zu untersuchen. Unter Umständen ließen sich hier die Ursachen für Schupps Präferenz desillusionierender, satirischer Schreibverfahren fassen.

73 Schupp, „Von der Kunst reich zu werden", S. 773. Laut Erzähler habe der „Hanen-Gesang verursachet […] / daß ich der lustigsten Fabel Außgang nicht gesehen / und nicht erfahren habe / was für einen Fortgang die Schifffahrt in *Atlantidem* genommen […]."

74 Ebd.

75 Vgl. hierzu die grundlegenden Ausführungen in Christina Schaefer, „‚*Esperienza*'. Zur Diskursivierung von Erfahrungswissen in Leon Battista Albertis ‚*Libri della famiglia*'", in: *Medien- und gattungsspezifische Modi der Diskursivierung elusiven Wissens in Dichtungen der Frühen Neuzeit*, hg. von Ulrike Schneider, Wiesbaden 2018 (im Erscheinen). Mit dem Problem ökonomischen Erfahrungswissens befasst sich auch Rüdiger Schnells Beitrag in vorliegendem Band.

torale Erbauungsreden (Lob der Armut, Lob der Schulden) trösten zu können, wendet er sich der Erkenntnis der Mittel zu, „auf was für ein Weiß Reichsthaler / Rosenobel und Ducaten zubekommen seyn?"[76] Erst unter dieser Leitfrage gerät er auf die Spuren des utilitaristisch geprägten Wissenschaftskonzepts Bacons, das im Text damit von vornherein mit einem ironischen Index versehen ist. Ob der Erzähler die Gelehrten dazu auffordert, das pedantische Zählen der Himmelskörper sein zu lassen und sich lieber dem Ausbau der Wasserwege rund um Marburg zu widmen,[77] oder ob er seinen bereits aus *De Opinione* bekannten Wahlspruch „HErr / gib dich zu erkennen / mich zu kennen / die Welt zu kennen [...]" als Aufruf zur Erforschung der Dinge aus ökonomischem Antrieb deutet – „Diese Sachen *examinire*, ob / und wie sie nützlich seyn mögen / in Privat oder offentlichen Geschäfften? Da werden dir viel Sachen vorkommen / welche deiner Haußhaltung können nutzen" –,[78] in jedem Fall bleibt die praktisch-ökonomische Agenda auf das chrematistische Begehren bezogen, das der titelgebenden *ars ditescendi* affekthaft zugrunde liegt. In noch deutlicherer Form als im Erzählerdiskurs manifestiert sich dies in den untersuchten Reden der Atlantis-Kandidaten. Insofern diese von Praxis und Erfahrung als Basis des Wissens vom Gelderwerb ausgehen, scheinen sie das Programm einer realienorientierten Abkehr vom Buchwissen auf den ersten Blick zu erfüllen. Dabei rücken sie jedoch in einen Bereich moralischer Ambiguität ein, in dem regulative Konzepte suspendiert werden, ohne von neuen Regulativen ersetzt zu werden. Das Votum der Atlantis-Fahrer für den jüdischen Geldverleiher Rabbi Ben Israel, der in seiner Apologie des Wuchers von der unveränderlichen Hartherzigkeit des Menschen ausgeht, gibt hierfür nur das vielleicht drastischste Beispiel. Subtiler, aber darum nicht weniger subversiv wirken die satirischen Destabilisierungsbewegungen im Fall des Kaufmanns und des Bauern. Auch in deren Reden werden Nutzen und Geldgewinn tendenziell gleichgesetzt und die Grenzen zu traditionell inkriminierten Praktiken wie Monopolbildung und Wucher rhetorisch überschritten. Insgesamt

76 Schupp, „Von der Kunst reich zu werden", S. 703.

77 Die entsprechenden Einlassungen gehören in den unmittelbaren Kontext der Klage des Erzählers über das Fehlen einer gelehrten Ökonomik nach Coler, auf die oben bereits verwiesen wurde. Komisch erscheint dabei freilich die vom Erzähler vorgenommene Gleichsetzung der Infrastruktur rund um Marburg mit der Infrastruktur seines Avellinum: „Wann ein Philosophus erstünde / welcher die *Lan* seines Vaterlandts Fluß / überall schiffreich kunte machen / oder dem alten *Avellino* von Trost der Brunnenwasser verlassen / mit Wasserwerck zu Hülff kame / den wolt ich für witziger / und mir und dem Vatterland nützlicher zu seyn / glauben / als wenn er durch das *Perspectiv* deß *Galilæi* von *Galilæis*, alle *macul* der Sonnen und Mond zehlete / oder die Grösse und Weite der Sternen all erkundigt hätte." Ebd., S. 710.

78 Ebd., S. 762f. Zur Erläuterung des Spruchs wird der Erzähler gegen Ende des Bacon-Traums aufgefordert, wenn dort unvermittelt einer seiner Schüler auftaucht und ihn bittet, „dieses" – gemeint ist der Spruch – „mit kurtzem [zu] *expliciren*" (ebd., S. 762). Offensichtlich stellt der Traum damit eine Beziehung zur Dissertation *De Opinione* her, in der Schupp die Worte „Domine, da mihi nosse Te, nosse Me, nosse Mundum" als „Quotidianum votum Autoris" – alltägliche Losung des Autors – ausgegeben hatte. Johann Balthasar Schupp, *De Opinione Dissertatio Præliminaris.* [...], Marburg: Nikolaus Hampel, 1639, S. 74.

entsteht auf diese Weise der Eindruck einer Unabgestimmtheit von ‚Realwissenschaft' und moralisch-religiösen Geltungen: Gedeckt durch das utilitaristische Konzept können sich im Diskursraum der Schrift chrematistische Argumente etablieren, die mit den vom Erzähler anfangs geäußerten Vorstellungen von christlicher Demut und Nächstenliebe kaum vereinbar scheinen.

Nicht weniger satirisch unabgestimmt erscheint das Verhältnis von epistemologischem Anspruch und diskursiver Faktur der Dissertation. Wie gezeigt werden konnte, profiliert der Erzähler sich als Kritiker der Buchgelehrsamkeit, wie er sie im ausufernden Werk des Frankfurter ‚Ictus' – Maximilian Faust von Aschaffenburg – paradigmatisch vorzufinden meint. Die Heftigkeit des Angriffs gegen Faust kann dabei freilich nicht verdecken, dass der Erzähler selbst offensichtlich auch kein Praktiker ist, sondern ein Mann der Bücher, der sich üblicherweise mit dem ersten Hahnenschrei seinen Folianten widmet. Tritt die paradoxe Anlage der Schrift anhand der Erzähler-Figur damit deutlich hervor – der fiktive Urheber der Dissertation ist qua Stand und Wissen gar nicht in der Lage, die gestellte Frage zu beantworten, und kann daher am Ende nicht mehr leisten, als sein eigenes Nicht-Wissen zu bekunden –, so hat dies Folgen auch für den Status der Traumerzählung, die die wesentlichen Diskurse rund um Bacons philosophische Agenda enthält. In seiner satirischen Gebrochenheit legt der Text die Deutung nahe, dass die ‚Vorstellungen' (*idola*) des Erzählers von seinen gelehrten Lektüreerfahrungen – dem Wissen um die christlich-religiöse Tradition, um das humanistische Erbe, aber eben auch um die Philosophie Bacons – geprägt sind, sich mithin nicht auf ein Wissensareal außerhalb der Buchgelehrsamkeit beziehen, sondern die Buchgelehrsamkeit vielmehr an ihre inneren und äußeren Grenzen treiben. Hierzu gehören ironische Selbstwidersprüche des Diskurses wie im Fall des Bauern Endymion, der seine Kritik an den Gelehrten in gelehrter Manier vorzutragen weiß und darin als imaginäres Geschöpf des Erzählers erkennbar wird.[79] Hierzu gehören aber auch die eigentümlichen Dopplungseffekte, die durch die Präsenz der Bacon-Figur auf der einen und der transfigural flottierenden Bacon-Zitate auf der anderen Seite entstehen. Letzteres wird in der komischen Störung des Erzählers am Ende des Traums paradigmatisch deutlich. Als einer seiner Schüler ihn plötzlich mit der Bitte anspricht, seine Sentenz „HErr / gib dich zu erkennen / mich zu kennen / die Welt zu kennen" zu erläutern, löst die Anwesenheit Bacons im Angesprochenen Schamgefühle aus. Errötet bittet er in einem Stoßgebet, „das dieser ungereimbte *Discipul*, still schwiege / und dieses von dem Bacono selbst / kürtzlich hörete."[80] Was folgt, ist eine Rede des Erzählers, die den geäußerten Wunsch auf indirekte Weise in Erfüllung gehen lässt. Obwohl der fiktive Bacon in der Passage selbst gar nicht spricht, ist es doch der Bacon aus *De dignitate et augmentis scientiarum*, der dem „*Discipul*" durch den Mund des Er-

79 Erinnert sei hier an die Stelle, an der Endymion die anhaltende gelehrte Vernachlässigung der Ökonomie und der Handwerke aus dem Hochmut der griechischen Philosophen herleitet. Vgl. oben Anm. 64.

80 Ebd., S. 762.

zählers die Vorzüge der Selbst- und Welterkenntnis erklärt.[81] Auf diese Weise deutet der Text nicht nur hintersinnig auf seine eigene Gemachtheit aus Zitaten und gelehrtem Textmaterial aller Art hin, sondern macht dem (gelehrten) Leser darüber hinaus deutlich, dass letzthin auch der von Bacon und anderen geführte Diskurs über die praktischen Künste – einschließlich der von Schupp satirisch behandelten ‚Kunst reich zu werden' – auf der Iteration schriftlich gefasster Wissenselemente basiert. Die Scham des Erzählers indiziert in diesem Sinne mehr als das Inferioritätsgefühl des in Braubach gestrandeten Gelehrten gegenüber dem *global player* Bacon.[82] Indem sie sich auf das ‚Sprechen in den geschriebenen Worten der Autorität' bezieht, führt sie die Unmöglichkeit eines eigenen Erfahrungsdiskurses des Erzählers schmerzhaft vor Augen. Auch das Zitieren Bacons bringt den Gelehrten seinem Ziel, die Dinge der Welt zu erkennen, um sie ökonomisch zu nutzen, nicht näher; ob er will oder nicht, am Ende spricht er doch immer nur über Bücher.

Bibliographie

Quellen

Bacon, Francis, „New Atlantis", in: ders., *The Works of Francis Bacon*, hg. von James Spedding, Robert Leslie Ellis und Douglas Denon Heath, Bd. 3: Philosophical Works III, London 1859, S. 119–166.

Bacon, Francis, „The New Organon", in: ders., *The Works of Francis Bacon*, hg. James Spedding, Robert Leslie Ellis und Douglas Denon Heath, Bd. 4: Translations of the Philosophical Works, London 1858, S. 37–248.

Bacon, Francis, „Of Plantations", in: ders., *The Works of Francis Bacon*, hg. von James Spedding, Robert Leslie Ellis und Douglas Denon Heath, Bd. 6: Literary and Professional Works I, London 1858, S. 457–459.

Bacon, Francis, „Of Riches", in: ders., *The Works of Francis Bacon*, hg. von James Spedding, Robert Leslie Ellis und Douglas Denon Heath, Bd. 6: Literary and Professional Works I, London 1858, S. 460–462.

Contzen, Adam, *Politicorum Libri Decem* […], Köln 1621.

Dahl, J. Conrad, *Geschichte und Beschreibung der Stadt Afschaffenburg [sic!], des vormaligen Klosters Schmerlenbach und des Spessarts mit Beilagen*, Darmstadt 1818.

Faust von Aschaffenburg, Maximilian, *Consilia pro Ærario Civili, Ecclesiastico Et Militaro, publico atque privato.* […], Frankfurt am Main 1641.

Morhof, Georg Daniel, *Unterricht Von Der Teutschen Sprache und Poesie / deren Uhrsprung / Fortgang und Lehrsätzen.* […], Kiel 1682.

Schupp, Johann Balthasar, *De Opinione Dissertatio Præliminaris.* […], Marburg: Nikolaus Hampel, 1639.

81 Zu den Stellen, die sich sämtlich im VIII. Buch der Schrift finden, vgl. Zschau, *Quellen und Vorbilder*, S. 73f.

82 Das ‚Stranden' des Erzählers in Braubach wird in der Passage ironischerweise nochmals in Erinnerung gerufen. Der Schüler erkennt den Erzähler und fragt ihn, ob er nicht „vor diesem bey dem Fluß *Lano* herrschete? Was für ein Unglück hat dich zu diesem deß Rheins Gestad geworffen?" Schupp, „Von der Kunst reich zu werden", S. 762.

[Schupp, Johann Balthasar,] *De Arte Ditescendi Dissertatio* [...], s.l. 1648.
[Schupp, Johann Balthasar,] *Von der Kunst Reich zuwerden. Bey disen zwar wolfailen / aber doch Geldtmanglenden Zeiten / nutzlich zulesen / vnd zugebrauchen* [...]. Durch Vlrichen Gebhardt, Augsburg 1656.
Schupp, Johann Balthasar, „Von der Kunst reich zu werden", in: ders., *Schrifften*, [Hanau 1663,] S. 690–774.

Sekundärliteratur

Berns, Jörg-Jochen, „Gott und die Götter. Harsdörffers Mythenkritik und der Pan-Theismus der Pegnitzschäfer unter dem Einfluß Francis Bacons", in: *Georg Philipp Harsdörffer. Ein deutscher Dichter und europäischer Gelehrter*, hg. von Italo Michele Battafarano, Bern u.a. 1991, S. 23–81.
De Smet, Ingrid, *The Menippean Satyre and the Republic of Letters 1581–1655*, Genf 1996.
Deupmann, Christoph, *‚Furor satyricus'. Verhandlungen über literarische Aggression im 17. und 18. Jahrhundert*, Tübingen 2002.
Füssel, Marian, „Die Experten die Verkehrten? Gelehrtensatire als Expertenkritik in der Frühen Neuzeit", in: *Wissen, maßgeschneidert. Experten und Expertenkulturen im Europa der Vormoderne*, hg. von Björn Reich, Frank Rexroth und Matthias Roick, München 2013, S. 269–288.
Gemert, Guillaume van, „Johann Balthasar Schupp und der gemeine Mann. Das Leben der unteren Schichten aus der Sicht des Seelsorgers und Volkserziehers", in: *Literatur und Volk im 17. Jahrhundert. Probleme populärer Kultur in Deutschland*, hg. von Wolfgang Brückner, Peter Blickle und Dieter Breuer, Teil 1, Wiesbaden 1985, S. 259–271.
Grimm, Gunter E., *Letternkultur. Wissenschaftskritik und antigelehrtes Dichten in Deutschland von der Renaissance bis zum Sturm und Drang*, Tübingen 1998.
Hahn, Philip, *Das Haus im Buch. Konzeption, Publikationsgeschichte und Leserschaft der ‚Oeconomia' Johann Colers*, Epfendorf 2013.
Heinecke, Berthold, „The Poet and the Philosopher: Francis Bacon and Georg Philipp Harsdörffer", in: *Philosophies of Technology. Francis Bacon and his Contemporaries*, hg. von Claus Zittel u.a., Leiden/Boston 2008, S. 375–410.
Hempfer, Klaus W., *Gattungstheorie. Information und Synthese*, München 1973.
Košenina, Alexander, *Der gelehrte Narr. Gelehrtensatire seit der Aufklärung*, Göttingen 2003.
Kühlmann, Wilhelm, *Gelehrtenrepublik und Fürstenstaat. Entwicklung und Kritik des deutschen Späthumanismus in der Literatur des Barockzeitalters*, Tübingen 1982.
Lühmann, Johann, *Johann Balthasar Schupp. Beiträge zu seiner Würdigung*, Marburg 1907.
Michel, Paul, „Nihil scire fecit felicissima vita. Wissens- und Enzyklopädiekritik in der Vormoderne", in: *Wissenssicherung, Wissensordnung und Wissensverarbeitung. Das europäische Modell der Enzyklopädien*, hg. von Theo Stammen und Wolfgang E. J. Weber, Berlin 2011, S. 247–289.
Minkowski, Helmut, „Die geistesgeschichtliche und die literarische Nachfolge der Neu-Atlantis des Francis Bacon", in: *Neophilologus* 22 (1937), S. 120–139 und 185–200.
Mulsow, Martin, *Moderne aus dem Untergrund. Radikale Frühaufklärung in Deutschland 1680–1720*, Hamburg 2002.
Mulsow, Martin, *Die unanständige Gelehrtenrepublik. Wissen, Libertinage und Kommunikation in der Frühen Neuzeit*, Stuttgart 2007.
Schaefer, Christina, „‚Esperienza'. Zur Diskursivierung von Erfahrungswissen in Leon Battista Albertis ‚Libri della famiglia'", in: *Medien- und gattungsspezifische Modi*

der Diskursivierung elusiven Wissens in Dichtungen der Frühen Neuzeit, hg. von Ulrike Schneider, Wiesbaden 2018 (im Erscheinen).

Schaller, Klaus, „Johann Balthasar Schupp: Muttersprache und realistische Bildung", in: *Stadt – Schule – Universität – Buchwesen und die deutsche Literatur im 17. Jahrhundert. Vorlagen und Diskussionen eines Barock-Symposions der Deutschen Forschungsgemeinschaft 1974 in Wolfenbüttel*, hg. von Albrecht Schöne, München 1976, S. 198–209.

Schauer, Maike, *Johann Balthasar Schupp. Prediger in Hamburg, 1649–1661*, Hamburg 1973.

Trappen, Stefan, *Grimmelshausen und die menippeische Satire. Eine Studie zu den historischen Voraussetzungen der Prosasatire im Barock*, Tübingen 1994.

Vogt, Carl, „Einleitung", in: Johann Balthasar Schupp, *Streitschriften*, Erster Teil, hg. von Carl Vogt, Halle 1910, S. III–XXVIII.

Vogt, Carl, „Johann Balthasar Schupp. Neue Beiträge zu seiner Würdigung (Fortsetzung)", in: *Euphorion. Zeitschrift für Literaturgeschichte* 7 (1910), S. 1–48.

Wels, Volkhard, „Francis Bacon über die Fiktionalität der Dichtung, antike Mythologie und die Macht der Phantasie. Mit einem Exkurs zu Georg Philipp Harsdörffers Bacon-Rezeption und deren theologischer Relevanz", in: *Scientia Poetica* 14 (2010), S. 1–28.

Whaley, Joachim, „Obedient Servants? Lutheran Attitudes to Authority and Society in the first Half of the Seventeenth Century: The Case of Johann Balthasar Schupp", in: *The Historical Journal* 35:1 (1992), S. 27–42.

Wichert, Hildegart E., *Johann Balthasar Schupp and the Baroque Satire in Germany*, New York 1952.

Zschau, Walther Wolfgang, *Quellen und Vorbilder in den ‚Lehrreichen Schriften' Johann Balthasar Schupps*, Halle 1906.

Episteme in Bewegung.
Beiträge zu einer transdisziplinären Wissensgeschichte

Herausgegeben von Gyburg Uhlmann im Auftrag des Sonderforschungsbereichs 980 „Episteme in Bewegung. Wissenstransfer von der Alten Welt bis in die Frühe Neuzeit"

9: Eva Cancik-Kirschbaum, Jochem Kahl, Eun-Jung Lee, Michaela Engert (Eds.)

Collect and Preserve: Institutional Contexts of Epistemic Knowledge in Pre-modern Societies

Libraries, Archives and Documents in the Eastern World

2019. XV, 177 pages, 48 ill., hc
170x240 mm
ISBN 978-3-447-10829-4
⊙E-Book: ISBN 978-3-447-19608-6 each ca. € 58,– (D)
In Preparation

The use of writing for the preservation and transmission of administrative, scientific, literary and sacred knowledge has a long history. From the third millennium BCE on, many forms of social processes – intellectual, religious, political and others – have been increasingly materialized in the form of a variety of document types (tablets, bones, papyri, scrolls, parchments, books). Some of them were collected in archives or libraries that were dependent on royal palaces, governmental institutions and temples but also in private contexts.
The publication *Collect and Preserve* assembles a number of studies devoted to material aspects of collecting texts in ancient Egypt, Mesopotamia, Qumran, Medieval Japan, and Korea under the Chosŏn-Dynasty (1392–1910).

10: Iris Colditz, Benjamin Jokisch, Maria Macuch (Hg.)

Transferprozesse in spätantiken Rechtssystemen

Rezeption, Transformation und Rekontextualisierung von Rechtsbegriffen

2017. VIII, 122 Seiten, 1 Diagramm, 2 Tabellen, br
170x240 mm
ISBN 978-3-447-10911-6
⊙E-Book: ISBN 978-3-447-19683-3 je € 29,– (D)

Den weitverbreiteten Rechtssystemen der Spätantike, namentlich dem römisch-byzantinischen, zoroastrisch-sasanidischen, islamischen, rabbinischen und kanonischen (christlich-nestorianischen) Recht, ist gemein, dass sie differenzierte Fachsprachen mit einer Vielzahl von technischen Termini entwickelt haben. Im Rahmen dieser traditionsbezogenen Systeme üben Rechtsbegriffe meist eine stabilisierende Funktion aus, provozieren jedoch auch in ihrer historischen Entwicklung und in der reziproken Interaktion mit anderen Rechtssystemen Wissensbewegungen. In diesem Kontext wird vorgeschlagen, solche Prozesse als Transfers zu beschreiben.
Die Beiträge in diesem Band befassen sich mit Transferprozessen normativen Wissens in diesen Rechtssystemen und fokussieren dabei auf die Entwicklung und die Wirkweisen der in den juristischen Quellen gebrauchten Fachsprache. Anhand von konkreten Beispielen untersuchen die Autorinnen und Autoren endogene wie exogene Faktoren des Rechtstransfers von Begriffen, Ideen und Argumentationsmustern sowohl innerhalb der historischen Entwicklung eines Systems als auch im Wechselspiel der Rechtsordnungen.

Episteme in Bewegung. Beiträge zu einer transdisziplinären Wissensgeschichte

Herausgegeben von Gyburg Uhlmann im Auftrag des Sonderforschungsbereichs 980 „Episteme in Bewegung. Wissenstransfer von der Alten Welt bis in die Frühe Neuzeit"

11: Anne Eusterschulte, Ulrike Schneider (Hg.)

Gratia

Mediale und diskursive Konzeptualisierungen ästhetischer Erfahrung in der Vormoderne

2018. 170 Seiten, 18 Abb., gb
170x240 mm
ISBN 978-3-447-10926-0
⊙E-Book: ISBN 978-3-447-19684-0 *je € 48,– (D)*

Die Vielschichtigkeit des lat. Terminus *gratia* zwischen Anmut, Gnade und Gabe manifestiert sich in der Vormoderne in den bildenden Künsten, in Dichtung, Rhetorik und Ästhetik wie auch in philosophisch-theologischen Auseinandersetzungen. Die unterschiedlichen Bedeutungszuweisungen machen deutlich, dass und wie sich Sinnschichten überlagern, wie sie ineinander spielen und einen Transfer von Wissen beschreibbar machen, der auf ein Konzept ästhetischer Erfahrung führt. *Gratia* ist konnotiert mit dem Charakter von Gabe aber gleichzeitig mit einer spezifischen Empfänglichkeit und Urteilsfähigkeit. Ihre Konzeptualisierungen weisen auf diese changierende, sich der Fassbarkeit verweigernde Dimension, die als affizierende Kraft erfahrbar wird. Diese Unbegrifflichkeit provoziert geradezu, dass *gratia* in unterschiedlichen materialen Gestaltwerdungen, medialen Darbietungsweisen wie diskursiven Formationen reflektiert wird bzw. zur Erscheinung gelangt.
Der breiten Diffusion des Begriffs entsprechend situieren sich die in diesem Band vereinten Beiträge im Gebiet von Rhetorik, Kunsttheorie, Theologie und Philosophie sowie Kunst- und Dichtungspraxis. Sie zeigen wie *gratia* in produktionsästhetischen Debatten Eingang findet bzw. rezeptions- und wirkungsästhetische Fragen bestimmt. Mit den Darstellungsformen der *gratia* kommen zudem künstlerische Praktiken, poetologische Verfahren und ästhetische Strategien in den Blick.

12: Volkhard Wels

Kunstvolle Verse

Stil- und Versreformen um 1600 und die Entstehung einer deutschsprachigen ‚Kunstdichtung'

2018. 350 Seiten, 23 Abb., gb
170x240 mm
ISBN 978-3-447-11073-0
⊙E-Book: ISBN 978-3-447-19793-9 *je ca. € 68,– (D)*
In Vorbereitung

Kunstvolle Verse ist einer neuen Interpretation der „Poeterey" (1624) von Martin Opitz gewidmet, also der ‚Entdeckung' des Prinzips der Stammsilbenbetonung und der Einführung einer alternierenden Metrik. In der Untersuchung von Volkhard Wels wird die Versreform dabei nicht wie in vielen literarhistorischen Darstellungen isoliert beschrieben, sondern in den Kontext ähnlicher Reformbestrebungen eingebettet, vor allem aber in einen europäischen Rahmen gestellt. Ihre Vorläufer genauso wie ihre Rezeption und Weiterentwicklung in den folgenden Jahrzehnten werden an den Quellen verfolgt. Auch das metrische Wissen aus der „Poetery" wird im Rahmen einer Wissensgeschichte dieser Zeit betrachtet. Es wird sowohl in seinen sozialhistorischen wie in seinen musik-, sprach- und stilgeschichtlichen Kontexten beschrieben. Sogar die konfessionellen Auseinandersetzungen der Epoche spiegeln sich in der Verstechnik.
Wels verfolgt durchgängig auch die tatsächliche Umsetzung der Regeln in der Dichtung und illustriert sie an zahlreichen Beispielen. Auf diese Weise liefert das Buch wichtige Bausteine für eine Geschichte der Dichtung im 17. Jahrhundert und gibt abschließend einen Ausblick auf die Verstechniken des 18. Jahrhunderts, wie sie mit den Namen von Klopstock und Herder verbunden sind.